基于Vector设备+N5765A的CAN总线测试硬件方案

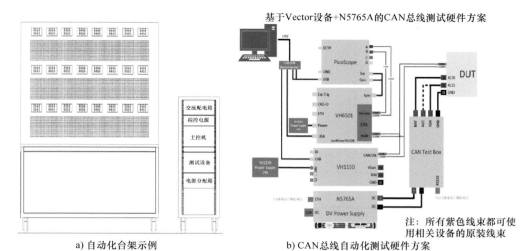

a) 自动化台架示例   b) CAN总线自动化测试硬件方案

图 2-65   网络诊断自动化测试系统

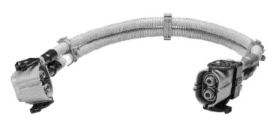

图 3-2   高压线束

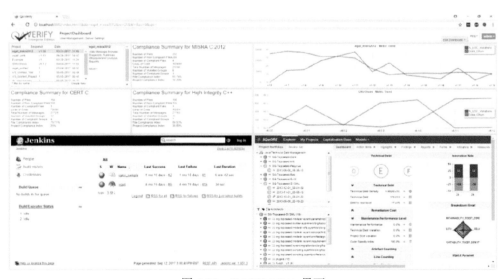

图 4-30   QAC/QAC++ 界面

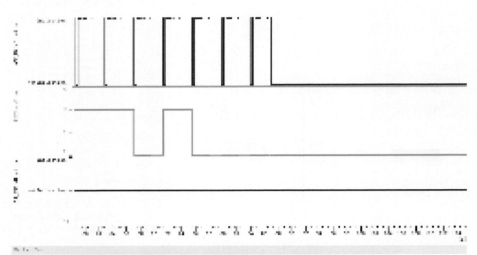

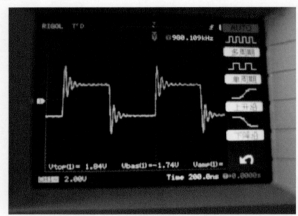

Time		Chn	ID		Name	Event Type	Dir	DLC	D...	Data
⊞	115.378999	CAN 1	405		GW_405h	CAN Frame	Rx	8	8	05 01 00 00 00 00 00 00
⊞	115.379403	CAN 1	103		PEPS_103	CAN Frame	Rx	8	8	00 00 00 00 00 00 00 00
⊞	115.379893	CAN 1	108		PEPS_108	CAN Frame	Rx	8	8	00 00 40 27 D9 3F FE B8
⊞	115.380904	CAN 1	304		BMS_304	CAN Frame	Rx	8	8	00 00 00 00 00 00 00 00
⊞	115.381148	CAN 1	321		OBC_321	CAN Frame	Rx	8	8	50 00 00 00 00 00 00 0A
⊞	115.381394	CAN 1	405		GW_405h	CAN Frame	Rx	8	8	05 01 00 00 00 00 00 00
⊞	115.381644	CAN 1	103		PEPS_103	CAN Frame	Rx	8	8	00 00 00 00 00 00 00 00
⊞	115.381893	CAN 1	108		PEPS_108	CAN Frame	Rx	8	8	00 00 40 27 D9 3F FE B8
⊞	115.382899	CAN 1	377		BMS_377	CAN Frame	Rx	8	8	00 00 00 00 00 00 00 00
⊞	115.383145	CAN 1	405		GW_405h	CAN Frame	Rx	8	8	05 01 00 00 00 00 00 00
⊞	115.383401	CAN 1	103		PEPS_103	CAN Frame	Rx	8	8	00 00 00 00 00 00 00 00
⊞	115.383894	CAN 1	108		PEPS_108	CAN Frame	Rx	8	8	00 00 40 27 D9 3F FE B8
⊞	115.384134	CAN 1	125		MCU_125	CAN Frame	Rx	8	8	5A 41 36 63 20 00 00 00
⊞	115.384888	CAN 1	213		BMS_213	CAN Frame	Rx	8	8	CD 3E 9C 34 00 00 0C 00
⊞	115.385134	CAN 1	405		GW_405h	CAN Frame	Rx	8	8	05 01 00 00 00 00 00 00
⊞	115.385410	CAN 1	103		PEPS_103	CAN Frame	Rx	8	8	00 00 00 00 00 00 00 00
⊞	115.385893	CAN 1	108		PEPS_108	CAN Frame	Rx	8	8	00 00 40 27 D9 3F FE B8

图 4-43　信息监控

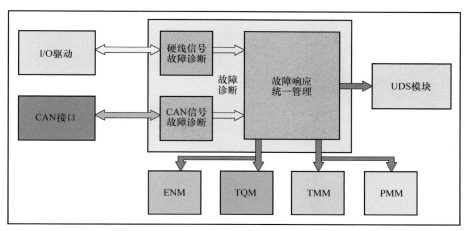

图 4-48　故障诊断管理模块关系 / 架构图

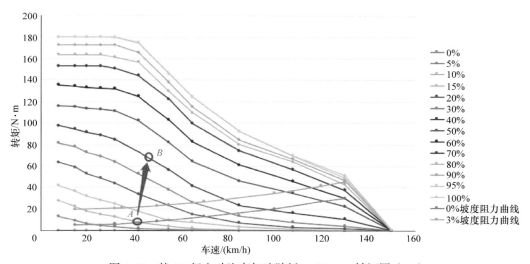

图 4-66　某 A0 级电动汽车加速踏板 pedal map 转矩图（一）

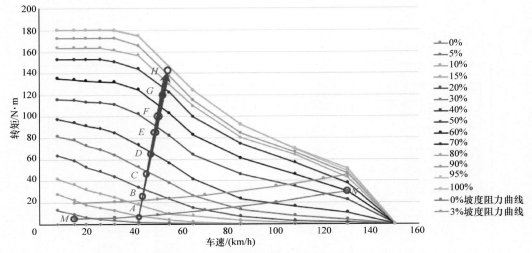

图 4-67　某 A0 级电动汽车加速踏板 pedal map 转矩图（二）

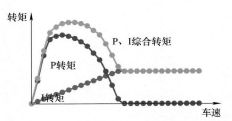

图 4-68　蠕行至目标蠕行车速的转矩变化趋势

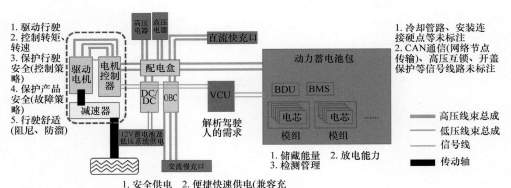

图 5-1　纯电动汽车动力系统架构

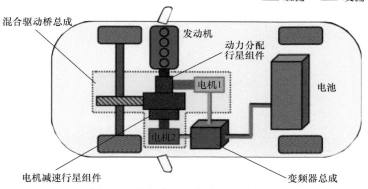

图 5-2　混合动力汽车动力系统架构

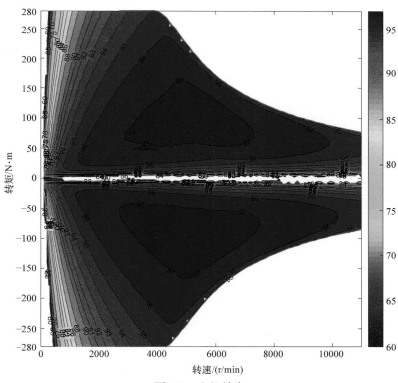

图 5-9　电机效率

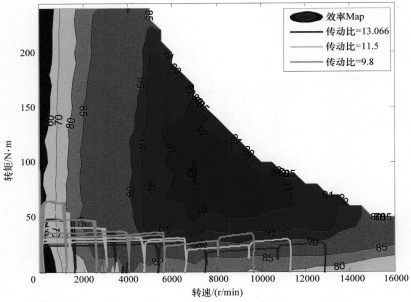

图 5-12   不同传动比对应的 NEDC 工况曲线及效率图

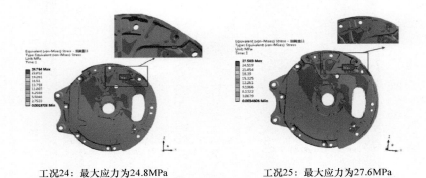

工况24：最大应力为24.8MPa   工况25：最大应力为27.6MPa

图 5-14   28 工况应力校核

图 5-15   轴向水道仿真

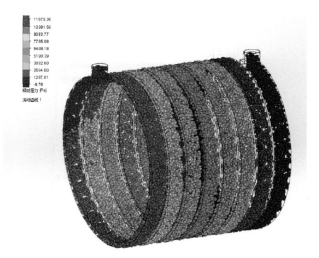

图 5-16　螺旋水道仿真

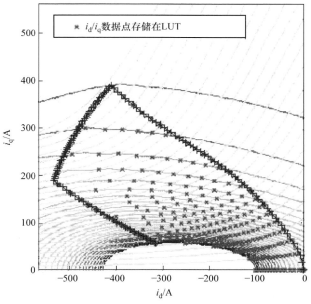

图 5-62　不同转速转矩下电机的电流轨迹

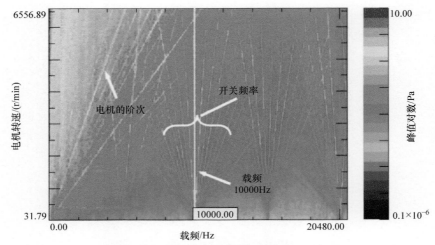

图 5-66 电机系统在载频附近的伞状振动噪声

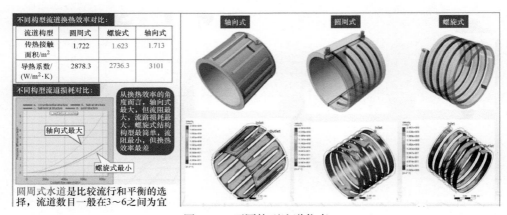

图 5-72 不同构型流道仿真

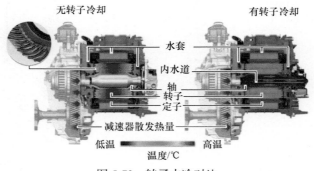

图 5-73 转子水冷对比

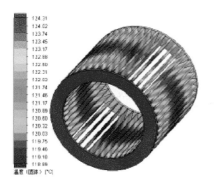

a) 裸铜温度分布图

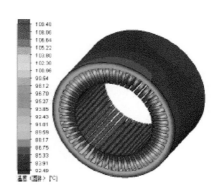

b) 定子铁心温度分布图

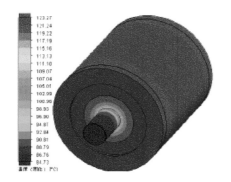

c) 转子温度分布图

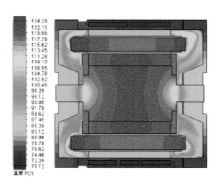

d) 电机轴向内部温度分布图

图 5-75　电机温升仿真

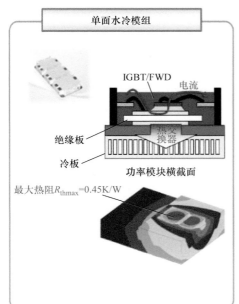

单面水冷模组

IGBT/FWD　电流

绝缘板

冷板

换热器

功率模块横截面

最大热阻R_{thmax}=0.45K/W

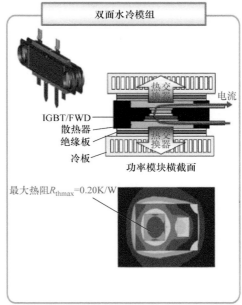

双面水冷模组

热交换器

IGBT/FWD　电流

散热器

绝缘板

冷板

热交换器

功率模块横截面

最大热阻R_{thmax}=0.20K/W

图 5-78　单面水冷与双面水冷

图 6-28　电池包热仿真图

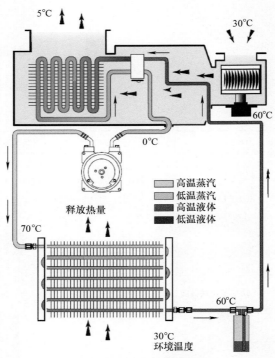

图 7-4　车用空调机的制冷循环

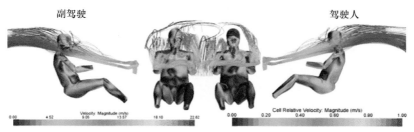

副驾驶　　　　　　　　　　　　　驾驶人

图 7-11　三维仿真分析

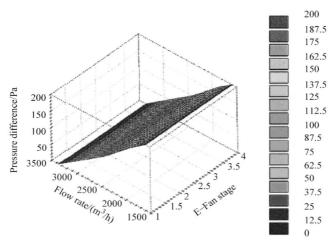

图 7-16　风扇性能图

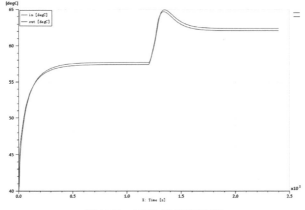

图 7-18　PDU 进出液温度

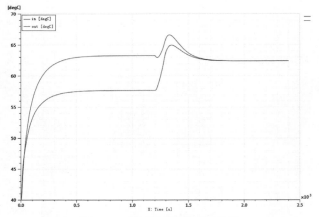

图 7-19　集成电机进出液温度

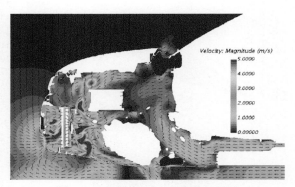

图 7-23　机舱截面速度分布矢量图

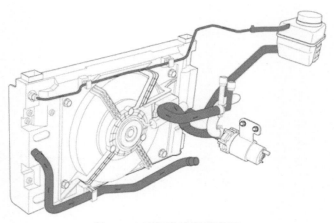

图 7-49　冷却液流向示意图

汽车技术创新与研发系列丛书

纯电动汽车控制系统
集成开发设计

胡伟　孙勇　朱磊　李贵乐　刘连中　著

机 械 工 业 出 版 社

本书共分 7 章，讲述了纯电动汽车"三电"技术开发，涉及整车和各系统层面控制系统集成开发设计理念和方法。本书在系统工程基础上，介绍了纯电动汽车高压配电系统、电源系统、空调与冷却系统、起动系统、电池系统等的集成控制设计方法，在功能安全的基础上对各方面控制目标进行集成和匹配。本书内容详实，图文并茂，贴合工程实际，适合纯电动汽车厂家及其供应商的技术人员和设计人员阅读使用，也可供大专院校车辆工程专业师生阅读参考。

图书在版编目（CIP）数据

纯电动汽车控制系统集成开发设计/胡伟等著 . —北京：机械工业出版社，2021.8（2023.9 重印）

（汽车技术创新与研发系列丛书）

ISBN 978-7-111-68919-5

Ⅰ.①纯… Ⅱ.①胡… Ⅲ.①电动汽车 – 控制系统 – 系统设计 Ⅳ.①U469.72

中国版本图书馆 CIP 数据核字（2021）第 167493 号

机械工业出版社（北京市百万庄大街 22 号 邮政编码 100037）

策划编辑：孙 鹏 责任编辑：孙 鹏 赵 帅

责任校对：潘 蕊 责任印制：张 博

北京建宏印刷有限公司印刷

2023 年 9 月第 1 版第 2 次印刷

169mm×239mm·25 印张·8 插页·515 千字

标准书号：ISBN 978-7-111-68919-5

定价：199.00 元

电话服务　　　　　　　　网络服务

客服电话：010-88361066　机 工 官 网：www. cmpbook. com

　　　　　010-88379833　机 工 官 博：weibo. com/cmp1952

　　　　　010-68326294　金 书 网：www. golden – book. com

封底无防伪标均为盗版　机工教育服务网：www. cmpedu. com

前 言
preface

汽车电动化成为主流趋势以来，"三电"（电池、电驱动、电控）技术快速发展，虽然很多整车企业和零部件企业都在展开相关的产品开发工作，但深入讲解"三电"技术的专业书籍较少。无论大学课程还是工程师的工作指导，都缺少一个系统化的材料。本书尝试针对纯电动汽车"三电"技术，从整车层面及各系统层面，对其展开描述，希望使读者对"三电"技术有一个系统的了解。

本书共分为 7 章。第 1 章概述了为什么要发展电动汽车并简要介绍了电动化的几个核心系统的技术发展趋势。第 2 章介绍了整车控制系统集成开发的主要内容。从完整性的角度出发，也简要介绍了整车相关的电控系统，鉴于本书重点介绍汽车电动化，因此未展开介绍整车电子电气架构及电动化以外的系统。第 3~7 章分别介绍了电动汽车的几个核心子系统，包括高压电气系统及电源系统、整车控制器、电驱动系统、电池系统、空调及冷却系统。本书以"三电"为出发点，通过对各个子系统的介绍，理论与实践相结合，可对读者在学习、工作中起到一定的指导作用。

本书作者胡伟、孙勇、朱磊、李贵乐、刘连中在纯电动汽车行业领域工作多年，且具有丰富经验。另外，感谢潘河清、孙乐乐、芮纪哲、潘亚宁、陈蔚、郑鹏、熊振华、成亚、王军、陆延红、吕倩、李长乐、李伟、王建青等为本书的编写提供了相关资料或做了校对等工作。

鉴于纯电动汽车行业发展时间不长，很多关键技术还在快速迭代更新的过程中，书中难免存在疏漏或不当之处，敬请广大专家和读者批评指正。

作 者

目　录
contents

前言
第1章　概述 1
1.1　我国发展新能源汽车的必要性 1
1.2　电动汽车技术发展趋势 8
第2章　控制系统集成设计 14
2.1　整车电子电气架构 14
2.1.1　概念定义 14
2.1.2　电子电气架构开发过程 14
2.2　OTA 技术 19
2.2.1　OTA 技术介绍 19
2.2.2　OTA 系统整体需求 19
2.2.3　OTA 系统方案 20
2.3　基于功能安全的产品开发 22
2.3.1　ISO 26262 标准简述 22
2.3.2　ASIL 23
2.3.3　功能安全开发流程 23
2.3.4　功能安全的趋势 24
2.4　整车功能全链条开发 24
2.4.1　功能域 24
2.4.2　功能域的分配 25
2.4.3　功能域的协同 34
2.4.4　功能开发工具链 35
2.4.5　恒润整车系统开发概况 38
2.5　整车总线及诊断开发 40
2.5.1　CAN 总线物理层设计要求 41
2.5.2　OSEK 网络管理 48
2.5.3　UDS（统一诊断服务）诊断要求 65
2.5.4　Bootloader 刷新规范要求 75
2.6　整车总线及诊断测试 83
2.6.1　总线/诊断测试方法及流程体系 83
2.6.2　测试工作实施 84
2.6.3　网络诊断自动化测试系统的应用 86

2.7　整车功能测试 ··· 86

2.7.1　概念定义 ··· 86

2.7.2　功能测试流程 ··· 87

2.7.3　功能测试工作内容 ··· 88

2.7.4　自动化功能测试系统的建设 ·· 89

2.8　整车电磁兼容 ··· 90

2.8.1　电磁兼容基本概念与术语 ·· 90

2.8.2　整车 EMC 设计基本原则 ·· 91

2.8.3　车辆电磁兼容标准与试验规范 ··· 93

2.8.4　整车 EMC 的评价指标 ··· 100

第 3 章　高压电气系统及电源系统设计 ··· 103

3.1　高压电气系统设计 ··· 103

3.1.1　高压电气系统设计概述 ··· 103

3.1.2　高压电气系统设计通用要求 ··· 103

3.1.3　高压电气系统设计规范 ··· 110

3.1.4　高压配电电气架构 ··· 114

3.2　电源系统设计 ··· 123

3.2.1　车载充电器设计 ··· 123

3.2.2　DC/DC 变换器设计 ··· 129

3.3　充电桩 ··· 130

3.3.1　分类 ··· 130

3.3.2　当前问题 ··· 132

第 4 章　整车控制器开发与设计 ·· 133

4.1　整车控制器（VCU）系统概述 ··· 133

4.1.1　VCU 的产品定位 ··· 133

4.1.2　VCU 的发展简述 ··· 133

4.1.3　VCU 产品开发的主要方法 ·· 134

4.2　VCU 硬件的设计与开发 ··· 140

4.2.1　硬件的开发工具链 ··· 140

4.2.2　关键元器件的选型 ··· 142

4.2.3　VCU 硬件模块介绍 ··· 142

4.2.4　PCB 设计 ··· 149

4.2.5　硬件的功能测试 ··· 151

4.2.6　设计失效模式及后果分析 ··· 152

4.3　VCU 结构的设计与开发 ··· 154

4.3.1　VCU 的结构组成 ··· 154

4.3.2　VCU 在整车上的布局 ··· 156

4.3.3　VCU 安装要求 ··· 156

4.4　VCU 底层软件的设计与开发 ··· 157

4.4.1　VCU 底层软件开发工具链 ………………………………………… 157

4.4.2　VCU 底层软件的系统架构 ………………………………………… 163

4.4.3　VCU 底层软件的主要模块 ………………………………………… 167

4.4.4　底层模块调试、代码评审和单元测试 …………………………… 176

4.5　VCU 策略软件的设计与开发 ………………………………………… 179

4.5.1　VCU 策略软件开发工具链 ………………………………………… 179

4.5.2　VCU 策略软件的主要模块——第一部分 ………………………… 181

4.5.3　VCU 策略软件的主要模块——第二部分 ………………………… 187

4.5.4　VCU 策略软件的 MIL 测试 ………………………………………… 192

4.6　VCU 硬件在环（HIL）测试 …………………………………………… 194

4.6.1　HIL 测试的流程 …………………………………………………… 194

4.6.2　HIL 测试环境搭建 ………………………………………………… 196

4.6.3　HIL 测试用例开发 ………………………………………………… 198

4.6.4　HIL 测试执行 ……………………………………………………… 206

4.6.5　HIL 测试的产出和报告分析 ……………………………………… 209

4.7　VCU 设计验证（DV）和产品验证（PV）测试 ……………………… 209

4.7.1　DV 测试 …………………………………………………………… 209

4.7.2　PV 测试 …………………………………………………………… 211

4.8　VCU 实车测试 ………………………………………………………… 211

4.8.1　实车测试目的 ……………………………………………………… 211

4.8.2　实车测试内容 ……………………………………………………… 211

4.9　VCU 标定 ……………………………………………………………… 212

4.9.1　标定工具链 ………………………………………………………… 213

4.9.2　桌面标定 …………………………………………………………… 213

4.9.3　转鼓车辆试验 ……………………………………………………… 213

4.9.4　车辆道路标定 ……………………………………………………… 216

4.10　VCU 技术发展与趋势 ………………………………………………… 220

4.10.1　VCU 未来发展的方向 …………………………………………… 220

4.10.2　更加安全可靠 …………………………………………………… 221

4.10.3　融合新的功能 …………………………………………………… 221

第 5 章　电驱动系统开发与设计 …………………………………………… 225

5.1　电驱动系统概述 ……………………………………………………… 225

5.1.1　电驱动系统架构 …………………………………………………… 225

5.1.2　新能源汽车优劣势分析 …………………………………………… 227

5.1.3　产品评价维度和方法 ……………………………………………… 230

5.1.4　三合一动力总成系统设计 ………………………………………… 234

5.1.5　技术发展趋势及评价指标 ………………………………………… 235

5.2　功率电子驱动原理 …………………………………………………… 238

5.2.1　IGBT 特性及支撑电容 …………………………………………… 238

5.2.2　脉冲宽度调制 ……………………………………………………… 242

5.3　电驱动软件开发 …………………………………………………………… 249

5.3.1　软件开发流程简述 ………………………………………………… 249

5.3.2　软件架构及功能 …………………………………………………… 250

5.3.3　开发工具 …………………………………………………………… 252

5.3.4　HIL 系统 …………………………………………………………… 256

5.4　电机控制器设计 …………………………………………………………… 259

5.4.1　FOC 算法 …………………………………………………………… 259

5.4.2　最大转矩电流比（MTPA）和最大转矩电压比（MTPV）………… 263

5.4.3　变频技术 …………………………………………………………… 265

5.4.4　无传感器控制技术 ………………………………………………… 267

5.4.5　连接传动后的控制补偿 …………………………………………… 270

5.5　电驱动系统的热管理设计 ………………………………………………… 273

5.5.1　电机热管理 ………………………………………………………… 273

5.5.2　MCU 热管理及 IGBT 热可靠性设计 ……………………………… 275

5.6　系统安全：故障定义及诊断 ……………………………………………… 279

5.6.1　故障风险后果分析 ………………………………………………… 279

5.6.2　故障应对策略设计 ………………………………………………… 281

5.6.3　故障定义、功能安全设计 ………………………………………… 282

5.7　电驱动系统的台架及实车标定 …………………………………………… 284

5.7.1　台架测试工具 ……………………………………………………… 284

5.7.2　测试项 ……………………………………………………………… 284

5.7.3　实车测试 …………………………………………………………… 288

第 6 章　电池系统的开发与设计 ………………………………………………… 291

6.1　电池系统 …………………………………………………………………… 291

6.1.1　电池系统简述 ……………………………………………………… 291

6.1.2　电池技术介绍 ……………………………………………………… 296

6.1.3　电池未来发展方向 ………………………………………………… 299

6.2　电池管理系统 ……………………………………………………………… 301

6.2.1　电池管理系统的功能 ……………………………………………… 301

6.2.2　电池管理系统的设计架构 ………………………………………… 303

6.2.3　电池管理系统方案介绍 …………………………………………… 306

6.3　电池系统测试 ……………………………………………………………… 311

6.3.1　BMS 硬件测试 ……………………………………………………… 311

6.3.2　BMS 软件测试 ……………………………………………………… 314

6.3.3　BMS 的 HIL 测试 …………………………………………………… 315

6.3.4　电池包测试 ………………………………………………………… 320

6.3.5　电池包实车测试 …………………………………………………… 322

第 7 章　空调及冷却系统设计 …………………………………………………… 326

7.1 空调及冷却系统概述 ……………………………………………………… 326
　　7.1.1 电动汽车冷却系统工作原理 ………………………………………… 327
　　7.1.2 电动汽车空调系统工作原理 ………………………………………… 328
　　7.1.3 电动汽车空调的发展趋势 …………………………………………… 332
7.2 空调系统性能开发 ………………………………………………………… 334
　　7.2.1 制冷系统理论循环及热力计算 ……………………………………… 334
　　7.2.2 空调系统热负荷理论计算 …………………………………………… 334
　　7.2.3 空调系统关键零部件选型计算 ……………………………………… 337
　　7.2.4 仿真分析 ……………………………………………………………… 341
7.3 冷却系统性能开发 ………………………………………………………… 342
　　7.3.1 冷却系统匹配计算 …………………………………………………… 342
　　7.3.2 冷却系统主要零部件选型计算 ……………………………………… 344
　　7.3.3 冷却系统回路设计 …………………………………………………… 347
　　7.3.4 仿真分析 ……………………………………………………………… 348
7.4 空调及冷却装置自动控制开发 …………………………………………… 353
　　7.4.1 控制系统的组成及方框图 …………………………………………… 353
　　7.4.2 空调控制系统的分类 ………………………………………………… 355
　　7.4.3 自动空调控制系统的评价指标 ……………………………………… 356
　　7.4.4 控制系统执行器件构成 ……………………………………………… 356
　　7.4.5 压缩机能量调节与自我保护 ………………………………………… 362
　　7.4.6 制热装置能量调节与自我保护 ……………………………………… 363
　　7.4.7 蒸发器流量调节 ……………………………………………………… 364
　　7.4.8 出风模式自动控制 …………………………………………………… 364
　　7.4.9 进气模式自动控制 …………………………………………………… 364
　　7.4.10 温度自动控制 ………………………………………………………… 365
　　7.4.11 鼓风机转速控制 ……………………………………………………… 366
　　7.4.12 电机、电机控制器冷却控制系统 …………………………………… 366
7.5 空调装置通风系统设计 …………………………………………………… 368
　　7.5.1 出风口整车布置 ……………………………………………………… 369
　　7.5.2 通风性能 ……………………………………………………………… 370
　　7.5.3 气流性能 ……………………………………………………………… 372
7.6 空调及冷却系统试验 ……………………………………………………… 374
　　7.6.1 关键零部件台架试验 ………………………………………………… 374
　　7.6.2 关键系统台架试验 …………………………………………………… 383
7.7 整车试验、标定 …………………………………………………………… 389
　　7.7.1 新能源汽车整车热管理标定内容 …………………………………… 389
　　7.7.2 热管理标定流程 ……………………………………………………… 389
　　7.7.3 环境舱标定 …………………………………………………………… 390
　　7.7.4 道路标定 ……………………………………………………………… 390

参考文献 ……………………………………………………………………… 391

第1章
概　述

1.1　我国发展新能源汽车的必要性

汽车产业作为一个国家非常重要的支柱型产业，受到有关部门和行业的广泛重视。汽车产业一方面体现一个国家的工业化水平，另一方面也是拉动整个社会经济增长的重要引擎。

我国的汽车工业发展较晚，基础比较薄弱。在新能源汽车这条路上，我国在2009年推出"十城千辆节能与新能源汽车示范推广应用工程"，开始进行市场化探索。"十二五"期间，我国汽车行业对新能源汽车工业的发展方向展开了各种探索，最终统一到了着重发展纯电驱动的技术路线上去。2016年，国务院印发了《"十三五"国家战略性新兴产业发展规划》，要求大幅提升新能源汽车和新能源的应用比例。中国汽车工程学会发布的《节能与新能源汽车技术路线图》也强调了要坚持纯电驱动的技术转型战略。

经过多年的发展，到2020年，我国新能源汽车市场上的整车产品种类很多，从高端车型到低端车型，已经覆盖了广泛的价格区间。整车企业，特别是一些造车新势力企业层出不穷。与电驱动、电池、电控等相关联的零部件供应商更是如雨后春笋般快速成长起来。各种尝试促进了我国新能源汽车行业的蓬勃发展。

我国政府大力发展新能源汽车产业有以下几个方面的原因。

1. 保护环境，降低二氧化碳排放量

全球工业化发展以来，特别是20世纪50年代以来，各国都进入了工业快速发展期，世界二氧化碳年排放总量快速增长。50年间，二氧化碳年排放总量翻了十倍，如图1-1所示，给全球的环境及温室效应带来巨大的压力。

从二氧化碳排放的来源来看，交通运输行业的排放量占比超过20%。因此，降低交通运输工具的排放量，就成为解决环境问题的很重要的手段之一。特别是城市化进程的快速推进导致城市内区域性环境污染严重。而车辆尾气排放成为大城市空气污染的主要原因之一。在城市内使用完全零排放的电动汽车对市内区域性空气质量改善有非常突出的作用。排放源从一个个小的分散在各处的汽车发动机变成了集中的位于郊区的大规模发电站，污染源更容易控制。

从传统的煤、石油、天然气为主的不可再生石化能源往清洁的可再生能源转变，如太阳能、风能、水能、地热能等。这些新能源的利用率将逐步增加，以电能

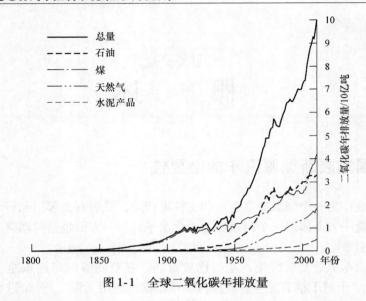

图 1-1　全球二氧化碳年排放量

的形态体现出来，进而成为今后的主要能源供应来源。当前，一些发达国家的可再生能源利用率已经占有相当高的比例。我国的新能源利用率还相对较低，目前正在大力建设新能源发电站，以及优化解决电网对新能源发电的并网问题。预计到 2050 年，全球范围内石化能源占比将降至 16%。二氧化碳排放量降到 2010 年的 1/10 左右。

一方面，我国改变依托于石化燃料的发动机驱动技术往纯电驱动的发展，同时也调整能源结构，从石化能源发电往新能源发电转变。通过双管齐下，同步推进，无论在车辆使用端，还是电力来源端，都能最终实现零排放的目标，从而实现最大限度地降低二氧化碳排放量，达到保护环境的目的。

2. 我国石油进口依存度大，直接关乎国家能源安全

石油作为现代工业的血液，是国家生存和发展不可或缺的战略资源，对保障国民经济发展乃至国防安全都是至关重要的。石油对我国经济的快速发展有重要影响。2018 年，我国石油表观需求量首次突破 6 亿吨，达到 6.15 亿吨。同年，我国的石油产量仅 1.89 亿吨。而俄罗斯 2018 年的石油产量达到 5.5 亿吨。这一年，我国进口了 4.62 亿吨原油。我国的原油对外依存度高，是全球最大的石油进口国。从 2015—2019 年这五年来看，我国对进口石油的依存度越来越高，而且这个趋势还在持续增长，见表 1-1。

表 1-1　我国石油表观需求量与进口量

年份	2015	2016	2017	2018	2019
表观需求量/亿吨	5.43	5.78	5.9	6.15	6.6
进口量/亿吨	3.28	3.81	3.96	4.62	5.06
进口依存度	60.6%	65.4%	67.4%	70.9%	72%

我国国土范围内的石油储备量丰富，但可开采率很低。全球可开采的石油总量，我国只占 1.7%。同时我国的石油开采成本相对较高，随着国际油价的持续下跌，炼油的利润也越来越低，这也加剧了我国的原油产量接连下降。如图 1-2 所示，从 2016 年开始，我国的原油产量一直处于比较低的水平，而且增速也较低。

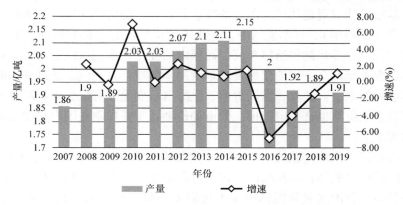

图 1-2　2007—2019 年我国原油产量及增速趋势

为了尽量降低对国外石油的进口依存度，保证国家能源战略资源的安全，发展新能源产业就显得尤为重要。只有摆脱对石油产品的需求，才能真正从根本上解决问题。对于石油需求占比较大的汽车行业来说，使用电力驱动代替燃油驱动，就是从根源上摆脱对石油产品需求的有效途径，从而降低对石油进口的依存度。

3. 传统汽油/柴油发动机及变速器技术制约

发动机、变速器是非常复杂的系统，相关技术，发达国家用上百年的时间研究和积累才发展到当今的技术水平。在整个发展过程中，各种相关设计方案通过大量的实践探索，可行的、不可行的，都有大量的经验且相关技术都以专利的方式被很好地保护起来。我国汽车企业深入研究相关技术，并且申请相关发明专利的时间不长。虽然也开始重视技术创新及专有技术的开发和专利的申请，但从专利检索分析来看，我国发动机、变速器领域的发明专利数量不多，而且申请的创新技术也仅仅是围绕一些外围的技术展开。核心、关键的技术还比较少。反观一些汽车工业发达的国家，相关专利情况就截然不同。它们在整体结构、关键部件、运行方法、故障诊断、排放环保等各方面都有非常完整的专利保护，而且相关系统的关联保护也很明显，使得专利保护条款占有绝对的排他性。在这些完整的专利约束下，我国企业想要生产出高性价比的发动机产品就更加困难。除了企业自身要掌握相关技术原理并且具备高的生产能力外，还要支付高额的专利使用费用，这样一来，生产成本就很高了。

就发动机而言，国内很多企业都有自主生产的发动机，但是深入分析会发现，它们与国际知名的发动机设计公司如奥地利的 AVL 公司、德国的 FEV 公司、英国

Ricardo 公司等都有非常紧密的合作，其技术来源基本上对这些公司形成强依赖。核心零部件更是如此，发动机的电喷系统，德国博世公司就占据了我国很大的市场份额。不仅仅是电喷系统，涡轮增压系统、发动机管理系统等，甚至是火花塞，国外的零部件企业都占据我国大部分的市场份额。

变速器市场情况更是如此。国外的变速器企业：德国采埃孚、日本加特可、德国格特拉克（麦格纳）、日本爱信等，在我国的市场占有率都非常高，而且都是以变速器系统供应的形式提供给整车厂。而国内的变速器系统供应企业，如陕西法士特，基本还在重型汽车应用的领域发展。乘用车领域，吉利汽车通过并购的方式走到了世界前列的水平。此外，重庆青山、上海汽车变速器有限公司、浙江万里扬等国内变速器企业虽然也有一定规模，但市场份额还主要局限在国内自主品牌的关联整车厂的需求上。

面对长期以来很难突破的技术垄断，或者说很难突破的全产业链体系的垄断，我国在新能源纯电驱动技术路线的尝试，可谓是非常必要的战略转移。当然，这里需要强调的是，我国发展新能源汽车不代表就不研究传统的发动机和变速器技术了，而是侧重点发生了变化。单纯从技术角度来看，还是需要多方向尝试的。

4. 我国在电池、电机技术上与发达国家比，没有明显的差距

经过十几年的发展，新能源汽车行业全产业链结构在我国建设得已经比较全面了，在电池、电机等核心系统上，我国已经具备国际一流的水平。就动力蓄电池行业来说，全球前十名的电池企业有一半都是我国企业。表1-2 所列为韩国 SNE Research 发布的 2019 年全球排名前十的锂离子电池企业的出货量，宁德时代已经连续三年排名全球第一，而且其增长速度和出货量相较排名第二的松下还有扩大的趋势，这与我国新能源汽车市场的快速增长密不可分。我国的这些电池企业，从产品技术上来看，也不仅仅是给国内整车企业配套，它们基本上也都同时给国外一流的整车企业，如宝马、奔驰等企业配套。这也说明了我国电池企业的产品具有很强的综合竞争能力。在电池行业领域，除了我国以外，韩国、日本的电池产业也比较成熟，某些方面还强于我国，但并未形成很大的差距。而传统的欧洲汽车强国，如德国、法国等，至今还没有建立起完整的电池产业链，产品技术也没有明显优势，这将使得这些老牌的汽车强国在电动汽车的发展道路中缺乏主动性。这些国家的企业也逐渐意识到这个问题的严重性，并开始通过各种途径建立自身在电池领域的综合能力。

表1-2 2019 年全球排名前十的锂离子电池企业的出货量

排名	品牌	2019 年出货量/GW·h	2018 年出货量/GW·h	同比增长	2019 份额	2018 份额
1	宁德时代	32.5	23.4	38.89%	27.87%	23.40%
2	松下	28.1	21.3	31.92%	24.10%	21.30%
3	LG Chem	12.3	7.5	64%	10.55%	7.50%

（续）

排名	品牌	2019年出货量/GW·h	2018年出货量/GW·h	同比增长	2019份额	2018份额
4	比亚迪	11.1	11.8	−5.93%	9.52%	11.80%
5	SDI	4.2	3.5	20%	3.60%	3.50%
6	远景AESC	3.9	3.7	5.41%	3.34%	3.70%
7	国轩	3.2	3.2	0%	2.74%	3.20%
8	PEVE	2.2	1.9	15.79%	1.89%	1.90%
9	力神	1.9	3	−36.67%	1.63%	3%
10	SK	1.9	0.8	137.50%	1.63%	0.80%

除了电池产业外，电机产业作为一个非常成熟的产业，在我国也发展了几十年，产业链相对也比较成熟。我国制造的各类工业用电机早已经出口世界各地，并具备相当强的综合竞争能力。从各类工业用电机往汽车用电机上应用，从技术本质上来说没有根本差异，相对容易做到满足市场需求。国内的电机供应商也比较多，大多都是做传统电机的企业增加汽车电机业务，一些新能源汽车的整车企业也投资自主研发并生产电机，市场选择和竞争还是比较激烈的。当然，其他发达国家的电机技术水平也是非常高的，都掌握了核心技术并具备大规模生产的能力。总体而言，与发动机和变速器相比，电机技术相对简单。

最后需要提一下，至今还受制于外国的核心零部件，即应用于电控领域的芯片及开发工具（软件）等产品。这些产品不仅仅在汽车上使用，在任何电子产品上都会使用。我国投入了大量人力、物力去解决这个制约因素，但因芯片技术更加复杂，还需要一定的时间才能解决。

5. 电动汽车是发展智能网联汽车的最优载体

电动汽车通过电控来实现驱动，也可以通过电控来实现车内外各种功能。随着信息化产业的快速发展，在其他行业基于智能手机的各种信息化产品已经非常普及，5G、北斗系统等通信基础设施日益成熟，我国的信息化产业有了长足的发展。在这样好的基础上发展高度信息化、具有智能网联功能的汽车是未来产业发展的重要方向。在电动汽车上发展智能网联汽车能够把汽车的电控化、信息化最大限度地发挥出来。可以看到，靠软件来定义汽车的时代已经来临。电动化加上智能网联化将推动汽车产业往另外一个高度发展，如同智能手机淘汰非智能手机，汽车技术正在发生重大变革。

6. 电动汽车的使用经济性（低使用成本和保养成本）

对于电动汽车用户来说，使用电动汽车的成本较低。以普通经济型乘用车为例，电动汽车的电耗大概为每百公里12kW·h左右，如果是民用电充电，我国现在平均民用电价为0.5元/kW·h左右，当然不同地区也有些差异。因此，电动汽车行驶100km仅仅需要6元钱。如果考虑电网峰谷电价的差异，电网一般在白天是用电高峰期，电价稍高。夜间是用电低谷期，为了保证电网的平稳运行，鼓励夜间多用电，夜间电价稍低，现在我国夜间的波谷电价一般为 0.3 元/kW·h 左右。而对于大多数电动汽车的使用场景来说，都是白天在外面驾驶使用，夜间停车充电。这样的运行模式刚好与电网的负载量形成互补，一方面减轻了电网负载不均衡的压力，另一方面，对于用户来说，用电费用也较少。如果按 0.3 元/kW·h 计算，电动汽车行驶 100km 就只需要 3.6 元。而同等情况下燃油经济型轿车是什么情况呢？简单计算如下：一般这样的汽车百公里油耗大概为 8L 汽油左右的水平，以 95 号汽油为例，每升汽油的价格大概在 6 元左右。当然，汽油的市场价格受到国际油价的影响会产生波动。对于用户来说，日常使用的消耗品价格是不适合大幅波动的，这样会直接影响用户的日常生活开支，而电价是相对稳定的。另外需要补充说明一下，社会上公共使用的充电桩，因为考虑到充电桩运营企业的巨大投入和投资回报问题，运营企业会在电费的基础上再加收一定的充电服务费用，上述计算并未包含这笔费用，考虑到供电是无处不在的，多数情况下用户可以在自有资源条件内获取电源。对于燃油汽车而言，驾驶 100km 需要花费 48 元，比电费高很多。普通用户如果按照每年驾驶 20000km，一辆车的全寿命为 10 年计算，那么，10 年下来，车辆在能源消耗上使用的成本差异就非常大：电动汽车为 12000 元，燃油汽车为 96000 元，对比见表 1-3。使用电动汽车节省下来的能源消耗成本已经可以差不多再购买一辆新车了。如果是出租车等营运车辆的话，全生命周期能够行驶 40 万 km 甚至更多，那节省下来的费用就更加可观。

表 1-3　电动汽车与燃油汽车使用成本比较

车辆种类	电动汽车	燃油汽车
能源价格	0.5 元/kW·h	6 元/L
百公里能耗	12kW·h	8L
百公里支出	6 元	48 元
200000km 支出	12000 元	96000 元

　　除了使用成本有巨大差异外，在车辆保养方面，电动汽车的保养成本也远远低于燃油汽车。对于燃油汽车而言，保养的主要对象是发动机、变速器、制动系统、空调系统等。其中占比最高的就是与发动机相关的内容：更换机油、机油滤清器、空气滤芯、火花塞、节气门、传动带、冷却液等。其中很多零部件在整个车辆生命周期内需要多次更换。所有这些内容，对于电动汽车的电机来说都是不需要的。一般使用的驱动电机在整个车辆生命周期内是不需要特别保养的，这可为车辆用户省去不少费用和麻烦。花费占比第二高的就是制动系统的保养，制动卡钳与制动盘的磨损，制动油的更换等，也需要不少的开支。而电动汽车因为有制动能量回收功能，也就是使用驱动电机反拖力矩使车辆减速，制动卡钳和制动盘的使用频率大大下降，综合统计只有燃油汽车的 10%~20%。也就是可以做到在整个车辆生命周期内，制动卡钳和制动盘的磨损率都还非常低，一般不需要更换。再加上电机的能

量回收作用将部分机械制动浪费的能量转换成电能储存到电池中，为后续的驾驶提供动力，车辆的驾驶能耗得以进一步降低。

电动汽车能量回收在现实路况中会出现下列情况：如果车辆从山顶一路往山下开，就会出现到山下后电池电量比在山顶出发时还多。按照这样的特性，出现了这样一种产品：矿山上拉矿的大型矿车，一般都是功率很大的高油耗车型。这些矿车一般空车从山底开车到山上，然后载满矿石后再运到山底，如此往复。如果是燃油的矿车，往返都要消耗大量的燃油。如果为电动矿车，空车从山底到山上，耗费不多的电量就可以抵达目的地。满载后，因为有了比上山大很多的整车载荷，整个下山途中，靠巨大的势能和电动汽车的能量回收功能，势能转换回收到的电能可能比上山消耗的电能还要多（具体回收电能与载荷大小和山势高低有关）。如此一来，矿车就不需要进行充电而持续不断地工作了。当然，类似这样突显电动汽车优势的使用场景还非常多，这里就不一一列举了。

7. 我国矿产资源如何保障电动汽车规模化发展

电动汽车的核心零部件电池和电机需要的矿产资源：锂、钴、镍、稀土等关键材料直接影响着行业的规模发展。

锂矿主要分布在智利、我国、澳大利亚和阿根廷，四个国家的锂矿储量占总储量的96%。中国占比约20%，锂矿资源比较丰富，主要分布于青海、西藏等省区，具体的锂矿储量分布从表1-4中可以直观地看到。

表1-4　全国锂矿储量分布　　　　　　　　　　单位：万吨

青海	310.04
西藏	222.3
四川	76
湖北	50.61
江西	34.2
湖南	16.51
河南	2.87
新疆	1.26
福建	0.21
山西	0.02

钴也是对当前电池生产很重要的原材料。全球钴资源的分布更加集中，有一半的钴矿在刚果（金）。我国钴资源贫乏且分布较分散，仅占全球储量约1%，所以我国的钴主要依赖进口，且主要用于电池领域。行业科研工作者也意识到了钴的稀缺性和分布集中性，正在大力研发无钴电池技术，这项技术已经具备产业化的基础。钴将不再是影响电池产业发展的主要原材料。

镍矿资源分布相对钴来说要好很多，全球镍资源集中度较低，整体来说资源也比较丰富，能够满足电池的市场需求。澳大利亚、巴西、俄罗斯、印度尼西亚、菲律宾等国都有大量的镍矿供应。我国的镍资源主要分布在甘肃,其中甘肃金川白家嘴子镍矿长约 6.5km 的地段内拥有全国 62% 的储量。

稀土有工业"黄金"之称,由于其具有优良的光电磁等物理特性,广泛用于各类芯片、磁性体、超导体、光源等应用。电动汽车中的永磁电机、芯片等都需要使用稀土材料。我国是世界稀土资源储量大国,不仅储量丰富,而且各种稀土元素齐全,矿品质高。这也为我国的工业发展奠定了坚实的基础。

1.2 电动汽车技术发展趋势

汽车的动力系统是影响整车基础架构非常核心的部分。传统发动机和变速器的结构特征决定了需要一个比较大的前舱及整个中通道的基本结构才能满足其布置要求,而电动汽车的电机和电池在这样的车身结构上就显得格格不入。针对电动汽车,需要研究新的满足电动化特征的架构,无论是整车结构架构还是整车电控架构,基本都需要完全重构,这样才能设计出最优化的电动汽车产品。那么,这些新的架构都有哪些主要特征呢?

就纯电动轿车而言,近些年的快速发展让行业很快达成了第一个共识:电池包要以平板式的结构放在整车下车体,也就是放在整个乘员舱的下面是最合适的,而不适合放在前舱、行李舱或中通道等其他位置。2015 年左右陆续上市的纯电动轿车车型,大多数就已经体现了这个共识。但是,最初上市的一些车型还是基于燃油车的车身基础改制而成,而燃油车的下车身并没有足够大的空间安装电池包,这就导致了市面上有些车型的离地间隙比较小,使用中容易出现托底现象。另外,有些车厂用 SUV(运动型多功能汽车)的基础车型改制电动化,"硬生生"地把 SUV 变成了轿车,还有一些车厂为了不减小离地间隙,就只有往上发展,结果使整个车的造型比例非常不协调。要解决这个问题,一方面,电池厂也在开发高度尺寸更小的电芯产品,当前市面上比较流行的 VDA(德国汽车工业协会)标准尺寸的电池模组,其高度是 108mm,这个高度已经能够较好地解决以上问题。同时,高度更小的,如模组高度甚至到 80mm 的电池产品也在开发中。另一方面,对于整车来说,电池箱体结构与车辆下车体的集成一体化设计是非常关键,只有电池和下车体结构实现高度集成化,不仅仅是车辆高度,更重要的是整车的车身结构刚度、强度等才能达到最优状态。图 1-3 和图 1-4 所示分别为大众汽车全新开发的 MEB(电动车模块化平台)纯电平台下的电池箱体,以及特斯拉汽车的电池箱体与下车体的结构关系。这两个公司的产品也是当今市面上为数不多的完全按照纯电动汽车的电池、电驱动的特征而全新开发的结构。特别是特斯拉的产品技术,引领了纯电动技术未来的发展趋势,成为行业内众多整车企业学习的榜样。电池箱体的结构都是非常平整、规则地安装在整车中央底部乘员舱下面的位置。电池结构与下车体的结构统一成一个整体来保证整车的结构强度。也就是说,从电池结构上来说,电池与下车体的结构集成是一个必然的技术发展趋势。

除了电池结构，电驱动系统也有非常明显的技术趋势特征。如图 1-5 所示的特斯拉汽车的电驱动系统的布置形态，可以看到，两套电驱动系统分别独立地布置在前、后传动系统上。因为电驱动系统相对发动机、变速器系统而言，体积、质量都要小很多，所以布置就显得相对灵活，但灵活不代表可以随意摆放。从技术趋势上来说，也正如特斯拉汽车所体现的方式，三合一集成（电机、电机控制器、减速器集成）的电驱动系统与副车架高度集成在一起形成一个所谓的电驱动桥模块。图 1-6 所示为德国采埃孚公司开发的电驱动桥，这个电驱动桥的集成度非常高，占用整车的空间也非常小，把尽量多的空间留给了驾乘使用。电驱动桥可以让整车驱动形式实现模块化的配置选择：需要后驱就布置到后面，需要前驱就布置到前面，需要四驱就布置到前后。不同驱动方式的变化完全不会影响整车基本结构，这给汽车设计带来了非常高的灵活性。而这样的灵活性是传统燃油汽车很难具备的。除此之外，分别独立控制的前、后两套电驱动系统还可以让整车实现更多动态性能的变化，车辆驾驶形态也更加灵活多变。三合一的电驱动系统是实现整个电驱动桥模块的关键，图 1-7 所示的两套三合一电驱动总成系统就是非常典型的示例。要成功开发三合一总成系统，其中电机与减速器的集成及其冷却系统的设计等多个关键问题需要特别注意。

图 1-3　大众汽车 MEB 平台电池箱体

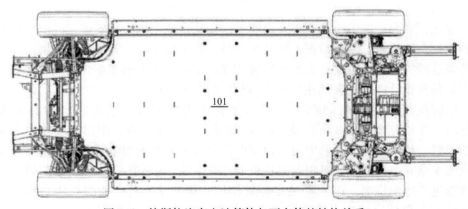

101

图 1-4　特斯拉汽车电池箱体与下车体的结构关系

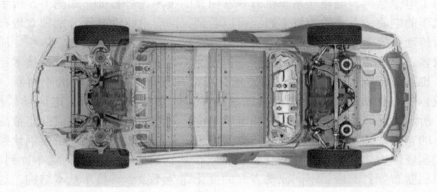

图1-5　特斯拉汽车电驱动系统结构特征及在整车上的布置

图1-6　德国采埃孚公司开发的电驱动桥

　　总之，三合一的电驱动系统及电驱动桥模块这两个核心技术将是纯电动动力系统的重要发展趋势。当前市面上的整车产品，除了特斯拉，其他部分车辆产品也已经具备这样的特征，但还处于技术发展初期阶段。而更多的整车企业及零部件企业还不具备其设计能力，自然还没有推出相应的产品上市。

　　电源系统也是纯电动汽车上非常重要的组成部分，它主要包括配电系统（PDU）、车载充电器（OBC）及DC/DC变换器。简单来说，配电系统相当于家中的插线板，从电池端提供的电要通过配电系统分配到各个用电器上去。而用于电池充电的车载充电器的作用是把电网提供的220V交流电转换为动力蓄电池能够接受的直流电给电池供电。DC/DC变换器的作用就是把动力蓄电池的高压直流电变换成车载12V低压直流电，给蓄电池充电，也给车载所有低压用电设备供电。这样

图 1-7　三合一（电机、电机控制器、减速器集成）电驱动系统集成模块示例

的三个主要功能模块加上一些开关、熔断器、继电器等保护电路形成一个完整的电源系统。从技术发展趋势上来讲，这几个模块最好也是能够集成到一起，形成一个整体。但是，在实际整车设计过程中，电源系统很难像前述电池、电驱动系统那样清晰。因为根据整车布置方案的差异，可能会出现多种电源系统的集成方式。这里举例介绍一下特斯拉的解决方案。特斯拉把电源系统布置在第二排座位下方的空间区域，与电池箱体结构固定在一起。电源系统内部的构造及组成部分如图 1-8 所示。这样的设计显得非常紧凑合理，是一个很好的解决方案。当然，还有些公司把电源模块放到前舱，因为考虑到很多用电设备都布置在前面，所以就会表现出另外一种结构形态，也是合理的方案。但是无论结构形态如何不同，整个电源系统的集成也是技术发展的趋势，把 PDU、OBC、DC/DC 变换器等部件分体布置的方式不仅成本高，而且体积更大、质量更大，性能上也没有特别突出的优点。

　　最后介绍一下电动汽车的热管理系统，传统的空调系统依靠发动机的协同实现

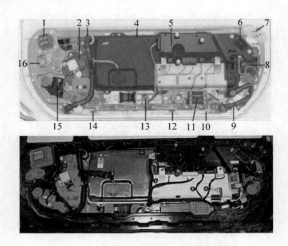

图1-8 特斯拉电源系统内部构造图

1—充电口连接器 2—快充电流接触器总成 3—通往功率变换器（PCS）的冷却管
4—功率转换器（DC/DC变换器、OBC等） 5—高压控制器 6—低压连接器 7—PCS的12V输出口
8—正极高压电开关 9—通往PCS的冷却管 10—通往乘员舱取暖器、空调压缩机的高压电连接器
11—乘员舱取暖器、空调压缩机和PCS直流输出熔体 12—后轴电机高压连接器 13—高压电热熔断器
14—前轴电机高压电连接器 15—负极高压电开关 16—三相交流电插接器

空调制热、制冷功能。但电动汽车就不能使用传统发动机的方式了，而是需要一个基本独立的电空调系统。热源基本上是单独的热阻以及电机余热等，冷源是压缩机等系统。这些方式都是直接从动力蓄电池获取电能来调节温度，对电的消耗是非常大的，所以电动汽车的空调系统如何低耗节能就成了评价电动空调系统的重要指标。其次，因为电动汽车没有发动机的背景噪声，空调压缩机的振动噪声要求也远远高于传统汽车，这也给压缩机的开发带来更大的挑战。为了降低能耗，行业内普遍达成共识的解决方案就是使用热泵空调系统，而且热泵空调系统调节下的乘员舱环境的舒适性也更好，更能够被用户接受。但是，该技术现在在行业内还处于起步阶段，离产业普及还有一定距离。其次，因为电动汽车没有发动机的背景噪声，空调压缩机的振动噪声要求也远远高于传统汽车，这也给压缩机的开发带来更大的挑战。

除了以上提及的几个电动化关键系统外，还有两个非常重要的方面也需要特别关注，一个是整车电控系统架构的发展变化，另外一个是随着智能网联的发展而兴起的远程信息处理服务平台（Telematics Services Provider，TSP）及整车控制器远程软件升级功能OTA（Over the Air）。图1-9所示为整车电控系统架构的变化趋势，当前市面上的车型正在分布式电子电气架构向集中式架构发展的过程中。随着车辆电控系统的增加、功能需求的增加，对高计算性能、高通信带宽、高功能安全性、高信息安全性、软件持续更新等的要求也在快速提升。然而，当前采用的分布式架构存在计算能力不足、通信带宽不足、不便于软件升级等瓶颈，不能满足需求。基于软件集中化和域控制器的集中式电子电气架构将成为未来汽车电子电气架构的发展方向。第 2 章会在这方面展开介绍。TSP 及 OTA 的重要性就是软件定义汽车的具体表现。过去的车辆一旦生产下线，它的状态就固化下来了。而现在的车辆从进入市场开始才开始它的成长生命，通过软件后台的支撑及车辆端的软件升级可以让车辆随时随地实现功能的更新变化，车辆状态再也不是一个固定不变的形态，而是一种持续提升的状态，这样的技术发展趋势已经不可逆。在这样的架构基础上，可以想象到未来在汽车这个智能终端上可以衍生出非常多的新兴的商业形态。

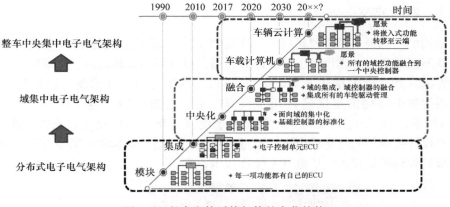

图 1-9　整车电控系统架构的变化趋势

第❷章
控制系统集成设计

2.1 整车电子电气架构

2.1.1 概念定义

架构的概念最早源于建筑行业，建筑师设计一栋建筑需根据业主的需求和边界条件从不同的角度考虑设计出所需的设计图。设计图抽象地描述了建筑的某一个特定的方面（如几何关系和电气连接）。根据这些所需的设计图便可以建造一栋建筑。将建筑中架构的定义转化用于汽车行业，则被称为"电子电气架构"。如图 2-1 所示，"电子电气架构"是整车电子电气系统的顶层设计，是在功能需求、法规和设计要求等的特定约束下，通过对功能、性能、成本和装配等各方面问题进行分析后得到的最优的电子电气系统性技术方案。

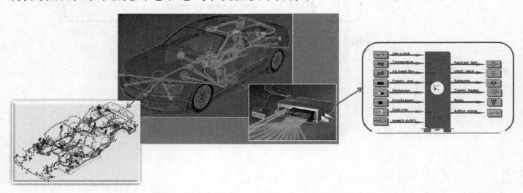

图 2-1　整车电子电气架构概念

2.1.2 电子电气架构开发过程

电子电气架构开发过程将开发步骤按照逻辑关系和时间先后顺序连接在一起，并对每个设计步骤开始和结束的输入/输出判据进行描述。开发过程的结果是产生一个可被执行的电子电气总系统的架构，以及所采用的电子控制器和电子部件的设计说明书。电子电气架构开发过程属于整车 V 模型的组成部分，对应于整车 V 模型的需求分析和设计阶段，如图 2-2 所示。电子电气（EE）的开发方式分两种：

1）从下到上的方式，即从已有的部件出发，此种方式是以现有的电子电气架构为基础，仅对某些附加的功能及新部件加以补充。这种方式最适合于对现有的电子电气架构的下一代进行开发。

2）从上到下的方式，即从完整的整车需求分析出发，遵循所有的建模步骤进行建模。从上到下的开发方式适合应用于新的电子电气架构开发，如针对新的车辆平台。

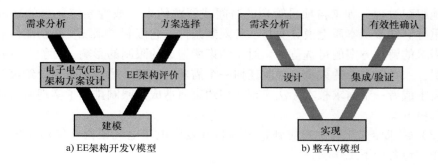

a) EE架构开发V模型   b) 整车V模型

图 2-2　V 模型

具体到整车项目的电子电气架构开发工作，通常包括三个阶段：需求定义、概念设计、系统设计。

1. 需求定义

需求定义是整车电子电气功能开发工作的起点，当然也是整车电子电气架构设计工作的出发点。架构工程师必须将电子电气功能开发的所有涉众提出的需求转化并清晰地描述为设计需求，并且将设计需求通过架构设计进行实现，确保后续的子系统和零件设计满足设计需求。

（1）"需求"的定义

1）用户解决某个问题或者达到某个目标所需要的条件或能力。

2）一个系统或系统组件为了实现某个契约、标准、规格说明（规约）或其他需要遵循的文件而必须满足的条件或拥有的能力。

3）对上述1）和2）中所描述的条件或能力的文档化表示。

以上"需求"的定义对应到整车级电子电气功能开发中则可以理解为：一个"电子电气功能子系统"为了实现某个整车级电子电气功能所需要满足的条件和能力，而文档化的条件和能力（如子系统功能规范）也属于需求定义的范围。

（2）"需求"的分类　需求可以分为功能性需求、质量需求和约束三类。

1）功能性需求。功能性需求定义为系统应提供的服务、系统针对特定输入如何响应，以及系统在特定情形下的行为的陈述。功能性需求其实就是系统所实现的功能，功能的核心思想是能够按照一定的规则执行动作，从而完成特定的任务，功能性需求是对任何电子电气功能子系统的基本需求。功能性需求是规定某个系统需要实现什么功能的需求，它解决的是功能有无的问题。

2）质量需求。质量需求定义为一个系统提供的服务或功能的质量特性，如系统的响应时间、可靠性、稳定性等。质量需求是规定功能要满足哪些质量属性的需求，如功能的时间响应是否及时、功能是否稳定、功能是否可靠及功能是否安全等，它解决的是功能好不好的问题。

3）约束。约束定义为一种限制了系统开发方式的组织或技术要求。约束通常与其他组织过程（如来自项目管理的时间或资源约束）或者系统运行的环境和上下文重叠。约束从本质上说其实是一种限制条件，它限制了系统实现功能性需求和质量需求的解决方案的可选范围。对于约束所造成的限制的影响，可能会有两种极端情况：一种是某个约束没有限制任何一个需求的实现；另一种是某个约束会导致某个需求或者一组需求根本无法实现，即约束所造成的限制排除了实现需求的所有可选解决方案。

（3）需求定义工作　对应到整车项目开发中电子电气架构开发涉及的需求定义工作，包含如下工作项：

1）市场关键技术调研。调研新平台关注的关键技术（如车辆网、高级驾驶辅助系统）市场动态，为新平台功能定义提供参考。

2）竞品车型详细解析（Benchmarking）。针对重点关注的竞品车型（某一款或几款）进行 EE 系统详细解析，为新车型设计提供蓝本和素材。

3）法律法规分析。分析法律法规的变化，对未来车型的新的要求。

4）现有架构资源分析。分析现有 EE 平台的资源，包括供应商体系、产品定义、生产、售后服务等。

5）车型/平台需求定义。确定新车型各方面需求，包括功能、配置、生产、售后服务、成本目标等（如满足未来 5 年）。

6）定义架构方案评估准则。定义架构方案评估准则，整个开发过程均依据该准则执行，评估维度至少覆盖可靠性、技术前瞻性、可扩展性、灵活性、复用性、成本、重量、环保性、可行性等因素。

7）功能清单（Function list）梳理。定义车辆 EE 系统功能开发目标，梳理详细的功能清单。

2. 概念设计

概念设计对应到整车项目开发中电子电气架构开发涉及的概念设计工作，包含如下工作项：

（1）功能需求描述　针对每一个主功能，进行如下分析：

1）功能的场景描述。

2）各子系统在不同场景中的基本逻辑要求。

（2）功能选型方案　针对每个主功能，进行功能方案规划：

1）功能的方案描述。

2）功能到子系统的分配（功能框图）。

（3）通信策略定义　定义总线通信相关技术规范，整车所有电子控制单元（ECU）都需满足该规范要求。

（4）诊断策略定义　定义诊断相关技术规范，整车所有 ECU 都需满足该规范要求。

（5）电气策略定义　定义电气系统设计规范，包括电平衡开发目标定义、静态电流开发目标定义、电源系统（蓄电池、发电机、起动机）选型规范、电源分配设计规范、接地系统设计规范，为后续系统设计提供指导。

（6）网络拓扑结构设计　综合考虑通信策略、诊断策略、网络管理策略，定义车型网络拓扑结构。

如图 2-3 所示，概念设计阶段的目标是，以功能架构开发为基础，映射及定义整车网络架构和物理架构，具体输出物为"整车网络拓扑图""整车电气原理图"。

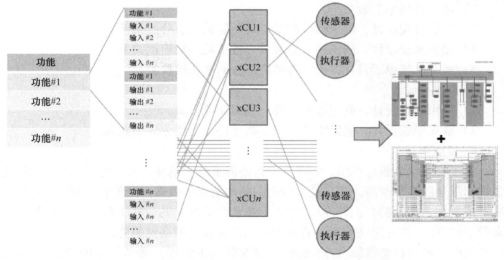

图 2-3　概念设计阶段——输出网络拓扑图及电气原理图

3. 系统设计

系统设计对应到整车项目开发中电子电气架构开发涉及的系统设计工作，包含如下工作项：

（1）功能设计

1）功能安全分析，即各个子系统功能安全概念阶段开发设计，须完成各个子系统危害分析与风险评估，以及各个子系统的功能安全目标制定及功能安全概念开发。

2）ECU 功能需求（SOR），即根据子系统功能定义和功能安全目标，定义各ECU 的功能需求，下发给供应商。

3）ECU 功能规范设计，即制定各 ECU 功能的具体实现方案，主要包含法规的约束，电气原理，引脚定义，电气需求，功能逻辑，通信需求，诊断需求，网络管理需求，机械需求，售后服务。

（2）通信设计

1）整车各控制器总线通信矩阵（信号列表）及 DBC 数据库的设计与发布。

2）整车网络仿真验证分析、负载率计算，出具整车网络仿真验证分析报告。

（3）诊断设计

1）对整车各子系统诊断需求进行捕获收集，进行诊断需求规范的编制与发布。

2）对整车生产线下线检测设备开发提供技术支持，编制《EOL（End of Line）下线流程》等诊断文件。

（4）电气原理设计

1）零件 ICD（接口控制文件）接口文件设计，包括各零部件的原理图、接口定义。

2）零部件功率参数收集。

3）电源分配设计，确定熔丝数量、熔断器数量、分配关系。

4）接地系统设计，确定搭铁点数量、各负载接地连接关系。

5）整车电气原理设计，确定各电器部件的硬线连接关系。

（5）线束设计

1）线束布置设计，确定各零部件、线束布置方案。

2）线束原理设计，确定线束长度、插接件、线色等详细数据。

4. 发展趋势

由于安全、节能、环保、舒适等方面的需求越来越高，汽车电子电气系统的重要性和复杂度越来越高，其在整车价值中的比例逐年提高，且随着车辆级别由低到高不断增加；据预测，汽车 90% 的创新将来源于汽车电子电气系统，其中 80% 将来源于软件。"软件定义汽车"将成为电气架构发展的必然趋势。

同时，随着自动驾驶/智能座舱/车载互联（大数据）等新技术的产生和发展，现有的分布式电子电气架构形式遇到了技术瓶颈，主要表现在如下几个方面：

1）变型数量增加：数量众多的细分市场、汽车电子技术使主机厂需要为变型开发付出高昂的成本。

2）计算能力：传统的嵌入式 ECU 运算能力已达到极限。

3）通信带宽：功能域内和跨功能域的通信带宽不足以应付未来的数据流量需求。

4）对外通信：与车外通信时更高的数据流量将带来更高的信息安全风险。

5）可扩展性和灵活性：未来的电子电气系统需要允许迅速引入新的创新功能。

相应地，整车电子电气架构将会被驱动，从分布式向集中式进化，具体表现在如下 5 个关键点：

1）超级网关：包含全新路由机制，以应对迅速增长的路由复杂性及数据通信需求。

2）车与车通信：开放式的电子电气架构满足外部通信需求的同时考虑了完备的安全机制。

3）通信网络：车载以太网技术的发展将满足更高的通信带宽及更加灵活的通信机制。

4）高性能计算机（High Performance Computer，HPC）和区域控制器（Zonal Controller）：更多的软件功能将综合在一个 HPC 上。

5）传统控制器：某些传统的控制器，由于和特殊硬件密切相关，例如电机控制器，通常情况下将继续保留为独立的控制器，与传感器、执行器协同工作，即使集成在多合一的控制器中，一般也仍然以较为独立的方式存在，以保证整车电子电气架构的灵活性。

2.2　OTA 技术

2.2.1　OTA 技术介绍

OTA 全称为 Over – The – Air，也就是通常说的云端技术或空中下载技术，OTA 主要是通过服务器、移动通信网络和终端等的网络连接，最终实现终端软件和数据的更新，进而改善终端的技术与功能，提升用户体验。简单来理解，整车 OTA 升级就犹如计算机更新补丁、手机升级系统。

近几年，随着车联网技术的发展，OTA 在汽车中的应用越来越广泛，车企也在逐渐增大对该项技术的投入。如今的车辆 OTA 与前些年的 OTA 存在很大的不同，早年间的 OTA 大部分是针对车机系统，其主要功能是更新导航地图，影音娱乐等，更新并不会影响车辆性能参数，而如今则是更倾向于整车 OTA，整车 OTA 的更新不仅可以涉及多媒体系统，甚至车辆的底层动力性能参数也可以被改进。

早在 2012 年，全球汽车车机系统普遍采用长条单色液晶屏幕时，特斯拉就将大屏植入了 Model S 车型，并且该车已经使用了整车 OTA 技术，具备 OTA 升级的能力。据统计，截至 2017 年，特斯拉已经通过 OTA 为其推送了 25 次大版本的升级，其中涉及人机交互、动力系统、自动驾驶等多方面。

2.2.2　OTA 系统整体需求

（1）完整性　OTA 系统需提供完整的功能，包括 OTA 服务端、OTA 车辆端、通信协议等，完全覆盖车企对 OTA 的应用需求。

（2）独立性　OTA 系统与车联网系统间相对独立，有所需的 API（应用程序接口），同车企 MES（制造企业生产过程执行系统）、TSP（实时监测系统）、PKI（公钥基础设施）等系统进行数据对接。

（3）安全性　OTA 系统需保证系统的安全性，以及企业经营数据的保密性。

提供完善的信息安全机制，以实现对信息的全面保护，保证系统的正常运行。

（4）扩展性 随着车辆的逐渐增多，OTA 系统必须有能力承载不断增加的负载，要求可通过扩展服务器来增加整个 OTA 系统的负载能力。同时要求具有车型扩展性，即当车辆端不变时，OTA 系统可以实现在多车型平台上的复用。

（5）鲁棒性 OTA 系统提供有效的、系统的可监控机制，使得接口的运行情况可监控，便于及时发现错误及排除故障，具有相应的错误处理机制。

（6）可差分 OTA 系统需具备差分升级的能力。升级包较小时，可直接使用全量包；升级包较大时，可采用差分技术生成差分包。

（7）兼容性 OTA 系统应遵循工业标准和行业规范，同时系统可以与主流的硬件和第三方软件平台进行集成，具备良好的开放性和兼容性。

2.2.3 OTA 系统方案

1. OTA 服务端功能

（1）基础数据管理

1）车辆管理：系统管理车辆信息，包括车辆识别代号（VIN）、车辆生产信息等车辆基本信息，也可以更详细地获取/维护车辆软硬件 BOM（物料清单）及所有 ECU 软硬件版本信息，形成车辆档案。车辆生产信息可从 MES 对接获取，实时最新的各 ECU 软硬件版本信息可通过远程信息处理器（TBOX）上报。

2）车型管理：管理车型信息，可以通过大数据手段，对不同的 ECU 组合的整车进行分组，同一个组就是一个车型，可以远程升级的车型及 ECU 有多少装配的可能性，则都需要建立对应的车型信息。

（2）软件管理 管理所有 ECU 软件，包括所有 ECU 版本的上传、供应商信息和软件版本等基础信息添加、查看等，从而可以详细查看所有软件迭代情况。

（3）升级策略管理 在进行升级任务前，可进行升级策略的配置。OTA 系统提供基于地区、时间、品牌、车型等不同维度的灰度升级策略支持，支持静默升级、强制升级、可选升级等各种灵活的升级能力。

在进行多 ECU 升级时，考虑到各 ECU 模块间可能存在相互关联，所以在升级某些 ECU 时需要充分考虑各 ECU 升级的先后顺序，各 ECU 间是否存在依赖关系，如果升级失败的 ECU 和其他刷写的 ECU 存在依赖关系，则应将有依赖关系且升级成功的 ECU 回滚至上一个状态。

（4）升级包制作与发布 升级包制作服务会根据任务要求和具体内容，制作全量、差分升级包，包括可制作 QNX、Android、Linux 系统的差分升级包。同时为了保证升级包文件的安全性，升级包必须有加密和签名的过程。

（5）升级任务管理 升级任务管理可以对升级任务进行任务创建、任务控制和任务监控等，系统提供便捷的任务创建、查询、展示功能，通过升级任务的方式可实现前期小规模车辆升级的验证及后期大规模车辆升级。

1）任务创建：根据业务需求，在可视化的界面进行任务创建，进行任务参数配置，配置参数主要包括升级策略，VIN 范围、升级时间、通知方式、升级方式、地区范围等信息。

2）任务控制：针对在特定条件下，对任务的暂停或者取消等的控制。

3）任务监控：任务执行状态的查看和监控，以便了解升级的进度和完成情况。可查看系统定义的各种升级状态。

（6）升级日志管理　升级日志包含两部分，一部分是服务端日志，另一部分是车辆端日志，所有升级过程中的日志都会被记录。

1）服务端日志：OTA 服务端记录所有的登录、操作、配置等日志，并可提供日志查看和下载功能。

2）车辆端日志：车辆端（TBOX）记录的日志支持上传至 OTA 服务端，按照特定的目录进行存储和展示，在必要时可查询和下载车辆端日志进行问题分析。

（7）用户及权限管理　基于 OTA 系统安全的重要性，在用户及权限管理方面提供账号管理、角色管理、权限设置功能。

1）账号管理：可添加用户账号、名称、密码、联系方式等信息，可为账号分配角色，可为账号设置数据查看范围，可修改或删除账号信息。

2）角色管理：可按照国际组织架构及系统功能添加角色，并可实现修改及删除角色。

3）权限设置：为角色设置相应的菜单及车辆的访问权限。

（8）数据统计　数据统计主要是针对每次发布升级任务具体执行情况的分析及升级车辆数、升级成功数、升级失败数、车型、区域等维度的汇总分析。OTA 系统可根据车厂要求输出分析报表。后续可以在 OTA 数据基础上，做更多的大数据分析，为不同的用户群提供个性化的服务等营销提供数据支撑。

2. OTA 车辆端功能

（1）升级通知和确认　车辆端需要开发升级管控程序的人机交互界面，负责升级提醒、车主操作、升级过程的进度展示等，该部分由车机或手机 App 实现，OTA 供应商配合。

（2）车辆状态获取　在每次升级之前，需要获取车辆信息，包括车辆的每个 ECU 状态、OTA 车辆端宿主 ECU 的状态、每个 ECU 升级的车辆前置状态，并将信息上报至 OTA 服务端。

（3）升级包下载　OTA 车辆端通过网络下载升级包，并具备根据特定的应用场景切换数据通道的能力，支持升级包断点续传。车辆端可进行任务版本检测查询和升级包下载。

（4）升级包校验　OTA 服务端在下载完升级包后，会对升级包的完整性和合法性进行校验。如果是差分包，则对差分包进行还原。

（5）升级任务准备　在每次进行升级前，由车辆端进行刷写前置条件的判断，满足前置条件时才能够远程升级。

（6）升级任务执行　OTA 车辆端会根据服务端下发的升级包、升级指令、升级策略等信息，针对多 ECU 刷写生成升级任务序列，并与对应控制器交互进行升级任务的执行。刷写流程执行车企的 BootLoader 流程。

1）针对升级失败：升级失败的 ECU 回滚至之前的版本，并将状态、失败原因、升级日志等上报至 OTA 服务端。如果升级失败的 ECU 回滚也失败，则将结果和升级日志上报至 OTA 服务端；如果升级失败的 ECU 和其他刷写的 ECU 存在依赖关系，则将有依赖关系且升级成功的 ECU 回滚至上一个状态，并上报结果和升级日志至 OTA 服务器。

2）针对升级成功：每个 ECU 升级成功后，OTA 车辆端将获取升级成功后的 ECU 版本，并确认是否与目标版本一致，如果一致则上报至 OTA 服务端，如果不一致则上报故障和升级日志。

3）针对升级序列被打断：如果升级序列被打断，则等待下次满足升级条件后继续升级。

（7）升级日志上传　OTA 车辆端将记录升级日志，并可上传至 OTA 服务端。

2.3　基于功能安全的产品开发

2.3.1　ISO 26262 标准简述

ISO 26262 标准为整车安全提供了一个生命周期（管理、开发、生产、经营、服务、报废）理念，并在这些生命周期阶段中提供必要的支持。如图 2-4 所示，

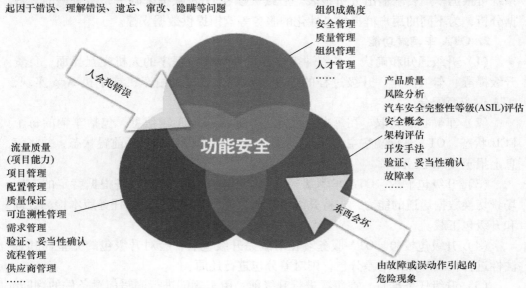

图 2-4　ISO 26262 功能安全开发

该标准涵盖功能性安全方面的整体开发过程（包括需求规划、设计、实施、集成、验证、确认和配置）。

2.3.2　ASIL

ISO 26262 标准根据安全风险程度将系统或系统某组成部分确定划分为由 A 到 D 的安全需求等级，即汽车安全完整性等级（Automotive Safety Integrity Level，ASIL），其中 D 级为最高等级，需要最严格的安全需求。伴随着 ASIL 的增加，针对系统硬件和软件开发流程的要求也随之提高。对系统供应商而言，除了需要满足现有的高质量要求外，还必须满足这些因为安全等级增加而提出的更高的要求。

ASIL 是三维的，涉及包括严重性、暴露率及可控性在内的三个变量。暴露率共有五级："不可思议低概率"至"高概率"（E0 ~ E4）。严重性有四级："无伤害"至"威胁生命的伤害（生存不确定）、致命伤害"（S0 ~ S3）。可控性是指驾驶人的可控性，而非车辆电子系统的可控性，共有四级："大体可控"至"控制困难或无法控制"。

ASIL 是 ISO 26262 标准的关键部分。ASIL 是在开发过程的开始阶段确定的。需要根据可能的危害，分析系统的预期功能。ASIL 提出这样一个问题："如果车辆发生故障，驾驶人和相关行人会怎样？"

为了评估风险，ASIL 需综合考虑暴露的可能性、驾驶人的控制能力及关键事件发生时的严重性。ASIL 不处理系统所使用的技术，而只关注对驾驶人及其他行人造成的危害。

例如，以刮水器为例。安全分析将确定刮水器丧失功能会对驾驶人的视线造成何种影响。ASIL 指导如何选择适当的方法，以达到一定程度的产品完整性。目前，汽车制造采用高安全标准，ISO 26262 旨在规范行业内的特定做法。

2.3.3　功能安全开发流程

在 ISO 26262 标准中，涉及安全的产品设计定义了几个重要的阶段，如图 2-5 所示，分别为系统架构定义、产品开发、测试验证和评估阶段。

（1）系统架构定义阶段　包含功能 ASIL 的定义，ASIL 整车系统分配，控制模块框架结构及相互关系，整车级和零件级的安全概念，安全目标，安全状态，单点故障度（SPFM），潜在故障度（LFM）和硬件随机故障目标值（PMHF）等。

（2）产品开发阶段　包括产品安全规格定义，软硬件接口，硬件开发和软件开发，测试规范等。

（3）测试验证和评估阶段　包括软硬件安全性能测试、系统集成测试，失效率和故障率计算，测试和计算结果及开发工具评估。

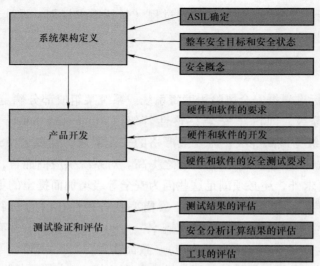

图 2-5　ISO 26262 功能安全产品设计的重要阶段

2.3.4　功能安全的趋势

ISO 26262 是从电子、电气及可编程器件功能安全基本标准 IEC 61508 派生出来的，主要定位在汽车行业中特定的电气器件、电子设备、可编程电子器件等专门用于汽车领域的部件，旨在提高汽车电子、电气产品功能安全的国际标准。

安全在未来的整车研发中是关键要素之一，新的功能不仅用于辅助驾驶，也应用与车辆的动态控制和涉及安全工程领域的主动安全系统。未来，这些功能的研发和集成必将加强安全系统研发过程的需求，同时也为满足所有预期的安全目的提供证据。

随着系统复杂性的提高，软件和机电设备的应用，来自系统失效和随机硬件失效的风险也日益增加，制定 ISO 26262 标准的目的是使得人们对安全相关功能有一个更好的理解，并尽可能明确地对它们进行解释，同时为避免这些风险提供可行的要求和流程。

2.4　整车功能全链条开发

2.4.1　功能域

本书只介绍一些最基本的整车功能域，对于目前热门的自动驾驶、车联网、集中-区域控制架构等，因为篇幅有限，没有涉及。即使在集中-区域控制架构下，复杂的功能域还是按域控方式划分，作为中央高性能计算机的组成单元。融合是功能域的另一种趋势，例如将动力控制和制动、悬架甚至转向控制融合到一个整车运动控制域。这些不在本书中展开讨论了。

1. 动力域

动力域控制器是一种智能化的动力总成管理单元，主要用于动力总成的优化与控制，同时兼具电气智能故障诊断、智能节电、总线通信等功能。

动力域控制器借助 CAN/CAN FD 实现电机管理、变速器管理、电池管理、整车交直流充电管理、高低压直流变换、整车能量管理、转矩矢量分配等。其优势在于为多种动力系统单元（内燃机、电动机/发电机、电池、变速器）计算和分配转矩、通过预判驾驶策略实现最优能耗、通信网关等，主要用于动力总成的优化与控制，同时兼具电气智能故障诊断、智能节电、总线通信等功能。

2. 底盘域

底盘域与车辆行驶相关，由传动系统、行驶系统、转向系统和制动系统共同构成。传动系统负责把动力系统的动力传给驱动轮，可以分为机械式、液力式和电力式等，其中电动汽车目前主要使用的机械式传动系统主要由变速器、万向传动装置和驱动桥组成，在电动汽车上基本不涉及控制功能。液力式传动系统主要由液力变矩器、机械变速器、万向传动装置和驱动桥组成。行驶系统把车辆各个部分连成一个整体并对全车起支撑作用，如车架、悬架、车轮、车桥都是它的零件，其中对于空气、液压悬架系统的控制，是高端车辆增加乘客舒适性的一种方式。转向系统保证车辆能按驾驶人的意愿进行直线或转向行驶。制动系统迫使路面在车辆车轮上施加一定的与车辆行驶方向相反的外力，对车辆进行一定程度的强制制动，其作用是减速停车、驻车制动。转向和制动系统的控制是电动汽车底盘域的控制重点，目前主流的方式是将制动系统的各控制器，例如 ESC、Boost、EPB 等，融合到一个底盘制动域控制器中。

3. 车身域

车身域控制系统综合灯光、刮水器洗涤、中控门锁、车窗；无钥匙进入及启动系统（PEPS）、低频天线、低频天线驱动、电子转向柱锁、IMMO（防盗）天线；网关的 CAN、可扩展 CAN FD、Flexray、LIN 及以太网接口；TPMS（轮胎压力监测系统）和无线接收模块等进行总体开发设计。车身域控制器能够集成传统车身控制模块（BCM）、PEPS（无钥匙系统）等功能。

传统座舱域是由几个分散子系统或单独模块组成的，这种架构无法支持多屏联动、多屏驾驶等复杂电子座舱功能，因此催生出座舱域控制器这种域集中式的计算平台。智能座舱的构成主要包括全液晶仪表、大屏中控系统、车载信息娱乐系统、抬头显示系统、流媒体后视镜等，核心控制部件是域控制器。座舱域控制器（DCU）通过以太网/CAN，实现抬头显示、仪表板、导航等部件的融合，不仅具有传统座舱电子部件，还进一步整合智能驾驶 ADAS 和车联网 V2X 系统。

2.4.2　功能域的分配

1. 动力域的分配

动力域主要用于动力总成的优化与控制，同时兼具电气智能故障诊断、智能节电、总线通信等功能。对于纯电动汽车而言，动力域可集成如下单元：

1）整车控制单元（Vehicle Controller Unit，VCU）。

2）电池管理系统（Battery Management System，BMS）。

3）电机控制单元（Motor Control Unit，MCU）。

4）直流变换器（Direct Current/Direct Current，DC/DC）。

5）车载充电器（On Board Charger，OBC）。

（1）整车控制单元（Vehicle Controller Unit，VCU） VCU可以看成是电动汽车的大脑，通过接收VCU的车辆行驶控制指令，控制电动机输出指定的转矩和转速，驱动车辆行驶。实现把动力蓄电池的直流电能转换为所需的高压交流电并驱动电机本体输出机械能。同时，VCU具有动力系统故障诊断保护和存储功能。其需要处理整车的各种输入信息，以完成整车控制，这些输入既包括电动汽车高压设备的信息集成，也包括传统汽车模块，如BCM（主要控制车门、玻璃升降等）。图2-6完整展示了某种车辆的电气架构，可知VCU集成整车所有控制单元，从而实现整车一体实现汽车使用者的期望。

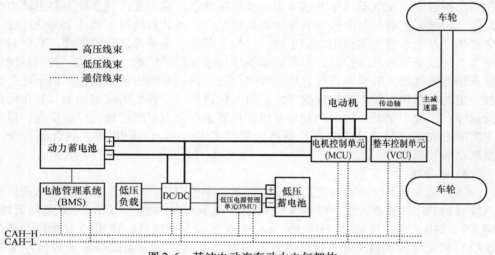

图2-6 某纯电动汽车动力电气架构

（2）电池管理系统（Battery Management System，BMS） 当前电动汽车主要采用锂电池，由于锂电池固有特性，以及当前电池主要由容量低的单个电芯集成为模组，然后多个模组再集成为电池包，一个电池系统包含多个模组。通常一个电池系统中包含成百上千个电芯，保持电芯工作在合适的区间内，BMS发挥着重要的作用，所以目前商用电池必须要有BMS。BMS能够控制和管理电池使其更有效率，并工作在可运行的区间范围内，避免电池的过充过放和热失控问题发生。

（3）电机控制单元（Motor Control Unit，MCU） MCU主要控制电机按VCU的指令输出转矩，它的主要作用是根据VCU的转矩指令控制电机的动力输出及制动能量回收。

（4）直流变换器（Direct Current – Direct Current Converter，DC/DC） DC/DC直流变换器其实就是将高压直流电转变为低压直流电的变换器，电动汽车能量存储在高压电池内，一般高压电池电压在400V左右，低压电池电压是12V，但是汽车有非常多的低压电器设备（如各种车门控制电机、多媒体系统等），所以需要把高压电池内的电转变成低压电储存到低压电池内同时也给低压设备供电。

（5）车载充电器（On Board Charger，OBC）　一般电动汽车都包含两种充电方式，一是交流充电，二是直流充电。交流充电就是所谓的慢充，其功率小，单相功率一般在 7kW 左右。直流充电就是所谓的快充，有的电动汽车的直流充电功率可以达到 100kW 甚至更高。

OBC 在电气架构中的作用是控制充电各个硬件模块工作，以及通信诊断连接外部电动汽车供电设备（Electric Vehicle Supply Equipment，EVSE）。

图 2-7 所示为电动汽车充电模块及动力模块示意图，交流充电器一般集成在车辆内，需要突显方便，只要用户在有交流电源的地方插上电就能充电。可以看到 OBC 的交流直流改变要经历多个交流与直流的改变，这样做的目的主要是在升高电压的同时保证能效、散热和装置的体积。

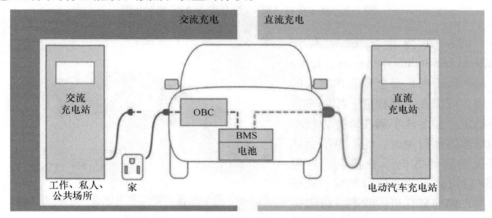

图 2-7　电动汽车充电模块及动力模块示意图

整车外部是直流充电器，需要特别的充电桩，一般为高压充电桩，这里就需要 OBC 更多地对外部充电桩 EVSE 有更多的通信和诊断。

2. 底盘域的分配

底盘域可集成如下单元：

1）防抱死制动系统（Antilock Brake System，ABS）。

2）车身电子稳定系统（Electronic Stability Program，ESP）。

3）电子驻车制动系统（Electrical Park Brake，EPB）。

4）电动助力转向系统（Electric Power Steering，EPS）。

其他如主动悬架控制等，在本书中不再展开介绍。

（1）防抱死制动系统（Antilock Brake System，ABS）　ABS 的主要作用是防止在制动过程中车轮抱死（即停止滚动），从而保证驾驶人在制动时还能控制方向。在某些情况下，如湿滑路面上，还能减小制动距离。图 2-8 直观地显示了 ABS 在车辆运行时的作用。ABS 通过控制器自动控制制动系统的油压，驾驶人只需踩住制动踏板不动，系统就能自动地快速调节制动力，在获得最大制动效能的同时，防止车轮抱死。

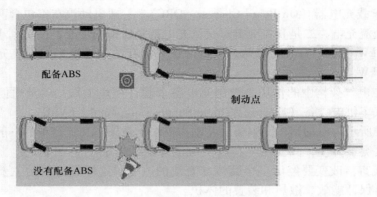

图 2-8　整车配备 ABS 与没有配备 ABS 的对比图

（2）车身电子稳定系统
（Electronic Stability Program，ESP）
　　ESP 对于汽车安全有非常重要的
作用，可以在一定程度上控制车身
的稳定。如冬季车辆在摩擦力较小
的结冰路面行驶时，轮胎打滑会让
车身的运动方向不受控制，这时
ESP 就可以干预未打滑车轮，从而
帮助车辆回复到可控状态，以保证

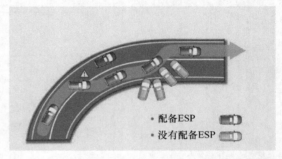

图 2-9　整车配备 ESP 与没有配备 ESP 的对比图

行车安全。图 2-9直观地显示了 ESP 在车辆运行时起到的作用。
　　ESP 主要对车辆纵向和横向稳定性进行控制，保证车辆按照驾驶人的意图行
驶。在汽车制动情况下轮胎即将抱死时，ESP 会采用"机械点刹"的形式在 1s 内
进行上百次的制动，使车辆在完成全力制动时仍然可以通过转向盘来控制车辆的行
驶方向。当车身电子稳定系统的传感器检测到车辆发生转向不足时，ESP 会额外对
内侧车轮施加更大的制动力；如果是发现车辆转向过度，则 ESP 会额外对外侧车
轮施加更大的制动力；系统通过调整汽车变换车道或在过弯时的车身姿态，使汽车
在变换车道或是过弯时能够更加的平稳而安全。
　　（3）电子驻车制动系统（Electrical Park Brake，EPB）　　EPB 的按键位置如
图 2-10所示，EPB 通过内置在其控制器中的纵向加速度传感器来测算坡度，从而
可以算出车辆在斜坡上由重力而产生的下滑力，控制器通过电动机对后轮施加制动
力来平衡下滑力，使车辆能停在斜坡上。
　　当车辆起步时，控制器通过坡度传感器及加速踏板的深度来测算需要施加的制
动力，同时通过高速 CAN 通信与电机控制器通信来获知驱动电机牵引力的大小。
控制器自动计算驱动电机牵引力的增加，相应地减小制动力。当牵引力足够克服下
滑力时，控制器驱动电机解除制动，从而实现车辆顺畅起步。

图 2-10　EPB 按键

（4）电动助力转向（Electric Power Steering，EPS）　如图 2-11 所示，EPS 系统一般由机械转向系统及转矩传感器、车速传感器、电子控制单元、减速器、电动机等组成，它在传统机械转向系统的基础上，根据转向盘上的转矩信号和行驶车速信号，利用电子控制装置使电动机产生相应大小和方向的辅助动力，协助驾驶人进行转向操作。

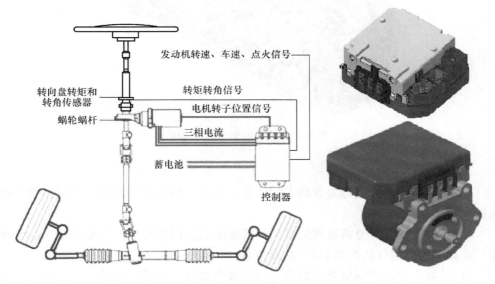

图 2-11　EPS 系统组成

3. 车身域的分配

车身域可集成如下单元：

1）车身控制模块（Body Control Module，BCM）。

2）无钥匙进入及启动系统（Passive Entry Passive Start，PEPS）。

3）膨胀气帘（Inflatable Curtain，IC）。

4）安全气囊（Airbag）。

5）仪表。

6）网关（Gateway，GW）。

7）远程信息处理器（Telematics BOX，TBOX）。

（1）车身控制模块（Body Control Module，BCM）　如图2-12所示，车身控制模块的功能包括电动门窗控制、中控门锁控制、遥控防盗、灯光系统控制、电动后视镜加热控制、仪表背光调节、电源分配等。各电子设备的功能越来越多，各种功能都需要通过BCM来实现，使得BCM的功能更加强大。

车身控制模块(BCM)

图2-12　某车型车身控制模块

车身控制模块的功能：

1）接收传感器或其他装置输入的信息，将输入信息转变为微处理器所能接收的信号。

2）存储、计算、分析处理信息，分析输出值所用的程序，存储车型的特点参数、运算中的数据（随存随取）、故障信息。

3）运算分析。根据信息参数求出执行命令数据，将输入的信息与标准值进行对比，找出故障。

4）输出执行命令。将弱信号转变为执行命令，输出故障信息，自我修正。

（2）无钥匙进入及启动系统（Passive Entry Passive Start，PEPS）　无钥匙进入及启动系统采用无线射频识别（RFID）技术，实现无需按动遥控器即可进入车内及一键启动发动机等功能。无钥匙进入及启动系统具有更加智能化的门禁管理，更好的防盗性能，已经成为汽车电子防盗系统应用的主流。

PEPS系统由控制器、智能钥匙中的射频（RF）发射器和汽车端的接收器等组成，如图 2-13 所示。当钥匙在有效范围内时，驾驶人拉动车门或按下一键启动开关，相应的模块会发送中断信号来唤醒主控制器，开始整个通信过程。整个过程无需使用钥匙，即可打开车门甚至启动动力系统。

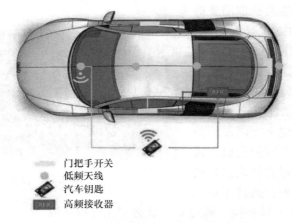

门把手开关
低频天线
汽车钥匙
高频接收器

图 2-13　无钥匙进入及启动系统组成

PEPS 系统给驾驶人带来了方便性与舒适性（智能门禁、无钥匙进入/启动），更重要的是极大地提高了安全性。相比遥控钥匙（RKE）系统单向通信认证，PEPS 系统通过低频（LF）和射频（RF）的双向通信完成汽车与钥匙之间复杂的双向身份认证，安全性得以提高。同时，PEPS 还具有记忆存储功能。

（3）膨胀气帘（Inflatable Curtain，IC）　膨胀气帘也称为头部气囊，在碰撞时弹出遮盖车窗，以达到保护乘员的目的，如图 2-14 所示。

气帘主要用于侧撞时对乘员的头部进行保护。B 柱、车窗玻璃，甚至安全带侧面支撑扣都有可能在事故中对乘员造成伤害，气帘可将乘员与这些部位隔开。

图 2-14　膨胀气帘

膨胀气帘安装在车顶弧形钢梁内，通常贯穿前后，受车身内横向加速度传感器的控制。当横向加速度大于正常值，且达到危险值时就会控制起爆。膨胀气帘对于侧撞、翻车等严重事故有着很好的人员保护效果。

（4）安全气囊（Airbag）　安全气囊作为车身被动安全性的辅助配置，日渐受到人们的重视。汽车与障碍物碰撞称为一次碰撞，乘员与车内构件发生的碰撞称为二次碰撞，气囊在一次碰撞后、二次碰撞前迅速打开一个充满气体的气垫，使乘员因惯性而移动时"扑在气垫上",从而缓和乘员受到的冲击并吸收碰撞能量,减轻乘员的伤害程度。

(5)仪表 仪表如图 2-15 所示,它为驾驶人提供所需的汽车运行参数信息。

汽车仪表的功能是获取需要的数据并采用合适的方式显示出来。以前的仪表一般限制在 3~4 个量的显示和 4~5 个警告功能,新式仪表则达到有约 15 个量的显示和约 40 个警告监测功能。全数字的仪表则可以显示理论上无限制的信息。不同的信息有不同的获取方式和显示方式,目前新式仪表信息的获取方式主要有三种:通过车身总线传输;通过 A/D 采样转换;通过 I/O 状态变化进行获取。

图 2-15 仪表

(6)网关(Gateway,GW) 众所周知,汽车的总线有低速 CAN、CAN-FD、LIN 总线、Flexray 总线及以太网总线等。如图 2-16 所示,网关是车内通信的中央节点,可实现跨域功能集成、基本的路由通信及协议翻译、车内数据的提取和整合、全部部署、诊断通信服务及网联服务等。同时网关可为车辆提供全面的安全解决方案、硬件安全模块、密钥管理、可升级的服务及通信协议配置,具备高级安全防护,保证 ECU 间的高性能通信,还支持数据收集、远程刷写、诊断等网联服务功能。

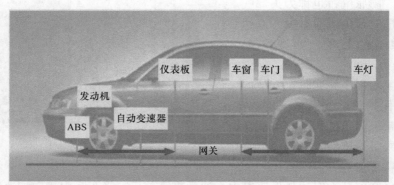

图 2-16 网关

智能驾驶对处理器芯片能力和传感器数量的需求,与处理器芯片的技术发展不足存在着矛盾,在较长的时间内,域控仍是主流。

网关是整车内部通信局域网的核心,通过它可以实现各条总线上信息的共享,实现整车内部的网络管理和故障诊断功能。

汽车网关控制器主要有以下 3 个功能:

1）报文路由：网关具有转发报文的功能，并对总线报文状态进行诊断。

2）信号路由：实现信号在不同报文间的映射。

3）网络管理：网络状态监测与统计、错误处理、休眠唤醒等。

通俗来说，从一个房间走到另一个房间，必然要经过一扇门。同样，从一个网络向另一个网络发送信息，也必须经过一道"关口"，这道关口就是网关。顾名思义，网关就是一个网络连接到另一个网络的"关口"。

具体到车辆的智能控制来说，车上具备不同的模块，检测不同位置的信号，传输到一起进行集中处理，在它们之间的任意模块，如 Keyless、BCM、仪表、转向轴锁、安全气囊、倒车雷达、电机控制器、电池管理、整车控制器等之间的相互通信，是不同模块之间的通信，有各自的特性和不同的生产厂商的标准，没有一个协调的关口，就可能造成通信混乱。网关就用于协调这些模块之间通信正常，对于其中的一般错误信号进行纠错。

（7）远程信息处理器（Telematics BOX，TBOX）　汽车 TBOX 是由电源转换电路、OBD（车载诊断系统）、MCU（微处理单元）、通用分组无线业务（GPRS）、定位模块及传感器构成的车辆信息和定位传输系统，如图 2-17 所示。TBOX 与整

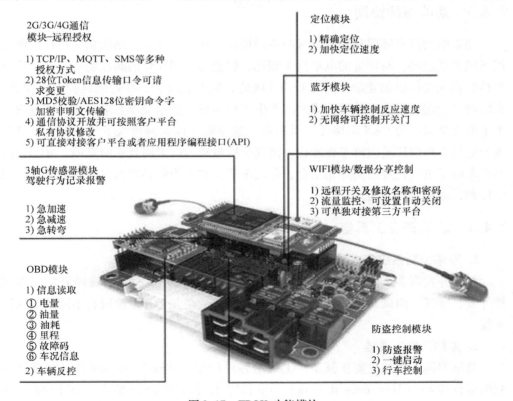

图 2-17　TBOX 功能模块

车控制系统通过 CAN 总线通信，实现指令与信息的传递，从而获取车辆状态、按键状态等信息及传递控制指令等。通过音频连接，实现双方共用传声器与扬声器输出，与手机应用程序是通过后台系统以数据链路的形式进行间接通信（双向）。TBOX 与后台系统通信还包括语音和短信两种形式，使用短信形式主要实现一键导航及远程控制功能。

TBOX 可深度读取整车 CAN 总线数据和私有协议，TBOX 终端通过 OBD 模块和 MCU，采集整车的总线数据和对私有协议的反向控制；TBOX 同时可以通过定位模块对车辆位置进行定位，使用网络模块通过网络将数据传输到云服务器。驾驶人可以在手机应用程序上通过网络从云服务器中获取车况报告、行车报告、能耗统计、故障提醒、违章查询、位置轨迹、驾驶行为、安全防盗、预约服务、远程找车等信息，还可以在手机应用程序上通过网络与服务器的连接，间接与网络模块交互，继而通过网络模块与 MCU 之间的渠道，最终使用 MCU 提供控制汽车门、窗、灯、锁、扬声器、危险报警闪光灯、反光镜折叠、天窗、监听中控警告和安全气囊状态等服务。

2.4.3 功能域的协同

随着电动汽车环保和安全需求的不断提高，研发智能化、网联化的高性能电动汽车成为新趋势。与传统的电动汽车相比，智能化、网联化的高性能电动汽车的整车控制系统变得更加复杂。例如 L3/L4 级的智能驾驶功能，在智能驾驶域控制器、车联网、云端、智能座舱域控等之间产生了千兆级的数据交换要求，这是传统汽车电子电气架构中的 CAN 网络无法承接的，这导致了以太网进入了汽车行业，整车电子电气架构怎样适应汽车智能化，网联化所带来的以太网技术的发展，并和目前的汽车电子电气行业的实际相结合，是汽车软件类工程师必须面对的新的课题。限于篇幅，本书不再介绍。

2.4.4 功能开发工具链

1. 整车控制系统集成工具链

整车开发有多个阶段，如图 2-18 所示，包括架构开发、网络诊断开发、零部件开发、零部件测试、系统集成测试、整车测试。在各个开发阶段有不同的工具链支持。

2. 架构开发工具链

整车架构开发的主要步骤是：①确定客户价值（What's required）；②设计功能的运行逻辑（How does it work）；③和零部件相结合的整车技术解决方案（Where to realize）；④零部件的功能实现（How to release）。

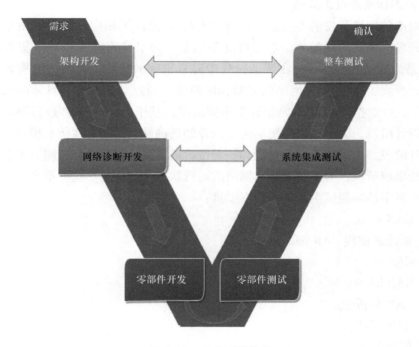

图 2-18　整车开发阶段

整车架构开发可以使用如下工具：

1）Enterprise Architect。

2）Doors。

3）Systemweaver。

也可以使用其他工具，例如 PREEvision、Polario 等。

3. 网络诊断开发工具链

整车网络开发 V 模式流程包括网络需求定义、网络规范制定、网络测试验证。当前期的网络需求定义及网络规范制定完成后，就进入后期的网络设计与测试验证阶段，网络测试验证阶段主要是对已经设计出来的样品或产品进行网络测试验证，以确保样品或产品的功能与前期的需求一致。

网络测试验证阶段主要进行网络测试需求分析、网络测试规范制定、网络测试系统的开发、网络测试实施，以及对测试过程中出现的问题进行分析等。

整车网络诊断开发主要使用如下工具：

1）CAN case。

2）CANoe 软件。

3）工程开发用诊断仪。

4. 网络诊断测试工具链

针对通信网络开发的不同阶段，基于 CANoe 设计了相应的仿真测试平台以辅助网络开发，提高测试效率。然后在此基础上，为了快速定位在总线集成阶段以 CAN 网络为基础的整车系统在调试过程中经常出现的故障，采用故障树和数据流分析法，开发了基于 CAN 网络的故障诊断系统。通过分析、总结具体的测试，在 V 模式下，针对整车的 CAN 网络开发不同阶段，基于 CANoe 软件进行测试。针对应用层设计阶段，为了验证应用层协议设计的正确性，建立总线仿真模型；针对零部件设计阶段，为了对其通信功能和控制逻辑进行测试，建立台架测试平台；针对实体总线集成阶段，为了掌握整车网络的运行状态，建立整车监测平台。

整车网络诊断测试主要使用如下工具：

1）CAN case。

2）带诊断模块 CAN case。

3）CANoe。

4）CANdelaStudio。

5）CAN 分析仪。

6）CAN 干扰仪。

7）程控电源。

8）12V 直流电源。

9）带 CAN、LIN 模块示波器。

10）普通万用表。

11）可编程万用表。

5. 功能测试工具链

根据功能测试的不同阶段，针对整车部件级、系统级、整车级进行功能测试验证，在整车研发过程中，及早地发现电子电气设计问题和功能试验错误问题，使整车性能不断优化，从而消除设计中可能存在的隐患。

整车功能测试主要使用如下工具：

1）问题管理系统。

2）CAN case。

3）CANoe。

4）万用表。

5）程控电源。

6）12V 直流电源。

7）工程开发用诊断仪。

8）示波器。

9）电气安规测试仪。

10）绝缘表。

6. 试制、试验支持工具链

试验车是指汽车生产厂家在开发新产品的过程中试制的样车，主要用于对新产品进行评价、做性能试验、验证设计、发现和改正问题、提升产品质量。根据对产品开发阶段试验样车的需求，提前策划产品的各个系统验证用的样车。验证不同阶段产品设计数据的成熟度，相应采用试制手段，降低了开发风险，节约了开发成本。在试验样车试制的过程中，采用过程质量的控制方法，搭建样车质量体系框架，这对样车质量保证起到有效的促进作用。

整车试制和试验的目的主要有：

（1）设计数据验证　试验车制作在新车开发过程中，提前分析发现设计问题点并进行整改。提前制作可评价的车辆，使其满足充分验证和评价的技术要求。发现零件设计、结构的不合理性，反馈给设计开发部门。

（2）缩短开发周期和节约开发成本　在试验车开发制作阶段，根据设计数据采用试制工艺在最短的周期内制作样件和样车，可以在正式模具投产前检查车身冲压零件的可成形性、设计结构的不合理因素，能够在早期控制车身设计阶段设计节点的变更，从而缩短开发周期并节约开发成本。

（3）确保开发质量　在产品量产前，对产品量产的可行性（成形性、焊接性、装配性）进行同步分析，同时通过试验车零件的试制提高供应商的开发能力，提前整改初期零部件的问题，缩短量产化的时间周期。

（4）减少售后质量问题　通过对不同阶段试验车进行验证和评价，将设计和生产制造的问题在开发前期就进行充分的暴露，并通过用户使用相关的耐久和可靠性验证，尽可能地减少售后问题。

整车功能测试主要使用如下工具：

1）数据记录仪。

2）PCAN。

3）4G 数据记录仪。

4）ECU Flasher。

2.4.5　恒润整车系统开发概况

图 2-19 所示为某整车系统开发流程和工具链。

（1）需求定义　确定需求，对需求管理，将需求分类定义。将特性需求与功能设计相关联，将特性需求分配到对应功能。建立追溯关系报表，确认需求与功能间的联系。

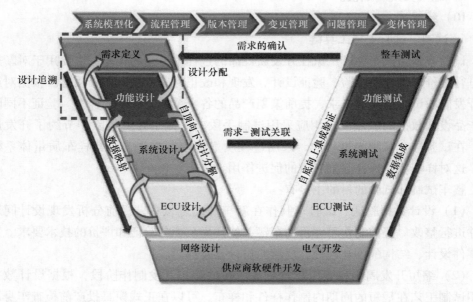

图 2-19　某整车系统开发流程

（2）功能设计　功能设计是特性需求分配后的延伸及拓展。对整车功能及定义进行前期设计。

（3）系统设计

1）针对不同子系统构建的各类组件及信号，生成系统逻辑原理图。

2）针对下发的功能规范，构建系统的执行组件、逻辑功能组件、信号及相应的新设计需求，并将设计需求与功能需求关联。

3）针对新建立的信号，根据汽车开放系统架构（AUTOSAR）标准定义数据类型及属性。

4）形成子系统设计架构框图，生成系统组件及信号清单。

5）可进行信号一致性的校验，检测人为设计失误造成的型号不匹配。

6）将系统原理图中的逻辑组件分配到各个 ECU 中。

（4）ECU 设计

1）在 ECU 软件层，选择接受分配给各 ECU 的逻辑组件。

2）在硬件层，建立硬件 ECU 及硬件传感器、执行器间的联系，生成 ECU PIN 脚连线矩阵。

（5）软硬件开发

1）将硬件 ECU 的 PIN 脚连线与软件中的传感器模块和执行器模块相关联。

2）通过关联关系生成 ECU 原理图及 ECU 的设计规范。

（6）ECU 系统功能测试

1）单部件级测试：可支持对各个 ECU 单元进行单独测试。

2）整车级测试：整车网络通信功能测试、整车功能测试、整车层面故障诊断测试。

ECU 系统功能测试环境如图 2-20 所示。

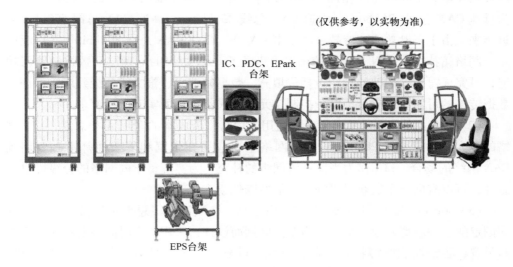

图 2-20　ECU 系统功能测试环境

（7）整车测试　整车测试台架如图 2-21 所示，它是基于对整车系统及各个车载电子控制单元（ECU）的硬件在环（HIL）测试的专业解决设备。它基于仿真技术为被测系统搭建实验室条件下的虚拟测试环境，可模拟实车测试中的各种工况，在实车测试前即可对各个系统及整车进行全面的测试。

图 2-21　整车测试台架

2.5 整车总线及诊断开发

当前的整车架构中存在着许多通信协议和通信技术,主要的通信技术有:

(1) CAN 总线　CAN 总线在主机厂广泛应用,是最常用的通信媒介,其最大的传输速率为 1Mbit/s。当前整车的网络架构中,一般采取的 CAN 总线的传输速率为低速 CAN 总线 125kbit/s、中速 CAN 总线 250kbit/s、高速 CAN 总线 500kbit/s。近年来,由于车辆功能配置越来越丰富和复杂,高速 CAN 总线 500kbit/s 已广泛应用于网络拓扑中。CAN 总线通信接口中集成了 CAN 协议的物理层和数据链路层功能,可完成对数据的帧处理,包括位填充、数据帧编码、报文优先级判断,保证了数据传输的可靠性,满足了电子控制单元之间大量信息的实时交换要求。

(2) LIN 总线　LIN 总线是一种通用、串行、低成本的车用 A 类总线,LIN 网络的最大传输速率为 20kbit/s。LIN 网络主要应用在带宽和复杂性都不必要用到 CAN 网络的场合。LIN 作为当前主流网络的补充,为实现整车内网络的分级提供了条件,可以有助于车辆获得更好的性能并降低成本。

(3) Flexray 总线　Flexray 总线是由宝马、飞利浦、飞思卡尔和博世等公司共同制定的一种新型通信标准,专为车内联网而设计,采用基于时间触发机制,具有高带宽、容错性能好等特点,在实时性、可靠性和灵活性方面具有一定的优势。Flexray 是一种用于整车的高速的、可确定的、具备故障容错能力的总线技术,它将事件触发和时间触发两种方式相结合,具有高的网络利用率和系统灵活性,可以作为新一代整车内部网络的主干网络。Flexray 可以应用在无源总线和星形网络拓扑结构中,也可以应用在两者的组合拓扑结构中。这两种拓扑结构均支持双通道 ECU,这种 ECU 集成多个系统级功能,以节约生产成本并降低复杂性。双通道架构提供冗余功能,并使可用带宽翻了一番。每个通道的最大数据传输速率达到 10Mbit/s。目前 Flexray 主要应用于事关安全的线控系统和动力系统,在宝马的高端车上有应用。

(4) MOST 总线　MOST 总线用于多媒体信息的传递,其最大的传输速率可达 150Mbit/s。自从宝马 7 系汽车首次采用 MOST 技术以来,近年来该技术得到迅速普及,实现实时传输声音、视频,以满足高端整车娱乐装置的需求。MOST 总线也可以用在车载摄像头等行车系统上。

(5) 以太网总线　车载以太网是用于连接整车内各种电子电气设备的一种物理网络。车载以太网的设计是为了满足车载环境中的一些特殊需求。例如,满足车载设备对电气特性的要求(电磁干扰和射频干扰,EMI/RF),满足车载设备对高带宽、低延迟以及 L3 以上自动驾驶功能的大数据量,或音频视频同步等应用的要求，满足车载系统对网络管理的需求等。因此可以理解为，车载以太网在民用以太网协议的基础上，改变了物理接口的电气特性，并结合车载网络需求专门制定了一些新标准。针对车载以太网标准，电气与电子工程师协会（IEEE）也对 IEEE 802. 1 和 IEEE 802. 3 标准进行了相应的补充和修订。

下面主要介绍 CAN 总线的相关设计要求。

2. 5. 1　CAN 总线物理层设计要求

1. 总体要求

物理层需求是基于 ISO 11898 -2 制定的，所有高速子网 ECU 节点在满足 ISO 11898 -2 的基本要求的同时，需要符合如下物理层需求定义。

2. 基本要求

所有连接到 CAN 总线上的 ECU 节点都具有一定的容错能力，ECU 在发生错误或者系统状态发生改变时，需保证不对总线上其他 ECU 节点通信产生影响。

（1）中断供电电源　总线上的 ECU 断开供电电源后，不应该影响其他 ECU 的通信。

（2）中断与地的连接　总线上的 ECU 断开与地的连接，不应该影响其他 ECU 的通信。

（3）电磁干扰　总线上的 ECU 受到电磁干扰后，不应该影响其他 ECU 的通信。

（4）ECU 处在复位状态　总线上的 ECU 处在复位状态，不应该破坏网络中的报文。

（5）ECU 上电起动状态　总线上的 ECU 在初始化过程中，不应该破坏网络中的报文。

3. 应用层参数定义

总线应符合表 2-1 规定的特征及以下要求：

1）绞距：33 ~50twist/m。

2）芯截面积：0. 35 ~0. 5mm^2。

3）在高压系统发射干扰较低的位置，采用非屏蔽双绞线，高压线缆需与 CAN 线分开布置。

4）在高压系统发射干扰较高的位置，CAN 线与高压线束有长距离并行走线部分，推荐 CAN 线采用局部屏蔽双绞线。屏蔽层单点接地，单点接地方式推荐为 CAN 线屏蔽层直接接地。

表 2-1　物理介质参数

参数	符号	最小值	标准值	最大值
单位电阻/（mΩ/m）	rb	0	25	50
单位电容/（pF/m）	cb	0	40	75
信号传播延迟时间/（ns/m）	tp	—	5	—

注：1. 20℃测量值。

　　2. CAN－H 与 CAN－L 之间。

为了避免电缆反射信号干扰，CAN 网络的节点应尽量靠近干线。实际应用中应该尽可能使用短支线与总线连接，为避免驻波，节点间距不能相同，线束网络拓扑如图 2-22 所示，线束长度见表 2-2。

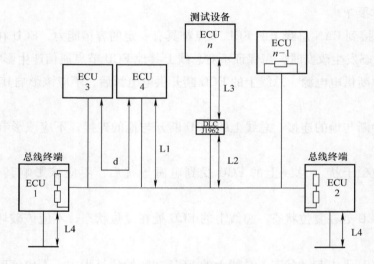

图 2-22　线束网络拓扑

表 2-2　线束长度

参数	符号	最小值	标准值	最大值
总线长度/m	LΣ	0.1	—	40
支线长度/m	L1	0	—	0.61
节点间距/m	d	0.1	—	30
车内 DLC 支线长度/m	L2	0	—	1
车外 DLC 支线长度/m	L3	0	—	5
带终端 ECU 接地线长度/m	L4	0	—	1

注：如果节点支线长度超过 0.6m，则该节点需要接支线终端电阻，推荐的终端电阻值为 1.3（1±1%）kΩ，同一网段中此类节点数量不能超过 4 个。

4. 供电电源

ECU 的供电方式有如下两种：

1）KL15 供电。

2）KL30 供电，KL15 作为控制信号输入。

详细的 ECU 供电方式定义可参考 ECU 功能规范。

5. 工作电压

在正常工作电压范围内，CAN 通信必须确保正常。超出正常工作电压范围后，ECU 可以停止 CAN 通信，但不能造成总线错误。工作电压范围见表 2-3。

表 2-3　工作电压范围

最小电压 U_{CAN_MIN}	最大电压 U_{CAN_MAX}
9V	18V

6. 硬件要求

（1）控制器　只有符合 CAN2.0 协议和 ISO 11898 要求的 CAN 控制器才允许被使用，同时 CAN 控制器必须经过 ISO 16845 的一致性测试验证。

（2）收发器　在满足 ISO 11898 –2 的基础上，CAN 收发器还应满足以下要求：

1）收发器允许采用定制的芯片，ECU 供应商需要把选择的收发器的规格书共享给主机厂并得到确认，建议采用容易获得且广泛应用的汽车级芯片。

2）如果节点需要进入睡眠状态，则收发器必须支持低功耗模式。

3）如果节点需要具备从总线唤醒的功能，则收发器也必须支持总线唤醒功能。

4）收发器推荐列表见表 2-4。

表 2-4　收发器推荐列表

制造商	型号	模式	节点类型
NXP	TJA1050	正常	非 NM 节点
NXP	TJA1040	正常 + 待机	NM 节点
NXP	TJA1042	正常 + 待机	NM 节点
NXP	TJA1041（A）	正常 + 待机 + 睡眠	NM 节点
Infineon	TLE6250G	正常 + 待机	NM 节点
Infineon	TLE8250	正常 + 待机	NM 节点
Infineon	TLE6251DS	正常 + 待机 + 睡眠	NM 节点

（3）通信接口　通信接口电路如图 2-23 所示。

C_H 和 C_L 电容值应小于 100pF，C_H 和 C_L 是可选的，通常被置于 CAN 线圈和 ESD 保护电路之间。

（4）终端电阻　对于终端 ECU 和非终端 ECU，其电阻值见表 2-5，终端电阻阻值要求满足 ISO 11898 –2 中的相关要求。

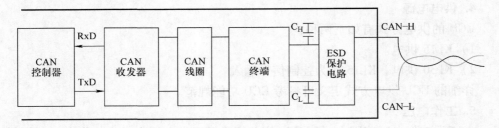

图 2-23　通信接口电路

表 2-5　终端电阻

放置位置	R₁	R₂	CSplit
总线终端	62Ω		4.7nF
其他	1.3～4.7kΩ		

注：R_1 和 R_2 阻值相等。

对于提供了 Split 引脚（用于连接分裂式终端）的 CAN 收发器，其推荐的终端电阻连接方式如图 2-24 所示。

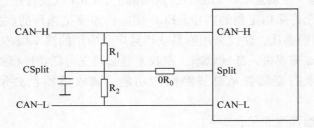

图 2-24　终端电阻连接方式 1

对于未提供 Split 引脚的 CAN 收发器，其推荐的终端电阻连接方式如图 2-25 所示。

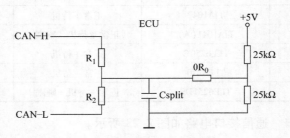

图 2-25　终端电阻连接方式 2

（5）电磁干扰　为提高抗电磁干扰能力，每个参与 CAN 通信的 ECU 都需要有共模线圈。建议使用表 2-6 所列的线圈型号。

表2-6　推荐线圈型号

编号	制造商	产品零件编号
1	EPCOS	B82799 – S513 – N1
2	Vogt	K5 2x50μH/0.5A
3	TDK	ZJYS81R5 – 2PI51T – G01
4	Bourns	DR332 – 513
5	Pulse	TX8111T
6	TDK	ACT45B – 510 – 2P
7	EPCOS	B82793 – S0513 – N201

如图 2-26 所示，线圈必须预留布局在 ECU 的印制电路板（PCB）上，两个可选择的 0Ω 电阻可以预留布局在 ECU 的 PCB 上，具体使用哪一个由主机厂根据电磁干扰（EMC）试验结果而定。

（6）静电释放保护和过压保护　静电释放保护和过压保护器件有助于保护 ECU 不受静电放电（ESD）的破坏。若控制器能满足表 2-7 所列的静电保护要求，可以不安装 ESD 保护器件，但应预留 D_1 和 D_2（图 2-27）的安装位置。

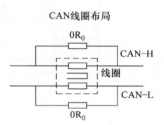

图 2-26　线圈连接方式

表2-7　静电释放保护推荐值

释放介质	最大测试电压
空气式	±15kV
接触式	±8kV

推荐任一车身模块静电释放保护电压大于或等于 16kV。

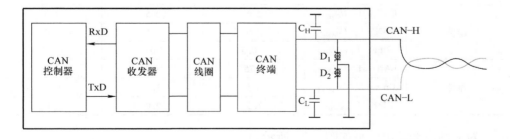

图 2-27　静电释放保护和过压保护电路设计

（7）位时间参数　项目高速子网的位时间参数见表 2-8。

表 2-8　位时间参数

波特率	(500 ± 1) kBaud
位时间	(2 ± 0.004) μs
同步	只有从隐性到显性边缘
采样点	78% ~ 84%
时间份额数与同步跳转宽度	时间份额数 = 16、时间段 1 = 12、时间段 2 = 3、SJW（同步跳转宽度）= 3

CAN 网络通信位定时参数如图 2-28 所示。

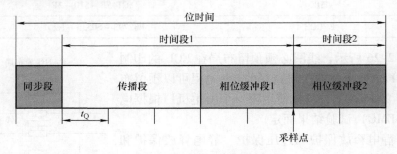

图 2-28　位定时参数

（8）晶振要求　晶振的选择必须满足以下要求：

1）晶振频率必须是 CAN 网络通信速率的整数倍。

2）时钟频率的来源应为外部晶振，且具有唯一性，其误差在各种条件下（如温度、供电电压、寿命周期内）均必须能够满足 CAN 网络通信速率的误差要求。

3）采用石英晶振。

（9）总线输出电平　总线输出电平需求定义见表 2-9。

表 2-9　总线输出电平

总线电平	总线线路	电压电平/V		
		最小值	标准值	最大值
隐性	CAN – H：U_{CAN-H}	2.0	2.5	3.0
	CAN – L：U_{CAN-L}	2.0	2.5	3.0
	DIFF：$U_{CAN-DIFF}$	– 0.5	0	0.05
显性	CAN – H：U_{CAN-H}	2.75	3.5	4.5
	CAN – L：U_{CAN-L}	0.5	1.5	2.25
	DIFF：$U_{CAN-DIFF}$	1.5	2.0	3.0

对应的总线输出电平如图 2-29 所示。

共模电压 U_{CM} 的计算式为

$$U_{CM} = \frac{U_{CAN-H} + U_{CAN-L}}{2} = 2.5(1 \pm 10\%) \text{ V}$$

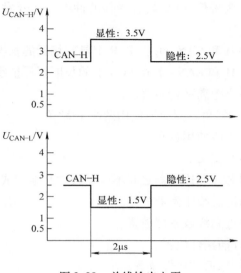

图 2-29　总线输出电平

（10）信号斜率　CAN 总线斜率计算式为

高速 CAN 斜率 $S = |(U_{90\%} - U_{10\%})/(t_{90\%} - t_{10\%})|$

图 2-30 和表 2-10 对信号的斜率要求进行了详细的说明。

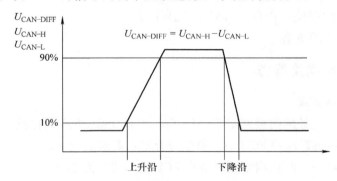

图 2-30　信号斜率

表 2-10　信号斜率

符号	描述	最小值/(V/μs)	最大值/(V/μs)
$S_{REZ\_DOM\_VDIFF}$	CAN – DIFF 隐性到显性跳变沿斜率（上升沿）	12	100
$S_{REZ\_DOM\_CANH}$	CAN – H 隐性到显性跳变沿斜率（上升沿）	6	50
$S_{REZ\_DOM\_CANL}$	CAN – L 隐性到显性跳变沿斜率（下降沿）	6	50

注：1. CAN – H 和 CAN – L 斜率的偏差值要小于 30%。

2. 如果 $S_{REZ\_DOM\_CANH} \geqslant S_{REZ\_DOM\_CANL}$，则（$S_{REZ\_DOM\_CANH} - S_{REZ\_DOM\_CANL}$）/$S_{REZ\_DOM\_CANL}$。

3. 如果 $S_{REZ\_DOM\_CANH} < S_{REZ\_DOM\_CANL}$，则（$S_{REZ\_DOM\_CANL} - S_{REZ\_DOM\_CANH}$）/$S_{REZ\_DOM\_CANH}$。

（11）PCB 指导　为确保 EMC 具有最佳的性能，在开发 PCB 时应遵循下列设计原则：

1）信号线 CAN－H 和 CAN－L 在 PCB 上具有相同的长度。

2）信号线 CAN－H 和 CAN－L 在 PCB 上的长度要尽量小，建议不超过 10cm。

3）信号线须以最小距离平行布置。

4）信号线不能有 90°角，而应该使用两个 135°角。

5）对于信号线，不应使用过孔。

6）信号线不可相互交叉。

7）在总线收发器芯片和连接器之间不应该放置其他集成芯片。

8）共模电感须靠近总线收发器放置。

9）终端电阻须靠近总线收发器放置。

10）电容应该靠近插接件放置。

11）钳位二极管须靠近插接件放置。

12）CAN 控制器和收发器之间的 RxD 线、TxD 线要短。

13）RxD 线、TxD 线不可相互交叉。

14）设计 PCB 时应避免：

① TxD 显性钳位（TxD 与 Vcc 之间短路）。

② RxD 隐性钳位（RxD 与 GND 之间短路）。

③ RxD 与 TxD 短路。

2.5.2　OSEK 网络管理

1. 间接网络管理

（1）要求　此处的间接网络管理需求是基于 OSEK NM 间接网络管理制定的，所有参与间接网络管理的 ECU 节点需要符合本章需求的定义。

（2）网络状态　间接网络管理节点 ECU 的网络状态如下：

1）关闭状态。

① KL15 OFF。

② ECU 无通信功能。

2）初始化状态。

① KL15 ON。

② 执行初始化动作。

③ 网络通信功能启动。

3）工作状态（无错误）。

① KL15 ON。

② 初始化完成。

③ 网络通信功能正常。

4）工作状态（有错误）。

① KL15 ON。

② 网络通信功能受限。

5）掉电状态。

① KL15 OFF。

② 网络通信功能关闭。

节点网络状态迁移图如图 2-31 所示。

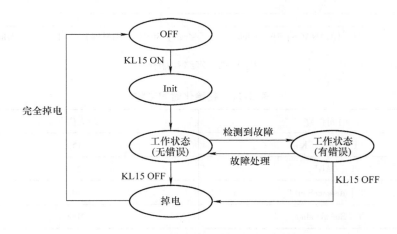

图 2-31　节点网络状态迁移图

（3）网络管理

1）初始化。KL15 上电且供电电压达到 6.5V 时，ECU 进行 CAN 通信初始化，以下时间参数定义了整个初始化过程。

① T［CANACK］：ECU 从 KL15 上电，到准备好提供 ACK 置位的时间。

② T［CANInit］：ECU 从 KL15 上电，到发送第一个显性电平的时间。此时，ECU 应完成通信相关硬件和软件的初始化，并且准备好接收和发送报文。

③ T［MessageStart］：ECU 从 KL15 上电，到至少完整发送一次所有周期型和周期事件型报文的时间。

④ T［SignalValue］：ECU 从 KL15 上电，到发送报文的所有信号值为真实值的时间。

网络初始化如图 2-32 所示，初始化时间参数见表 2-11。

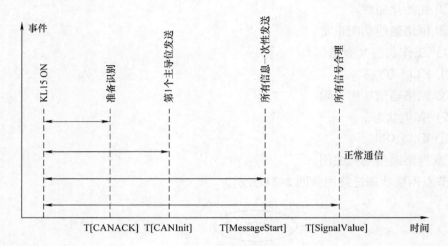

图 2-32　网络初始化

表 2-11　初始化时间参数

时间参数	最大值/ms
T［CANACK］	150
T［CANInit］	200
T［MessageStart］	700
T［SignalValue］	1000

注：具有特殊功能的 ECU，可以自定义 T［SignalValue］时间，但必须经过系统集成部确认。

2）掉电。KL15 关闭后，网络节点不再有通信需求，网络状态将切换到关闭状态以减少电流消耗。

KL15 供电 ECU，KL15 关闭后的最大通信延迟时间 T［Shutdown］为 100ms。

KL30 供电 ECU，KL15 关闭后的最大通信延迟时间 T［Shutdown］为 1000ms。具有特殊功能的 ECU 可以自定义 T［Shutdown］时间，但必须经过系统集成部确认。

2. 直接网络管理

（1）要求

此处的直接网络管理需求是基于 OSEK NM 直接网络管理制定的，所有参与直接网络管理的 ECU 节点需要符合本章需求的定义。

（2）节点状态　CAN 网络节点具有 NM 运行大状态，其中 NM 运行又包括网络唤醒、网络睡眠、主动网络管理、被动网络管理四个子状态。网络唤醒状态可以细分为正常运行、跛行两个子状态。节点网络状态迁移如图 2-33 所示，状态迁移条件见表 2-12。

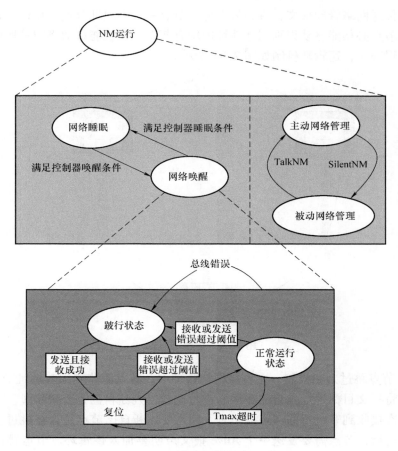

图 2-33　节点网络状态迁移

表 2-12　状态迁移条件

条件	说明
控制器睡眠条件	满足控制器所有睡眠条件，进入网络睡眠状态
控制器唤醒条件	满足控制器任何一个唤醒条件，进入网络唤醒状态
总线错误	CAN 控制器发送错误计数器累计超过 255 时，节点进入总线关闭（Bus – Off）状态
接收或发送错误	NMRxcount 或 NMTxcount 参数超出阈值
发送且接收成功	当节点发送且接收成功后，节点复位
Tmax 超时	定时器 Tmax 超出阈值

（3）逻辑环机制　网络中的每个逻辑节点都有一个逻辑地址，且每个节点都有一个后继节点，从而建立一个逻辑环。

后继节点定义为，按照 NM 地址段节点地址大小排列，小地址节点→大地址节点，依次传递网络管理报文，直到最大地址节点→最小地址节点。在设计直接网络管理时，节点必须能自动识别同基地址内所有节点，而且能自动将同基地址的新节点加入逻辑环中，逻辑环机制如图 2-34 所示。

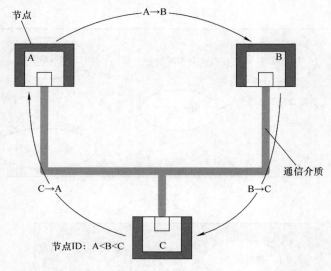

图 2-34　逻辑环机制

　　（4）节点跳过判断机制　在直接网络管理中，节点需监测同基地址节点的 NM 报文，并将报文目标地址与自己源地址进行比较，判断自己是否被跳过。为此，每个节点每次接收到非跛行的 NM 报文时，都需要判断自己节点是否被跳过。当发现自己被跳过后，节点需要发送一个 Alive 报文声明要加入逻辑环。节点跳过判断机制见表 2-13。

表 2-13　节点跳过判断机制

序号	ID 关系	结果
1	S < D < R	未跳过
2	R < S < D	未跳过
3	D < R < S	未跳过
4	D < S < R	跳过
5	R < D < S	跳过
6	S < R < D	跳过
7	S = D	发送节点不知道其他的任何节点，接收节点不判断是否被跳过
8	D = R	自己是后继者的 Ring 报文，接收节点不判断是否被跳过
9	S = R	自己收到了自己发送的 Ring 报文，接收节点不判断是否被跳过

　　注：S 表示发送节点的源地址，D 表示发送目标地址，R 表示接收节点的源地址。

其判断逻辑流程如图 2-35 所示。

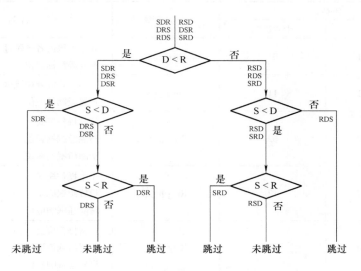

图 2-35　节点跳过判断逻辑流程

（5）网络管理报文

1）PDU 结构。网络管理报文 PDU（协议数据单元）的结构见表 2-14。

表 2-14　PDU 结构

CAN ID	Byte0	Byte1	Byte2	Byte3	Byte4	Byte5	Byte6	Byte7
源地址	目的地址	OpCode	Data1	Data2	Data3	Data4	Data5	Data6
11 位 ID	数据域							

源地址（Source ID）即发送该网络管理报文的节点地址；目标地址（Destination ID）即接收该网络管理报文的节点地址；操作码 OpCode（Operation Code）表示控制场；Data1 ~ Data6，当前保留，用"0x00"填充。

2）OpCode。根据网络管理报文控制场中的不同取值，网络管理报文可分为 Alive 报文、Ring 报文、跛行报文。

当节点知道后继节点时，网络管理报文的目标地址为后继节点的源地址。当节点不知道后继节点时，网络管理报文的目标地址为源地址，OpCode 定义见表 2-15，OpCode 示例见表 2-16。

表 2-15　OpCode 定义

Bit7	Bit6	Bit5	Bit4	Bit3	Bit2	Bit1	Bit0
预留	预留	睡眠响应位	睡眠响应位	预留	LIMP – HOME	RING	ALIVE
OpCode							

表 2-16 OpCode 示例

OpCode		报文类型	含义
二进制	十六进制		
0000 0001	01	Alive 报文	开始阶段或者被跳过 清除睡眠标识位
0001 0001	11	Alive 报文	开始阶段或者被跳过 设置睡眠标识位
0000 0010	02	Ring 报文	正常操作模式 清除睡眠标识位 清除睡眠响应位
0001 0010	12	Ring 报文	正常操作模式 设置睡眠标识位 清除睡眠响应位
0011 0010	32	Ring 报文	正常操作模式 设置睡眠标识位 设置睡眠响应位
0000 0100	04	跛行报文	错误模式 清除睡眠标识位
0001 0100	14	跛行报文	错误模式 设置睡眠标识位

① Alive 报文。网络管理节点会在如下情况下，发出 Alive 报文：

a. 开始阶段。如果一个 ECU 准备通过 CAN 进行通信或者检测其他 ECU 的通信请求，需要发送 Alive 报文在逻辑环中进行注册。

b. 正常运行。如果 ECU 检测到自己被跳过，则再次发送 Alive 报文在逻辑环中进行注册。

c. 错误状态。如果 ECU 检测到其他节点的错误（Tmax 时间内没收到 Ring 报文），会再次发送 Alive 报文在逻辑环中进行注册。

② Ring 报文。向后继节点传递报文，用来形成逻辑环。每当节点监测到自身满足睡眠条件后，在发送 Ring 报文时，需将"sleep. ind"位置"1"，声明自己当前状态不需要网络通信，允许网络睡眠。任何节点监测到网络中所有节点发送"Sleep. ind = 1"的 Ring 报文后，在发送 Ring 报文时，需将"sleep. ack"位置"1"。命令所有节点进入睡眠准备状态。发送或接收到"sleep. ack = 1"的 Ring 报文后，所有节点定时 Twbs 定时器，同时停止网络通信。Twbs 超时后，整个网络进入睡眠状态。

③ 跛行报文。当接收/发送错误计数器超过其阈值时，节点进入跛行状态，并以 T［error］周期发送跛行报文。跛行报文由跛行节点发送。

④ 报文冲突策略。在节点接收到目标地址等于本地地址的 Ring 报文后，节点

定时 Ttyp 定时器。在 Ttyp 超时时间内，如果再次接收到目标地址等于本地地址的 Ring 报文，节点重启 Ttyp 定时器，进行重新定时。如果接收到的 Ring 报文目标地址不等于本地地址，则取消 Ttyp 定时器，启动 Tmax 定时器。报文冲突策略如图 2-36所示。

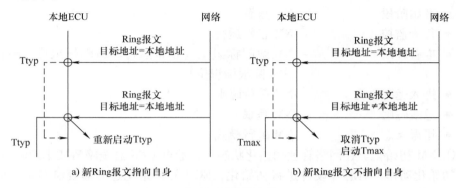

图 2-36 报文冲突策略

发送了 Ring 报文后，在接收到数据链路层 ACK 应答前，如果接收到了 Ring 报文，节点需要忽略此帧报文。在发送 Ring 报文以后，节点开始定时 Tmax 定时器。如图 2-37 所示。

（6）网络管理状态 所有 CAN 节点采用相同的网络管理策略。网络管理策略的目的是建立与维护节点间的联系，协调网络睡眠。网络管理策略向节点应用层提供当前网络的状态信息，而不同状态的控制、处理策略由节点的应用程序负责。

当节点上电时，节点进入 NM 运行状态。在 NM 工作状态中，包含了网络唤醒、网络睡眠和主动网络管理、被动网络管理两组并列的工作子状态。

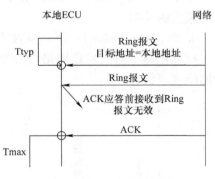

图 2-37 报文冲突策略

1）网络唤醒状态（NMAwake）。当节点满足控制器唤醒条件时，节点进入网络唤醒状态。在直接网络管理中，节点长期保持在此状态，维持网络管理运行、监控网络节点运行状态、负责节点网络睡眠。其包括正常运行（NMNormal）、跛行（NMLimpHome）两个子状态和重置（NMReset）过程。

2）网络睡眠状态（NMBusSleep）。当所有节点满足控制器睡眠条件后，睡眠类型节点进入网络睡眠状态。在此状态中，网络通信停止，但 CAN 收发器监测网络活动。

3）主动网络管理。网络节点主动参与逻辑环建立、逻辑环维持、睡眠指示、睡眠命令等网络管理活动。

4）被动网络管理。网络节点监听网络状态，但不参与网络管理活动。

网络管理功能基于 OSEK NM 规范，基本的 NM 状态如下：

- CAN 初始化　　　　　→NM 初始化
- 开始阶段　　　　　　→NM 重置
- 行为监控　　　　　　→NM 正常运行
- 准备睡眠　　　　　　→NM 睡眠标识位（正常运行 + 睡眠标识位或跛行模式 + 睡眠标识位）
- 进入睡眠行为　　　　→NM 等待睡眠
- 总线睡眠　　　　　　→NM 睡眠
- 错误状态　　　　　　→NM 跛行模式

① NM 初始化。在网络管理初始化状态下，通过 CAN 总线唤醒或本地唤醒后，执行初始化动作，对芯片硬件进行初始化，ECU 的初始化过程需要满足如下时间要求，初始化如图 2-38 所示，初始化时间参数见表 2-11。

a. T［CANACK］：ECU 从被唤醒到准备好提供 ACK 置位的时间。

b. T［CANInit］：ECU 从被唤醒到发送第一个显性电平的时间。此时，ECU 应完成通信相关硬件和软件的初始化，并且准备好接收和发送报文。

c. T［MessageStart］：ECU 从被唤醒到至少完整发送一次所有周期型和周期事件型报文的时间。

d. T［SignalValue］：ECU 从被唤醒到发送报文的所有信号值为真实值的时间。

ECU 唤醒后首先发送网络管理报文，然后发送应用报文，应用报文发送独立于网络管理状态。

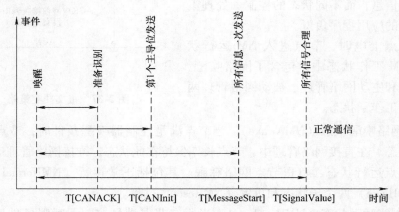

图 2-38　NM 初始化

② NM 重置。初始化完成后，ECU 从 NM 初始化状态进入 NM 重置状态。清空 NMrxcount 和 NMtxcount，配置目标地址，NMrxcount 进行加 1，同时发送 Alive 报文

并将 NMtxcount 进行加 1。如果接收和发送计数器均未超过阈值，则启动定时器 Ttyp，超时后进入常规运行状态。否则启动定时器 Terror，超时后进入跛行状态。当节点唤醒、退出跛行状态、总线出现严重错误时，节点将进入跛行状态，其详细流程如图 2-39 所示。

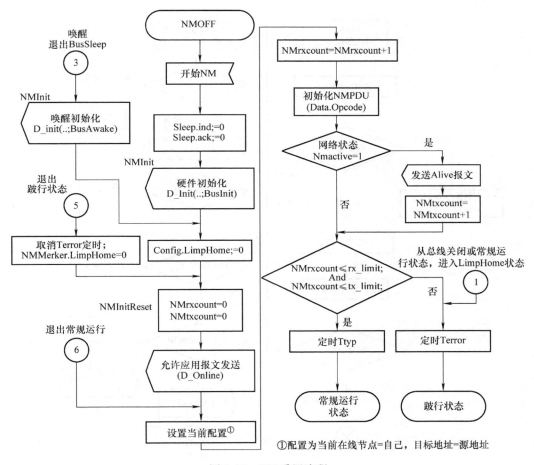

图 2-39　NM 重置流程

③ NM 正常。当节点初始化完成发送 Alive 报文后，且当接收、发送计数器都小于阈值时，ECU 进入 NM 正常状态，发送 Ring 报文给逻辑继承者以建立逻辑环。如果逻辑继承者未知，则将使用自己的网络地址。如果检测到其他 ECU 丢失或者被跳过，ECU 再次发送 Alive 报文。

在正常运行过程中，接收到 NM 报文后，首先将接收计数器清零，然后判断报文类型。若为跛行报文，则将更新配置，标记跛行节点。否则确定逻辑继承者，并再次判断报文类型；若为 Alive 报文，则使网络稳定参数为 0，当前逻辑环处于网络不稳定状态；若为 Ring 报文，首先取消 Ttyp 和 Tmax 定时器，判断目标地址是否和本地地址一致，若一致则启动 Ttyp，否则启动 Tmax 定时器，Tmax 超时后判断节点是否被跳过，如果被跳过并且允许睡眠，则发送 ind = 1 的 Alive 报文，不允许睡眠则发送 Alive 报文。其流程如图 2-40 所示，T［typ］、T［max］定义见表 2-17 所示。

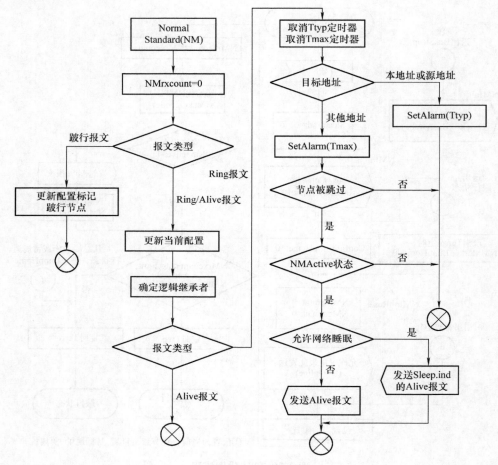

图 2-40　NM 正常流程

表 2-17　T［typ］、T［max］定义

时间	描述	最小值/ms	标准值/ms	最大值/ms
T［typ］	相邻两个 NM 报文之间的标准时间间隔	90	100	110
T［max］	相邻两个 NM 报文之间的最大时间间隔	230	260	290

　　a. NM 报文接收。在常规运行状态中，如果在 Tmax 超时范围内接收到 NM 报文，节点进入 NM 报文接收流程。在流程中，节点首先进入接收后定时、跳过判断流程。判断完成后，再对报文类型进行判断，如果为睡眠命令报文，且本节点满足

睡眠条件，则节点进入睡眠初始化。如果节点不满足条件，则退回到常规运行状态。NM 报文接收流程如图 2-41 所示。

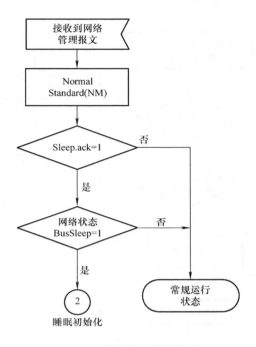

图 2-41　NM 报文接收流程

　　b．NM 报文发送。当节点接收到的 Ring 报文目标地址等于本地地址时，节点启动 Ttyp 定时器。当 Ttyp 超时后，节点进入报文发送流程。当节点处于主动网络管理状态时，如果节点自身满足睡眠条件，且 NMtxcount ≤ tx_Limit 时，节点发送"Sleep. ind = 1"的 Ring 报文，并配置网络状态。如果 NMtxcount > tx_Limit，则节点进入跛行状态。当 Ttyp 超时后，NM 报文发送流程如图 2-42 所示。

　　c．NM 报文成功发送。在常规运行状态中，在节点发送了 NM 报文后，当数据链路层返回报文成功发送后，节点进入 NM 成功发送流程。节点对 NMtxcount 计数器进行清零，并对 Tmax 定时器重新进行定时。如果发送的报文为"Sleep. ind = 1"的 Ring 报文，则判断节点当前是否满足睡眠条件。如果满足，则将"Sleep. ack"位置"1"，并进入预睡眠状态，否则节点返回常规运行状态。当 NM 报文成功发送后，其详细流程如图 2-43 所示。

　　d．Tmax 超时处理。当定时参数 Tmax 超时时，节点复位，再次进入节点初始化。计数器 NMrxcount + 1，发送 Alive 报文后，NMtxcount + 1。并判断 NMrxcount、NMtxcount 两个计数器。当 NMrxcount 或 NMtxcount 大于阈值时，节点进入跛行状态。其流程如图 2-44 所示。

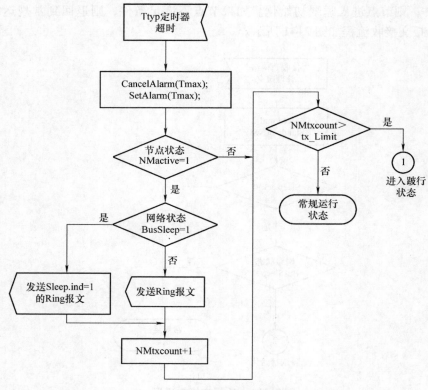

图 2-42　NM 报文发送流程

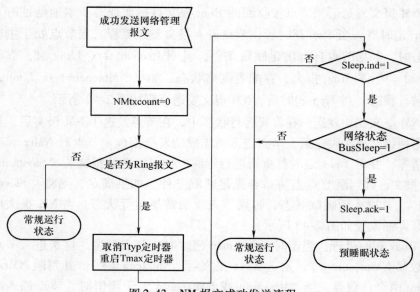

图 2-43　NM 报文成功发送流程

④ NM 睡眠。当节点满足睡眠条件后，判断当前节点是主动状态还是被动状态。当节点处于被动状态时，节点进入预睡眠状态。当节点处于主动状态时，节点返回常规运行状态。其流程如图 2-45 所示。

a. 预睡眠。当节点进入预睡眠状态后，在等待其他节点发送"Sleep. ind = 1"的 Ring 报文期间，如果本节点检测到不满足睡眠时，退出预睡眠状态。当节点收到任意 NM 报文时，首先进入接收后定时、跳过判断流程，再判断接收到的 NM 报文"Sleep. ind"是否为"1"，如果不为"1"，节点退出预睡眠状态。如果满足条件，再次判断是否为"Sleep. ack = 1"的睡眠命令报文。如果是，节点进行睡眠初始化，否则节点仍处于预睡眠状态。当 Ttyp 超时后，节点发送睡眠命令报文，当报文成功发送后，节点停止通信，并进入睡眠等待状态。其流程如图 2-46 所示。

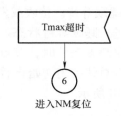

图 2-44　Tmax 超时处理流程

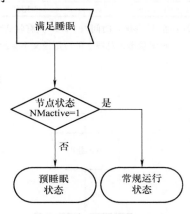

图 2-45　NM 睡眠流程

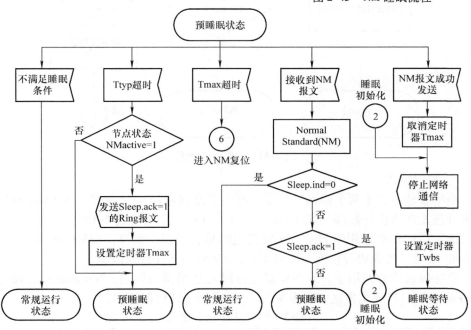

图 2-46　预睡眠流程

b. 睡眠等待。接收或发送"Sleep. ack = 1"的网络管理报文后，节点停止网络通信，进入睡眠等待状态。在 Twbs 超时前，如果接收到"Sleep. ind = 0"的报文或不满足睡眠条件时，节点退出睡眠等待状态，进入复位状态。当 Twbs 超时后，节点进行总线关闭初始化后进入睡眠状态。其流程如图 2-47 所示，T［wbs］定义如表 2-18 所示。

表 2-18　T［wbs］定义

时间	最小值/ms	标准值/ms	最大值/ms
T［wbs］	1350	1500	1650

注：在 T［wbs］时间内，ECU 只有收到带清除睡眠指示的网络管理报文或者本地唤醒才会退出 NM 等待睡眠状态，总线上的应用报文不会影响 T［wbs］时间。

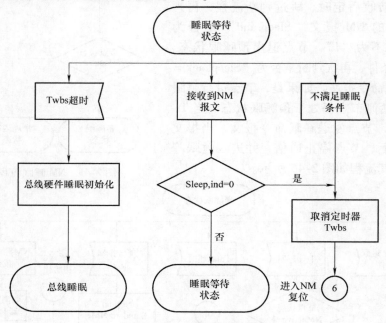

图 2-47　睡眠等待流程

⑤ 跛行模式。

网络管理定义了两个错误计数器：网络管理接收错误计数器（NMrxcount）和网络管理发送错误计数器（NMtxcount）。T［error］定义见表 2-19。

接收错误计数器用于表示 NM 报文连续接收错误的数目，NMrxcount 的阈值用 rx_limit 表示，当成功接收到 NM 报文后，NMrxcount 计数器清零。

发送错误计数器用于表示 NM 报文连续发送错误的数目，NMtxcount 的阈值用 tx_limit 表示，当成功发送 NM 报文后，NMtxcount 计数器清零。

表 2-19　T［error］定义

时间	描述	最小值/ms	标准值/ms	最大值/ms
T［error］	两个没有睡眠标志位的跛行报文之间的时间间隔	900	1000	1100

进入跛行模式的网络管理参数：rx_limit = 4（接收网络管理报文失败）；tx_limit = 8（发送网络管理报文失败）。

当任何一个错误计数器超过其阈值时，节点进入跛行状态。节点进入跛行状态后，以 T［error］周期发送跛行报文。

a. NM 报文接收。当节点处在跛行状态时，如果接收到了网络管理报文，节点需要通过 NMMerker. limp Home 成功发送标志判断在接收到网络管理报文前是否成功发送过网络管理报文。

如果"NMMerker. limp Home = 1"，判断节点是否允许网络睡眠。如果不允许睡眠，节点复位；如果允许睡眠且接收到"Sleep. ack = 1"的睡眠命令报文，节点进入睡眠初始化7，即停止网络通信，设置定时器 Twbs，进入睡眠等待状态。如果"NMMerker. limpHome = 0"，判断节点是否允许网络睡眠。如果不允许睡眠，节点进入跛行状态；如果允许睡眠且接收到"Sleep. ind = 0"的 NM 报文，节点也进入跛行状态；如果接收到"Sleep. ind = 1"的 NM 报文，则再次判断"Sleep. ack"状态。如果收到"Sleep. ack = 1"的睡眠命令报文，则节点进入睡眠初始化状态7；如果收到"Sleep. ack = 0"的睡眠命令报文，则节点进入预睡眠状态。其流程如图 2-48 所示。

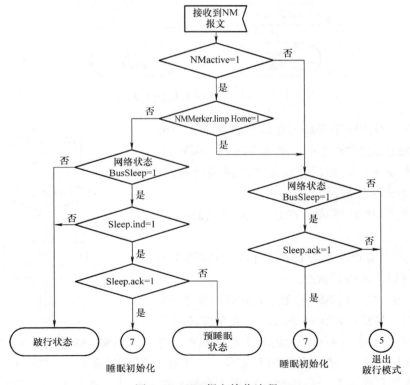

图 2-48 NM 报文接收流程

b. NM 报文发送。当 Terror 定时器超时后，节点尝试允许应用报文发送。并判断节点是否满足睡眠条件，如果满足睡眠条件，发送 "Sleep. ind = 1" 的跛行报文，同时设置 Tmax，并进入预睡眠状态。如果网络不满足睡眠，则节点重新设置 Terror，并发送跛行报文。其流程如图 2-49 所示。

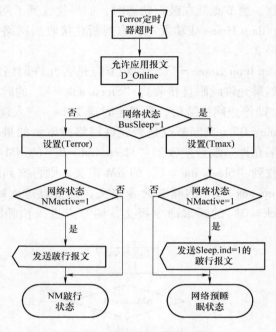

图 2-49　NM 报文发送流程

c. NM 报文成功发送。在跛行状态下，当节点成功发送跛行报文后，节点标记 "NMMerker. limpHome = 1"，标记节点成功发送跛行报文。其流程如图 2-50 所示。

d. 跛行睡眠流程。在跛行状态预睡眠状态下：

a）如果节点不满足睡眠条件，则启动 Terror，超时后进入跛行状态。

b）如果接收到 NM 报文并能够成功发送 NM 报文，则先判断是否允许睡眠，如果允许睡眠并且接收到 "Sleep. ack = 1" 的睡眠命令报文，则

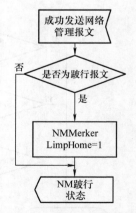

图 2-50　NM 报文成功发送流程

进入睡眠初始化 7，否则进行软件复位；如果接收到 NM 报文但不能成功发送 NM 报文，则先判断是否允许睡眠，如果不允许睡眠，则进入跛行状态；否则，如果

"Sleep. ind = 0"，节点也将进入跛行状态；如果"Sleep. ind = 1"并且"Sleep. ack = 1"，节点将进行睡眠初始化；如果"Sleep. ind = 1"并且"Sleep. ack = 0"，则节点将进入预睡眠状态。

c）Tmax 超时后，节点进入睡眠初始化状态。

其流程如图 2-51 所示。

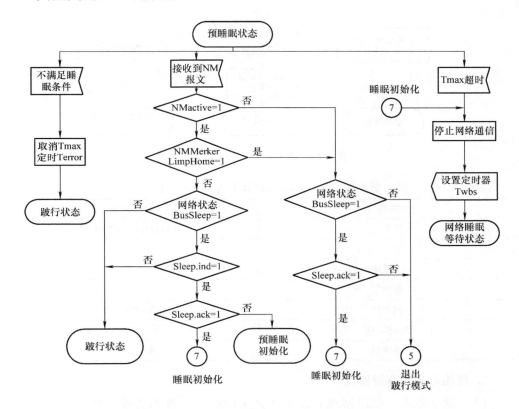

图 2-51　跛行预睡眠状态流程

在跛行睡眠等待状态下，在 Twbs 超时前，如果节点不满足睡眠条件或接收到"Sleep. ind = 0"的 NM 报文时，节点取消 Twbs 定时器，定时 Terror 定时器，然后退回到跛行状态，否则节点仍处于睡眠等待状态。直到 Twbs 超时，超时后，节点睡眠。其流程如图 2-52 所示。

2.5.3　UDS（统一诊断服务）诊断要求

1. 诊断层级

对应 OSI（开放系统互连）七层模型，基于 CAN 总线诊断的 OSI 七层模型见表 2-20。

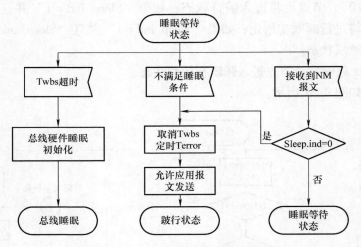

图 2-52　跛行睡眠等待状态流程

表 2-20　基于 CAN 总线诊断的 OSI 七层模型

OSI 分层	增强型诊断
应用层	ISO 14229/ISO 15765 – 3
表示层	—
会话层	—
传输层	—
网络层	ISO 15765 – 2
数据链路层	ISO 11898 – 1
物理层	用户定义

2. 传输层和网络层协议

（1）地址格式　使用常规寻址模式，支持物理寻址和功能寻址，采用 11 位 CAN 标识符地址。

（2）数据流

1）非分段数据流。非分段数据流由非分段 CAN 报文的单帧（SF）构成，用于数据长度小于或等于 7 个字节的报文传输。非分段数据流示意图如图 2-53 所示。

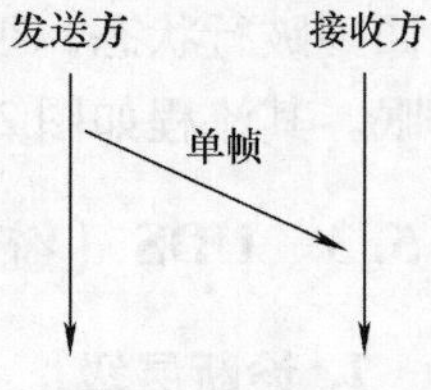

2）分段数据流。分段数据流由分段 CAN 报文的多帧构成，用于数据长度大于 7 个字节的报文传输。数据流由第一帧（FF）和若干个连续帧（CF）组成。

接收方在接收到第一帧（FF）后需要发送一个流控制帧（FC），简称"流控"。流控制帧包含块大小（BS）及最小分

图 2-53　非分段数据流示意图

隔时间（STmin）的信息。BS 是指接收方发出流控后等待下次发送流帧之前，允许发送方发送连续帧的最大数量。STmin 是指接收方要求发送方在传输两个连续帧之间需要等待的最小时间。

　　分段数据流示意图如图 2-54 所示。

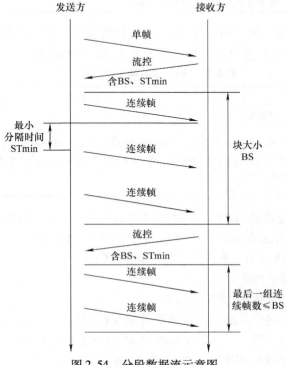

图 2-54　分段数据流示意图

（3）帧类型

1）概述。每一个单帧（SF）、第一帧（FF）、连续帧（CF）或者流控制帧（FC）都有 8 个字节的数据域，CAN 帧的数据长度设定为 8 个字节，不使用的字节填充为 0x00。数据域结构见表 2-21 所示，包括以下两部分：

① 协议控制信息（PCI）：指示帧类型、数据长度等信息。

② 数据字节信息（DB）：包含发送的数据。

表 2-21　数据域结构

帧类型	字节 0		字节 1	字节 2	字节 3~7
	位 7~4	位 3~0			
单帧（SF）	0000	SF_DL	DB		
第一帧（FF）	0001	FF_DL		DB	
连续帧（CF）	0010	SN	DB		
流控制帧（FC）	0011	FS	BS	STmin	—

2）单帧。单帧（SF）通过协议控制信息（PCI）的高四位设置为 0000b 来识别。PCI 中的单帧数据长度（SF_DL）按表 2-22 所列内容计算。

表 2-22　单帧数据长度（SF_DL）

十六进制值	描述
1 ~ 7	单帧数据长度包含的数据字节数

3）第一帧。第一帧（FF）通过协议控制信息（PCI）的高四位设置为 0001b 来识别。第一帧数据长度（FF_DL）按表 2-23 所列内容计算。

表 2-23　第一帧数据长度（FF_DL）

十六进制值	描述
0 ~ 7	无效值
8 ~ FFF	第一帧数据长度包含多帧传输的数据字节数，理论上使用 12 位表示的第一帧数据长度支持最大发送数据字节数为 4095。但是目前不需要支持到最大数据字节长度 4095 个字节

4）连续帧。连续帧（CF）通过协议控制信息（PCI）的高四位设置为 0010b 来识别。协议控制信息的低四位表示序列号（SN），要求如下：

① 第一帧的 SN 为 0，不体现在第一帧的 PCI 中。

② 第一个连续帧的 SN 为 1。

③ 每增加一个连续帧，SN 增加 1。

④ 在连续帧之间发送的流控制帧不影响 SN 的计算。

⑤ SN 增加到 15 后，下一个连续帧的 SN 从 0 开始计算。

SN 的定义及值域分别见表 2-24 和表 2-25。

表 2-24　序列号（SN）的定义

协议数据名称	第一帧	连续帧	连续帧	连续帧	连续帧	连续帧	连续帧	连续帧	连续帧
SN（hex）	0	1	2	…	E	F	0	1	…

表 2-25　序列号（SN）的值域

十六进制值	描述
0 ~ F	序列号值域为 0 ~ 15，序列号存储在字节 0 的低四位

5）流控制帧。在第一帧或连续帧块的最后一个连续帧传输之后，如果发送方后面还会通过连续帧传输数据，那么接收方要传输协议控制信息（PCI）高四位设置为 0011b 的流控制帧报文。流控制帧的协议控制信息中的流状态（FS）应置为"继续发送"，见表 2-26。接收方用流控制帧告知发送方在两个流控制帧间可以发送多少条连续帧报文（块大小 BS，见表 2-27），以及连续帧以多大速率发送（最小分隔时间 STmin，见表 2-28）。

表 2-26　流状态（FS）值的定义

FS 数值（hex）	描述
0	继续发送
1	等待
2	溢出
3 ~ F	预留

表 2-27　块大小（BS）值的定义

BS 数值（hex）	描述
00	向发送方指示接收方不再发送流控制帧（FC），发送方应发送所有的连续帧，不需要等待
01 ~ FF	告知发送方流控制帧（FC）间发送连续帧的数量

表 2-28　最小分隔时间（STmin）值的定义

STmin 数值（hex）	描述
00 ~ 7F	分别对应 0 ~ 127ms
80 ~ F0	预留
F1 ~ F9	分别对应 100 ~ 900μs
FA ~ FF	预留

针对流控制帧参数 BS、STmin 的需求值见表 2-29。

表 2-29　流控制帧参数需求值

参数	需求值（hex）
BS	00
STmin	0A（应用程序软件）
	01（程序下载刷新软件）

（4）网络层时间参数　诊断网络层时间参数定义见表 2-30。

表 2-30　诊断网络层时间参数

时间参数	描述	超时值	性能需求
N_As	发送方传输 CAN 帧的时间	100ms	—
N_Bs	直到接收下一个流控制帧的时间	1000ms	—
N_Cs	直到传输下一连续帧的时间	—	（N_Cs + N_As）<900ms
N_Ar	接收方传输 CAN 帧的时间	100ms	—
N_Br	直到传输下一流控制帧的时间	—	（N_Br + N_Ar）<900ms
N_Cr	直到接收下一连续帧的时间	1000ms	—

（5）诊断通信条件　出现下列任一情况时，诊断仪与整车 ECU 间应能维持诊断通信：

1）点火钥匙状态为"ON"。

2）点火钥匙状态为"OFF"或"ACC"，但网络具备稳定可靠的通信能力。

3. 应用层和会话层协议

（1）概述　对于增强型诊断而言，应用层和会话层的时间参数，在以下通信情况下需要被区分：

1）物理通信（单播）。

① 默认会话模式。

② 非默认会话模式（需要处理进行维持的会话）。

2）功能通信（广播）。

① 默认会话模式。

② 非默认会话模式（需要处理进行维持的会话）。

对于发送方和接收方的诊断应用层协议和网络层协议，诊断仪和电子控制单元均定义了特定通信过程中的时间参数。图 2-55 所示为网络层服务执行示意图，为了简化车辆 CAN 总线中诊断报文的传输过程，图中并未考虑特定车辆的网络拓扑，假设在诊断仪和 ECU 之间没有网关设备。N_USData. request 用来请求数据的传输，若必要，网络层可将数据进行分段处理；N_USData. confirm 用来表示应用层进行确认，即执行服务请求（成功或未成功）；N_USData. indication/N_USData_FF. indication 用来向应用层提供已接收数据（单帧或多帧报文）或标记分段报文的开始。

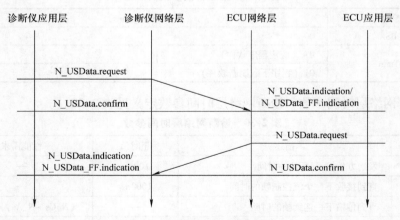

图 2-55　网络层服务执行示意图

（2）应用层　诊断应用层时间参数的定义见表 2-31。

表 2-31　应用层时间参数

时间参数	描述	类型	最小值	最大值
$P2_{CAN\_Tester}$	诊断仪在成功发送请求报文（通过 N_USData. con 指示）后，等待 ECU 发送响应的超时值（多帧传输报文的 N_USDataFF. ind 或者单帧传输报文的 N_USData. ind）ISO 15765 – 3 中的参数名为 $P2_{CAN\_Client}$	定时加载值	150ms	—
$P2*_{CAN\_Tester}$	诊断仪在收到否定响应码为 78hex 的否定响应报文（通过 N_USData. ind 指示）后，等待 ECU 发送响应报文的增强型超时值（多帧传输报文的 N_USDataFF. ind 或者单帧传输报文的 N_USData. ind）ISO 15765 – 3 中的参数名为 $P2*_{CAN\_Client}$	定时加载值	5100ms	—
$P2_{CAN\_ECU}$	ECU 在接收到请求报文（通过 N_USData. ind 指示）后发出响应报文的性能要求 ISO 15765 – 3 中的参数名为 $P2_{CAN\_Server}$	性能需求	0	50ms
$P2*_{CAN\_ECU}$	ECU 在发送否定响应码为 78hex（增强响应定时）的否定响应报文（通过 N_USData. ind 指示）后，到 ECU 发出响应报文时间的性能要求 ISO 15765 – 3 中的参数名为 $P2*_{CAN\_Server}$	性能需求	0	5000ms
$P3_{CAN\_Tester\_Phys}$	诊断仪成功发送物理寻址请求报文（通过 N_USData. con 指示），并且该请求报文不需要 ECU 进行响应后（禁止肯定响应指示位置为"1"），诊断仪再次发送下一个物理寻址请求报文的最小间隔时间 ISO 15765 – 3 中的参数名为 $P3_{CAN\_Client\_Phys}$	定时加载值	$P2_{CAN\_ECU\_max}$	—
$P3_{CAN\_Tester\_Func}$	诊断仪成功发送完功能寻址请求报文（通过 N_USData. con），并再次发送下一个功能寻址请求报文时的最小间隔时间，分两种情况：一种为诊断仪发送的请求不需要 ECU 响应，一种为仅有部分支持该请求的 ECU 响应，即存在部分 ECU 不给予响应 ISO 15765 – 3 中的参数名为 $P2_{CAN\_Client\_Func}$	定时加载值	$P2_{CAN\_ECU\_max}$	—

（3）会话层　ECU 在不同会话模式下，可支持不同的诊断服务、诊断功能和定时参数。诊断仪通过使用诊断会话控制服务来启动一个或者一系列 ECU 的各种会话模式。当非默认会话模式启动时，需要按照表 2-32 所列会话层定时参数进行会话模式的处理。

表 2-32　会话层定时参数

时间参数	描述	类型	值
S3$_{Tester}$	诊断仪通过功能寻址发送的诊断仪在线（3E hex）请求报文的时间间隔，用来保持各个 ECU 中非默认会话模式处于激活状态（功能通信），或者对于单个 ECU 物理传输请求报文间的最大时间间隔（物理通信） ISO 15765 - 3 中的参数名为 S3$_{Client}$	定时加载值	2000ms
S3$_{ECU}$	当 ECU 没有接收到任何诊断请求报文时，保持非默认会话模式处于激活状态的时间。ECU 如果在 S3$_{ECU}$ 后没有收到任何诊断请求，将返回到默认会话模式下 ISO 15765 - 3 中的参数名为 S3$_{Server}$	定时加载值	5000ms

诊断仪的会话层时间参数启动和停止的条件参见 ISO 15765 - 3。ECU 会话层时间参数的启动和停止条件见表 2-33。

表 2-33　ECU 会话层时间参数的启动和停止条件

时间参数	动作	物理及功能通信
S3$_{ECU}$	初始启动	在需要响应报文的情况下，N_USData. con 指示从默认会话模式转换至非默认会话模式的诊断会话控制肯定响应报文的传输完成
		在不需要或不允许响应报文的情况下，成功完成了诊断会话控制服务（10hex）请求从默认会话模式转换至非默认会话模式的动作
	后续停止	N_USDataFirstFrame. ind 指示了多帧请求报文的开始或 N_USData. ind 指示了任意单帧请求报文的接收。如果默认会话模式处于激活状态，S3$_{ECU}$ 定时参数被禁能
	后续启动	在响应报文（包含肯定响应和否定响应报文）需要或允许传输的情况下，N_USData. con 指示服务执行结束（最终的响应报文）的响应报文完成。否定响应码为 78hex 的否定响应不会重启 S3$_{ECU}$ 定时器
		在不需要或不允许响应报文（肯定响应或否定响应）的情况下，请求的动作完成（服务结束）
	停止	N_USData. ind 指示在接收多帧请求报文时发现错误
		在需要响应报文的情况下，N_USData. con 指示从非默认会话模式转换至默认会话模式的诊断会话控制肯定响应报文的传输完成
		在不需要或不允许响应报文的情况下，成功完成了对于诊断会话控制服务（10hex）请求从非默认会话模式转换至默认会话模式的动作

注：对于诊断仪而言，其必须能够区分周期传输的功能寻址的诊断仪在线［3E 00/80 hex］请求报文和连续传输的物理寻址的诊断仪在线［3E 00/80 hex］请求报文，此报文只在其他诊断请求报文均不存在时发送。对于 ECU 而言没有必要去区分这种诊断仪在线［3E 00/80 hex］请求报文。本表还进一步说明了 S3$_{ECU}$ 定时器处理是基于原始的网络层服务，即当 ECU 收到不支持的诊断请求报文时，S3$_{ECU}$ 定时器也会重启。

4. 电子控制单元响应规则

（1）带子功能参数诊断请求报文的响应

1）物理寻址诊断请求报文。如果物理寻址诊断请求被接收，则表示请求被单播发送给了一个 ECU，带子功能参数的物理寻址诊断请求报文和 ECU 响应行为见表 2-34。

表 2-34 带子功能参数的物理寻址诊断请求报文和 ECU 响应行为

ECU 情况编号	诊断仪请求报文		ECU 能力			ECU 响应		服务器响应的注释
	寻址方式	子功能（禁止肯定响应报文指示位）	支持该服务标识符	支持该子功能	支持的数据参数（只有在应用情况下）	报文	否定响应码（十六进制值）	
1	物理寻址	该位为 0	是	是	至少 1 个	肯定响应	—	ECU 发送肯定响应
2			是	是	—	否定响应	NRC = XX	ECU 发送否定响应，因为读请求报文的数据参数时发生错误
3			否	—	—		NRC = 11hex	否定响应码为 11hex 的否定响应（服务不支持）
4			是	否	—		NRC = 12hex	否定响应码为 12hex 的否定响应（子功能不支持）
5		该位为 1	是	是	至少一个	无响应	—	ECU 不发送响应
6			是	是	—	否定响应	NRC = XX	ECU 发送否定响应，因为读请求报文的数据参数时发生错误
7			否	—	—		NRC = 11hex	否定响应码为 11hex 的否定响应（服务不支持）
8			是	否	—		NRC = 12hex	否定响应码为 12hex 的否定响应（子功能不支持）

注：对于第 5 种情况，如果否定响应码为 78hex（请求正确接收 – 响应等待）的否定响应应用，最终的响应应给出，不受"禁止肯定响应报文指示位"的值影响。

2）功能寻址诊断请求报文。如果功能寻址诊断请求被接收，则表示请求被广播发送给了所有 ECU，带子功能参数的功能寻址诊断请求报文和 ECU 响应行为见表 2-35。

（2）不带子功能参数诊断请求报文的响应

1）物理寻址诊断请求报文。不带子功能参数的物理寻址诊断请求报文和 ECU 响应行为见表 2-36。

表 2-35　带子功能参数的功能寻址诊断请求报文和 ECU 响应行为

ECU情况编号	诊断仪请求报文		ECU 能力			ECU 响应		服务器响应的注释
	寻址方式	子功能（禁止肯定响应报文指示位）	支持该服务标识符	支持该子功能	支持的数据参数（只有在应用情况下）	报文	否定响应码（十六进制值）	
1	功能寻址	该位为0	是	是	至少1个	肯定响应	—	ECU 发送肯定响应
2					至少1个	否定响应	NRC = XX	ECU 发送否定响应，因为读请求报文的数据参数时发生错误
3					不支持		—	
4			否	—		无响应	—	ECU 不发送响应
5			是	否			—	
6		该位为1	是	是	至少1个	无响应	—	ECU 不发送响应
7			是	是	至少1个	否定响应	NRC = XX	ECU 发送否定响应，因为读请求报文的数据参数时发生错误
8					不支持		—	
9			否	—		无响应	—	ECU 不发送响应
10			是	否			—	

注：1. 对于第 6 种情况，如果否定响应码为 78hex（请求正确接收 – 响应等待）的否定响应应用，最终的响应给出，不受"禁止肯定响应报文指示位"的值影响。

2. 否定响应码为 31hex（请求超出范围）、11hex（服务不支持）和 12hex（子功能不支持）的否定响应在功能寻址下总是禁止的，故在情况 3、4、5、8、9、10 时 ECU 不发送响应。

表 2-36　不带子功能参数的物理寻址诊断请求报文和 ECU 响应行为

ECU情况编号	诊断仪请求报文寻址方式	ECU 能力		ECU 响应		服务器响应的注释
		支持该服务标识符	支持的数据参数	报文	否定响应码（十六进制值）	
1	物理寻址	是	所有	肯定响应	—	ECU 发送肯定响应
2			至少一个		—	
3			至少一个、多于一个或所有	否定响应	NRC = XX	ECU 发送否定响应，因为读请求报文的数据参数时发生错误
4			不支持		NRC = 31	否定响应码为 31hex 的否定响应（请求超出范围）
5		否	—		NRC = 11	否定响应码为 11hex 的否定响应（服务不支持）

2）功能寻址诊断请求报文。不带子功能参数的功能寻址诊断请求报文和 ECU 响应行为见表 2-37。

表 2-37　不带子功能参数的功能寻址诊断请求报文和 ECU 响应行为

ECU 情况编号	诊断仪请求报文寻址方式	ECU 能力		ECU 响应		服务器响应的注释
		支持该服务标识符	支持的数据参数	报文	否定响应码（十六进制值）	
1	功能寻址	是	所有	肯定响应	—	ECU 发送肯定响应
2			至少一个		—	
3			至少一个、多于一个或所有	否定响应	NRC = XX	ECU 发送否定响应，因为读请求报文的数据参数时发生错误
4			不支持	无响应	—	ECU 不发送响应
5		否			—	

注：否定响应码为 31hex（请求超出范围）和 11hex（服务不支持）的否定响应在功能寻址下总是禁止的，故在情况 4、5 时 ECU 不发送响应。

（3）请求正确接收 – 响应等待　如果回复带有否定响应码 11hex（服务不支持）、12hex（子功能不支持）或 31hex（请求超出范围）的否定响应报文，ECU 不应该在之前回复带有否定响应码 78hex（请求正确接收 – 响应等待）的否定响应。

ECU 在回复否定响应码 78hex（请求正确接收 – 响应等待）后，需要在给定的时间内发送最终的否定响应或肯定响应报文。

2.5.4　Bootloader 刷新规范要求

1. 概述

所有支持应用软件及应用数据（包括网络配置数据和标定数据）刷新的 ECU，都应当包含程序下载刷新（Bootloader）软件。在正常运行过程中，执行的是应用软件和应用数据。仅当应用软件或应用数据无效时，或者要求对它进行升级时，Bootloader 软件才被激活。

应用软件和应用数据可以同时刷新或者相互独立刷新，不允许在刷新时更新 Bootloader 软件。

2. 硬件要求

任何可进行程序下载刷新并且正确安装在整车中的 ECU，均可使用诊断仪通过整车 OBD 接口对 ECU 进行程序下载刷新，在下载刷新程序的过程中，不需要把 ECU 从整车中移除。可进行程序下载刷新的 ECU 必须提供足够的存储器来保证下载，提供充足的缓存空间来满足程序下载刷新的定时要求。

3. 软件要求

ECU 软件被分成 2 个完全独立的部分：Bootloader 软件和应用软件。在程序下载存储器区域中，Bootloader 软件应被存储在被保护的只读存储器中，避免被意外擦除，一旦 ECU 上电，Bootloader 软件就开始执行，应能够重新编程应用软件。

为了保持 Bootloader 软件尽可能小，仅仅需要支持诊断服务的子集。

4. 启动时序

在上电/复位后，ECU 首先执行 Bootloader 代码，Bootloader 软件首先执行一些基本的初始化，然后检查是否有外部程序下载刷新请求，如果程序下载刷新请求有效，即使应用程序是有效的，Bootloader 软件也会继续运行。

如果当前没有程序下载刷新请求，则检查应用软件的状态：

1）若应用软件是有效的，则应用软件代码将被执行。

2）若应用软件是无效的，则继续执行 Bootloader 代码。

在应用模式下，使用两种诊断会话模式：默认会话模式和扩展会话模式。

在 Bootloader 模式下，使用了三种不同的诊断会话模式：默认会话模式、扩展会话模式和编程会话模式。要进入编程会话模式，必须先通过扩展会话模式，ECU 不支持直接从默认会话模式跳转到编程会话模式。同样，ECU 也不支持从编程会话模式直接跳转到扩展会话模式。

程序下载刷新启动时序如图 2-56 所示。

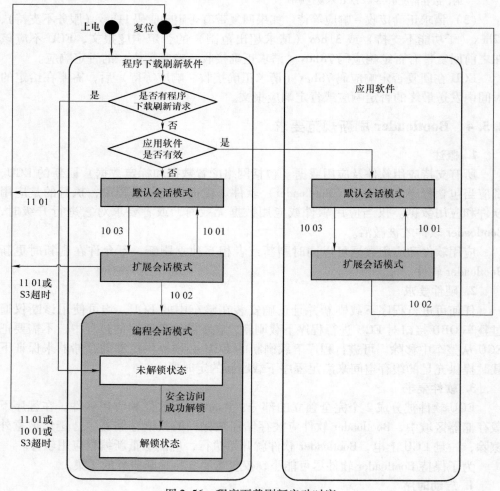

图 2-56　程序下载刷新启动时序

5. 程序下载要求

（1）安全访问   所有可刷新的 ECU 都应该支持种子和密钥的安全特性，并且可以通过安全访问服务 27hex 进行访问，从而保护 ECU 免受未授权的编程动作影响。

（2）检查编程依赖性   在下载程序的最后，ECU 需要检查下载到存储器中的软件的依赖性。通过执行例程标识符为 0xFF01 的例程控制服务（31hex）来进行编程软件的依赖性检查。

（3）内存驱动程序下载   内存驱动程序是一种执行初始化、擦除或写入内存功能的硬件从属软件。ECU 内存的内容必须是受保护的，防止意外的擦除或重写操作。编程的内存驱动并不是存储在 ECU 的只读存储器中，而是下载到 ECU 的随机存储器中。下载完成后，驱动代码将从 ECU 的随机存储器缓存区彻底移除。

（4）故障容错   如果在编程过程中以下任何故障条件发生，ECU 应有能力去恢复并可以重新进行编程：

1）失去和供电电源的连接。

2）失去接地连接。

3）CAN 通信中断。

4）过电压或欠电压条件。

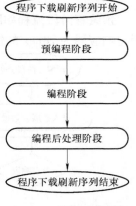

图 2-57　程序下载刷新流程图

6. 程序下载刷新流程

（1）总则   电子控制单元程序下载刷新流程可分为以下 3 个阶段：

1）预编程阶段。

2）编程阶段。

3）编程后处理阶段。

程序下载刷新流程图如图 2-57 所示。

程序下载刷新在不同的阶段执行不同的软件，见表 2-38。

表 2-38　程序下载刷新流程各阶段执行的软件部分

阶段	描述	执行的软件部分	
		应用软件	程序下载刷新（Bootloader）软件
1	预编程阶段	X（ECU 有应用软件）	X（ECU 无应用软件）
2	编程阶段	–	X
3	编程后处理阶段	X（ECU 复位后的处理步骤）	X（ECU 复位操作）

注：X 表示在该阶段执行，– 表示在该阶段不执行。

（2）预编程阶段   为保证进入编程模式后程序下载刷新过程不被干扰，电子控制单元在预编程阶段应执行以下功能：

1）关闭整车所有电子控制单元记录诊断故障码功能。保证在整车环境下对某一个电子控制单元进行程序下载刷新的过程中，整车电子控制单元不误记录诊断故障码。

2）屏蔽非诊断类通信报文（包括应用报文和网络管理报文）。保证在程序下载刷新过程中，诊断类报文不会由于通信报文和网络管理报文的干扰（由报文仲裁导致的干扰）而延长下载时间或出现下载中断。

预编程阶段操作步骤见表2-39。

表2-39　预编程阶段操作步骤

步骤	内容	使用的诊断服务	寻址模式
1	进入扩展会话模式	诊断模式控制（服务10hex）	
2	关闭电子控制单元记录诊断故障码功能	控制诊断故障码的设置（服务85hex）	功能寻址
3	屏蔽非诊断类通信报文	通信控制（服务28hex）	

预编程阶段流程如图2-58所示，本流程图及后续阶段的流程图均考虑了出现否定响应码为78hex的情况。

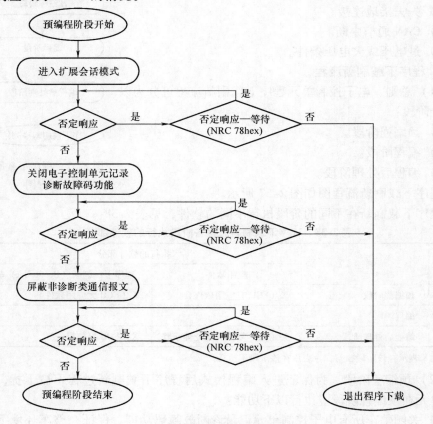

图2-58　预编程阶段流程

（3）编程阶段　在编程阶段，诊断仪对电子控制单元的程序刷写区进行操作，分成 7 个步骤进行，见表 2-40。

表 2-40　编程阶段操作步骤

步骤	内容	使用的诊断服务	寻址模式
1	进入编程会话模式	诊断模式控制（服务 10hex）	
2	安全访问	安全访问（服务 27hex）	
3	写入身份识别信息	通过标识符写数据（服务 2Ehex）	
4	下载驱动程序	请求下载（服务 34hex）	
		传输数据（服务 36hex）	
		请求退出传输（服务 37hex）	
		例程控制（服务 31hex）	物理寻址
5	擦除原应用程序	例程控制（服务 31hex）	
6	下载新应用程序	请求下载（服务 34hex）	
		传输数据（服务 36hex）	
		请求退出传输（服务 37hex）	
		例程控制（服务 31hex）	
7	写入配置信息	通过标识符写数据（服务 2Ehex）	

表 2-40 中，写入身份识别信息包括维修站代码或诊断仪序列号、编程日期，写入配置信息包括 VIN、系统配置、车辆模式。

表 2-40 中，下载驱动程序、下载新应用程序这 2 个步骤中使用的例程控制（服务 31hex）是用来校验下载程序的依赖性的，擦除原应用程序步骤中使用的例程控制（服务 31hex）是用来擦除服务器中的应用程序软件的。

编程阶段的流程如图 2-59 所示，以上流程中下载驱动程序和下载新应用程序的子流程如图 2-60 所示。

（4）编程后处理阶段　在下载完成后，需对程序下载刷新的电子控制单元进行复位操作，使下载的新应用程序被激活生效，同时擦除驱动程序。由于预编程阶段对车辆所有电子控制单元进行了关闭诊断故障码记录功能的操作，并屏蔽了非诊断类的通信报文，在编程后处理阶段，需先对车辆所有电子控制单元开启非诊断类报文的通信，再重新开启诊断故障码的记录功能，恢复车辆原来的正常状态。

由于进行刷新的电子控制单元进行复位后，会话模式将自动切换到默认会话模式，被刷新的电子控制单元在预编程阶段关闭的诊断故障码记录功能重新被开启，而此时其他电子控制单元仍然保持在扩展会话模式，在未开启非诊断类通信报文的这段时间内，可能会导致被刷新的电子控制单元记录其他节点丢失的诊断故障码，所以在所有控制单元开启非诊断类通信和诊断故障码记录后，需对进行刷新的电子控制单元进行清除诊断故障码操作。

编程后处理阶段操作步骤见表 2-41。

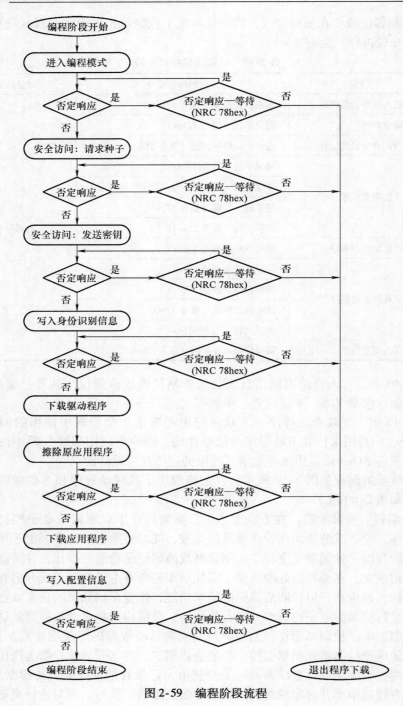

图 2-59　编程阶段流程

编程后处理阶段流程如图 2-61 所示。

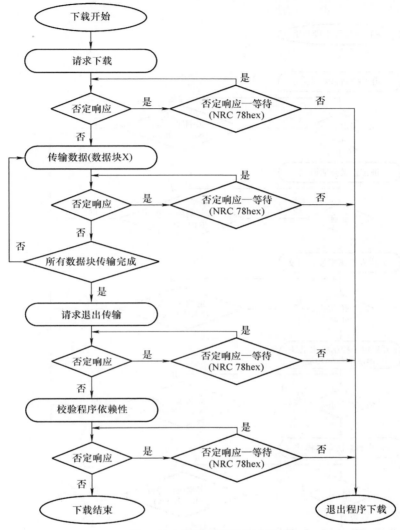

图 2-60　编程阶段下载过程

表 2-41　编程后处理阶段操作步骤

步骤	内容	使用的诊断服务	寻址模式
1	电子控制单元复位	电子控制单元复位（服务 11hex）	物理寻址
2	进入扩展会话模式	诊断模式控制（服务 10hex）	功能寻址
3	开启非诊断类通信报文	通信控制（服务 28hex）	
4	开启电子控制单元记录诊断故障码功能	控制诊断故障码的设置（服务 85hex）	
5	切换到默认会话模式	诊断模式控制（服务 10hex）	物理寻址
6	清除诊断故障码	清除诊断信息（服务 14hex）	

注：步骤 1 电子控制单元复位在 Bootloader 软件中执行，步骤 2~6 在应用软件中执行。

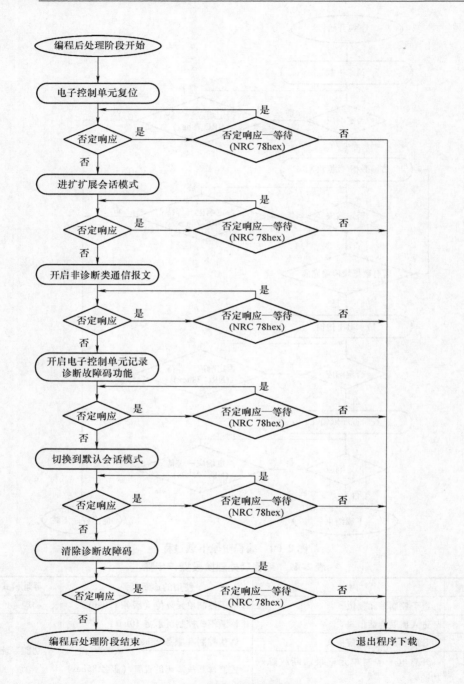

图 2-61　编程后处理阶段流程

2.6　整车总线及诊断测试

2.6.1　总线/诊断测试方法及流程体系

总线及诊断测试是以单控制器或由该控制器组成的系统为测试对象，以总线通信规范、诊断规范及技术要求为依据，对控制器/系统的总线通信及诊断服务进行测试验证，从而保证整车电气系统功能及性能的可靠性和正确性。网络诊断测试工作包括单控制器测试、子网系统集成测试和整车系统集成测试。

总线测试的验证内容主要包括通信规范所要求的物理层参数、通信行为、网络相关的诊断及网络管理等方面内容。总线测试内容见表 2-42。

表 2-42　总线测试内容

总线通信测试	物理层	终端电阻
		位定时
		位电平
		位斜率
		线错误
	通信行为	通信初始化
		通信电压范围
		掉电行为
		报文长度、周期
	自诊断	报文超时监控
		诊断电压范围
		诊断启动时间
		无应答行为
		总线关闭行为
	网络管理	初始化参数
		动态建环
		总线睡眠
		总线唤醒

诊断测试的验证内容主要包括系统级诊断规范和 ECU 级诊断规范所要求的基于 ISO 14229 诊断服务的正响应和负响应，包括对诊断时间参数、程序下载刷新流程及 EOL 下线流程的测试。诊断测试内容见表 2-43。

表 2-43　诊断测试内容

	0x10	诊断会话控制
	0x11	ECU 重置
	0x14	读取 DTC 信息
	0x19	清除诊断信息
	0x22	读取故障信息
诊断服务测试	0x27	安全访问
	0x28	通信控制
	0x2E	按标识符写入数据
	0x2F	输入输出
	0x31	路径控制
	0x3E	测试仪连接
	0x85	控制 DTC 设置

2.6.2　测试工作实施

电气网络诊断测试环境搭建工作主要包括两部分，分别为应用软件及硬件测试设备搭建。

（1）应用软件　CAN 总线测试一般采用德国 Vector 公司的 CANoe 系列软件；诊断测试一般采用德国 Vector 公司的 CANdela 软件或德国 Softing 公司的 Q – Tester 系列软件。操作界面分别如图 2-62、图 2-63 及图 2-64 所示。

图 2-62　CANoe 软件

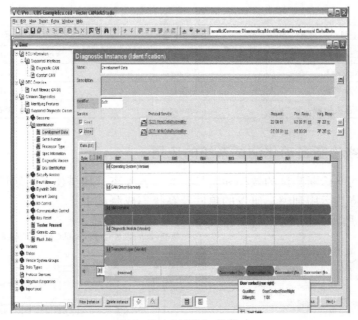

图 2-63 CANdela 软件

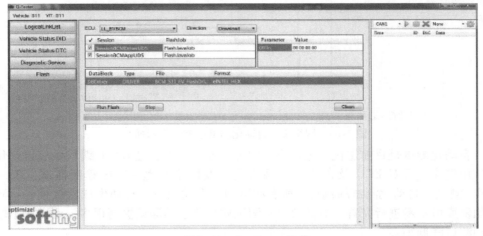

图 2-64 Q – Tester 软件

（2）硬件设备 整车总线及诊断测试采用的主要硬件设备见表2-44。

表 2-44 硬件设备示例

工具	主要生产商	型号
高精度数字示波器	Agilent/Tektronix	MSO7654B/TDS2025C
可调直流电源	Agilent	E3633A

（续）

工具	主要生产商	型号
CAN 干扰仪	Vector	Vector CAN stress DR
CANcaseXL	Vector	Vector CAN CAseXL
数字万用表	Agilent	U1253B
可编程直流电源	Agilent	N6705A

2.6.3　网络诊断自动化测试系统的应用

为提高网络诊断测试的效率和质量，当前各大车厂均搭建了网络诊断自动化测试系统，并将其运用到整车研发的单件及系统集成测试中。

图 2-65 所示为搭建的一种网络诊断自动化测试系统。

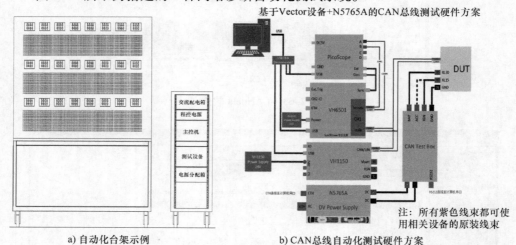

a) 自动化台架示例　　　　　b) CAN总线自动化测试硬件方案

图 2-65　网络诊断自动化测试系统（见彩插）

自动化测试是目前主机厂主要应用的测试方法，可通过 CAPL 编程生成自动化测试用例库，可对 ECU 及台架进行网络通信及网络管理、UDS 诊断测试、Bootloader 测试的自动化测试的执行，所有测试用例自动执行，自动生成测试报告；测试用例库可不断进行完善，测试效率及测试质量比手动测试提高很多，测试成本较手动测试降低很多。

2.7　整车功能测试

2.7.1　概念定义

当前，随着汽车电子技术飞速发展，控制功能越来越强大，技术含量也越来越高。基于整车的复杂性和对安全性的严格要求，整车电子电气系统及其 ECU 从开发到下线需要对其功能及可靠性进行严格测试。测试是在特定条件下对被测对象执行测试用例的过程，目的在于比较被测对象的执行结果（观察到的）与期望的值是否相符（测试评价）。功能测试（Functional Testing）又称黑盒测试（Black Box Testing），主要关注于被测软件的功能实现，而不是内部逻辑。在电气功能测试中，被测对象的内部结构、运作情况对测试人员是不可见的。

测试人员对被测产品的验证主要是根据其规格，验证其与规格的一致性。

2.7.2　功能测试流程

功能测试开展过程一般划分成测试准备阶段、测试实施阶段、测试结束阶段，图 2-66 所示为典型的功能测试流程。

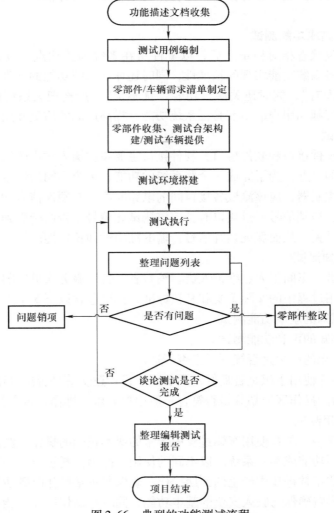

图 2-66　典型的功能测试流程

2.7.3 功能测试工作内容

功能测试工作从试制车前的台架测试开始，到试制造车，再到小批量生产一直持续到车辆上市阶段。包括整车级集成功能测试、系统级集成功能测试、接口测试、用户感知测试、误用滥用测试、故障处理测试、过压测试。

1. 整车级集成功能测试

规范规定了整车层面跨系统功能测试的范围和方法。由于各控制器开发周期不尽相同，前期零件开发状态不同步，该阶段关注的是系统性功能的"有没有"，保证整车电气零件的正常运行。对没有实现的系统功能进行记录跟踪。避免检查工作的重复进行，并出具装车推荐报告，对各系统的状态进行评估，为其他环节的验证提供依据。

2. 系统级集成功能测试

待零件开发状态相对稳定之后，以零件所在系统为关注点，以设计规范为依据，详细测试各系统功能实现的精准性，同时还评估系统功能的合理性，不仅仅关注该功能"有没有"，同时还关注该功能"优不优"，严格把关系统设计准确性和合理性，从工程师和用户的角度验证系统功能，提高产品的质量和用户满意度。

3. 接口测试

接口包括硬件接口和软件接口，硬件接口主要关注输入输出的匹配，软件接口主要关注信号的交互。为了完成一个跨系统的功能，多个不同的信号通过不同的接口传至同一个控制器，应该测试各接口间的电路匹配、软硬件信号的同步性及定义的一致。另外，当某信号通过接口时，应该测试此信号是否由于受到某些因素的干扰而失真甚至丢失，从而保证系统信号传输的准确性和稳定性。

4. 用户感知测试

从测试人员、车间工人、维护人员、消费者、售后服务人员等的角度出发，规范了车辆在使用过程中的实际感受和考核标准，主要包含以下5个方面：

1）用户感知的基本功能测试。

2）用户感知的声音功能测试。

3）内部灯光的产生是否统一、是否舒适。

4）开关零件使用手感是否良好，灵敏度、设计逻辑等是否满足用户的需求。

5）整车功能操作区域划分是否符合一般用户期望，操作是否方便。

5. 误用滥用测试

误用是指驾乘人员在使用车辆过程中异常的或不正确的操作。滥用即频繁、过度地使用某一项功能或某一系统。以不同的使用工况为依托规范了系统集成测试中需要考虑到在非正常操作中产生的预期操作，确保非正常操作时既能给用户必要的警示，又不能影响确保驾驶人安全的基本功能，同时在操作恢复后能正常地使用相应的功能。

6. 故障处理测试

规范如何选取失效模式场景，对系统发生失效时进行反复测试，寻找可能导致失效的各种情况，从设计进行警示，减小失效模式给用户带来的不便和困扰，从用户角度出发，体现产品设计中以人为本的宗旨。

7. 过压测试

规范了在系统高负荷运行环境等情况下的测试内容，用于测试系统在这些场景和环境中是否能够正常工作，体现产品的过压承受力和鲁棒性。

2.7.4 自动化功能测试系统的建设

自动化功能测试是基于仿真技术为被测系统搭建实验室条件下的虚拟测试环境，可模拟实车测试中的各种工况，在实车测试前即可对各个系统及整车进行全面测试。

1. 自动化功能测试系统测试内容

自动化功能测试系统一般包括如下测试内容：

（1）单部件级测试　可支持对各个 ECU 单元进行单独测试。

（2）整车级测试　整车网络通信功能测试、整车功能测试、整车层面故障诊断测试。

2. 自动化测试系统的优势

自动化测试系统有如下优势：

（1）整车环境模拟　通过车辆模型可直接模拟实车环境下的全部运行工况，包括各类危险或者极限情况，可实现 ECU 电气及网络的实时动态测试。

（2）电气故障注入　通过故障注入板直接实现各类电气故障，如短路、断路等，方便进行电气故障诊断测试。

（3）网络故障注入　通过总线模拟，可实现总线上各类异常通信及交互过程，方便进行网络通信测试。

（4）测试标准规范化　测试条件数字化、标准化，可控制、可记录、可分析，方便统一测试管理。

（5）测试自动化　既可实现手动测试，也可将测试序列程序化，借助计算机进行自动化测试，方便实现测试项目快速迭代，做到测试平台化。

（6）可扩展性强　既可以实现单个 HIL（硬件在环测试）测试系统运行，也可联合运行；既可以一次性搭建整套 VV 测试台架，也可以分步进行，将动力域、底盘域、舒适域拆分开，根据项目分别完成，最终进行联调，实现整套整车 VV（验证和确认）台架的搭建。

3. 自动化功能测试系统应用举例

图 2-67 所示为典型的自动化测试系统流程，主要由硬件平台和软件平台组成。硬件平台中包含 BOB 单元、信号调理单元、数据采集单元、电源管理单元和

总线通信单元等，各单元通过 PXI 总线受上位机软件控制。

软件部分采用通用化、平台化的设计理念，提供简单、开放的二次开发环境，灵活的设备配置方式，控制硬件、模型的详细执行参数。同时可以在软件平台上快速搭建测试用例，并定制执行界面用于数据监控。

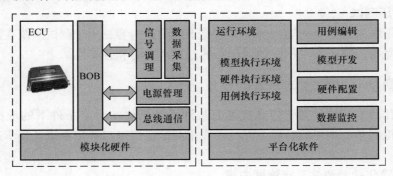

图 2-67　典型的自动化测试系统流程

2.8　整车电磁兼容

2.8.1　电磁兼容基本概念与术语

1. 电磁兼容概念

电磁兼容（Electromagnetic Compatibility，EMC）一般是指电气及电子设备在共同的电磁环境中能执行各自功能的共存状态，即要求在同一电磁环境中的上述设备都能正常工作且互不干扰，达到兼容状态。它包含两方面的含义：

1）设备不会由于受到处于同一电磁环境中其他设备的电磁发射产生或遭受不允许的降级。

2）设备也不会使同一电磁环境中其他设备因受其电磁发射而产生或遭受不允许的降级。

国际电工委员会（IEC）对电磁兼容性的定义为：电磁兼容性是设备的一种能力，它在电磁环境中能完成自身的功能，且不在该环境中产生不允许的干扰。

2. 电磁兼容常见术语

（1）电磁兼容性　在不损失有用信号所包含的信息条件下，信号和干扰共存的能力。

（2）电磁环境　存在于给定场所的所有电磁现象的总和。"给定场所"即"空间"；"所有电磁现象"包括了全部"时间"与全部"频谱"。

（3）电磁骚扰　任何可能引起装置、设备、系统性能降低及对有生命或无生命物质产生损害作用的电磁现象。电磁骚扰可能是电磁噪声、无用信号或传播媒介自身的变化。电磁骚扰仅仅是电磁现象，即指客观存在的一种物理现象，它可能引起降级或损害，但不一定已经产生后果。

（4）电磁干扰　电磁干扰是由电磁骚扰引起的后果。

（5）干扰源　任何产生电磁干扰的元件、器件、装置、设备、系统或自然现象。

（6）电磁辐射　电磁辐射是将能量以电磁波形式由源发射到空间，并且以电磁波形式在空间传播。

（7）辐射发射　通过空间传播的、有用的或不希望有的电磁能量。

（8）传导发射　沿电源线、控制线或信号线传输的电磁发射。

（9）对骚扰的抗扰度　装置、设备或系统面临电磁骚扰不降低运行性能的能力。

（10）骚扰限值　对应于规定测量方法的最大电磁骚扰允许电平。限值是人为制定的一个电平，规定限值是在规定测量方法下得到的。

（11）性能降低　装置、设备或系统的工作性能与正常性能的非期望偏离。

（12）电磁兼容裕量　装置、设备或系统的抗扰度电平与骚扰源的发射限值之间的差值。

2.8.2　整车 EMC 设计基本原则

1. 零部件 EMC 性能管控

目前，从设计角度出发，完全规避零部件 EMC 问题还在探索阶段。对于在设计阶段无法预料的 EMC 问题，通常先做测试，然后针对不达标项进行整改，对零部件 EMC 性能进行管控可以大大提高整车 EMC 性能。

重点要关注的是两大类零部件，主要分为强干扰源和敏感设备。其中强干扰源包括电机控制系统、电源变换器和电池管理系统，均为高压电器部件，电磁干扰问题比较突出，对整车的安全、可靠性和舒适性有较为严重的影响。敏感设备主要包括但不限于空调控制面板、中控大屏、倒车摄像头等，若其抗扰能力不符合标准要求，则会使驾乘人员的主观体验大打折扣。

2. 高压线束布置

高压线束在新能源车辆上主要起高压强电供电作用，因此对线束的设计及布置尤为重要，主要遵循以下几个方面的原则：

1）线束走向设计、线径设计。高压线束设计采用双轨制，由于高压已经超出人体安全电压范围，车身不可作为整车搭铁点，因此在高压线束系统的设计上，直流高压电回路必须严格执行双轨制。高压线束可分为电机高压线、电池高压线、充电高压线等。

2）高压插接器选型。高压插接器主要用于高压大电流的连接和传输，并负责高压回路的人机安全。因此高压线束插接器目前多具有耐高压、防水等级高、环路互锁、屏蔽层连接等性能。

3）屏蔽设计。采用屏蔽高压线，屏蔽网包覆在高压线内部，插接器连接时实现屏蔽层的连接。考虑到电磁干扰的因素，整个高压线束系统均由屏蔽层全部包覆。

4）整车线束中的传导发射90%都与电源线相关，因此在线束评估及设计时需要注重以下几方面：

① 开关电源部分处理，设计上考虑环路控制。

② 敏感信号采用屏蔽线缆传输，且屏蔽层做好360°搭接处理。

③ 信号线缆远离高压网络和强干扰源，且合理地与地做紧耦合布线。

④ 做好滤波器"搭铁"接地处理措施，减小引线电感。

⑤ 线缆中保证足够的信地比，且需要做合理的安排和配置。

3. 接地布置

根据各类车载零部件的工作特点，对各零部件的接地点进行了分类，见表2-45和表2-46。

表2-45 整车接地点分类列表

1类	感性负载地：如电机、继电器、电磁阀、电喇叭
2类	控制器功率地（如BCM）、LED灯
3类	普通控制器地、传感器地和控制器信号地传感器
4类	阻性负载地：灯、后除霜加热、座椅加热、后视镜加热等
5类	音频和视频系统、天线系统及行车安全相关的控制器安全气囊、ABS、EPS、ECU等
6类	外接电源地（如点烟器）、电池和发电机地

表2-46 整车接地设计EMC检查表

1	接地点分类列表中不同类型的接地点不宜靠得太近，相距100mm以上
2	接地点分类列表中第1类接地点与第3类接地点的距离应维持在200mm以上
3	接地点分类列表中第1类接地点与第5类接地点的距离应维持在300mm以上
4	电机类部件就近接地，接地线不宜过长，有条件的应该控制在500mm以内
5	ABS、VCU、安全气囊控制器就近接地，接地线长度控制在500mm以内
6	接地点分类列表中的第5类零部件需要单独分配接地点
7	接地点分类列表中的第5类零部件接地线长度尽可能短
8	接地点分类列表中的第1类、第2类、第3类零部件间不能共接地点
9	接地点分类列表中的第1类与第4类零部件不能共接地点
10	接地点分类列表中的第6类应分别单独接地
11	禁止将屏蔽线缆的屏蔽层通过细线的方式进行接地
12	屏蔽层接地端子应将屏蔽层与屏蔽外壳进行360°连接。对于屏蔽层连接的部件外壳不是金属结构的，可以使用金属导电卡子将屏蔽层压装在与车身可靠连接的金属板上

4. 整车布置

整车方面的设计管控点主要包括前面提到的高低压布线设计、整车接地设计、屏蔽设计和布置隔离设计等。设计需要遵循以下原则：

1）干扰源和干扰源线束应远离敏感装置而独立布置，如果无法避免，应尽可能地将两者垂直交叉布置，如果无法做到交叉布置，则要求两者平行，且平行间距不小于 400mm。

2）布置线束时，优先考虑将线束布置在金属车身的夹角、凹槽内，或紧贴金属车身布置。

3）在整车线束设计中，当周围电磁干扰源较大时，信号线应使用双绞线。

4）设计高压电缆时，应采用带屏蔽层的高压电缆，且屏蔽层需要可靠接地。

5）采用屏蔽设计、接地设计等可以有效去耦，提高 EMC 性能。

对于以上问题，越早评估，后期风险越小。

2.8.3　车辆电磁兼容标准与试验规范

1. 相关标准

汽车电磁兼容标准分为国际标准、地区标准、国家性标准和企业标准。国际标准组织主要有国际标准化组织（ISO）、国际电工委员会（IEC）、国际电工委员会无线电干扰特别委员会（CISPR），这些机构制定的基础标准主要规定一些测试方法及提供测试参数等。地区标准主要是欧洲 ECE 法规和 EEC 指令，要求略低于汽车厂商的企业标准要求。国家性标准协会有美国国家标准学会（ANSI），美国联邦通信委员会（FCC），美国汽车工程师学会（SAE），德国电气工程师协会（VDE），英国标准协会（BSI），日本电磁干扰控制委员会（VCCI），中国国家标准化管理委员会，以上标准制定机构的作用是与国际标准协调，制定各个国家自己的标准，给出国家对汽车行业的基本要求。

车辆电磁兼容领域引用比较多的是 ISO、CISPR、SAE 制定的标准，见表 2-47。

表 2-47　车辆电磁兼容领域引用标准（ISO、CISPR、SAE 制定）

标准系列	标准编号	标准名称
ISO 系列	ISO 11451	道路车辆　窄带辐射电磁能量所产生的电气干扰　整车测试法
	ISO 11452	道路车辆　窄带辐射电磁能量所产生的电气干扰　零部件测试法
	ISO 7637	道路车辆　电传导和耦合产生的电气干扰
	ISO 10605	道路车辆　静电放电产生的电气干扰

（续）

标准系列	标准编号	标准名称
CISPR 系列	CISPR 12	车辆、船和内燃发动机驱动装置的无线电骚扰特性的限值和测量方法
	CISPR 25	用于保护用在车辆、船和装置上车载接收机的无线电骚扰特性的限值和测量方法
SAE 系列	SAE J551 - 1	为车辆的装置的电磁兼容的限值和测试方法总则（60Hz～18GHz）
	SAE J551 - 2	为车辆、机动船和点火发动机驱动装置的无线电骚扰特性的限值及方法（30MHz～1GHz）
	SAE J551 - 3	汽车器件电磁敏感性测试程序
	SAE J551 - 4	车辆和装置的宽窄带测量方法和限值（150kHz～1000MHz）
	SAE J551 - 5	电动汽车宽带磁场和电场强度的限值和测量方法（9kHz～30MHz）
	SAE J551 - 11	来自车外干扰源的整车电磁抗扰度（100kHz～18GHz）
	SAE J551 - 12	来自车载发射机干扰源的整车抗扰度测量（1.8MHz～1.3GHz）
	SAE J551 - 13	大电流注入（1～400MHz）
	SAE J551 - 14	混响室
	SAE J551 - 15	静电放电
	SAE J551 - 16	抗瞬态电磁干扰
	SAE J551 - 17	抗电源线磁场干扰（60Hz～30kHz）

日本车辆电磁兼容领域标准见表 2-48。

表 2-48 日本车辆电磁兼容领域标准（日本标准）

标准编号	对应国际标准	标准名称
JASO D002	CISPR 12	汽车无线电干扰特性测量方法
JASO D007	ISO 7637	传导瞬态试验
JASO D008	CISPR 25	汽车零部件 传导及耦合引起的电磁干扰的试验方法
JASO D010	ISO 10605	汽车及零部件 静电放电的试验方法
JASO D011	ISO 11452	汽车零部件 窄带发射电磁干扰的试验方法
JASO D012	ISO 11451	汽车 窄带发射电磁干扰的试验方法

另外，许多国内外车企也制定了自己的电磁兼容企业标准，从严格程度上来说，企业标准往往高于国家标准和国际标准的要求。国际上大型整车主机厂都有自己的电磁兼容企业标准，如福特公司、通用公司、大众公司、宝马公司等。国内整车主机厂也有自己的企业标准，如北汽新能源、长城汽车、比亚迪汽车、吉利汽

车、奇瑞汽车等。

国内的电磁兼容标准以国家标准为主，常用的标准有 GB/T 18655—2018《车辆、船和内燃机　无线电骚扰特性　用于保护车载接收机的限值和测量方法》，GB/T 34660—2017《道路车辆　电磁兼容性要求和试验方法》，GB/T 18387—2017《电动车辆的电磁场发射强度的限值和测量方法》，GB/T 17619—1998《机动车电子电器组件的电磁辐射抗扰性限值和测量方法》，GB/T 21437.1—2008《道路车辆　由传导和耦合引起的电骚扰　第 1 部分：定义和一般描述》，GB/T 21437.2—2008《道路车辆　由传导和耦合引起的电骚扰　第 2 部分：沿电源线的电瞬态传导》，GB/T 21437.3—2012《道路车辆　由传导和耦合引起的电骚扰　第 3 部分：除电源线外的导线通过容性和感性耦合的电瞬态发射》，GB/T 19951—2019《道路车辆　电气/电子部件对静电放电抗扰性的试验方法》。

2. 整车电磁兼容性的试验目的

随着电子技术的不断发展，整车上装配的高新技术电子产品越来越多，各种电子电气设备的费用已占整车总成本的 18.7%~40%，而且该比例还在不断增加。这些电子电气设备在提高整车安全性、高效性和舒适性的同时，产生的电磁干扰也已成为除排放、噪声之后汽车的第三大污染，整车的电磁兼容性问题成为汽车工业急需解决的关键问题之一。

汽车作为一个大系统，内部的各种设备必然会受到车体结构及安装环境的影响，设备在工作时也会对汽车上其他的设备及外界设备产生电磁干扰，同时设备本身也处在其他电气设备及外界电磁环境产生的电磁干扰之中。因此，可以将汽车的电磁干扰问题分为车内电磁干扰、车体静电干扰及车外电磁干扰三种。

在如此复杂的电磁环境中，研究整车中存在或潜在的各种电磁干扰源，对指导整车的电磁兼容性设计有着非常重要的意义。对于汽车消费者而言，良好的整车电磁兼容性可保障车内电子电气设备能正常工作；对于整车制造商而言，进行产品的电磁兼容前期设计，是缩短生产周期与降低成本的重要保证，也是汽车上市及抢占市场的一个主要因素。

3. 整车电磁兼容性的试验内容分类

电磁兼容性试验分为整车测试和零部件测试，按测试内容可以分为电磁干扰测试（EMI）和电磁抗扰测试（EMS）两大类。电磁干扰测试是测量整车及零部件向外发射的电磁干扰。根据电磁干扰信号的传播路径，电磁干扰测试又主要分为传导干扰测试和辐射干扰测试两类。电磁抗扰测试是测量整车及零部件抵抗外界电磁干扰的能力。

零部件测试不在此展开详细介绍，下面主要介绍整车测试，整车测试标准内容主要分为 4 类：

（1）车辆与外部设备设施　防止车辆影响车外的接收机，相关标准为 GB/T 18387—2017、GB 34660—2017；防止车辆被外界的电磁信号干扰，相关标准为 ISO 11451－2。

环天线测试布置图如图 2-68 所示，棒天线测试布置图如图 2-69 所示，整车辐射发射测试布置图如图 2-70 所示，整车辐射抗扰测试布置图如图 2-71 所示。

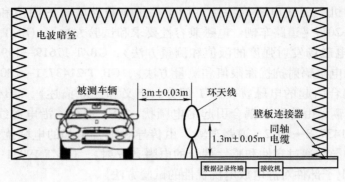

图 2-68　环天线测试布置图

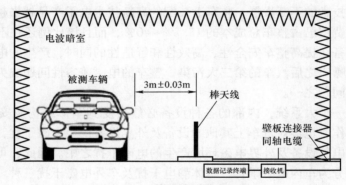

图 2-69　棒天线测试布置图

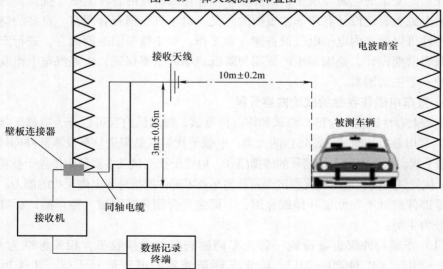

图 2-70　整车辐射发射测试布置图

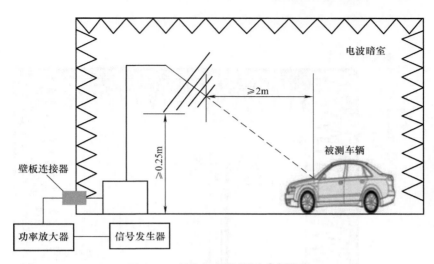

图 2-71　整车辐射抗扰测试布置图

（2）车辆内部设备系统　防止车辆电子电气设备影响车内无线设备的使用，相关标准为 GB/T 18655—2018；防止车内无线设备影响车辆电子设备的正常使用，相关标准为 ISO 11451 –3。

零部件辐射发射测试布置图如图 2-72 所示，车载发射机抗扰测试布置图如图 2-73 所示。

（3）车辆与人体　人体静电放电对车辆的影响，相关标准为 GB/T 19951—2019；车辆对人体的影响，相关标准为 IEC 62764 –1。

整车静电放电抗扰度测试布置图如图 2-74 所示，车辆电磁场人体防护测试布置图如图 2-75 所示。

（4）车辆与公共电网　防止电动车辆充电过程中影响公共电网的用电设备，防止公共电网中的用电设备、雷电影响车辆的充电，相关标准为 ECE R10；防止高压线干扰，相关标准为 SAE J551 –17。

充电状态下整车电磁传导发射测试布置图如图 2-76 所示。

4. 测试仪器设备

进行系统的电磁兼容研究时，应有如下测试场地和设备：

（1）测试场地　包括开阔场、电波暗室、TEM（横电磁波）小室、混响室等。

（2）测试设备　包括 EMC 接收机、频谱分析仪、示波器、耦合器、各种探头等。

（3）辅助测试设备　包括天线、信号发生器、衰减器、放大器、CDN（内容分发网络）系统、测量软件等。

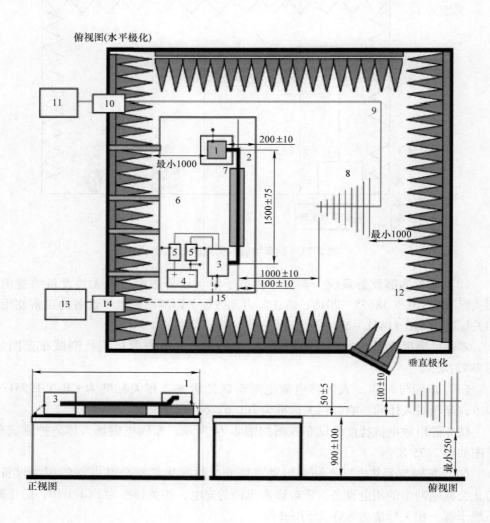

图 2-72　零部件辐射发射测试布置图（对数周期天线）

1—被测件（如果在试验计划中需要则近端接地）　2—试验线束　3—模拟负载（按要求放置及接地）

4—电源（位置可选）　5—人工网络（AN）　6—参考接地平面（搭接到屏蔽室）

7—低相对介电常数材料支撑　8—对数周期天线　9—优质同轴电缆（50Ω），如双层屏蔽

10—壁板连接器　11—测量设备　12—射频吸波材料　13—模拟及监测系统　14—光纤馈通　15—光纤

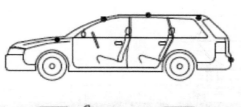

图 2-73　车载发射机抗扰测试布置图

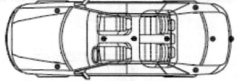

图 2-74　整车静电放电抗扰度测试布置图

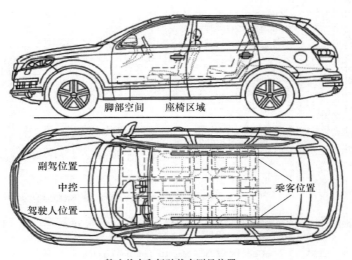

图 2-75　车辆电磁场人体防护测试布置图

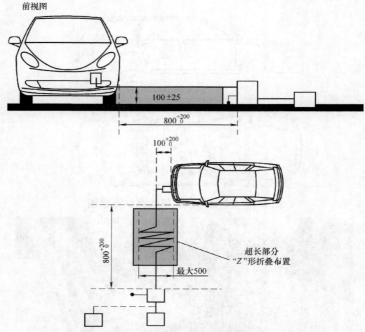

图 2-76　整车电磁传导发射测试布置图（充电状态）

2.8.4　整车 EMC 的评价指标

（1）发射类测试　测试数据不大于标准限值要求，如图 2-77 及图 2-78 所示。

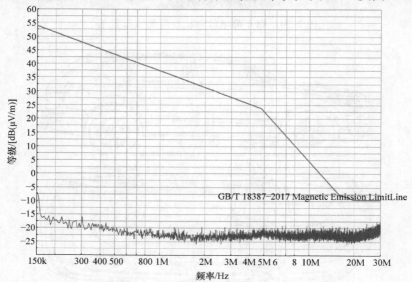

—— PK+_CLRWR —— GB/T 18387−2017 Magnetic Emission LimitLine

图 2-77　GB/T 18387—2017 某整车测试数据

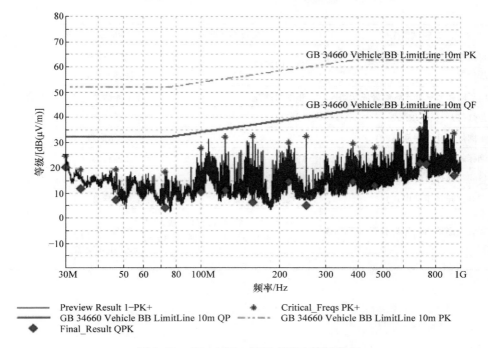

图 2-78　GB 34660—2017 某整车测试数据

（2）抗扰类测试　测试数据满足抗扰度等级要求，见表 2-49。

表 2-49　抗扰类测试

车辆试验条件	失效判定准则	检验结果	符合性初步判定
车速为 50（1 ± 20%）km/h（L₁ 和 L₂ 类车辆车速为 25（1 ± 20%）km/h，若达不到，则以最高车速运行）。如果车辆装备有定速巡航控制系统，使系统运行	车速变化超出规定运行速度的 ± 10% 或自动退出定速巡航或出现故障提示	速度无变化	符合
可调节悬架处于正常位置	非预期明显位置变动或超出车辆制造商说明书规定的变化范围	无可调节悬架	—
转向盘处于中间位置	试验中位置变化大于总范围的 10% 或试验后电子助力转向功能异常	位置无变化	符合
制动工况：应包含制动踏板的操作（除非因技术原因不能这么做），防抱死制动系统可以不起作用；非制动工况	制动工况：制动灯不亮、制动故障警告灯亮（制动功能失效），其他非预期激活或非制动工况：制动灯亮	无异常	符合
限速装置处于正常工作状态	非预期报警或故障报警	无限速装置	—

（续）

车辆试验条件	失效判定准则	检验结果	符合性初步判定
可调节缓速制动杆或档位开关处于常规位置	非预期激活	无可调节缓速制动杆	—
电子防盗系统处于解除警戒状态	非预期报警	未激活	符合
位灯打开（手动模式）	灯熄灭	无异常	符合
示廓灯打开（手动模式）	灯熄灭	无示廓灯	—
侧标志灯打开（手动模式）	灯熄灭	无侧标志灯	—
昼间行驶灯自动模式	状态发生改变	无异常	符合
雾灯打开（手动模式）	灯熄灭	无异常	符合
驾驶人侧转向信号灯打开（手动模式）	频率改变（低于 0.75Hz 或高于 2.25Hz）或占空比改变（低于 25% 或高于 75%）	频率无变化占空比无变化	符合

第③章
高压电气系统及电源系统设计

3.1 高压电气系统设计

3.1.1 高压电气系统设计概述

相对于传统汽车而言，纯电动汽车装载了动力蓄电池系统（Pack）、电机控制器（MCU）、电机（Motor）、电动压缩机（EAC）、电加热器（PTC）、直流变换器（DC/DC）及车载充电器（OBC）等高压部件。

高压电气系统主要包括继电器、传感器、熔断器、汇流排、高压线缆、高压接插件等组成。动力蓄电池输出的直流高压输出给以上高压部件，为其提供电能，共同构成了整车的高压系统。

考虑纯电动汽车高压电安全问题，必须对高压电系统进行安全且合理的规划设计，确保高压系统安全可靠运行。高压电气系统设计主要包括高压电气部件选型、等电位、绝缘、耐压、防护等级、警告标识、预充保护、高压互锁保护、过载/短路保护、余能释放保护、电磁兼容等。

3.1.2 高压电气系统设计通用要求

1. 警示标识

电气安全标识的作用是提示人们注意或区别各种电气线路和设备的性质和用途，高压危险安全标识提醒人们高压电器危险，应远离，警示人们不要随意触碰。

根据 GB 18384—2020《电动汽车安全要求》的要求，B 级电压的电能存储系统或产生装置，应标记图 3-1 所示符号。当移开遮拦或外壳可以漏出 B 级电压带电部分时，遮拦或外壳上也应有同样的符号且清晰可见。此标识的底色为黄色，边框和箭头为黑色如图 3-1 所示。

同时为了能提示用户和维修人员，要求 B 级电压电路中的电缆和线束的外皮应使用橙色加以区别，如图 3-2 所示。

安全标识设计的作用，主要在于引起人们对不安全因素的注意，预防事故发生，但不能代替安全操作规程和防护措施。

2. 绝缘

在最大工作电压下，直流电路绝缘电阻的最小值为100Ω/V，交流电路的绝缘

电阻至少应为 $500\Omega/V$。

图 3-1　高压警告标记

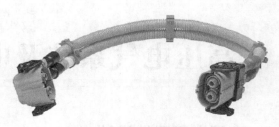

图 3-2　高压线束（见彩插）

整个高压电路，其实是由直流电路和交流电路连接在一起的（如电机控制器和电机），这种组合电路的绝缘电阻至少为 $500\Omega/V$。为了保证整车的绝缘阻值能够满足此要求，每个高压部件应该有更高的绝缘电阻，典型的有动力蓄电池的绝缘电阻至少为 $10M\Omega$，电机控制器的绝缘电阻至少为 $20M\Omega$，高压线束的绝缘电阻至少为 $100M\Omega$。

整车绝缘是由交给电池管理系统（BMS）检测的，BMS 会根据整车绝缘电阻的大小进行整车高压控制。绝缘故障保护是以保证人的安全为前提而设置的。在绝缘故障处理上，不能检测到有绝缘故障就下高压，这种"一刀切"的处理方式不但会引起用户的抱怨，甚者会加深对人的伤害。如在高速行驶下，由于绝缘问题突然下高压，容易发生追尾事故。

各整车厂针对绝缘故障有不同的处理方式，但方法基本相同，一般控制方式是：

1）在高压上电前，会禁止高压上电。

2）如果已经高压上电但未行驶，会立即下高压。

3）如果已经高压上电且已行驶，整车会进行降功率处理，并通过声/光报警方式告知驾驶人，严重时会在极短的时间内断开高压。

3. 耐压

采用基本绝缘装置的高压部件，施加 $(2U+1000)V$（U 为组件锁连接电路的最大工作电压，通常指的是动力蓄电池系统的最高电压，单位为 V）的交流电压进行测试，漏电流小于 $0.1mA/min$，且测试结束后不能发生介质击穿或电弧现象。

用直流电试验时，此电压是交流电压的 1.41 倍。

4. 防护等级

大部分车辆都在露天环境下使用，粉尘、雨水环境甚至泡水情况非常多，很容易使电动汽车发生严重的安全事故，影响人身财产安全。所以，高压部件都需要考虑防水防尘设计，并且需要达到非常高的防护等级。

一般要求所有高压部件至少应达到 IP67 标准，只有达到这样的标准才可能满足整车的防水要求，防护等级表见表 3-1。

表 3-1　防护等级表

代码字母	数字或字母	对设备防护含义	对人员防护含义
第一位特征数字	0	防止固体异物进入无防护	防止接近危险部件无防护
	1	直径≥50mm	手背
	2	直径≥12.5mm	手指
	3	直径≥2.5mm	工具
	4	直径≥1.0mm	金属线
	5	防尘	金属线
	6	尘密	金属线
第二位特征数字	0	防止进水造成有害影响无防护	—
	1	垂直滴水	
	2	15°滴水	
	3	淋水	
	4	溅水	
	5	喷水	
	6	猛烈喷水	
	7	短时间浸水	
	8	连续浸水	
	9	高温/高压喷水	

确定了防护等级为 IP67 后，可以从以下几个方面入手：弹性元设计、限位设计、子零件选型。

（1）弹性元设计　比较成熟的 IP67 密封设计可以归纳为两种：压力密封和粘接密封。

压力密封是通过上下安装界面的作用力压缩弹性元，利用弹性元的反弹力使得上下安装界面充分接触，以达到防尘防水要求。常见的弹性元主要有发泡类或注塑类的硅胶和橡胶，具体选用何种材料还与要求的压缩率有关，压缩率的计算公式为

$$\mu = [h_1 - h_2)/h_1] \times 100\%$$

式中，h_1 为弹性元自由状态下的原始高度（mm）；h_2 为弹性元压缩后的高度（mm）；μ 为压缩率。

h_2 与上下盖固定螺栓的大小有关，不同大小的螺栓有不同的力矩。

粘接密封是通过粘接力代替压缩的反弹力，使得上下安装界面充分接触，以达到防尘防水要求。当然也需要一定的压缩，使得粘接力达到更优状态。使用粘接密封需要一定的工艺水准，对设备的要求会高一些。粘接密封通常会配合压力密封，使产品达到更高的防尘防水要求。

图 3-3 所示为密封压条，图 3-4 所示为密封胶。

图 3-3　密封压条

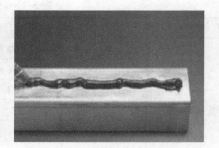

图 3-4　密封胶

防护方面，在满足成本要求的情况下应尽量提高要求，部分车企已经达到了IP68 甚至更高的标准。

（2）限位设计　由于弹性元的存在，在通过紧固件螺栓锁紧上下盖时，如果没有刚性支撑，弹性元的压缩率很难控制且有可能会将弹性元压挤出来（如果采用粘接密封方式），使得密封失效，所以限位设计必不可少。图 3-5所示为限位设计示例。

图 3-5　限位设计示例

（3）子零件选型　在壳体上看到的零部件，都会涉及 IP67 密封设计，这些零部件基本是高低压插接器、手动维修开关（MSD）和防爆阀等。在选取以上零部件时，本身就必须要求达到 IP67 级别。

高压插接器基本上都是选取"快插"型（图 3-6）的，但也有选用"IPT"插接器（图 3-7）的。在 A 级车及以上基本采用"快插"型插接器，其优点是在整车装配时，工艺简单且省工时，缺点是成本偏高。A0 级及以下车型需要考虑成本，

图 3-6　"快插"型插接器

图 3-7　"IPT"插接器

往往采用"IPT"插接器。其优点是技术含量较低且成本也低，只需要具有模具即可，其缺点是整车装配工艺复杂且耗时，同时在安装高压线束时需要打开上盖，这可能导致已经达到 IP67 等级的性能失效。

手动维修开关（图 3-8）在早期的电动汽车上基本上是安装在高压配电盒或电池包上的，其目的是在维修时断开此开关，保证车辆处于无高压电状态。但是近年来在车辆上已经取消了此装置，原因有两个方面，一是成本过高，二是需要占用空间。

防爆阀（图 3-9），其实是从动力蓄电池系统延伸出来的一个装置。因为动力蓄电池系统是一个高能量的储能系统，在某些特定的条件下（电池包内部短路），可能存在能量在短时间内集中爆发的情况。如果没有防爆阀，那么集中的能量就会在壳体最薄弱的位置释放，所以防爆阀应运而生。防爆阀的工作原理是相同的，都是当内部能量集中爆发时，能够快速将其能量释放出去。

图 3-8　手动维修开关　　　　图 3-9　防爆阀

5. 电位均衡

电位均衡又称为等电位连接，是为了减小电位差而采用的接地方法，与整车的连接阻抗值越小越好，一般要求≤0.1Ω。对于等电位连接用的导体，要求颜色是黑色，方便维修时辨认。

6. 预充保护

高压电气系统中，带容性负载的高压器件很多，如电机控制器、电动压缩机、直流变换器（DC/DC）等。其中电机控制器的母线电容最大，一般在 500 ~ 1000μF 左右，直接接通高压回路会产生高压电冲击，为了避免高压上电时瞬间产生大电流烧坏继电器，需要设计预充回路对容性负载进行预充电。

如图 3-10 所示，把高压电气系统简化成一个由电阻和电容组成的模型。上高压前，首先闭合预充继电器 K_p，再闭合主负继电器 K −，此时与电阻 R 构成预充电回路。当容性负载端电压 $U_c = (0.9 ~ 0.95)U_b$ 时，接通主正继电器 K +，再切断预充继电器 K_p，整个预充电过程结束。图 3-11 所示为预充电压及电流变化。

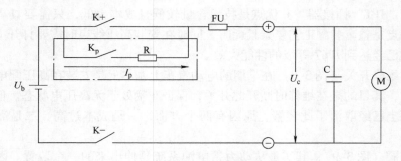

图 3-10　预充模型

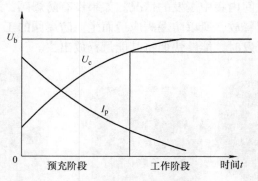

图 3-11　预充电压及电流变化

7. 高压互锁保护

整车高压部件需要高压线束与高压分配单元（CDU）进行连接。当所有高压插接器对插以后，高压分配单元（CDU）内部通过低压线进行串联，然后引出到整车控制器（VCU）或电池管理系统（BMS）。

高压互锁的检测方式一般分为两种，分别是直流源方案、脉宽调制（PWM）方案。

直流源方案就是检测单元在硬件的某一接口发出高电平/低电平，同时在另一接口实时检测电位情况，从而来判断高压互锁是否断开。

PWM 方案就是检测单元在硬件的某一接口发出 PWM 波，同时在另一接口实时检测 PWM 的占空比进行比较，从而来判断高压互锁是否断开。

高压互锁的检测回路数一般分为三种，即一路、两路、三路，应根据具体的电气架构定义。

一路是将所有负载的高压插接器进行串联，只要检测到高压互锁故障，就只有一种处理方式，这种处理方式简单但不便于用户使用。如实际只是电动压缩机的高压插接件断开，但是整车却不能"ready"。

两路是一路将负责动力输出的高压插接器进行串联，另一路是其余的高压插接器串联。这种处理方式便于用户使用，但会有高压风险。如雨天行驶过程中，检测到另外一路存在高压互锁故障，虽然关闭了这一路的所有高压负载输出，但仍会出现绝缘故障。

三路是一路将负责动力输出的高压插接器进行串联，另一路是电动压缩机（EAC）、电加热器（PTC）高压插接器串联，最后一路是车载充电器、快充高压插接器串联。这种处理方式也会便于用户使用，但也会有高压风险，与两路方式相似。

以上三种方式在各种车型上均有应用，但推荐采用一路检测方式。原因是，如果不是人为或车辆撞到某一装置时，这种高压互锁故障发生的概率是极低的。不应仅认为会出现这样的故障，就做太多种不切实际的保护，否则反而可能会增加故障发生率。

检测出有高压互锁故障后，一定要对整车进行故障保护处理，各整车厂针对高压互锁故障，有不同的处理方式，但基本相似，一般控制方式如下：

1）在高压上电前，会禁止高压上电。

2）如果已经高压上电但未行驶，会立即下高压。

3）如果已经高压上电且已行驶，整车会进行降功率处理，并通过声/光报警方式告知驾驶人，直至功率降至 0 为止。

8. 过载/短路保护

整车一般有 28 种工况，高压电气系统中的所有高压零部件必须满足其中部分典型及极端工况的负载要求，并且能满足一定的过流能力，不允许在规定的行驶工况中过热导致高压部件出现绝缘层融化、烧蚀或者冒烟情况。同时应合理控制过流时间，防止过载时间长而过热导致起火事件。

图 3-12　熔断器

当高压电气系统发生瞬时大电流或短路时，可以设置熔断器（图 3-12），它能自动切断高压回路，确保高压部件不被损坏，避免发生热失控，从而保证驾乘人员的安全。

9. 余能释放保护

由于整车存在大量电容负载的原因，断开高压回路后，整车并不能在第一时间内将电压下降到 0，仍有较高的电压和残余电能存储在电容上。

为了避免可能带来的伤害，电机控制器（MCU）被动放电时间应不超过 5min、主动放电时间应不超过 3s，将其高压降低到 DC 60V 以下，实际情况可以做到被动放电时间不超过 3min、主动放电时间不超过 1s。

具体做法是，在电池管理系统断开主回路后，整车控制器通过硬线或 CAN 方式命令电机控制器主动放电（Discharge），电机控制器收到命令后，通过电机绕组以最快的方式将余能释放。在此过程中，如果电机控制器损坏或断开低压电，也可以串联电阻方式被动地将余能释放。图 3-13 所示为余能释放时间分析。

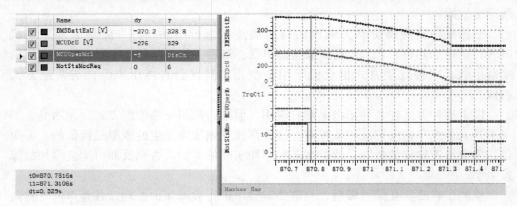

图 3-13　余能释放时间分析

10. 电磁兼容

电磁兼容性（EMC）是指设备或系统在其电磁环境中能正常工作且不影响其他设备或系统正常工作的能力。包括电磁干扰（EMI）和电磁敏感度（EMS）。

EMI 是指设备在正常运行过程中对所在环境产生的电磁干扰，是主动性的。

EMS 是指设备对所在环境中存在的电磁干扰所具有的避免性能降低的能力，是被动性的。

具有电磁骚扰源的动力蓄电池系统（Pack）、电机控制器（MCU）、电机（Motor）、电动压缩机（EAC）、电加热器（PTC）、直流变换器（DC/DC）及车载充电器（OBC），可将外壳形成一个良好的密封体实现屏蔽，再通过多点接地方式将外壳与整车可靠接地，降低电磁辐射的强度。

对于整车而言，执行的 EMC 标准主要有 GB/T 18387—2017《电动车辆的电磁场发射强度的限值和测量方法》、GB 34660—2017《道路车辆　电磁兼容性要求和试验方法》。

3.1.3　高压电气系统设计规范

1. 高压插接器选型方法

纯电动汽车、混合动力汽车、燃料电池汽车都需有一套完整的高压连接系统，该系统中往往都应用大量的高压插接器，它是影响安全性能的关键因素。下面主要从安全防护、高压互锁（HVL）、耐温几个方面介绍。

（1）安全防护　插接器的安全防护主要指电气性能满足设计要求，如绝缘、耐压、电气间隙、爬电距离、防呆、防触指（端子周围加绝缘材料，高出端子或者端子加塑料帽）设计等符合规定要求，见表 3-2。

表 3-2　安全防护要求

序号	内容	参数
1	额定电流	200A
2	额定电压	800V
3	工作温度范围	−40～125℃
4	耐电压	2500V AC
5	绝缘电阻	5000MΩ
6	防护等级	IP67
7	电气间隙	—
8	爬电距离	—

按照整车的技术要求，进行有针对性的选型，同时在选型时需要注意防呆设计，其目的就是防止操作人员误插插接器。

（2）高压互锁（HVIL）　高压互锁（HVIL）是通过使用电气信号，确认高压系统连接的完整性。

设计高压插接器时，需考虑插拔过程中的高压安全保护。如断开时，HVIL 首先断开，然后后断开高压端子，而接合时则相反。

（3）耐温　插接器温度超过规定使用限值时会因发热降低安全特性，甚至失效损坏。热失效严重时可使线束烧毁，且将导致绝缘材料产生化学分解，降低绝缘性能，严重时有可能出现插接器正、负极柱间因绝缘材质热熔而击穿短路的现象。

2. 熔断器选型方法

高压回路中都会针对负载单独配置熔断器，以避免短路引起的负载损坏及电路火灾。

以电动压缩机熔断器为例，简要介绍如何选型：

通常整车确定电压平台后（额定电压为 250V），电动压缩机的负载功率也已经确定（额定功率为 2500W），这时计算出额定电流为（2500/250）A = 10A，注意此时不可选用 10A 的熔断器，否则将很容易烧坏，原因如下：

$$I_n = \frac{I_b}{K_t K_e K_v K_f K_b}$$

式中，I_b 为可允许的最大连续负载电流；I_n 为额定电流；K_t 为温度校正因数；K_e 为热传导校正因数；K_v 为冷却校正因数；K_f 为频率校正因数；K_b 为壳体校正因数。

K_t 为温度校正因数，对于电动汽车，一般环境温度最高可达 60℃，可取 K_t = 0.8，如图 3-14 所示。

K_e 为热传导校正因数，以 I_b = 10A 为例，根据应用经验，一般选用横截面积为 2.5mm² 左右的铜排，按照此铜排选用，计算可得出铜排电流密度为 10A/

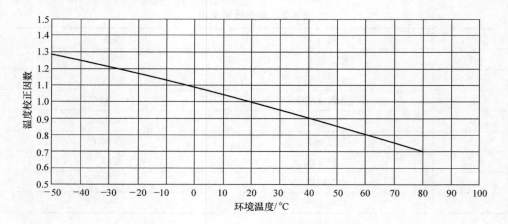

图 3-14　温度校正因数与环境温度的关系

$2.5\text{mm}^2 = 4\text{A}/\text{mm}^2$，与参照值 $1.3\text{A}/\text{mm}^2$ 的比值为 $1.3/4 = 32.5\%$，得 $K_e = 0.7$，如图 3-15 所示。

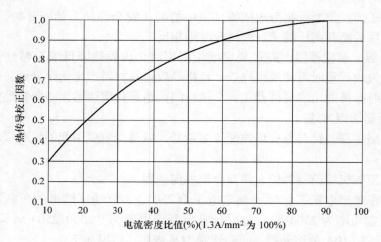

图 3-15　热传导校正因数与电密比值的关系

K_v 为冷却校正因数，一般方案要求是液冷，流速要求是不小于 5m/s，所以 $K_v = 1.25$，如图 3-16 所示。

K_f 为频率校正系数，由于此系统为直流电压特性，频率校正系数可取常数 1.0，如图 3-17 所示。

K_b 为熔断器壳体校正因数，对于陶瓷壳体，此系数取 1.0，对于三聚氰胺壳体，取 0.9。

最终计算得 $I_n = [10/(0.8 \times 0.7 \times 1.25 \times 1 \times 1)]\text{A} = 14\text{A}$，最后再根据产品手册选取 15A 或 20A。

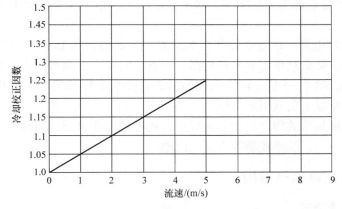

图 3-16 冷却校正因数与流速的关系

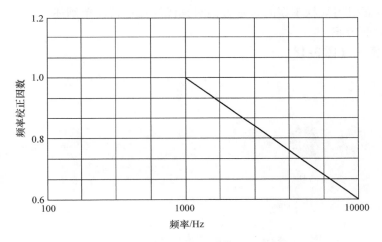

图 3-17 频率校正因数与频率的关系

3. 继电器选型方法

简单地说，继电器就是一种输入端施加一定的电信号，其输出端接通或断开需要控制电路的开关。

高压电气系统中的继电器一般分为三种，分别是主继电器、预充继电器、辅助继电器，下面分别介绍各自的选型规则。

（1）主继电器　要求继电器的额定电流不小于负载额定电流的 1.25 倍即可，一般采用的是 1.5 倍。

（2）预充继电器　预充继电器的作用是防止主继电器在接通时两端存在巨大压差而产生一个脉冲大电流，避免主继电器因此而产生粘连问题。

预充继电器是与预充电阻同时存在的，同时要求预充时间一般在 500ms 以内，通过计算可以得出预充电阻的阻值在 50～150Ω 之间，而乘用车电池的最高电压在

450V 以内，则预充回路的电流在 3~9A 的范围内，最终预充继电器的选型规格为 10~15A/750V。

（3）辅助继电器　电池包加热、电除霜、空调等控制辅助继电器选型需要特别注意，由于这类负载都需要带载切断，在选型时留有的余量要大一些。一般起动电流为额定电流的 4~5 倍，断开电流为额定电流的 0.5~0.8 倍，继电器的额定电流一般为 3 倍及以上负载额定电流。

最后，当接触器的额定电流确定以后，再考虑工作电压、短路电流、接通及切断寿命、温度环境、线圈控制等方面的问题。

3.1.4　高压配电电气架构

1. 整车布置方式

高压电气系统中的高压电气件，根据整车的驱动方式，其布置方案一般包含以下九种，下面引用某款车型的布置方案对其优缺点进行简单阐述。

（1）后驱方案

1）方案一（图 3-18）。

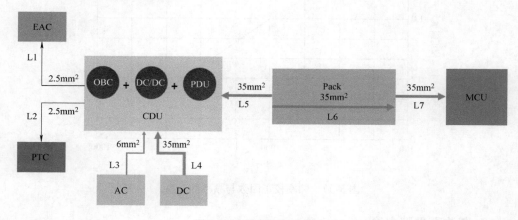

图 3-18　整车布置方案一

① 电动压缩机（EAC）、电加热器（PTC）、直流变换器（DC/DC）及车载充电器（OBC）、高压分配单元（PDU）布置在前舱。

② 交流插座（AC）、直流插座（DC）布置在前翼子板。

③ 动力蓄电池系统（Pack）布置在下车体。

④ 电机控制器（MCU）布置在后驱动桥。

优点：动力蓄电池系统（Pack）前后两端出线，省去由高压分配单元（PDU）到电机控制器（MCU）的高压线束，且合理规避了对下车体布置高压线束空间的要求。

缺点：直流插座（DC）布置在前翼子板，无形地增加了对 L5 线束线径的要求，因为直流充电电流远大于其他高压负载工作电流。

　　2）方案二（图3-19）。

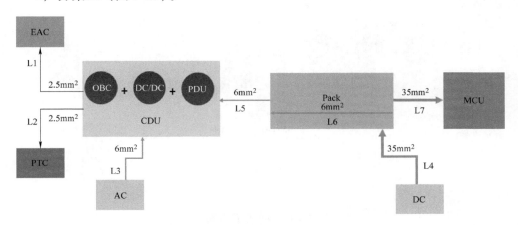

图 3-19　整车布置方案二

　　① 电动压缩机（EAC）、电加热器（PTC）、直流变换器（DC/DC）及车载充电器（OBC）、高压分配单元（PDU）布置在前舱。

　　② 交流插座（AC）布置在前翼子板。

　　③ 直流插座（DC）布置在后侧围。

　　④ 动力蓄电池系统（Pack）布置在下车体。

　　⑤ 电机控制器（MCU）布置在后驱动桥。

　　优点：动力蓄电池系统（Pack）前后两端出线，省去由高压分配单元（PDU）到电机控制器（MCU）的高压线束，且合理规避了对下车体布置高压线束空间的要求。直流插座（DC）布置在后侧围，降低了对 L5 线束线径的要求，从而节省了成本。

　　缺点：直流插座（DC）布置在后侧围，布置直流快充高压线束时容易与电机控制器高压线束干涉，整体空间比较紧凑，不易装配。

　　3）方案三（图3-20）。

　　① 电动压缩机（EAC）、电加热器（PTC）、直流变换器（DC/DC）及车载充电器（OBC）、高压分配单元（PDU）布置在前舱。

　　② 交流插座（AC）、直流插座（DC）布置在后侧围。

　　③ 动力蓄电池系统（Pack）布置在下车体。

　　④ 电机控制器（MCU）布置在后驱动桥。

　　优点：动力蓄电池系统（Pack）前后两端出线，省去由高压分配单元（PDU）到电机控制器（MCU）的高压线束，且合理规避了对下车体布置高压线束空间的要求。

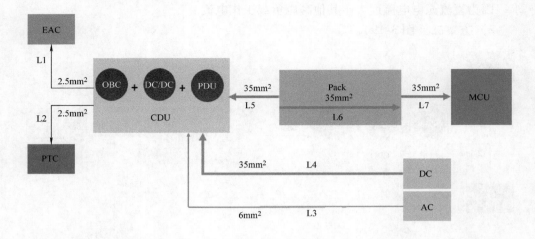

图 3-20　整车布置方案三

　　缺点：交流插座（AC）、直流插座（DC）布置在后侧围，且是由前舱高压分配单元（PDU）引出，增加了对下车体两侧空间的要求，从而使动力蓄电池系统的尺寸减小，同时还会压缩整车制动管路和冷却管道的空间。另外，与方案一相比，方案三的高压线束更长，导致成本增加。

　　4）方案四（图 3-21）。

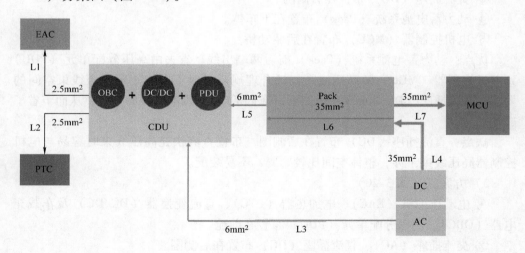

图 3-21　整车布置方案四

　　① 电动压缩机（EAC）、电加热器（PTC）、直流变换器（DC/DC）及车载充电器（OBC）、高压分配单元（PDU）布置在前舱。

　　② 交流插座（AC）、直流插座（DC）布置在后侧围。

③ 动力蓄电池系统（Pack）布置在下车体。

④ 电机控制器（MCU）布置在后驱动桥。

优点：动力蓄电池系统（Pack）前后两端出线，省去由高压分配单元（PDU）到电机控制器（MCU）的高压线束，且合理规避了对下车体布置高压线束空间的要求。

缺点：与方案二、方案三有相同的缺点。

（2）前驱方案

1）方案五（图3-22）。

① 电动压缩机（EAC）、电加热器（PTC）、直流变换器（DC/DC）及车载充电器（OBC）、高压分配单元（PDU）、电机控制器（MCU）布置在前舱。

② 交流插座（AC）、直流插座（DC）布置在前翼子板。

③ 动力蓄电池系统（Pack）布置在下车体。

优点：整体结构紧凑。

缺点：无明显缺点。

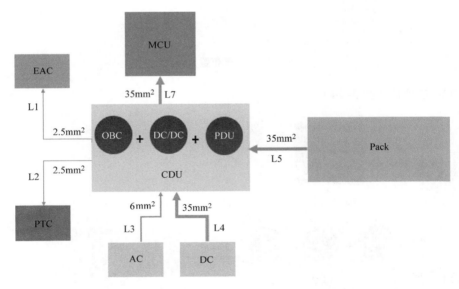

图3-22　整车布置方案五

2）方案六（图3-23）。

① 电动压缩机（EAC）、电加热器（PTC）、直流变换器（DC/DC）及车载充电器（OBC）、高压分配单元（PDU）、电机控制器（MCU）布置在前舱。

② 交流插座（AC）布置在前翼子板。

③ 直流插座（DC）布置在后侧围。

④ 动力蓄电池系统（Pack）布置在下车体。

优点：无明显优点。

缺点：与方案五相比，增加了 L6 高压线束，导致增加了成本。

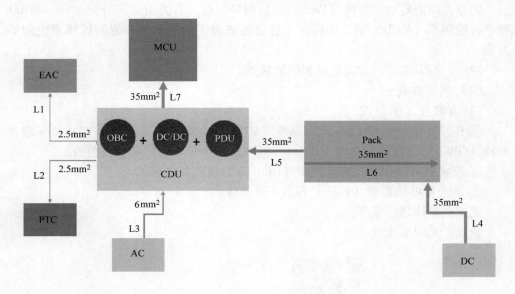

图 3-23　整车布置方案六

3）方案七（图 3-24）。

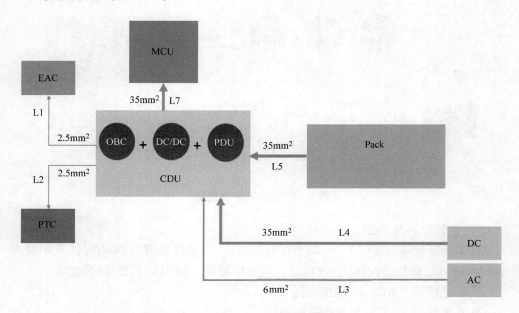

图 3-24　整车布置方案七

①电动压缩机（EAC）、电加热器（PTC）、直流变换器（DC/DC）及车载充电器（OBC）、高压分配单元（PDU）、电机控制器（MCU）布置在前机舱。

②交流插座（AC）、直流插座（DC）布置在后侧围。

③动力蓄电池系统（Pack）布置在下车体。

优点：无明显优点。

缺点：与方案三有相同的缺点。

4）方案八（图3-25）。

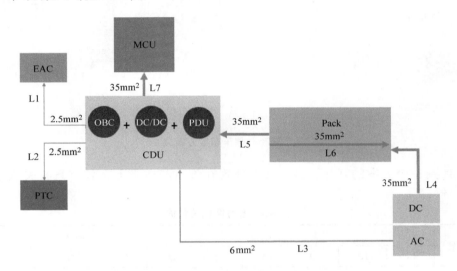

图3-25　整车布置方案八

①电动压缩机（EAC）、电加热器（PTC）、直流变换器（DC/DC）及车载充电器（OBC）、高压分配单元（PDU）、电机控制器（MCU）布置在前舱。

②交流插座（AC）、直流插座（DC）布置在后侧围。

③动力蓄电池系统（Pack）布置在下车体。

优点：无明显优点。

缺点：与方案六、方案七有相同的缺点。

5）方案九（图3-26），这是特斯拉Model3的一个后驱车型的布置方案。

①电动压缩机（EAC）、电加热器（PTC）布置在前舱。

②交流插座（AC）、直流插座（DC）布置在后侧围。

③动力蓄电池系统（Pack）、直流变换器（DC/DC）及车载充电器（OBC）、高压分配单元（PDU）布置在下车体。

④电机控制器（MCU）布置在后驱动桥。

优点：将直流变换器（DC/DC）及车载充电器（OBC）、高压分配单元（PDU）高度集成在了动力蓄电池系统（Pack）内部。

缺点：正是因为高度集成化，所以如果其中一个器件损坏，那么需要将整个电池包拆卸更换，售后维修费用高。

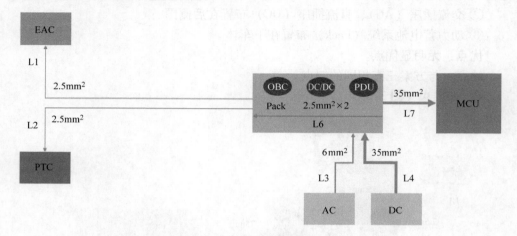

图 3-26　整车布置方案九

评判一个方案的好坏，最终无非体现在价格和质量上，各方案相关数据见表 3-3。

表 3-3　各方案相关数据

方案	长度/mm							价格/元	质量/kg
	L1	L2	L3	L4	L5	L6	L7		
一	500	500	1300	1400	1000	1800	1100	396.21	5.565
二	500	500	1300	1400	1000	1800	1100	258.17	3.035
三	500	500	5000	4500	1000	1800	1100	676.2	9.22
四	500	500	5000	1400	1000	1800	1100	327.36	3.74
五	500	500	1300	1400	1000	—	600	239.81	3.265
六	500	500	1300	1400	1000	1800	600	362.21	5.065
七	50	500	5000	4500	1000	—	600	519.8	6.92
八	500	500	5000	1400	1000	1800	600	431.4	4.62
九	1000	1000	1300	1400	—	1800	1100	258.71	2.891

注：1. $2.5mm^2$：11.5 元/m，0.07kg/m。

　　2. $6mm^2$：18.7 元/m，0.15kg/m。

　　3. $35mm^2$：34 元/m，0.5kg/m。

图 3-27 和图 3-28 所示分别为价格对比和质量对比。

综述：

1）如果采用后驱方案，那么采用方案二最为合适。

2）如果采用前驱方案，那么采用方案五最为合适。

3）不管采取何种方案，最后都需要和整车造型相匹配。

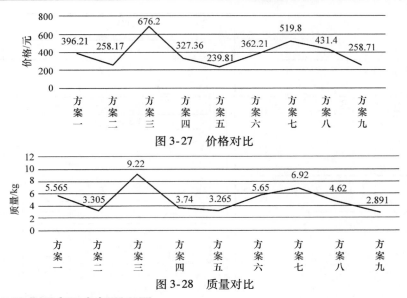

图 3-27　价格对比

图 3-28　质量对比

2. 几种典型高压电气原理图

每个车企都有各自的高压电气架构，这里只列出典型的几种高压电气原理图。

（1）高压电气原理图一（图 3-29）　在电动汽车发展初期，此种高压电气架构基本应用于所有车企，用于每一路负载的过电流保护。

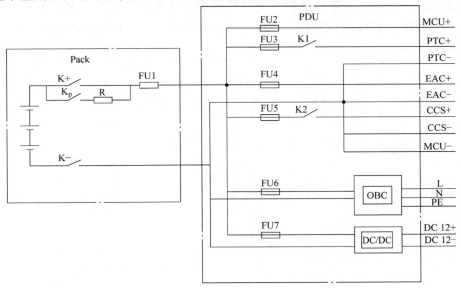

图 3-29　整车高压电气原理图一

（2）高压电气原理图二（图 3-30）　随着电动汽车的发展，每个车企开始对整车成本有了要求，随之就过渡到了第二种架构，将电机控制器（MCU）和直流快充的熔断器取消以降低成本。

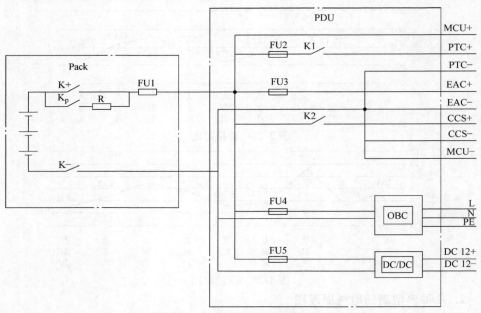

图 3-30　整车高压电气原理图二

（3）高压电气原理图三（图 3-31）　近年来，高能量密度电池和整车能耗低的补贴越来越大，随之就过渡到了第三种架构，将直流变换器（DC/DC）及车载充电器（OBC）进行"板集成"以降低成本和减小质量，同时也降低了对整车布置空间的要求。

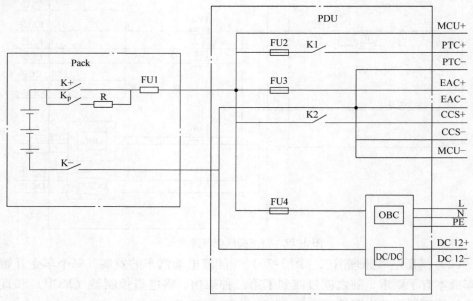

图 3-31　整车高压电气原理图三

（4）高压电气原理图四（图 3-32）　此种电气架构与前几种电气架构有很大的不同，由电池包前后两端引出线，一个接 PDU、一个接 MCU，主要应用于后驱车型。后驱车型采取电池包一端出线方案，会产生高压线束布置上的问题，从而引起整车其他零部件布置的问题。

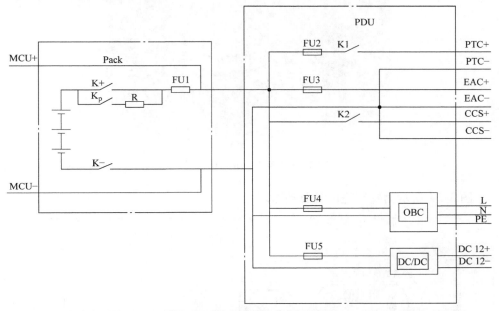

图 3-32　整车高压电气原理图四

3.2　电源系统设计

3.2.1　车载充电器设计

车载充电器（OBC）是指安装在汽车上，将交流电变换为直流电为电池包充电的装置。在 2017 年之前，大多数车载充电器是结构独立、功能单一的产品，功率基本是 3.3kW 和 6.6kW。

随着电动汽车轻量化要求的不断提高，车载充电器的设计逐渐向高集成度发展，现阶段有很多 OBC、DC/DC 二合一（图 3-33）及 OBC、DC/DC、PDU 三合一的产品，个别企业甚至设计了 OBC、DC/DC、PDU、MCU、Motor 五合一产品。

除了高度集成化方向外，充放电一体式双向充电也是一个发展方向。这种充电方式不仅可以为电池包充电，也可以将电池包提供的直流电逆变成交流电为交流负载供电。同时，这样的发展方向可以满足未来整车实现 V-L、V-V、V-G 能量双向传输的要求。

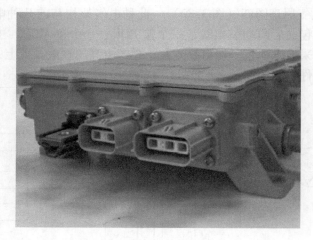

图 3-33 OBC、DC/DC 二合一

图 3-34 所示为整车充电及驱动原理。

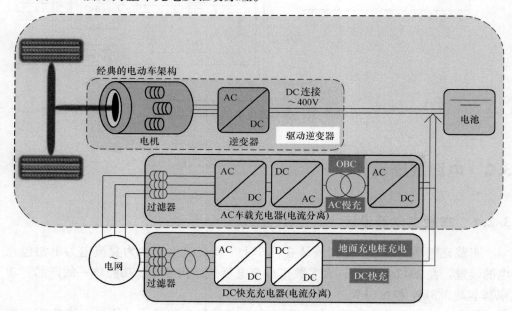

图 3-34 整车充电及驱动原理

1. 功能要求

为了保证整车能够正常交流充电，需要满足 GB/T 18487.1—2015《电动汽车传导充电系统 第 1 部分：通用要求》的要求，此标准主要规定了交流充电控制导引电路与控制原理。

根据 GB/T 18487.1—2015，整车可以做出各种高压电气架构，车载充电器根据整车要求做出相应的功能匹配，主要体现在唤醒方式、交流充电插座电子锁控制、交流充电插座温度检测、S2 开关控制、休眠方式等。

（1）唤醒方式　车载充电器的唤醒源主要有 CP 唤醒、CC 唤醒、CAN 唤醒、硬线唤醒、交流输入电压唤醒。

1）CP 唤醒。CP 唤醒是车载充电器的常用唤醒方式，其优点是交流充电桩只有在接入市电时才有此信号输出，有了此信号后车载充电器开始唤醒并开始后续的常规工作，避免了一些无端能耗的损失。

2）CC 唤醒。一般不采用 CC 唤醒方式，原因是：

① 只要插上交流充电枪，车载充电器就会被唤醒，如果没有市电，那么整车还需要进入休眠状态，增加了能量损失。

② 如果相关人员将特定电阻的一端接地，一端接入交流充电插座，此时就会唤醒充电器，存在一定的安全隐患。且整车由于检测到此电阻的存在而不能行驶，增加了各种不必要的麻烦。

3）CAN 唤醒。CAN 唤醒是目前主流的唤醒方式，原因是现在整车基本都有 OTA（空中下载技术）升级要求，但部分低端车型还没有采用此种方式，原因是相比较其他唤醒方式，其需要增加 CAN 收发器，从而增加了成本。

4）硬线唤醒。目前有部分车企采用此种唤醒方式，其优点是简化了车载充电器充电流程，只需要执行 BMS 发出的电压、电流请求即可，不需要再对 CP 的占空比做判断。

5）交流输入电压唤醒。部分早期的电动汽车使用此种唤醒方式，但是现在已经被淘汰。原因是之前的交流充电桩不普遍，为方便充电，许多商用车企为用户提供了充电模式 1（图 3-35）给电动汽车充电。当接到电网时，充电枪上就已经有交流电了，这种充电方式有非常大的安全隐患。GB/T 18487.1—2015 已经明确规定禁止使用此方式给电动汽车充电，标准中规定了交流电压必须是在整车闭合 S2 开关后才能输出，而此时整车早已经唤醒。

综上所述，唤醒方式基本采用的是 CP 唤醒、CAN 唤醒、硬线唤醒，而 CC 唤醒、交流输入电压唤醒已经被淘汰。

（2）交流充电插座电子锁控制　交流充电电流大于 16A 时，车辆接口应具有锁止功能。其原因是在充电过程中电流很大，如果此时用户拔充电枪，会有拉弧的风险。图 3-36 所示为交流充电插座电子锁。

对于额定功率为 6.6kW（额定充电电流为 32A）的车载充电器来说，在交流插座上设计了一个电子锁，并且一般都由车载充电器控制。

（3）交流充电插座温度检测　额定充电电流大于 16A 时，车辆插座应设置温度监控装置，供电设备和电动汽车应具备温度检测和过温保护功能。其原因是在充电过程中电流很大，在某些特殊情况下，车辆插座内高压端子会有很高的温升，如果不对电流加以限制，会导致插座由于热失控而烧坏，进而会引起整车安全问题。

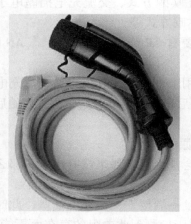

图 3-35　充电模式 1 实物

图 3-36　交流充电插座电子锁

　　一般在车辆插座上安装热敏电阻，并且由车载充电器负责检测。当高压端子的温度上升到一定值时，车载充电器会主动降低功率；如果温度升到了限值，则会关闭输出。

　　（4）S2 开关控制　电动汽车在充电过程中，S2 开关具有重要作用。交流充电桩只有检测到 S2 开关闭合才开始发送 PWM 波，这意味着整车充电即将开始；检测到 S2 开关断开，说明整车已经完成充电，进入结束停机状态。S2 开关一般也是由车载充电器控制的。

　　（5）休眠方式　车载充电器的休眠方式一般分为软休眠、硬线休眠、强制休眠。

　　1）软休眠。车载充电器完成充电后，等待整车控制器或电池管理系统通过CAN 信号发送休眠指令。

　　2）硬线休眠。车载充电器完成充电后，等待整车控制器或电池管理系统将硬线唤醒信号改为低电平。

　　3）强制休眠。本身定义的软休眠或硬线休眠失效后，整车不能使车载充电器持续耗电，会要求车载充电器自动休眠。

　　2. 基础测试

　　车载充电器作为电动汽车的重要组成部件，设计合理与否对整车高压电气系统的安全有重要影响。产品设计出来后，首先需要做一些基础测试，其基础测试标准为 QC/T 895—2011《电动汽车用传导式车载充电机》。此标准的测试主要分为高压电气性能、电气安全、环境适应性、谐波电流、耐久、电磁兼容等见表 3-4。

表 3-4　检验项目

序号	检验项目	序号	检验项目
1	基本高压性能试验	12	抗电磁干扰
2	湿度试验	13	产生的电磁骚扰
3	温度试验	14	谐波电流含量
4	短路保护	15	振动试验
5	过温保护	16	冲击试验
6	反接保护	17	耐工业溶剂性能试验
7	断电保护	18	IP 防护等级试验
8	电压纹波系数	19	盐雾试验
9	输出响应时间	20	噪声试验
10	介电强度	21	耐久试验
11	电气间隙和爬电距离		

（1）基本高压性能试验　高压电气性能主要包括起动冲击电流、输出电压误差、输出电流误差、电压纹波系数、功率因数和充电效率、输出响应时间等。

1）起动冲击电流测试。要求车载充电器的起动冲击电流（输入电流）不应大于输入电流最大值的 150%，起动电流过大会对车载充电器的输入端电容、熔断器等器件造成一定程度的伤害，从而影响可靠性，严重时甚至会影响充电安全。

2）输出电压误差、输出电流误差。车载充电器的充电模式主要是恒压、恒流输出，对电压、电流的检测精度要有明确的要求。具体要求是输出电压与设定电压的误差应为 ±1%，输出电流与设定电流的误差应为 ±5%，只有精度满足要求，才能满足电池管理系统（BMS）发出的电压、电流请求，给电池包充电，否则有可能使电池包过充电，严重时可能发生起火爆炸事故。

3）电压纹波系数。要求车载充电器电压纹波系数应为 ±5%，车载充电器在输出的过程中，无论何种滤波电路都会存在电压纹波，纹波系数越大，充电电流波动越大，严重时产生浪涌电压，导致车载充电器硬件故障。

4）功率因数和充电效率。要求车载充电器在额定输入电压、额定负载的情况下，充电效率不小于 90%、功率因数不小于 0.92。功率因数和充电效率是开关电源的重要参数。

功率因数越高，对供电电源的利用率就越高，功率因数越低，则供电电源的损失就越大。目前车载充电器大多采用功率因数校正（PFC）电路来提高功率因数，一般可使功率因数达到 0.98 及以上。

车载充电器在输出的过程中会有功率损耗，原因是电池包内部存在电阻，通过热能的方式将其消耗。充电效率越高，说明有越多的电能转换成电池包需要的化学能，一般充电效率达到 0.94 及以上。

5）输出响应时间。输出响应时间可以分为起动响应时间、停机响应时间，要求车载充电器的输出电压时间小于5s，超调量小于10%；在收到关机命令后，300ms内电流降低到10%以下，500ms内降至0A。

起动响应时，车载充电器应立即响应，如果超过一定的时间没有输出，那么BMS会判定车载充电器已经损坏，按故障进行处理。同时响应后，还需要控制好超调量，如果超出BMS给出的电压/电流请求，那么会对动力蓄电池造成伤害，严重时会起火爆炸。

停机响应时，车载充电器应立即响应，如果超过一定的时间还在输出，会对动力蓄电池造成伤害，且BMS会报输入电流过大故障，按故障进行处理。

（2）保护功能试验　车载充电器的保护功能对整个充电过程的安全具有重要意义，主要包括输入欠电压/过电压保护、输出欠电压/过电压保护、短路保护、过温保护、反接保护。

1）输入欠电压/过电压保护。当电网电压偏低或偏高时，车载充电器应通过电压检测电路实现相应的保护，防止充电器内部过热导致损坏。目前，充电器对输入电压的保护阈值一般设置为90～270V，如果超出这个范围，则直接关闭输出。

2）输出欠电压/过电压保护。车载充电器输出电压过高不仅会使充电器内部的元器件损坏，同时也会对其他高压部件造成损害，如动力蓄电池。

充电器输出电压过低，对充电机内部本身不会造成损坏，但是对动力蓄电池会造成损害，原因是充电器在工作的过程中，还需实时检测电池包两端的高压。如果电池包两端的电压已经过低，电池已经不允许充电且在BMS已经失效的情况下，充电器仍强行给电池包充电，严重时会造成电池内短路从而起火爆炸。

3）短路保护。短路保护分为起动前保护、工作过程中保护。目前，车载充电器在起动前会检测电池包两端电压，如果存在短路情况，充电器禁止工作。工作过程中，检测到电池两端正、负极短路，充电器会以毫秒级别的速度关闭输出。

4）过温保护。电子元器件都有工作环境温度要求，如果温度过高，则会烧坏元器件。车载充电器在工作过程中，发热量比较大的是功率因数校正（PFC）控制器、金属氧化物半导体场效应晶体管（MOS管）和变压器，所以基本会在这几个模块布置温度采样点，只要有一处超过温度报警阈值，充电器就会主动降功率，如果温度持续升高，则断开输出。温度正常后，充电器正常工作。

5）反接保护。车载充电器在起动前会检测电池包两端电压，如果存在反接情况，充电器禁止工作。故障排除后，充电器正常工作。

其他检验项目属于常规性测试及要求，此处不做介绍。

3. 故障诊断

电动汽车在充电过程中，可能会遇到充电中断或无法充电的问题，其原因有很多。在开发阶段，研发工程师可以使用CANalyzer、PCAN、CANoe等工具，通过连接整车的车载诊断系统（OBD）接口读取报文来分析原因。但一旦某款车型量产之后，会有很多车辆流入市场，此时再通过以上方式进行分析处理就不现实了。

为了方便解决售后问题，必须要开发故障诊断功能。当车辆不能正常充电时，通过诊断仪读取故障码（DTC），在第一时间内找到原因。车载充电器的 DTC 内容见表 3-5。

表 3-5　车载充电器的 DTC 内容

序号	中文	DTC 定义	DTC 严重等级	DTC 码
1	OBC 常电电池过电压	Over Diagnostic voltage		
2	OBC 常电电池欠电压	Under Diagnostic voltage		
3	OBC 通信故障	Bus – off PT – CAN		
4	OBC 丢失 VCU	Missing VCU		
5	OBC 丢失 BMS	Missing BMS		
6	OBC 输入过电压	OBC_Over_Input_Voltage		
7	OBC 输入欠电压	OBC_Under_Input_Voltage		
8	PFC 欠电压	OBC_Under_PFC_Voltage		
9	PFC 过电压	OBC_Over_PFC_Voltage		
10	OBC 输出过电压	OBC_Over_Output_Voltage		
11	OBC 输出欠电压	OBC_Under_Output_Voltage		
12	OBC 输出过电流	OBC_Over_Output_Current		
13	充电口过温	OBC_Over_Plug_Temperature		
14	OBC 过温	OBC_Over_ Temperature		

DTC 产生条件、恢复条件、严重等级、起始字节、DTC 码及对整车的影响需要与具体的项目相匹配。同时 DTC 尽量与通信矩阵中的故障定义一一对应，另外也需要将实现功能的控制点写到 DTC 中，如 S2 开关是否闭合，如果在规定时间内没有闭合则上报故障。

3.2.2　DC/DC 变换器设计

DC/DC 变换器将直流高压变换成直流低压，为 12V 蓄电池充电且为其他负载供电，其主要部件是功率器件及变压器。目前 DC/DC 变换器已经与车载充电器进行电气集成，在前面的内容中已经提到。

目前 DC/DC 变换器设计标准主要是 GB/T 24347—2009《电动汽车 DC/DC 变换器》，此标准发布时间较早，有很多技术参数已经不能满足当前电动汽车的要求了。此标准的测试主要分为电气性能、电气安全、环境适应性、谐波电流、耐久、电磁兼容等，其内容基本和车载充电器一致，这里就不再冗述。

DC/DC 变换器在功能要求及安全保护上，相对而言就比较少了。安全保护主要包括输入欠电压/过电压保护、输出欠电压/过电压保护、短路保护、过温保护等。同时也需要进行故障诊断，其 DTC 内容见表3-6。

表3-6 DC/DC 变换器 DTC 内容

序号	中文	DTC 定义	DTC 严重等级	DTC 码
1	DC/DC 通信故障	Bus – off PT – CAN		
2	DC/DC 丢失 VCU	Missing VCU		
3	DC/DC 输出欠电压	DC/DC_Under_Output_Voltage		
4	DC/DC 输出过电压	DC/DC_Over_Output_Voltage		
5	DC/DC 输入欠电压	DC/DC_Under_Input_Voltage		
6	DC/DC 输入过电压	DC/DC_Over_Input_Voltage		
7	DC/DC 过温	DC/DC_Over_Temperature		
8	DC/DC 输出过电流	DC/DC_Over_Output_Current		
9	DC/DC 输出短路	DC/DC_short_Output		
10	DC/DC 硬件内部损坏故障	DC/DC_Error		

3.3 充电桩

充/换电站作为发展电动汽车所必需的重要配套基础设施，具有非常重要的社会效益和经济效益。

充电桩类似于加油站内的加油机，安装在公共建筑、居民小区和专用充电站内，可以为各不同品牌的电动汽车充电。一般提供常规充电和快速充电两种充电方式，人们可以在充电桩提供的人机交互操作界面上或相应的应用程序上进行充电方式、充电时间、费用数据打印等操作。

3.3.1 分类

1）充电桩按安装方式可分为落地式充电桩（图 3-37）、挂壁式充电桩（图 3-38）。落地式充电桩适合安装在不靠近墙体的停车位，挂壁式充电桩适合安装在靠近墙体的停车位。

2）充电桩按安装地点可分为公用充电桩（图 3-39）和专用充电桩（图 3-40）。公用充电桩是安装在公共停车场，为社会车辆提供公共充电服务的充电桩。专用充电桩是安装在单位自有停车场，供单位内部人员使用的充电桩。

图 3-37　落地式充电桩

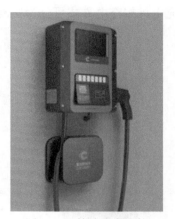

图 3-38　挂壁式充电桩

图 3-39　公用充电桩

图 3-40　专用充电桩

3）充电桩按充电接口数可分为一桩一充式充电桩（图 3-41）和一桩多充式充电桩（图 3-42）。早期充电桩的需求量不大，常见的基本是一桩一充式充电桩。随着电动汽车的普及，对充电桩的数量需求越来越高。一桩多充式充电桩逐渐成为一种主流。

图 3-41　一桩一充式充电桩

图 3-42　一桩多充式充电桩

4）充电桩按充电方式可分为交流充电桩（图3-43）和直流充电桩（图3-44）

图3-43　交流充电桩　　　　　　　　　　图3-44　直流充电桩

3.3.2　当前问题

目前国内的部分充电桩存在公共充电桩不对外开放，各个建桩企业的充电桩信息不共享，且各城市分化严重、公共充电桩停车位被燃油车占用、公共充电桩发生故障、各品牌充电桩相互不兼容、可用充电桩充电较慢等实际问题，在大力发展电动汽车的过程中，以上问题还有待解决。

第4章
整车控制器开发与设计

4.1 整车控制器（VCU）系统概述

4.1.1 VCU 的产品定位

纯电动汽车中的整车控制器（Vehicle Control Unit，VCU），定位是整车控制系统的"大脑"，其主要作用是：

1）实现不同控制系统之间的协调。

2）提高整车驾驶的舒适性。

3）提高整车控制系统运行的能源效率。

4）确保整车控制系统运行安全可靠。

VCU 作为纯电动汽车的中央控制单元是整个控制系统的核心。VCU 检测电机及电池状态，采集加速踏板信号、制动踏板信号、执行器及传感器信号，根据驾驶人的意图综合分析做出相应判定后，监控下层的各部件控制器的动作，它负责汽车的正常行驶、制动能量回馈、整车发动机及动力蓄电池的能量管理、网络管理、故障诊断及处理、车辆状态监控等，从而保证整车在较好的动力性、经济性及可靠性状态下正常稳定的工作。可以说整车控制器性能的好坏直接决定了电动汽车整车性能的好坏，具有重要作用。

VCU 在硬件上由一个带微处理器（Micro Control Unit，MCU）的电路板，接插件，上、下壳体等零件构成，但在微处理器上运行的策略控制软件是 VCU 的核心。VCU 在技术上以实时控制策略为核心，辅以新兴的人工智能技术进行机器学习、模型训练等，以满足纯电动汽车电动化、智能化深度融合的发展趋势。

4.1.2 VCU 的发展简述

整车控制器起源于传统汽车，落地于新能源汽车。传统汽车包含发动机控制器、变速器控制器等，由不同的零部件总成供应商提供，为解决各自零部件的功能及性能指标而定制设计。各控制器独立控制车辆某一部件，无法总体考虑整车功能及性能需求。一般情况下，国外的多数整车厂都有自己管理或合作的发动机控制器、变速器控制器总成供应商，从而解决以上总体考虑整车功能及性能需求的问题。

国内电控技术起步晚，整车厂与国外核心零部件总成供应商的合作不足，直到新能源汽车快速发展，混合动力源车迫切需要解决燃油动力系统与电池动力系统之间的有效协调问题，纯电动源车需要解决整车动力管理问题，因此明确了整车控制器的概念及功能定义，奠定了 VCU 获得高速发展的基础。

新能源汽车起步阶段，大概在 2012 年到 2015 年诞生了第一代 VCU 产品。技术来源于传统汽车 ECU，以发动机控制器及车身控制器为主要技术来源。行业典型产品有德尔福 HCU-2、联电 VCU、大陆 H300 等。

随着行业应用及发展，整车控制器功能定义及安全要求逐步明确，有了行业针对纯电动汽车的系统解决方案，如符合功能安全要求的 MCU 及外围芯片。第二代产品起步阶段是 2016 年到现在。目前行业解决方案代表产品有联电 VCU8、德尔福 HCU-5、大陆 H500，国机智骏 VCU2.0 等，二代产品出现了符合功能安全和不符合功能安全要求的两种产品。但从长远发展来看，VCU 的功能安全是发展的趋势。

VCU 长远发展的另一个主要趋势是承担纯电动汽车需要实时控制的车控域控制器，发展方向是和更多的整车动力、底盘、车身控制系统相关控制器进行融合。

4.1.3 VCU 产品开发的主要方法

和其他汽车行业控制器的开发类似，VCU 产品的开发主要按 V 模型进行。但 VCU 也是一个以软件功能为主的控制器，所以一般 VCU 的开发也需要按软件行业主流的持续集成的方法进行。国内主流的实践是 VCU 由主机厂的团队进行开发，特别是进行 VCU 软件的开发，所以 VCU 产品的平台化设计也是一个非常重要的开发模式。最后也是非常重要的是，软件开发中的配置管理是非常重要的工作，它保证了软件开发工作的基本有序。

1. V 模型

V 模型是一个著名的、在汽车领域广泛使用的开发模型，如图 4-1 所示。它是一个从上到下再到上的流程，随着团队工作沿着 V 模型左侧步骤向下推进，基本问题需求逐步细化，形成问题及解决方案的技术描述。一旦完成软、硬件实现，团队将沿着 V 模型右侧的步骤向上推进工作，其实际上是执行了一系列测试（质量保证活动）。

V 模型不仅是一个从上到下再到上的流程，也是一个从左到右的流程。从左到右是指每一层级都有相对应的测试，这些测试验证了团队沿着 V 模型左侧步骤向下推进过程中所生成的每个步骤，如系统需求对应的系统测试。

当 V 模型左侧一个步骤完成时，可以向下和右侧两个模块开展工作，如当系统需求完成，下层级的系统架构就会开始工作，与此同时，系统集成测试也将开始编写测试用例和搭建测试环境。

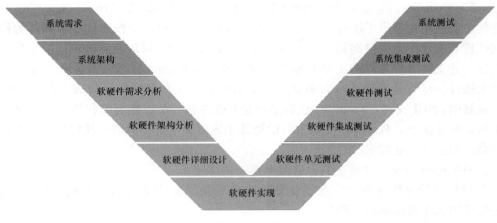

图4-1 V模型

2. 持续集成

持续集成（CI）是一种软件开发实践，即团队开发成员经常集成他们的工作成果，通常每天至少集成一次。如图4-2所示，每次集成都通过自动化的构建（包括自动化编译、发布和测试）来验证，从而尽快地发现错误，避免问题堆积，让团队更快地开发出内聚的软件。

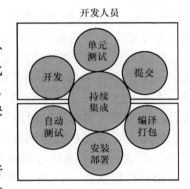

图4-2 持续集成

（1）持续集成的优点

1）快速发现错误。每完成一点更新，就进行集成测试，可以快速发现错误，降低问题定位难度。

2）降低集成难度。如果不是经常集成，会导致集成的难度变大。

3）保持软件处于可控状态。持续集成可以保证在较短的时间内就有稳定的软件版本，为软件发布提供便利。

持续集成的目的就是让产品可以快速迭代，同时还能保持高质量。持续集成并不能消除错误，而是让它们非常容易被发现和改正。

（2）持续集成常用软件

1）Jenkins。它是一款用Java编写的开源的CI工具，是一个跨平台的CI工具，它通过GUI界面和控制台命令进行配置。Jenkins非常灵活，因为它可以通过插件扩展功能，也可以在多台机器上进行分布式构建和负载测试。Jenkins是根据MIT许可协议（开源软件许可协议）发布的，因此可以自由地使用和分发。Cloudbees还提供Jenkins in Cloud形式的托管解决方案。Jenkins是最好的持续集成工具之一。

2）TeamCity。它是一款成熟的 CI 服务器，由 JetBrains 公司开发。TeamCity 在它的免费版本中提供了所有功能，但仅限于 20 个配置和 3 个构建代理。额外的构建代理和构建配置需要购买。TeamCity 安装后即可使用，可以在多种不同的平台上工作，并支持各种各样的工具和框架。能够支持 JetBrains 和第三方公司开发的公开的插件。尽管是基于 Java 的解决方案，TeamCity 在众多的持续集成工具中提供了最好的 .NET 支持。TeamCity 也有多种企业软件包，可以按所需代理的数量进行扩展。整体而言，TeamCity 是非常好的持续集成解决工具，但由于其较复杂且价格较高，更适合企业需求。

另外还有 Travis CI 等工具，这里不再一一详述。

（3）自动化软件生产　自动化软件生产是持续集中编译打包自动化的过程，是持续集成不可或缺的一部分。

在程序编译的过程中，无论是 C、C＋＋还是其他软件编译，首先要把源文件编译成中间代码文件，在 Windows 下也就是 .obj 文件，在 UNIX 下是 .o 文件，即 Object File，这个动作称为编译（compile）。然后再把大量的 Object File 合成执行文件，这个动作称为链接（link）。

编译时，编译器需要的是语法的正确，以及函数与变量的声明的正确。对于后者，通常需要告诉编译器头文件所在的位置（头文件中应该只是声明，而定义应该放在 C 或 C＋＋文件中），只要所有的语法正确，编译器就可以编译出中间目标文件。每个源文件都应该对应于一个中间目标文件（.o 文件或是 .obj 文件）。

链接时，主要是链接函数和全局变量。可以使用这些中间目标文件（.o 文件或是 .obj 文件）来链接应用程序。链接器并不管理函数所在的源文件，只管理函数的中间目标文件（Object File），在大多数时候，由于源文件太多，编译生成的中间目标文件太多，而在链接时需要明显地指出中间目标文件名，这对于编译很不方便，所以应将中间目标文件打包，在 Windows 下这种包称为"库文件"（Library File），也就是 .lib 文件，在 UNIX 下，是 Archive File，也就是 .a 文件。

自动化编译是通过脚本及脚本解析规则，正确地对软件代码进行编译和连接的过程。

比较常用的编译和链接软件为 make，与 make 配套使用的配置文件为 makefile，以告诉 make 命令需要如何编译和链接程序，脚本编译规则详见 make 使用手册。

（4）自动化软件测试　自动化软件测试是持续集成方法中不可或缺的一部分，在持续集成中，主要进行传统的手工测试是不可能的，因为持续集成中强调每天自动化软件生产后，必须立即进行自动化软件测试，理想情况是当晚就完成测试，这样在第二天就能够暴露出问题，以便在第二天完成软件修改，进行第二天的集成。

3. VCU 产品的平台化

软件开发平台化是一种新的软件开发模式，这种模式就是把过去程序员编码开发软件的模式改变为利用稳定的基础架构平台，通过快速配置的方式将软件开发出来的一种新的开发模式。

从当前的状况来看，软件开发的速度缓慢、成本高而又容易犯错，常常会产出存在许多缺点的软件，在可用性、可靠性、功能、安全及其他服务质量方面存在很大的问题。

依据计算，美国公司每年出资的软件开发项目中只有 16% 能够在预算内按计划完成，还有 31% 的项目首要因为质量难题而被撤销，其他 53% 的项目均超出预算 189%。即使是最后完成的项目，平均也只完成了本来计划功能的 42%。

许多软件项目都延迟交给、质量得不到保证，这种情况在汽车行业这种对软件可靠性、安全性等方面要求较高的行业，造成的影响尤为突出。

从工业化的视角思考，生产力进步的途经是从手工作业过渡到机械化生产。在手工作业期间，一切产物都是由个人或小组定制化制造出来的，而在机械化生产期间，各种产物经过拼装可重复使用的组件快速地生产出来，在这个过程中，许多细节工作都是由机器主动完成的。

VCU 在电动汽车的定位是整车控制系统的"大脑"，所以每一款车型由 VCU 所控制的功能、性能都会有或多或少的差异，目前国内绝大多数 VCU 的开发还是"手工作坊"的方式，一般在一个已有 VCU 的基础上，由一个小组进行各种修改，去满足特定整车车型的要求。这种开发方式如果面对同一时间内多款车型并行开发，就会立刻产生以上所述的可用性、可靠性、功能、安全及其他质量方面的问题。

但如果能够对 VCU 进行平台化的设计，将不同的功能设计成不同的可重复使用的组件（最简单的例子之一是一些车型使用机械式驻车制动器，一些车型使用电子式驻车制动器，这是不同的零部件，而且通常在不同的零部件上能开发出不同的整车控制功能，对它们的控制可以设计成不同的组件）再根据不同的配置，让同一个 VCU 平台应用于不同的组件，就能够满足不同的整车功能，实现"One Fit All"的设计理念。

4. 配置管理

配置管理（Configuration Management，CM）是对处于不断演化、完善过程中的软件产品的一致性和可追溯性进行管理的过程。它通过控制、记录、追踪对软件的修改来实现这一功能。

（1）配置项（Configuration Item，CI）　凡是纳入配置管理范畴的工作成果统称为配置项，配置项逻辑上组成软件系统的各组成部分，一般是可以单独进行设计、实施和测试的。

配置项主要有两大类：

1）属于产品组成部分的工作成果。如需求文档、设计文档、源代码、测试用例等。

2）项目管理和机构支撑过程产生的文档。这些文档虽然不是产品的组成部分，但是值得保存。

所有配置项都被保存在配置库中，确保不会混淆、丢失。配置项及其历史记录反映了软件的演化过程。

（2）基线（Baseline） 在配置管理系统中，基线就是一个 CI 或一组 CI 在其生命周期的不同时间点上进入正式受控的一种状态，一些配置项构成了一个相对稳定的逻辑实体，而这个过程被称为"基线化"。每一个基线都是其下一步开发的出发点和参考点。基线确定了元素（配置项）的一个版本，且只确定一个版本。一般情况下，基线一般在指定的里程碑（Milestone）处创建，并与项目中的里程碑保持同步。每个基线都将接受配置管理的严格控制，基线中的配置项被"冻结"，不能再被任何人随意修改，对其的修改将严格按照变更控制要求的过程进行，在一个软件开发阶段结束时，上一个基线加上增加和修改的基线内容形成下一个基线。

通常将交付给客户的基线称为一个"Release"，为内部开发用的基线则称为一个"Build"。

建立基线的好处如下：

1）重现性。及时返回并重新生成软件系统给定发布版的能力，或者是在项目的早期重新生成开发环境的能力。当认为更新不稳定或不可信时，基线为团队提供一种取消变更的方法。

2）可追踪性。建立项目工件之间的前后继承关系。目的是确保设计满足要求、代码实施设计及用正确代码编译可执行文件。

3）版本隔离。基线为开发工件提供了一个定点和快照，新项目可以从基线提供的定点之中建立。作为一个单独分支，新项目将与随后对原始项目（在主要分支上）所进行的变更进行隔离。

（3）常用配置管理软件

1）SVN（Subversion）。此软件是在 CVS 的基础上，由 CollabNet 提供开发的，也是开源工具，目前越来越受到欢迎，是使用最广泛的工具。

2）ClearCase 此软件由 IBM Rational Software 提供，是配置管理方面的高端软件，功能强大，价格比较高。

3）GIT 此软件是一个开源的分布式版本控制系统，可以有效、高速地处理从很小到非常大的项目版本管理，开源软件网站 GitHub 使用了该版本控制软件。

5. ISO 26262

在 VCU 系统开发中，最有影响力的汽车行业标准之一是 ISO 26262《道路车辆功能安全》。目前最新 ISO 26262 标准是 2018 年 12 月发布的第二版，但是国内行业上更为熟悉的是 2011 年 11 月 15 日正式发布的 ISO 26262 第一版，以下简单介绍第一版 ISO 26262。

ISO 26262 是针对总质量不超过 3500kg 的八座乘用车，以安全相关电子电气系统的特点所制定的功能安全标准，基于 IEC 61508《安全相关电气/电子/可编程电子系统功能安全》制定。

ISO 26262 为汽车安全提供了一个生命周期（管理、开发、生产、经营、服务、报废）理念，并在这些生命周期阶段中提供必要的支持。该标准涵盖功能性安全方面的整体开发过程（包括需求规划、设计、实施、集成、验证、确认和配置）。

ISO 26262 根据安全风险程度对系统或系统某组成部分确定划分为由 A 到 D 的安全需求等级，即汽车安全完整性等级（Automotive Safety Integrity Level，ASIL），其中 D 级为最高等级，需要最严格的安全需求。伴随着 ASIL 等级的增加，针对系统硬件和软件开发流程的要求也随之提高。对系统供应商而言，除了需要满足现有的高质量要求外，还必须满足这些因为安全等级增加而提出的更高的要求。

一个好的产品，要靠一整套好的管理体系来实现，并可靠地生产出来。ISO 26262 提供了一套这样的管理方法、流程、技术手段和验证方法，称之为安全管理生命周期，如图 4-3 所示。

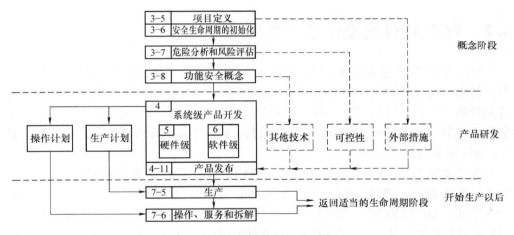

图 4-3　安全管理生命周期体系

（1）项目定义　根据项目的各种重要信息，描述项目的功能、接口、环境条件、法规要求和功能安全相关的要求。

（2）安全生命周期的初始化　根据项目定义，确定安全生命周期的划分。

（3）危险分析和风险评估　对安全危险进行分析，对风险进行评估后确定功能安全 ASIL 的等级。

（4）功能安全概念　基于安全目标和项目具体架构，确定每个项目环节具体化的功能安全要求。

（5）系统级产品开发　根据 V 模型的系统级产品开发，左侧分支是设计和测试，右侧分支是集成和验证。

（6）产品硬件研发　遵循 ISO 26262 - 5 按照 V 模型进行硬件研发。

（7）产品软件研发　遵循 ISO 26262 – 6 按照 V 模型进行软件研发。

（8）生产计划和操作计划　ISO 26262 – 6 定义了生产和操作的具体要求。

（9）产品发布　ISO 26262 – 4 规定了产品发布的具体要求。

（10）操作、服务和拆解　操作、服务和拆解应该符合 ISO 26262 – 7 的具体要求。

（11）可控性　危险分析和风险评估中，要考虑所有相关人员的危险控制能力。

（12）外部措施　车辆以外的安全保护措施，如护栏、隧道消防系统等的安全保护措施。

（13）其他技术　项目以外的，不同于 E/E 设备的技术，如机械和液压技术。

通过以上具体的生命周期的各个阶段和标准中对每个阶段所必须考虑的措施、方法和具体技术的要求，将各个阶段的要求和如何满足要求的措施都进行逐一落实，这样才能设计、制造出满足功能要求的安全产品。

4.2　VCU 硬件的设计与开发

VCU 通过采集制动踏板、怀档开关、加速踏板等车载部件的信号，进行驾驶意图解释。通过 PWM 信号、高/低边驱动控制冷却水泵、电子真空泵、散热风扇等负载部件工作。与 DC/DC、MCU、BMS 等控制器进行 CAN 通信，实现车载环境信息的读取与相关零部件工作的控制。因此，需要丰富的硬件输入输出资源支持整车控制功能需求。

为了实现 VCU 与周边电器件的正常通信，VCU 系统应支持模拟量输入通道、数字量采集通道、PWM 输入/输出通道、低边驱动通道、高边驱动通道、高速 CAN 通道、LIN 通道等。VCU 上给主芯片供电的电源采用系统基础芯片（SBC），需要有硬件监控芯片（"看门狗"），具有计时唤醒、过流、短路、过温等功能与故障诊断保护功能。

4.2.1　硬件的开发工具链

VCU 的硬件设计开发包括原理图的设计、电路功能仿真、工作环境模拟、印制电路板（PCB）设计（自动布局、自动布线）与检测（包括布线、布局规则的检测和信号完整性分析）等。其中，最重要的是电路原理图和 PCB 设计，以及进行必要的仿真、信号完整性分析。

目前进入我国并具有广泛影响的硬件设计开发软件有 Protel、Altium Designer、Multisim、ISE、modelsim 等。这些工具都有较强的功能，一般可用于多个方面。例如，很多软件都可以进行电路设计与仿真，同时还可以进行 PCB 自动布局、布线，可输出多种网表文件与第三方软件接口。下面重点介绍 VCU 开发中运用到的 Altium Designer 与 Multisim 软件。

1. Altium Designer 的功能

Altium Designer 是由 Protel 演变而来的，但它的功能要比 Protel 更加完善与强大。二者都具有原理图、PCB 设计能力，同时，Altium Designer 还新增了以下功能：

1）Altium Designer 支持现场可编程逻辑门阵列（FPGA），且拥有用自身设计出的开发板（NanoBoard）。

2）Altium Designer 可以将绘制出的 PCB 用 3D 效果展示，让设计者有直观感受。

3）Altium Designer 拥有强大的 PCB 布线功能，提升了布线速度与布通率。

4）Altium Designer 全新的设计理念，将电路原理图、元件封装或者自带的集成封装库及最终 PCB 图，分成不同文件名，便于后续同种器件在不同的设计中直接导入。

5）Altium Designer 既可以直接导入 AutoCAD 文件（画 PCB 外框用）及将电路图或 PCB 图制作成 PDF 文件，又可以导入其他电子设计自动化（EDA）软件所设计的文件，如 P – CAD、PADS、Orcad 等。

鉴于以上优势，目前硬件开发商大都使用 Altium Designer 进行开发工作，Protel 逐渐被淘汰。

2. Multisim 的仿真

Multisim 适用于板级的模拟/数字电路板的设计工作。它是一款十分简单易懂的电路仿真软件，对于初学者来说，非常容易上手，包含了电路原理图的图形输入、电路硬件描述语言输入方式，具有强大的仿真分析能力。

以串联分压为例，验证如下：

两个万用表，两个电阻器，一个直流电源，一个地，搭建电路如图 4-4 所示。

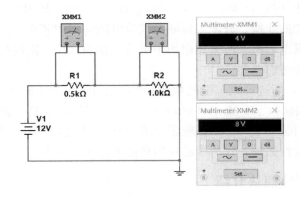

图 4-4　Multisim 仿真案例

可以看到，串联的两个电阻之比为1:2的电阻器分得的电压之比也为1:2。

按以上方法，可运用 Multisim 进行更复杂的硬件仿真工作，读者可以实际操作了解。

4.2.2　关键元器件的选型

VCU 的生产材料需满足"车规级"要求，根据 ISO 26262 的规定，选择集成功能安全 ASIL D 的主控芯片、电源芯片等。

下面主要介绍微控制单元（MCU）和电源管理芯片这两个关键元器件的选型。

1. MCU 芯片选型

MCU 是整个硬件设计中的核心，通常结合以下几方面考虑选型：

1）品牌选择。即选择汽车级的主流品牌，如 infineon（英飞凌）、NXP（恩智浦）、Renesas（瑞萨）、ST Microelectronics（意法半导体）、TI（德州仪器）等。

2）物料清单（BOM）成本。即在 VCU 成本允许范围内，进行 MCU 选型。

3）MCU 要求。如主频，是否带协处理器、程序存储空间、数据永久存储空间，随机存取存储器（RAM）空间等。

4）通信接口。如满足 CAN2.0B 的 CAN 通信接口。

5）传感器供电要求。

6）数字输入、模拟输入信号数。

7）驱动能力。如多少路高边驱动，多少路低边驱动，多少路 PWM 信号输出。

8）唤醒功能。如支持多路硬线唤醒信号和 CAN 唤醒信号。

9）硬件安全。如 EMC、静电释放（ESD）、输出异常诊断及短路、过流、过压、过温、反接等保护。

10）基础软件。如开发环境易用便宜，可获取资源及技术支持。

2. 电源管理芯片选型

电源管理芯片（Power Management Integrated Circuit，PMIC）是在电子设备系统中用于管理电能的变换、分配、检测及其他电能管理的芯片。主要负责识别中央处理器（CPU）供电幅值、产生相应的短矩波，推动后级电路进行功率输出。通常从以下几个方面来考虑选型：

1）品牌选择。即选择汽车级的主流品牌，如 Infineon（英飞凌）、NXP（恩智浦）、Renesas（瑞萨）、ST Microelectronics（意法半导体）、TI（德州仪器）等。

2）芯片类型的选择。电源管理芯片有低压降线性稳压器（LDO）和 DC/DC 两种，根据需求进行选择。这两种芯片的功能对比见表4-1。

4.2.3　VCU 硬件模块介绍

整车控制器是一个多输入、多输出、数模电路共存的复杂系统，其各个功能电路相对独立。因此，按照模块化思想设计了硬件系统的各个模块，主要包括 MCU

最小系统、电源电路、数字量输入/输出模块、模拟量输入/输出模块，高低驱动模块、CAN 通信模块、LIN 通信模块及以太网通信模块。VCU 系统框图如图 4-5 所示。

表 4-1　电源管理芯片种类对比

电源管理芯片种类	LDO	DC/DC
优势	线性稳压器，稳定性好，负载响应快，输出纹波小，成本低	效率高，输入电压范围较大
劣势	效率低，输入输出的电压差不能太大；负载不能太大；仅能使用在降压应用中	负载响应比 LDO 差，输出纹波比 LDO 大

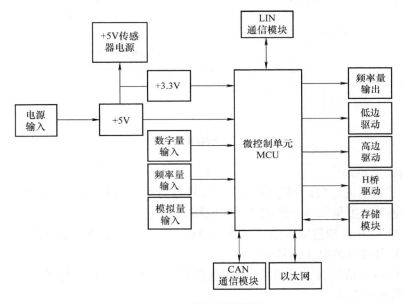

图 4-5　VCU 系统框图

1. MCU 最小系统

MCU 模块为 VCU 的核心，内含小型 CPU 负责运算、IO/CAN 等模块的驱动。MCU 最小系统由主控芯片及其周边的复位电路、晶振电路组成。

单片机复位电路如计算机的重启部分，当计算机在使用中出现"死机"情况时，按下重启按钮，计算机内部的程序从头开始执行，实现软件功能复位。

晶振是晶体振荡器的简称，在电气上它可以等效成一个电容和一个电阻并联再串联

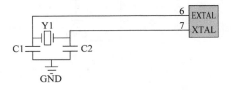

图 4-6　MCU 晶振电路

一个电容的二端网络。图 4-6 所示为串联型振荡器，晶振 Y1 与单片机的脚 EXTAL 和脚 XTAL 构成的振荡电路中会产生谐波，降低电路时钟振荡器的稳定性，因此需

要在晶振的两引脚处接入两个 10~50pF 的瓷片电容接地，以减小谐波对电路稳定性的影响。

2. 5V 主电源及传感器电源输出

SBC 电源芯片可通过采集外部电源转换为平稳的 3.3V 和 5V 电源信号，给MCU 和传感器等供电。芯片具备过流及短路保护功能，对 5V 电源输出电压具有采集监控功能，并有故障判断及故障存储功能。SBC 电源芯片设计模拟信号采集电路，可实现硬线唤醒。SBC 电源电路示意图如图 4-7 所示。

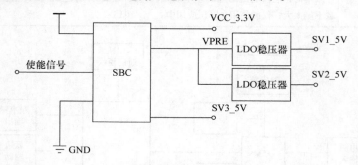

图 4-7　SBC 电源电路

3. 模拟量输入

电压（或电流）随时间连续变化的信号称为模拟信号。模拟量输入模块的作用就是将各种模拟量信号变换成单片机能够识别处理的信号。

常见的 VCU 模拟量输入信号有快充口信号、慢充口信号、加速踏板和制动踏板开度信号及蓄电池电压信号等。

模拟量输入信号分为电阻信号和电压信号两种，典型信号采集电路分别如图 4-8、图 4-9 所示。

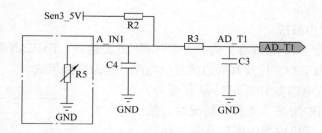

图 4-8　电阻信号采集电路

配置为上拉电阻输入端口结构，用于外部为可变阻值的传感器信号。如图 4-8所示虚线框内为 VCU 外部温度传感器电阻，从 VCU 的 PIN 脚 A_IN1 输入电阻信号，使用贴片电容 C4，滤除高频杂波，上拉电阻 R2 与 5V 传感器电源相连分压；

R2 为限流电阻，防止电流过大损坏 MCU；R2 和 C2 组成 RC 低通滤波电路，对输入的信号进行滤波处理。最终通过 AD_T1 输出信号至 MCU 芯片。

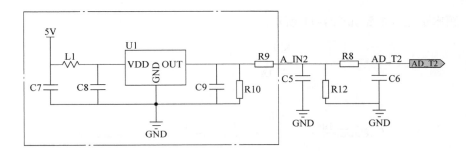

图 4-9　电压信号采集电路

　　配置为下拉电阻输入端口结构，用于外部为可变电压的传感器信号。如图 4-9 所示，虚线框内为加速踏板电路，通过踩加速踏板，从 VCU 的 PIN 脚 A_IN2 输入霍尔信号至 VCU，贴片电容 C5 滤除高频杂波，R4 下拉电阻稳定输入信号，R8 进行限流处理，同时 R8 与 C6 组成 RC 低通滤波电路，对输入信号进行滤波处理。最终通过 AD_T2 输出至 MCU 芯片。

4. 开关量输入

　　开关量输入信号分为高电平有效信号及低电平有效信号，电压范围为 0 ~ 16V。

　　对于高电平有效信号，PCB 板内会有下拉电阻；对于低电平有效信号，PCB 板内会有上拉电阻。具体阻值根据整车环境来确定。VCU 中常见的开关量信号有怀档开关档位信号、制动开关信号等。

　　高、低电平有效输入典型电路如图 4-10 所示。

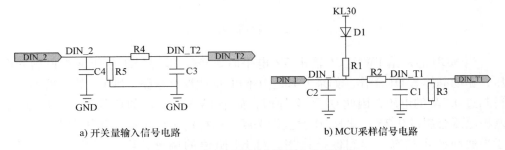

a) 开关量输入信号电路　　　　　　　　b) MCU采样信号电路

图 4-10　高、低电平有效输入典型电路

5. 频率量输入

　　0 ~ 16V 电压输入，根据 MCU 芯片确认接口高、低电平信号范围、频率范围，可通过硬件配置设定。VCU 上常见的频率量输入信号有真空泵 PWM 输入信号、水

泵 PWM 反馈输入信号等。

MCU 芯片上的部分 I/O 口可复用为数字量与频率量，具体请参照相关数据手册。

频率量输入电路如图 4-11 所示。

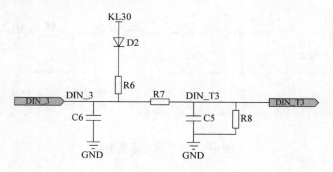

图 4-11　频率量输入电路

6. 频率量输出

输出可变化的频率或占空比信号，调节负载工作状态，从而实现控制功能。例如冷却水泵 PWM 控制。电路如图 4-12 所示。

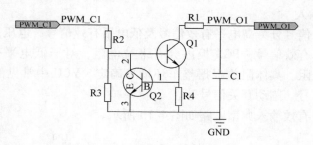

图 4-12　频率量输出电路

当 MCU 芯片给 PWM_C1 输出 5V 电平时，经过 R2 和 R3 分压网络得到的电压，驱动晶体管 Q1 工作。如果 PWM_O1 侧的负载没有短路，则 Q2 的基极不会获得超过 0.7V 的电压，因此 Q2 不会导通；如果 PWM_O1 侧的负载短路，则 Q2 的基极电压会超过 0.7V，此时 Q1 会立即关断。这样的设计可以使晶体管 Q1 一直处于导通和截止状态，起到保护作用。对 R4 阻值的调整，可以调节关断电流的大小。

7. 低边驱动输出

VCU 通过低边信号驱动，负载一端接 12V，另一端接 VCU 低驱实现驱动负载工作。根据驱动负载能力需求，如 500mA、1A、2A 等，来选择不同的驱动芯片，同时芯片应具有过流、短路保护功能及故障判断功能。

MCU 的电机驱动信号通过驱动芯片的 SPI 口输入，驱动功率负载，如图 4-13 所示。形象地说，低边驱动如同在电路的接地端加了一个可控开关。

8. 高边驱动输出

VCU 输出高边驱动继电器负载，根据需要可选择最大驱动能力为 1A 或 2A 的驱动芯片。负载一端接地，另一端接 VCU 高驱实现驱动负载工作。驱动芯片应具有过流、短路保护功能及故障判断功能，电路如图 4-14 所示。形象地说，高边驱动如同在电路的电源端加了一个可控开关。

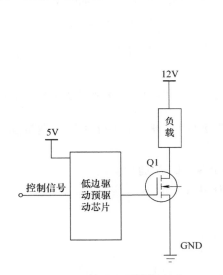
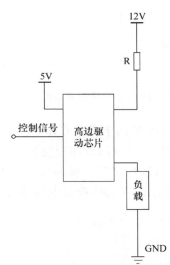

图 4-13　低边驱动输出电路　　　　图 4-14　高边驱动输出电路

9. H 桥模块

H 桥是一个典型的直流电机控制电路，因为它的电路形状酷似字母 H，故得名 "H 桥"，如图 4-15 所示。只有导通对角线上的一对晶体管，电机才会转动。根据不同对角线上晶体管对的导通情况，电流可能会从左至右或从右至左流过电机，从而实现高低信号互换，控制电机的转向。

设计时可以选择内置 H 桥的桥驱集成芯片，如图 4-16 所示。不同芯片的驱动能力不同，需要根据被控负载的功率具体选型。

10. CAN 通信模块

CAN 通信模块实现 VCU 与整车其他设备的通信，用于低于 1Mbit 频率范围内的通信，主要设备有电机控制器（MCU）、电池管理系统（BMS）及充电机等，同时具有远程唤醒功能。

CAN 协议已经由国际标准化组织（ISO）标准化，有 2 个版本，分别为 ISO 11898 和 ISO 11519 - 2，它们的数据链路层内容相同，但是在物理层方面有一定的区别。

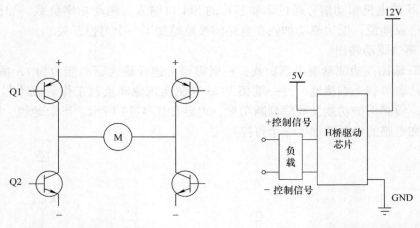

图 4-15　H 桥式电机驱动电路　　　图 4-16　H 桥驱动芯片输出电路

ISO 11898 用于高速 CAN 通信。分为 ISO 11898 – 1（仅涉及数据链路层）和 ISO 11898 – 2（仅涉及物理层）。

ISO 11519 – 2 用于低速（最高 125kbit/s）CAN 通信。

典型的 CAN 总线接口电路原理图如图 4-17 所示。

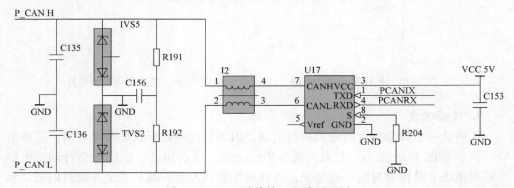

图 4-17　CAN 总线接口电路原理图

电阻 R191 和 R192 为终端电阻，如果其他控制单元已经接终端电阻，则本地终端电阻 R191 和 R192 的阻值为 1300Ω；如果其他控制单元未接终端电阻，则本地终端电阻 R191 和 R192 的阻值为 60Ω。

11. LIN 通信模块

LIN 通信主要在低频端进行信号交换，在满足信号需求的同时可降低成本。常见的信号交互零部件有水泵、小型电机、电磁阀等。

12. 以太网模块

以太网模块是实现高速通信模块，可大于 1Mbit 通信，实现大数据交换，在后期智能驾驶中可体现出信息交换速度的优势。

4.2.4　PCB 设计

PCB 基本设计流程如下：准备→PCB 结构设计→PCB 布局→布线→铺铜和丝印→网络和 DRC（设计规则检查）检查及结构检查→制版。

1. 准备

包括准备元件库和原理图。要设计出一块好的 PCB，除设计好原理之外，还要画得好。在进行 PCB 设计之前，首先要准备好原理图的元件库和 PCB 的元件库。元件库可以用 Altium Designer 自带的库，最好是根据所选器件的标准尺寸资料自己制作元件库。通过原理图生成网络表（Design→CreateNetlist），然后在 PCB 图上导入网络表（Design→LoadNets）。

2. PCB 结构设计

根据已经确定的电路板尺寸和机械定位，在 PCB 设计环境下绘制 PCB 板面，按定位要求放置所需的接插件、按键/开关、螺钉孔、装配孔等。并充分考虑和确定布线区域和非布线区域（如螺钉孔周围多大范围内属于非布线区域）。

3. PCB 布局

布局就是在电路板上放置器件，这种布局很关键，会影响后续 PCB 走线的可行性，根据原理图生成网络表（Design→CreateNetlist），然后在 PCB 图上导入网络表（Design→LoadNets）。各引脚之间还有飞线提示连接。然后就可以对器件进行布局了。布局主要考虑 EMC、生产过程可行性等的管控，下面给出一些具体规则：

1）按电气性能合理分区，一般分为数字电路区（即受干扰影响、又产生干扰）、模拟电路区（受干扰影响）、功率驱动区（干扰源），把高低频信号分开。

2）完成同一功能的电路，应尽量靠近放置，并调整各元器件以保证连线最为简洁。同时，调整各功能块间的相对位置，使功能块间的连线最简洁。

3）对于质量大的元器件，应考虑安装位置和安装强度；发热元件应与温度敏感元件分开放置，必要时还应考虑热对流措施。

4）I/O 驱动器件尽量靠近印制电路板的边、靠近引出接插件，减少外部干扰信号进入电路板。

5）时钟产生器（如晶振或钟振）要尽量靠近 CPU 该时钟的器件。

6）在每个集成电路的电源输入脚和地之间，需加一个去耦电容（一般采用高频性能好的独石电容）。电路板排布较密时，也可在几个集成电路周围加一个钽电容。

7）布局要求要均衡，疏密有序。

4. PCB 布线

布线是整个 PCB 设计中最重要的工序，直接影响着 PCB 性能的好坏。

1）一般情况下，首先应对电源线和地线进行布线，以保证电路板的电气性能。VCU 考虑 EMC 等设计四层电路板，电源层和地层单独起到了很好的隔离作用，另外两层顶层和底层用于信号线布线。

2）预先对要求比较严格的线（如高频线）进行布线，输入端与输出端的边线应避免相邻平行，以免产生干扰。如 CAN 的两个差分信号。

3）振荡器外壳接地，手工时钟布线，远离 I/O 电路。时钟振荡电路下面、特殊高速逻辑电路部分要加大地的面积，以使周围电场趋近于零。

4）尽可能采用45°的折线布线，不可使用90°折线，以减小高频信号的辐射。任意两条印制线之间的距离不小于两倍的印制线条宽度，以防止印制线间发生电磁串扰。

5）任何信号线都不应形成环路，若不可避免，环路应尽量小，信号线的过孔要尽量少。

6）关键的线尽量短而粗，并在两边加上保护地。

7）通过扁平电缆传送敏感信号和噪声场带信号时，要用"地线—信号—地线"的方式引出。

8）关键信号应预留测试点，以方便生产和维修检测使用。

9）原理图布线完成后，应对布线进行优化。同时，经初步网络检查和 DRC 检查无误后，对未布线区域进行地线填充，将大面积铜层作为地线，在印制电路板上把没被用上的部位都与地相连接作为地线用，或是做成多层板，电源、地线各占用一层。

5. 铺铜和丝印

PCB 布线之后就可以铺铜了（Place→polygonPlane）。铺铜一般铺地线（注意模拟地和数字地的分离），多层板时还可能需要铺电源。

对于丝印，要注意不能被器件挡住或被过孔和焊盘去掉。底层的字应做镜像处理，以免混淆层面。

6. 网络和 DRC 检查及结构检查

将所生成的 PCB 网络文件与原理图网络文件进行物理连接关系的网络检查，并根据输出文件结果及时对设计进行修正，以保证布线连接关系的正确性。

网络检查正确通过后，对 PCB 设计进行 DRC 检查，并根据输出文件结果及时对设计进行修正。

最后需进一步对 PCB 的机械安装结构进行检查和确认。

7. 制板

制板时需要根据需要规定制板要求，如板层、是否含铅、镀面铜厚度、尺寸等。

图 4-18 所示为 VCU 的四层板及各功能模块示意。

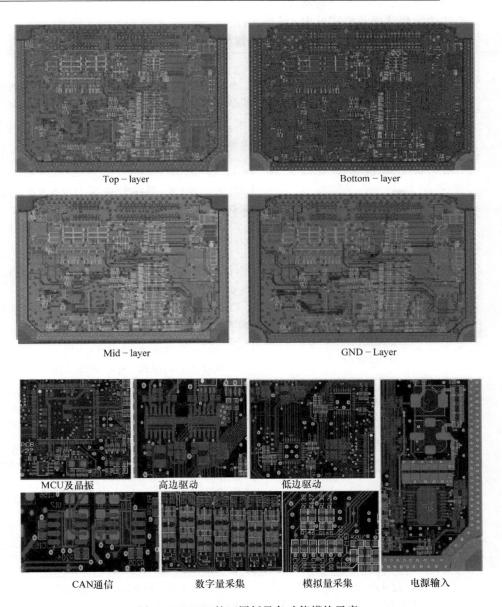

Top – layer

Bottom – layer

Mid – layer

GND – Layer

MCU及晶振　　　　高边驱动　　　　低边驱动

CAN通信　　　　数字量采集　　　　模拟量采集　　　　电源输入

图 4-18　VCU 的四层板及各功能模块示意

4.2.5　硬件的功能测试

PCB 制板完成后，需要先进行硬件功能，再进行软件开发调试。

硬件测试设备有信号发生器，万用表、示波器、直流负载仪、手工检测台、制动灯、继电器等，针对 CAN 信号的测试，还需要使用 CANoe。

硬件功能测试项及描述见表4-2。

表4-2　硬件功能测试项及描述

	测试项	描述
功能模块测试	电源测试	通过给 VCU 供电 8 ~ 18V 输入，测试 PCB 上和外部供电 5V 电源输出
	模拟量输入测试	1）电阻式：通过变阻箱输出可调阻值，模拟温度传感器输入 2）电压式：通过输入电压信号进行测试
	数字量输入测试（开关量）	1）低电平有效，即信号状态为 0V（车身搭铁地）和 OPEN（悬空）两种类型 2）高电平有效，即信号状态为 14V 和 OPEN（悬空）两种类型
	数字量输入测试（频率量）	1）整车上的频率输入信号主要为真空泵控制器故障信号、碰撞信号和高压互锁信号 2）频率信号需要控制器内部上拉电压，需要用到特殊的捕捉口进行采集
	频率量输出测试	1）通过指示灯判断驱动的开启与关闭 2）通过设置功率负载，测试高边驱动负载的能力
	高边驱动模块测试	1）通过指示灯判断驱动的开启与关闭 2）通过设置功率负载，测试高边驱动负载的能力
	低边驱动模块测试	1）通过指示灯判断驱动的开启与关闭 2）通过设置功率负载，测试低边驱动负载的能力
	CAN 信号测试	使用 CANoe 进行测试，测试项分为： 1）终端电阻测试 2）上升与下降沿时间测试 3）总线电压测试 具体方法可参照标准：ISO 11898 – 1，ISO 11898 – 2，ISO 11898 – 5
	过电压、反向电压、开路及短路测试	通过整车控制器电源供电反接、过电压，每个针脚短地、短电源进行测试

4.2.6　设计失效模式及后果分析

设计失效模式及后果分析（Design Failure Mode and Effects Analysis，DFMEA）是从设计阶段把握产品质量的一种手段，是保证产品在正式生产过程中满足产品质量的一种控制工具。使用 DFMEA 控制，能够容易、低成本地对产品或过程进行修改，从而减小事后修改的可能性，找到能够避免或减少这些潜在失效发生的措施。

DFMEA 的具体分析过程包括寻找失效点、分析潜在失效模式、潜在失效后果分析、潜在失效原因分析和现行设计控制。经过这一系列的分析，评估出严重度、频度和探测度等级，三者的乘积即为风险顺序数 RPN。

DFMEA 的标准表头如图 4-19 所示。下面按照表格顺序，逐一说明每一栏的含义。

图 4-19　DFMEA 的标准表头

（1）寻找失效点　对应表格中的项目/功能一栏。尽可能简洁地填入被分析项目的设计意图，以及实现该功能的前提条件等。如果项目包含多个不同潜在失效模式功能，需要把每个功能作为一个失效点列出，进行分析。

（2）分析潜在失效模式　潜在失效模式就是指过程中可能不满足设计要求的状况或者产生了有害的非期望功能。一个项目或者功能可能有多个潜在失效模式，需要逐一列出。

（3）潜在失效后果　潜在失效后果为可以被客户察觉到的，由失效模式带来的对完成规定功能的影响，会导致客户的不满，以及违背安全及法规要求。

（4）严重度 S　严重度是失效模式发生时，对失效后果影响程度的大小，在DFMEA 中用 S（Sever）表示，等级分为 1 ~ 10 级，1 级最低，10 级最高。严重度只受设计结果的影响，想要降低失效的严重度级别数值，只能通过修改设计来实现。

（5）级别　级别用来评价当前失效点的质量特性，一般划分为三种，即关键特性、重要特性和一般特性。凡是识别为特殊特性的项，需要以对应符号在此栏中标注。

1）关键特性。如果发生故障，会发生人身事故、对环境产生违反法规要求的污染，以及必然会引起使用者的申诉的特性，DFMEA 中失效严重度 S≥9 或 RPN≥100。安全类关键特性用"［AS］"表示，其他关键特性用"［A］"表示。

2）重要特性。如果发生故障，丧失产品主要功能、次要功能、影响产品使用性能和降低产品寿命会影响产品使用性能和寿命，使用者可能对产品提出申诉的特性，DFMEA 中严重度 7≤S＜9，用"［B］"表示。

3）一般特性。如果发生故障，对产品的使用性能及寿命影响不大，不致引起使用者的申诉的特性，DFMEA 中严重度 S＜7，不标注。

（6）潜在失效原因/机理　潜在失效原因/机理可能是引起失效模式的设计薄

弱环节，也可能是目前设计并没有加以考虑的环境场景等。要尽可能全面地分析失效可能的原因和机理，语言应简明扼要。分析途径通常有5why法、失效树分析法（FTA）、头脑风暴、应用失效链分析法等。

（7）频度O　频度用来描述当前失效原因或机理发生的可能性大小，在DFMEA中用O（Occur）表示，等级分为1~10级，1级最低，10级最高。频度是依附于失效原因而存在的。降低频度的唯一途径是通过改变设计来消除或控制一个或多个失效原因及机理。

（8）现行设计控制　这一列主要列举当前已经采用的失效预防措施，如设计评审、尺寸链计算、样件试验等。现行设计控制的方法可以分成两种类型，即控制预防和控制探测。控制预防是指预防原因/机理的发生，或失效模式/后果的出现，或降低频率；控制探测是指查出原因/机理，并提出纠正措施。优先使用控制预防，而控制探测是在控制预防不起作用时的后期补救措施。

（9）探测度D　探测度是指设计控制被探测出来的可能性。在DFMEA中用D（Detect）表示，等级分为1~10级，1级最低，表示几乎肯定探测到，10级最高，表示无发现的机会。可探测性随着数值的增加而降低。

（10）风险顺序数RPN　风险顺序数是一项设计风险指标，它为严重度S、频度O和探测度D三者的乘积，取值在1~1000之间。RPN值为解决问题的优先顺序提供了参考。当RPN值接近，优先注意S大的失效模式及S和O都较大的失效模式，如果RPN值很高，设计人员必须采取纠正措施，无论RPN的值多大，只要S等级高，就需要引起特别注意。

（11）建议措施　对消除失效原因/机理给出的建议措施，需要按照严重度、频度和探测度的顺序逐一降低它们的级别。可以从试验验证、设计修改、材料更换等的角度考虑措施。

4.3　VCU结构的设计与开发

4.3.1　VCU的结构组成

根据整车工作环境要求，VCU需在温度为−40~85℃、相对湿度为10%~90%的条件下工作，防尘防水等级满足IP67要求。VCU主要由透气阀、上壳体、PCB（含接插件）总成、下壳体、自锁螺钉组成，如图4-20所示。

VCU壳体材质为铝，接插件选用标准件，上、下壳体间采用螺钉固定，可靠性高，且可拆性强。无显示屏及旋钮按键，类似于黑盒。唯一特殊的是上壳体有一个透气阀。

透气阀是装在VCU壳体上，起到气压平衡防水作用的器件。它允许气体的自由进出，阻止液态水及雾状水的通过，从而起到防水透气的作用。

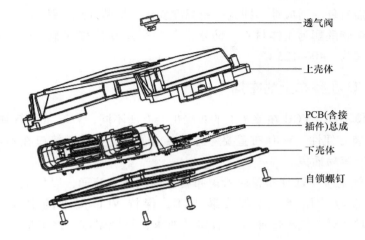

透气阀

上壳体

PCB(含接插件)总成

下壳体

自锁螺钉

图 4-20　VCU 结构组成

透气阀的应用原理如图 4-21 所示。

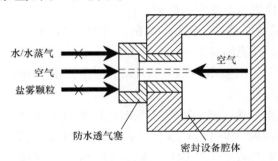

水/水蒸气

空气

盐雾颗粒

空气

防水透气塞

密封设备腔体

图 4-21　透气阀应用原理

VCU 使用透气阀的原因如下：

（1）解决 VCU 内外压差导致的问题　VCU 内外压差产生的原因有多种，如在工作过程中元器件会产生热量，VCU 内部的气体热胀，内外压力不平衡；车辆行驶在不同的海拔；夏季时，汽车在地表温度相对较高时行驶；突然下雨等。长期承受内外压差，会导致密封材料和壳体疲劳，压差过大会导致密封材料失效，从而导致零件防护失效。使用透气阀可以有效解决部件内外压差导致的问题。

（2）帮助 VCU 散热　气体通过透气阀自由进出，有助于 VCU 散热冷却。

（3）方便密封性的检验　产品装配完成后需要做整体的密封检查，但在实际生产过程中，不能对所有的产品做淋水试验，因此采用气密方式对 VCU 的密封性能进行测试。透气阀的工艺孔必须在检测完成后堵上。

透气阀需有环境适应性，即具有耐温度变化，抗紫外线、跌落、盐雾及遇湿透气性。选用聚碳酸酯为主体材料，防水透气膜采用膨体聚四氟乙烯（e - PTFE），总体耐温范围为 - 40 ~ 125℃。

4.3.2 VCU 在整车上的布局

整车环境不同，VCU 在整车上的布局也会有所不同，VCU 布置区域要求如下：

（1）拆装方便性　VCU 布置要考虑拆装方便性，且诊断接口在不需拆解其他零部件时也能容易插拔。

（2）空气流通　VCU 布置要考虑布置空间的空气流通，以保证工作中必要的散热要求。推荐使用镂空支架安装 VCU，保持 VCU 周围的空气流动，环境温度≤85℃时，对空气流通速度没有特殊要求，环境温度 >85℃时，空气流通速度 >2m/s。

（3）避免潮湿环境　VCU 不应布置在车上易进水的位置，应与水平和垂直位置保持一定角度，以免积水造成接插件之间的短路。若布置位置、角度易使插接件进水，必须对插接件进行防水密封处理。

（4）避免过热区域　VCU 不能布置在过热的位置，最适合的位置是驾驶室内和前舱内低温区域，环境温度为 - 40 ~ 85℃。

（5）安装高度　VCU 安装在驾驶室外时，一般要求安装位置高于地面500mm，以免泥浆、水等溅入 VCU。

（6）避免强电磁干扰区域　VCU 不能布置在电磁干扰大的区域。

（7）安装支架强度　VCU 布置时要考虑布置位置的安装支架的设计可行性，安装应牢固可靠，支架满足强度要求，无特殊要求时，一般模态应≥100Hz。

（8）避免振动强烈区域　VCU 不能布置在可能易遭受外力冲击或机械振动的位置，为避免 VCU 在工作中可能受到周边件的损伤，与周边固定零部件的间隙应≥10mm。

4.3.3 VCU 安装要求

推荐垂直安装 VCU，一般要求数据接插口向下布置，防止 VCU 数据线接口积水，VCU 使用 4 个螺栓固定在钢板支架上，确保固定牢固，避免插接器损坏，如图 4-22 所示。

如果 VCU 数据接插口不能向下布置，也可以旋转一定角度安装，如图 4-23 所示。

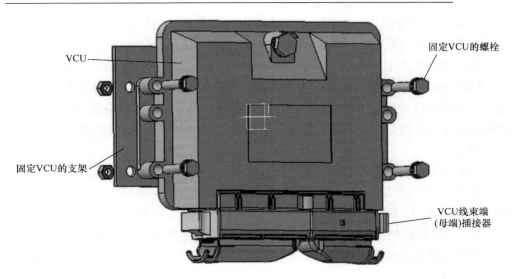

图 4-22　VCU 的推荐安装形式

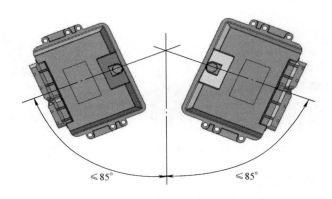

图 4-23　VCU 的其他推荐安装形式

4.4　VCU 底层软件的设计与开发

VCU 的软件一般分为底层软件和策略软件两大部分，下面主要介绍底层软件的设计与开发。

4.4.1　VCU 底层软件开发工具链

1. 底层软件调试工具

对于大部分单片机来说，官方软件一般都带有调试（Debug）功能，配合 JTAG 接口使用，也支持变量查看、断点等功能。绝大多数企业开发的中小型程序，使用自带调试器即可。

在某些特殊领域（如汽车行业）或超大型项目中，对调试的要求较高，如捕捉某些偶发性的问题、死机调试、代码分析、函数运行时间测试等。这时就需要一个强大的调试工具了，常用的调试工具有 Lauterbach、System、P&E，GreenHill 等。

Lauterbach（劳特巴赫）成立于 1979 年，是全球最大的微处理器开发工具厂商之一，拥有制造世界级调试器和实时跟踪器的丰富经验，产品模块化设计、可升级和处理器支持广泛是产品的重要特点。下面以 Lauterbach 为例，介绍软件调试工具的常用功能。

Lauterbach 的产品支持多种调试接口类型，如 JTAG、SWD、NEXUS 等，而且支持多种 CPU 构架及多种指令集，几乎包含了市面上所有类型。不仅如此，其调试工具 Trace32 几乎可以运行在任何操作系统。其硬件为 Power Debug Pro，通过 USB 3.0 与计算机相连，另一端根据不同的处理类型使用不同的扩展与被测部件相连。硬件连接方式如图 4-24 所示。

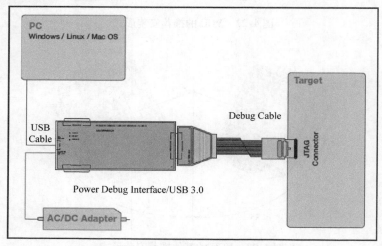

图 4-24　Power Debug Pro 硬件连接方式

软件调试常用的功能如下：

（1）查看数据　TRACE32 根据访问类型对可访问的数据做了分类，最主要的类型为程序类与数据类。分类的原因可能是为了兼容不同的处理器构架，因为对 ARM 或者 Power 来说，Flash 地址跟内存地址是统一编址的，不分类也可以。

（2）修改内存内容　修改内存内容只需将鼠标指向想要修改的内容然后双击，然后命令框中会自动出现对应的命令，如图 4-25 所示。

（3）设置断点

1）函数断点。了解函数名字，若要在此函数处设置断点，可以复制函数名，然后单击工具栏中的设置断点按钮，在弹出的窗口中直接粘贴函数名即可，如图 4-26 所示。

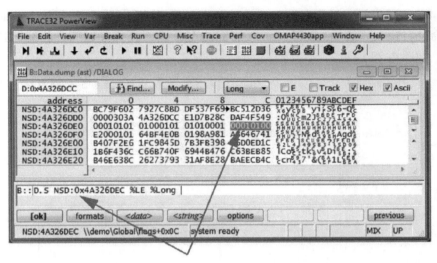

图 4-25　修改内存内容

图 4-26　函数断点

2）软件断点。设置断点是调试中会用到的功能，当设置一个软件断点时，断点处的指令会被处理为特殊的指令，这个指令会让程序暂停并把控制权给调试者。由于软件断点实际上是软件通过特殊的指令实现的，软件断点可设置无限多个。如图 4-27 所示。

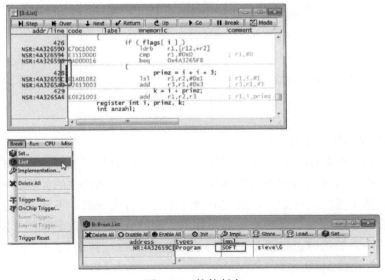

图 4-27　软件断点

（4）查看运行时间　有时需要知道某个函数或某部分的执行时间，此时只需要在命令行输入 runTime 即可。runTime 可以显示两个断点的时间，相减即是运行时间。如图 4-28 所示。

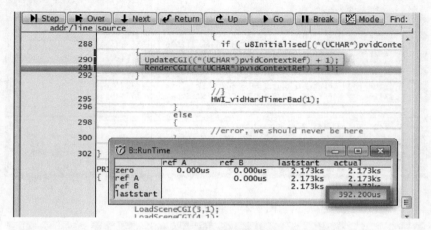

图 4-28　查看运行时间

（5）任务占用率　TRACE32 可以统计各个函数的 CPU 占用率，原理是对计算机进行采样，最终实现的效果如图 4-29 所示。

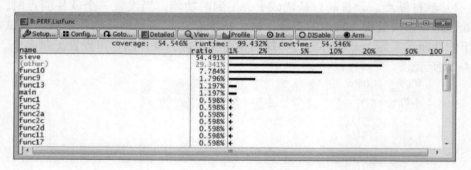

图 4-29　任务占用率

2. 静态代码评审工具

静态代码分析是指不运行被测程序本身，仅通过分析或检查源程序的语法、结构、过程、接口等来检查程序的正确性。通过对程序静态特性的分析，找出欠缺和可疑之处，如不匹配的参数、不适当的循环嵌套和分支嵌套、不允许的递归、未使用过的变量、空指针的引用和可疑的计算等。统计证明，在整个软件开发生命周期中，30%~70% 的代码逻辑设计和编码缺陷是可以通过静态代码分析来发现和修复的。

代码检查应在编译和动态测试之前进行，主要检查代码和设计的一致性，代码对标准的遵循、可读性，代码逻辑表达的正确性，代码结构的合理性等。可以发现违背程序编写标准的问题，程序中不安全、不明确和模糊的部分，找出程序中不可移植部分、违背程序编程风格的问题，包括变量检查、命名和类型审查、程序逻辑审查、程序语法检查和程序结构检查等内容。具有发现缺陷早、降低返工成本、覆盖重点和发现缺陷的概率高的优点。

市面上主流的 C 代码静态测试工具有 QAC/QAC＋＋、PC－Lint、Klocwork、Testbed 等。QAC/QAC＋＋是英国编程研究公司（Programming Research Ltd，PRL）专业进行 C 语言和 C＋＋语言规则的检查工具，QAC/QAC＋＋产品长期处于静态编程规则检查领域的领先地位，PRL 公司有多名专家参与汽车工业软件可靠性协会（MISRA）和其他标准的起草和编写工作。QAC/QAC＋＋界面如图 4-30 所示。

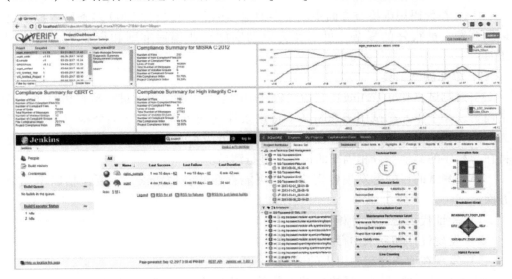

图 4-30　QAC/QAC＋＋界面

QAC/QAC＋＋支持的编程标准合规性如下：

（1）MISRA

1）MISRA 编码标准检查安全关键系统的潜在问题。

2）MISRA C 模块强制实施 MISRA C：1998、MISRA C：2004 和 MISRA C：2012。

3）MISRA C＋＋模块强制实施 MISRA C＋＋：2008。

（2）CERT　自动检查代码对 CERT C 和 C＋＋标准的合规性。CERT 编码规则识别代码中的安全漏洞，帮助用户消除未定义的行为。

（3）CWE　自动检查代码是否属于 CWE 安全脆弱性列表里的行为。CWE 识别 C 和 C＋＋中常见的安全脆弱性，有助于用户优先解决关键错误，提升代码整体质量。

（4）HIC＋＋、JSF AV C＋＋　自动检查代码是否符合 HIC＋＋、JSF AV C＋＋编码标准。

（5）AUTOSAR　自动化检查 AUTOSAR C＋＋编码标准的合规性。

（6）客户化规则　自动检查代码是否符合定制规则。

（7）工业标准认证　Helix QAC 经过了独立的标准认证。

QAC/QAC＋＋提供了高效、稳定、完全自动化的环境创建和执行编码规范，支持多种编程标准（ISO、MISRA C、JVF、EC＋＋等），也支持多种其他行业编程规则。并提供了编程规则的二次开发接口，允许添加其他的自定义编程规则。QAC 可以集成到其他开发工具中，在熟悉的环境下进行规则检查，如 MS VC＋＋、Tornado、Source Insight、Keil C、C＋＋ Builder、Labwindows CVI 等各种开发环境。

QAC 在代码规则检查方面集成了多种编程标准，有超过 1200 多条警告提示可以给开发人员很好的提醒，可以作为贯彻实施企业编程准则和行业编程的检测工具。

3. 单元测试工具

单元测试（Unit Testing）是指对软件中的最小可测试单元进行检查和验证。通常而言，一个单元测试用于判断某个特定条件（或者场景）下某个特定函数的行为。单元测试是在软件开发过程中要进行的最低级别的测试活动，软件的独立单元将在与程序的其他部分相隔离的情况下进行测试。

单元测试的目的是发现各模块内部可能存在的各种错误，主要包括以下几个方面：

1）验证代码是与设计相符合的。

2）发现设计和需求中存在的错误。

3）发现在编码过程中引入的错误。

单元测试主要是针对系统最基本的单元代码进行测试，测试时主要从接口测试、独立路径、出错处理、边界条件和局部数据结构五个方面进行测试，如图 4-31 所示。通过这五个方面来检查模块内部是否存在错误。

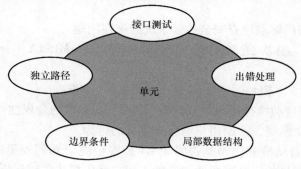

图 4-31　单元测试方法

常用的嵌入式软件单元测试工具有 Tessy、IBM Rationl Test RealTime 等。

（1）Tessy Tessy 是一款专门针对嵌入式软件进行单元/集成测试的工具。它可以对 C/C＋＋代码进行单元、集成测试，可以自动化搭建测试环境、执行测试、评估测试结果并生成测试报告，多样化的测试用例导入生成方式与测试需求关联的特色，使 Tessy 在测试组织和管理上也发挥了良好的作用，广泛应用于汽车电子主流行业中。Tessy 在 V 模型开发中的应用示意如图 4-32 所示。

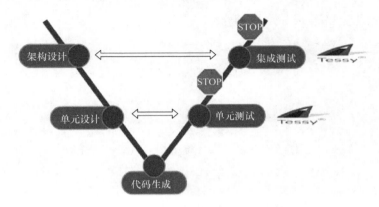

图 4-32 Tessy 在 V 模型开发中的应用示意

在 V 模型开发中，Tessy 主要应用于单元测试和集成测试。单元测试通过运行代码检测出代码中的错误，如算法错误等，集成测试则在单元测试的基础上验证单元之间接口的正确性。基于越早发现错误开发成本越低的原则，在进行代码功能验证的过程中，按照 V 模型右侧先完成单元测试再进行集成测试的测试顺序更为有效。

Tessy 也可以满足各类标准（如 ISO 26262、IEC 61508、EN 50128/50129 等）对测试的需求。

（2）Test RealTime Test RealTime 是 IBM Rational 提供的代码级测试工具。Test RealTime 通过分析源代码，自动生成测试驱动（Test Driver）和桩（Test Stub）模版。开发人员只需要在该测试脚本的基础上指定测试输入数据、期望输出数据及打桩函数的逻辑。

测试执行后自动生成测试报告和各种运行分析报告。测试报告展示通过或失败的测试用例，而运行分析报告包括代码覆盖分析报告、内存分析报告、性能分析报告和执行追踪报告。Test RealTime 测试过程如图 4-33 所示。

4.4.2 VCU 底层软件的系统架构

在汽车行业，底层软件和应用软件的整体系统软件架构中，应用最广泛的是 Autosar 系统架构，在 Autosar 架构中，对于底层软件有很详细的设计，所以汽车行

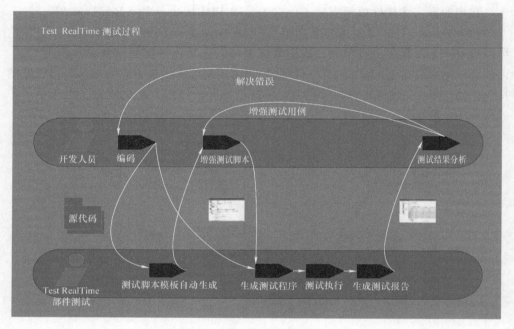

图 4-33　Test RealTime 测试过程

业中控制器的开发，一般在底层软件架构设计上都尽可能以 Autosar 为基础。

1. Autosar 概述

Autosar 即汽车开放式系统架构。Autosar 组织成立于 2003 年 7 月，这是一个由整车厂、零配件供应商，以及软件、电子、半导体公司合起来成立的一个组织，其核心成员是德国宝马、戴姆勒及博世等 9 家公司。Autosar 组织自成立至今，一直提倡"在标准上合作，在实现上竞争"的原则，标准由各公司共同制定，但具体的实现方法是由各公司自己探索。其核心思想在于"统一标准、分散实现、集中配置"。"统一标准"是为了给各厂商提供一个开放的、通用的平台；"分散实现"要求软件系统高度的层次化和模块化，同时还要降低应用软件与硬件平台之间的耦合；不同的模块可以由不同的公司完成开发，但要想完成最终软件系统的集成，就必须将所有模块的配置信息以统一的格式集中整合并管理起来，从而配置生成一个完整的系统，这就是"集中配置"。

在汽车行业中，由于车载软件的重复利用和转移的发展，汽车电子和电气（E/E）系统日益复杂，汽车电子化、智能化发展，汽车 CAN 总线上搭载的 ECU 日益增多。各汽车制造商车型因策略不同，ECU 数目也略有不同，但据统计，平均每台车约有 25 个模块，某些高端车型则多达数百个。同时娱乐信息系统作为人类第三屏，交互体验正不断扩展，加上车联网程度的逐步加深，整车系统的通信数据量正在快速增长。Autosar 组织成立的初衷是为越来越复杂的汽车 ECU 软件建立一个标准化平台，以降低其设计复杂度，增加其灵活性，提高其开发效率。Autosar 规范的运用使得不同结构的电子控制单元的接口特征标准化，应用软件具备更好的可扩展性及可移植性，能够实现对现有软件的复用，大大降低了重复性工作，缩短开发周期。

　　Autosar 整体框架为分层式设计，用于支持完整的软件和硬件模块的独立性（Independence），中间运行时环境（Runtime Environment，RTE）作为虚拟功能总线（Virtual Functional Bus，VFB）的实现，隔离了上层的应用软件层（Application Layer）与下层的底层软件（Basic Software），摆脱了以往 ECU 软件开发与验证时对硬件系统的依赖。软、硬件分离的分层设计，对于 OEM 及供应商来说，提高了系统的整合能力，尤其是标准化交互接口及软件组件模型的定义提高了各层的软件复用能力，从而降低了开发成本，使得系统集成与产品推出的速度极大提升。因为 Autosar 在软件的功能上、接口上进行了一系列的标准化，能有更多的软件供应商进入汽车电子行业，各企业都遵循同一个标准去开发，最终比的是产品的功能和质量。

　　Autosar 计划目标主要有三个：

　　1）建立独立于硬件的分层软件架构。

　　2）为实施应用提供方法论，包括制定无缝的软件架构堆叠流程并将应用软件整合至 ECU。

　　3）制定各种车辆应用接口规范，作为应用软件整合标准，以便软件构件在不同汽车平台复用。

2. VCU 的底层软件层架构

　　前文讨论到 Autosar 软件体系结构包含了完全独立于硬件的应用软件层（Application Layer）和与硬件相关的底层软件（Basic Software），并在两者中间设立了一个运行时环境（RTE），从而使两者分离，形成了一个分层体系架构。

　　底层软件架构设计的目的是让代码逻辑清晰且避免重复地"造轮子"，方便软件的移植，能最大限度地复用，具有高耦合低内聚的特点。一个好的软件架构可以做到事半功倍，而且可以做到代码复用和移植。把硬件的驱动和一个功能封装成一个个模块，然后快速地拼接起来，组成一个个不同的模型。VCU 底层软件层架构的思路也是来源于此，即功能模块化设计、分层设计。将收集到的需求进行归类、总结和分析，将这些需求概括为一个个单独的功能，每个功能做成一个单独的功能模块。

　　底层软件层主要用于提供基础软件服务，包括标准化的系统功能及功能接口，并且由一系列的基础服务软件组件构成，包括系统服务、存储服务、通信服务等，如图 4-34 所示。

　　底层软件层的组件及其功能对应见表 4-3。

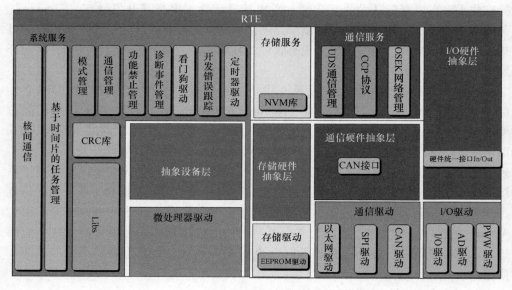

图 4-34　VCU 底层软件层架构图

表 4-3　底层软件层的组件及其功能

组件	功能
微处理器驱动	1）初始化微处理器各部件（PLL、A/D、DIO、CAN、SPI 等） 2）响应硬件中断，调用相应的中断服务程序 3）产生任务调度的时钟
电可擦编程只读存储器（EEPROM）驱动	1）内部 DFlash 的初始化、擦除、读写操作 2）对外部 EEPROM 通过 SPI 接口进行读写
CAN 驱动	1）初始化 CAN 各通道 2）CAN 通道的接收中断服务程序 3）往 CAN 通道发送报文
I/O 驱动	1）初始化微处理器的数字 I/O 端口 2）提供输入 I/O 端口的读函数 3）提供驱动 I/O 端口的写函数 4）A/D 端口的定时采样 5）PWM 输入端口的频率和占空比采样 6）PWM 波输出端口的频率和占空比控制
CAN 接口	1）根据 CAN 矩阵从接收到的 CAN 报文中解析信号，提供给应用层 2）对应用层从 CAN 总线发送的数据，根据 CAN Matrix 组装发送报文 3）负责每个信号的初始值、无效值的处理 4）重要报文的 CRC 保护，滚码处理等工作 5）对每帧接收的报文都进行计数

（续）

组件	功能
硬件输入输出统一接口	1）映射硬件输入端口到逻辑上的输入 2）映射逻辑上的输出到硬件输出端口 以上映射能把上层对不同项目或者不同硬件平台的改动减到最少 3）对从硬件输入端口读取到的数据进行滤波处理，滤除硬件干扰 4）将滤波后的输入信号转换成应用层模块可以直接使用的逻辑信号（如将电压输入转换为加速踏板开度） 5）将应用层逻辑意义上的输出信号转换为可以直接控制硬件信号的输出（如将水泵转速控制信号根据不同的水泵转换为 PWM 波频率或者占空比）
CAN 标定协议（CCP）	1）支持 CCP 协议的在线标定功能 2）支持 CCP 协议的离线标定功能 3）数据采集（DAQ）功能
统一诊断服务（UDS）	1）支持基于 ISO 15765 和 ISO 14229 的 UDS 服务 2）把 DHP 模块确认的故障相关诊断信息保存到 EEPROM

4.4.3　VCU 底层软件的主要模块

1. 系统服务

系统服务提供 RTOS（实时操作系统）服务，包括中断管理、资源管理、任务管理、通信管理、ECU 状态管理、看门狗管理、同步时钟管理、基本软件模式管理等服务。

中断管理是实时系统中一个很重要的部分，系统经常通过中断与外部事件交互，主要考虑是否支持中断嵌套、中断处理机制、中断延时等。实时操作系统的功能一般要通过若干任务和中断服务程序共同完成。任务与任务之间、任务与中断之间及中断服务程序之间必须协调动作、互相配合，这就涉及任务间的同步与通信问题。嵌入式实时操作系统通常是通过信号量、互斥信号量、事件标志和异步信号来实现同步，通过消息邮箱、消息队列、管道和共享内存来提供通信服务。

任务管理是嵌入式实时操作系统的核心和灵魂，决定了操作系统的实时性能。它通常包含优先级设置、多任务调度机制和时间确定性等部分。任务调度是协调任务对计算机系统资源的争夺使用，可直接影响系统的实时性能。通常任务调度机制分为基于优先级抢占式调度和时间片轮转调度。系统采用优先级抢占方式进行调度，可以保证重要的突发事件及时得到处理。时间片轮转调度是让优先级相同的处于就绪状态的任务按照时间片使用 CPU，以防止同优先级的某一任务长时间独占 CPU。

一般情况下，系统采用基于优先级抢占式调度与时间片轮转调度相结合的调度机制，优先级高的任务先运行，相同优先级的任务按照轮转方式进行调度。针对车用实时系统的设计要求，可采用只支持基于固定优先级的时间片轮转调度，此调度方式简单，可以满足较高的实时性要求。

2. 存储服务

单片机运行时的数据都存于 RAM（随机存储器）中，在掉电后 RAM 中的数据是无法保留的，那么如何使数据在掉电后不丢失呢？这就需要使用 EEPROM 或 FLASHROM（快速擦除只读存储器）等存储器来实现。在传统的单片机系统中，一般是在片外扩展存储器，单片机与存储器之间通过 IIC 或 SPI 等接口来进行数据通信。

FLASHROM 和 EEPROM 的最大区别是 FLASHROM 按扇区操作，EEPROM 则按字节操作，二者寻址方法不同，存储单元的结构也不同。FLASHROM 的擦除是以扇区为单位的，颗粒度较大，如飞思卡尔的每次至少擦除一个扇区是 256 个字节，其他 FLASHROM 为每次擦除一个扇区是 2k 字节、8k 字节、16k 字节不等。FLASHROM 的电路结构较简单，大数据量下的操作速度更快，所以在 MCU 中，FLASHROM 结构适用于不需频繁改写的程序存储器。在很多应用中，需要频繁地改写某些小量数据且需掉电非易失，传统结构的 EEPROM 在此非常适合，所以很多 MCU 设计会集成 FLASHROM 和 EEPROM 两种非易失性存储器。

基于 FLASHROM 与 EEPROM 的操作特点，VCU 提供两种 NVM（非易失性存储器）资源——片内 DFLASH 和片外 EEPROM。存储服务在设计实现上需满足以下整车技术规范需求及性能需求限制。

根据整车技术规范及需求，存储服务模块应该提供如下功能：

1）为 UDS 模块存储 UDS 需求内规定的可以读、写的 DID。

2）存储故障状态和冻结帧信息。

3）为 UDS 模块提供读取故障状态和冻结帧的接口。

4）存储标定数据，上电时加载标定数据。

5）下电时在合适的时机存储应用层模块需要保存到 NVM 的数据，保证数据的正确性。

6）上电时读取应用层模块存储的数据（历史数据和续航数据），提供给应用层使用。

存储服务模块的性能需要满足如下需求：

1）充分利用存储空间，减少 NVM 写入次数。

2）充分考虑片内 DFLASH 和片外 EEPROM 的读写时间限制，分页机制。

3）保证存储数据的正确性。

4）实现数据安全。

数据安全设计需要达到两个目的：

1）从硬件上隔离经常更新的数据区（应用数据、UDS 配置数据）和极少更新的数据区（标定数据），避免标定数据被意外更改。

2）在读取标定数据、UDS 配置数据或者应用数据时，都能够检查出数据是否被损坏，并采取合理的处理措施

对此，VCU 分别对标定数据、UDS 配置数据和应用数据做一致性检查，检查不通过，则报相应故障警示以保证整车驾驶安全。

3. 通信服务

CAN 是国际标准化的串行通信协议。在当前的汽车产业中，出于对安全性、舒适性、方便性、低公害、低成本的要求，各种各样的电子控制系统被开发了出来。由于这些系统之间通信所用的数据类型及对可靠性的要求不尽相同，由多条总线构成的情况很多，线束的数量也随之增加。为适应"减少线束的数量""通过多个局域网（LAN）进行大量数据的高速通信"的需要，1986 年，德国电气商博世公司开发出面向汽车的 CAN 通信协议。此后，CAN 通过 ISO 11898 及 ISO 11519 进行了标准化，现在在欧洲已是汽车网络的标准协议。

目前，CAN 的高性能和可靠性已被认同，并被广泛地应用于工业自动化、船舶、医疗设备、工业设备等方面。现场总线是当今自动化领域技术发展的热点之一，被誉为自动化领域的计算机局域网。它的出现为分布式控制系统实现各节点之间实时、可靠的数据通信提供了强有力的技术支持。

CAN 总线通信通过一种类似"无领导小组讨论"的机制实现，每个参与者都可以自由地"发言"，同时每个参与者都可以收到发言者的信息。但是当同时有多个参与者发言时，需要根据每个参与者的优先级来"仲裁"谁先发言。

（1）CAN 协议具有的特点

1）多主控制。在总线空闲时，所有单元都可以发送消息（多主控制），而两个以上的单元同时开始发送消息时，根据标识符（Identifier，以下称为 ID）决定优先级。ID 并不是表示发送的目的地址，而是表示访问总线的消息的优先级。两个以上的单元同时开始发送消息时，对各消息 ID 的每个位逐个进行仲裁比较。仲裁获胜（被判定为优先级最高）的单元可继续发送消息，仲裁失利的单元则立刻停止发送而进行接收工作。

2）系统的若软性。与总线相连的单元没有类似于"地址"的信息。因此在总线上增加单元时，连接在总线上的其他单元的软、硬件及应用层都不需要改变。

3）通信速度较快，通信距离远。最高 1Mbit/s（距离小于 40m），最远可达1000m（速率低于 5kbit/s）。

4）具有错误检测、错误通知和错误恢复功能。所有单元都可以检测错误（错误检测功能），检测出错误的单元会立即同时通知其他所有单元（错误通知功能），正在发送消息的单元一旦检测出错误，会强制结束当前的发送。强制结束发送的单元会不断反复地重新发送此消息直到成功发送为止（错误恢复功能）。

5）故障封闭功能。CAN 可以判断出错误的类型是总线上暂时的数据错误（如外

部噪声等）还是持续的数据错误（如单元内部故障、驱动器故障、断线等）。由于具有此功能，当总线上发生持续数据错误时，可将引起此故障的单元从总线上隔离出去。

6）连接节点多。CAN 总线是可同时连接多个单元的总线。可连接的单元总数理论上是没有限制的。但实际上可连接的单元数受总线上的时间延迟及电气负载的限制。降低通信速度，可连接的单元数增加；提高通信速度，则可连接的单元数减少。

7）结构简单。只有 2 根线与外部相连，并且内部集成了错误探测和管理模块。

（2）CAN 系统组成

1）CAN 收发器。安装在控制器内部，同时兼具接收和发送的功能，将控制器传来的数据化为电信号并将其送入数据传输线。

2）数据传输终端。它是一个电阻，防止数据在线端被反射，以回声的形式返回，影响数据的传输。

3）数据传输线。它是双向数据线，由高低双绞线组成。

4. CAN 通信基本原理

（1）多主控（Multi – Master） 安全敏感的应用，如汽车动力对通信系统的可靠性要求很高，将总线工作正常与否归结到单一节点是极其危险的，比较合理的方案是对总线接入的去中心化，即每个节点都有接入总线的能力。这也是 CAN 总线采用多主控（Multi – Master）线性拓扑结构的原因。在 CAN 总线上，每个节点都有向总线上发送消息的能力，而且消息的发送不必遵从任何预先设定的时序，通信是事件驱动的。只有当有新的信息传递时，CAN 总线才处于"忙"的状态，这使得节点接入总线的速度非常快。CAN 总线的理论最高数据传输速率为 1Mbit/s，对于异步事件反应迅速，基本上对于毫秒级的实时应用没有任何问题。

（2）寻址机制 不同于其他类型的总线，CAN 总线不设定节点的地址，而是通过消息的标识符（Identifier）来区别消息。CAN 总线消息是广播式的，即在同一时刻所有节点都检测到同样的电平信号。接收节点通过识别消息中的标识符，与该节点预设的过滤规则进行对比，如果满足规则就接收这条消息，发送应答，否则就忽略这条消息。这种机制虽然会增加消息帧的复杂度（增加标识符），但是节点在此情况下可以无须了解其他节点的状况，而相互独立工作，在总线上增加节点时仅需关注消息类型，而非系统上其他节点的状况。这种以消息标识符寻址的方式，使在总线上增加节点变得更加灵活。

（3）CSMA/CD + AMP CAN 总线通信原理可简单描述为多路载波侦听 + 基于消息优先级的冲突检测和仲裁机制（CSMA/CD + AMP），CSMA（Carrier Sense Multiple Access）指所有节点必须都等到总线处于空闲状态时才能往总线上发送消息；CD + AMP（Collision Detection + Arbitration on Message Priority）指的是当多个节点往总线上发送消息时，具备最高优先级（标识符最小）的消息获得总线占有权。

（4）帧分类　CAN 总线定义四种帧类型，分别为数据帧、远程帧、错误帧和过载帧。数据帧就是总线上传输用户数据的帧，其最高有效载荷是 8Byte，除了有效载荷外，数据帧还包括必要的帧头帧位部分以执行 CAN 标准通信，如消息标识符、数据长度代码、校验信息等。远程帧是用来向总线上其他节点请求数据的帧，它的帧结构与数据帧相似，只不过没有有效载荷部分；错误帧是表示通信出错的帧。

数据帧和远程帧有标准格式和扩展格式两种格式。标准格式有 11 位的标识符，扩展格式有 29 位标识符。

各种帧的用途如下：

1）数据帧。用于发送单元向接收单元传送数据的帧。

2）远程帧。用于接收单元向具有相同标识符的发送单元请求数据的帧。远程帧由 6 个场组成，分别为帧起始、仲裁场、控制场、CRC（循环冗余校验）场、应答场和帧结束。远程帧不存在数据场，远程帧的 RTR（远程发送请求）位必须是隐位。DLC 的数据值是独立的，它可以是 0 ~ 8 中的任何数值，为对应数据帧的数据长度。

3）错误帧。用于当检测出错误时向其他单元通知错误的帧。错误帧由两个不同场组成，第一个场由来自各站的错误标志叠加得到，第二个场是错误界定符。错误界定符包括 8 个隐位，错误标志具有以下两种形式：

① 活动错误标志（Active error flag），由 6 个连续的显位组成。

② 认可错误标志（Passive error flag），由 6 个连续的隐位组成。

4）过载帧。用于接收单元通知其尚未做好接收准备的帧。过载帧包括两个位场，即过载标志和过载界定符，过载标志由 6 个显位组成，过载界定符由 8 个隐位组成。发送过载帧的过载条件如下：

① 要求延迟下一个数据帧或远程帧。

② 在间歇场检测到显位。

5. 基于 CAN 通信的上层应用

（1）UDS 协议

UDS 协议是 ISO 15765 和 ISO 14229 定义的一种汽车通用诊断协议，位于 OSI（开放式系统互联通信参考模型）模型中的应用层，它可在不同的汽车总线（如 CAN、LIN、Flexray、Internet 和 K – line）上实现。UDS 协议的应用层定义是 ISO 14229 – 1，目前大部分汽车厂商均采用 "UDS on CAN" 的诊断协议。

如图 4-35 所示，UDS 架构被设计为 5 个模块。

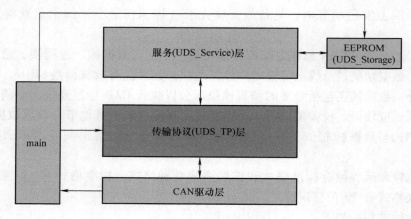

图 4-35　UDS 架构组成

main 是系统的 main（）函数。其用于 UDS 诊断的功能包括用中断或者轮询的方式接收上位机通过 CAN 来诊断请求，并调用 UDS_TP 的接收函数处理包含诊断请求的 CAN 消息。main 模块还通过定时器中断服务程序提供对 TP（Transportation Protocol，即传输协议）层和 UDS_service（服务）层周期处理函数的定时调用。

CAN_driver（驱动）的功能包括初始化 CAN 硬件，提供 CAN 消息接收中断服务程序和 CAN 消息发送函数。

UDS_TP 模块负责处理 ISO 15765 协议规定的"分包 – 组包"功能。主要功能包括从单帧或者多帧的 CAN 消息中提取 UDS 请求的纯数据、根据 ISO 15765 处理收发的流控制、正确选择以单帧或者多帧的模式发送 UDS 响应消息。

UDS_Service 模块处理需求规定的所有满足 ISO 14229 的服务请求。

UDS_Storage 提供 UDS 必需的对 EEPROM 读写的功能。具体包括根据数据 ID 读写需求规定的数据、读取 DTC 和清除 DTC。

（2）CCP 协议　CCP 是一种基于 CAN 总线的匹配标定协议。ECU 都需要经过匹配标定的过程，从而确定其运行参数和控制参数。有时为了实现对 ECU 的精确控制及参数匹配修改，满足预定的要求，必须对 ECU 进行精确的匹配标定及优化各项控制参数。基于此，自动化及测量系统标准协会（ASAM）制定了 CCP 协议。更形象地说，CCP 协议实现了 ECU 在运行过程中，内部变量的在线监测及有需要时对某些变量的在线修改。监测 ECU 的内部变量可以测试 ECU 运行的正确性，若发现某个变量的值不是期望的，可以标定它，修改成期望的值。举例来说，要监测 VCU 对电动机的转矩请求，若发现转矩请求是错误的，不是所需要的，就立即可以修改它成为正确的。

基于 CCP 协议的 ECU 标定采用主 – 从通信方式，主设备通过 CAN 总线与多个从设备相连。其中主设备是测量标定系统（Measurement Calibration System，MCS），从设备是需要标定的 ECU。

　　测量标定系统需使用 CANape。CANape 是一款 ECU 标定和测试工具。与 CCP 协议相结合，能完成对 ECU 的标定，同时还能在 ECU 运行期间直接访问内存并进行操作。图 4-36 所示为 CANape 标定流程框图，通过 CAN 总线，CANape 可以读出 ECU 中的变量，同时也能写 ECU 中的变量。

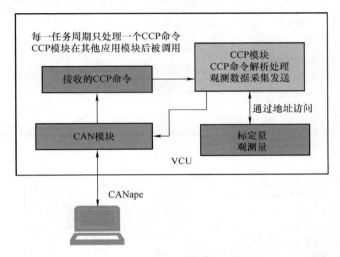

图 4-36　CANape 标定流程框图

　　（3）网络管理　车载网络总线管理的目的是使网络中的 ECU 节点有序地睡眠和唤醒，在没有通信需求时睡眠，可以节约电池的能量。

　　CAN 总线上的网络管理是一种无中心式的网络管理，网络中的每个节点都依赖于自身和其他的网络管理报文来实现通信的睡眠和唤醒，这个网络管理报文是周期性发送的，对于每个 ECU 来说，收到其他的 ECU 发送的网络管理报文则意味着当前的网络有通信需求，自身发出网络管理报文则是告知其他的 ECU 自身有通信需求。如果某个 ECU 需要进入睡眠状态，它就会通知发送网络管理报文，在进入睡眠之前会有一段延时，如果在这段延时中没有收到任何网络管理报文，则就会转入睡眠状态。

　　CAN 网络管理方式有两种，分别为 OSEK 和 Autosar。这里主要介绍国内汽车行业目前应用最为广泛的 OSEK 网络管理。

　　CAN 网络节点具有 NM 运行大状态，其中 NM 运行又包括网络唤醒、网络睡眠、主动网络管理、被动网络管理四个子状态。网络唤醒状态可以细分为正常运行、跛行两个子状态。状态迁移如图 4-37 所示，状态迁移条件见表 4-4。

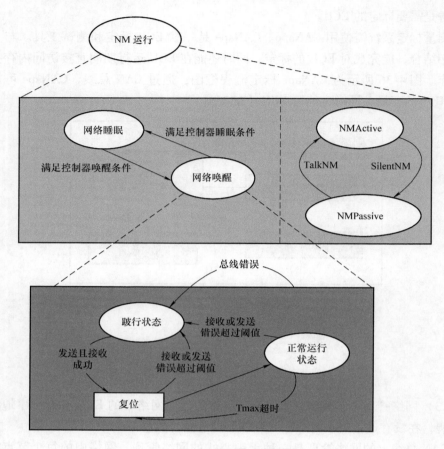

图 4-37　节点网络状态迁移

表 4-4　状态迁移条件

条件	说明
控制器睡眠条件	满足控制器所有睡眠条件，进入网络睡眠状态
控制器唤醒条件	满足控制器任何一个唤醒条件，进入网络唤醒状态
总线错误	CAN 控制器发送错误计数器累计超过 255 时，节点进入 Bus－Off 状态
接收或发送错误	NMRxcount 或 NMTxcount 参数超出阈值
发送且接收成功	当节点发送且接收成功后，节点复位
Tmax 超时	定时器 Tmax 超出阈值

　　在直接网络管理中，节点需监测同基地址节点的 NM 报文，并将报文目标地址与自己的源地址进行比较，判断自己是否被跳过。为此，每个节点每次接收到非跛行的 NM 报文时，都需要判断自己节点是否被跳过。当发现自己被跳过后，节点需要发送一个 Alive 报文声明要加入逻辑环。接收节点判断是否被跳过真值表见表 4-5。

表 4-5　节点跳过判断机制

序号	ID 关系	结果
1	S < D < R	未跳过
2	R < S < D	未跳过
3	D < R < S	未跳过
4	D < S < R	跳过
5	R < D < S	跳过
6	S < R < D	跳过
7	S = D	发送节点不知道其他的任何节点，接收节点不判断是否被跳过
8	D = R	自己是后继者的 Ring 报文，接收节点不判断是否被跳过
9	S = R	自己收到了自己发送的 Ring 报文，接收节点不判断是否被跳过

注：S 表示发送节点的源地址，D 表示发送目标地址，R 表示接收节点自己的源地址，判断逻辑流程如图 4-40 所示。

6. I/O 硬件抽象

I/O 硬件抽象是从外设 I/O 设备（片上或板载）和 ECU 硬件布局（如 pin 脚连接和信号电平倒置）抽象出来的一组模块。I/O 硬件抽象模块的目标是使数据通过 RTE 来传输，而完全不依赖于 ECU 硬件。

硬件抽象模块主要负责将经过去抖动处理的硬件输入信号转换为应用层需要的控制逻辑层面的输入数据。例如，应用层需要节气门开度，而不关心加速踏板信号是来自于互补的 H/L 两路信号，还是只有一路加速踏板信号。硬件抽象模块则根据各种加速踏板的特性把硬件信号转换为加速踏板开度。

硬件抽象模块同时负责把应用层的控制输出转换为对应到硬件上的输出信号，它的架构关系图如图 4-38 所示。例如，VCU 能量管理模块只输出水泵的转速请求，至于是用 PWM 波的频率还是占空比调节转速，则是硬件抽象模块的工作。

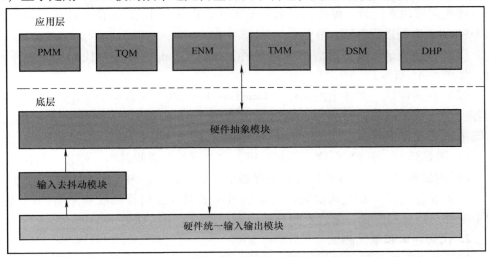

图 4-38　硬件抽象模块架构关系图

如图 4-39 所示，网络中的每个逻辑节点都有一个逻辑地址，且每个节点都有一个后继节点，从而建立一个逻辑环。

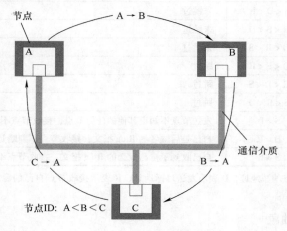

图 4-39　逻辑环机制

后继节点定义为，按照 NM 地址段节点地址大小排列，小地址节点→大地址节点，依次传递网络管理报文，直到最大地址节点→最小地址节点。在设计直接网络管理时，节点必须能自动识别同基地址内所有节点，而且能自动将同基地址的新节点加入逻辑环中。

4.4.4　底层模块调试、代码评审和单元测试

1. 底层模块调试

进行底层软件开发离不开硬件，软、硬件调试的技能也是必须掌握的，下面介绍一些底层模块底层软、硬件联调的基本方法，以飞思卡尔 16 位单片机调试工具 CodeWarrior 为例进行介绍。

（1）程序烧录　选择对应仿真器硬件，点选 Debug，直接将代码烧录进单片机，如图 4-41 所示。

（2）在线调试　在弹出的 True－Time Simulator&Real－Time Debugger 窗口中进行各种信息的观察和调试操作，调试界面如图 4-42 所示。Source 中的源程序行，右键单击可设置断点、执行到光标处，更换源程序文件等。

1）调试运行：开始/继续、单步运行、跨步运行、单步跳出、停止、复位。

2）调试观察：程序存放位置、寄存器值、运行位置、内存区域值等。

（3）信息监控　在线调试时，可以通过示波器或通信检测设备来监控调试过程中硬件与信息的变化，通过不断调整达到预期的结果。如图 4-43 所示。

2. 代码评审和单元测试

进行底层软件开发和进行所有其他的软件开发一样，进行静态代码评审和单元

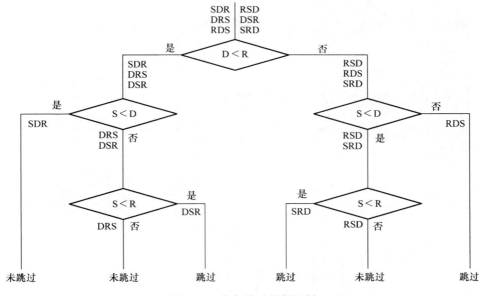

图 4-40　节点跳过判断机制

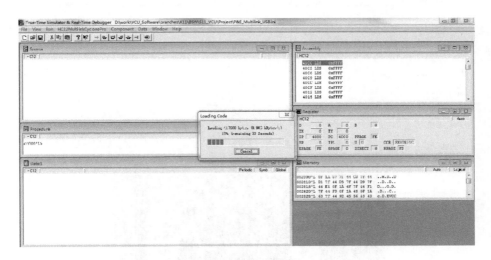

图 4-41　程序烧录

测试是管理代码质量的必备过程，相关的工具参考底层软件开发工具链的介绍，相关的方法论和实践在此不做进一步展开介绍，因为这部分和软件行业的方法论及实践基本是一致的，读者可以参考这方面的专门书籍或论文。

图 4-42　在线调试

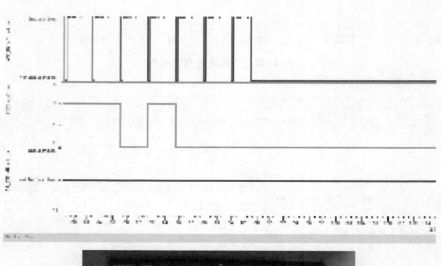

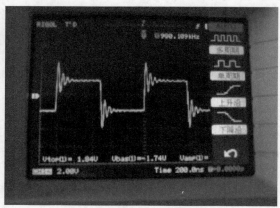

图 4-43　信息监控（见彩插）

Time	Chn▽ ID	Name	Event Type	Dir	DLC	D...	Data
⊞ 🖼 115.378999	CAN 1 405	GW_405h	CAN Frame	Rx	8	8	05 01 00 00 00 00 00 00
⊞ 🖼 115.379403	CAN 1 103	PEPS_103	CAN Frame	Rx	8	8	00 00 00 00 00 00 00 00
⊞ 🖼 115.379693	CAN 1 108	PEPS_108	CAN Frame	Rx	8	8	00 00 40 27 D9 3F FE E8
⊞ 🖼 115.380904	CAN 1 304	BMS_304	CAN Frame	Rx	8	8	00 00 00 00 00 00 00 00
⊞ 🖼 115.381148	CAN 1 321	OBC_321	CAN Frame	Rx	8	8	50 00 00 00 00 00 00 0A
⊞ 🖼 115.381394	CAN 1 405	GW_405h	CAN Frame	Rx	8	8	05 01 00 00 00 00 00 00
⊞ 🖼 115.381644	CAN 1 103	PEPS_103	CAN Frame	Rx	8	8	00 00 00 00 00 00 00 00
⊞ 🖼 115.381893	CAN 1 108	PEPS_108	CAN Frame	Rx	8	8	00 00 40 27 D9 3F FE E8
⊞ 🖼 115.382899	CAN 1 377	BMS_377	CAN Frame	Rx	8	8	00 00 00 00 00 00 00 00
⊞ 🖼 115.383148	CAN 1 405	GW_405h	CAN Frame	Rx	8	8	05 01 00 00 00 00 00 00
⊞ 🖼 115.383401	CAN 1 103	PEPS_103	CAN Frame	Rx	8	8	00 00 00 00 00 00 00 00
⊞ 🖼 115.383894	CAN 1 108	PEPS_108	CAN Frame	Rx	8	8	00 00 40 27 D9 3F FE E8
⊞ 🖼 115.384134	CAN 1 125	MCU_125	CAN Frame	Rx	8	8	5A 41 38 83 20 00 00 00
⊞ 🖼 115.384888	CAN 1 213	BMS_213	CAN Frame	Rx	8	8	CD 3B 9C 34 00 00 0C 00
⊞ 🖼 115.385134	CAN 1 405	GW_405h	CAN Frame	Rx	8	8	05 01 00 00 00 00 00 00
⊞ 🖼 115.385410	CAN 1 103	PEPS_103	CAN Frame	Rx	8	8	00 00 00 00 00 00 00 00
⊞ 🖼 115.385893	CAN 1 108	PEPS_108	CAN Frame	Rx	8	8	00 00 40 27 D9 3F FE E8

图 4-43　信息监控（见彩插）（续）

4.5　VCU 策略软件的设计与开发

下面主要介绍 VCU 的策略软件部分。策略软件的英文一般是 Application Software，在很多场合也可以用中文的直译，即应用软件，但策略软件的叫法在 VCU 的开发中更加广泛。

4.5.1　VCU 策略软件开发工具链

1. 面向模型开发

随着汽车电控系统日益复杂化，以及用户对产品安全性、可靠性的要求不断提高，嵌入式应用的开发难度与代码量都在迅速增加，传统的手工编程方式越来越不能适应现代汽车电控系统的设计开发要求。

为了解决系统开发存在的问题，The MathWorks 公司提出了基于模型设计的系统开发流程，如图 4-44 所示，它贯穿于需求开发、系统设计、代码实现、系统集成及测试验证的各环节。利用 MATLAB/Simulink 及兼容的第三方工具即可完成基于模型的产品开发流程，包括建立基于需求的系统模型，并通过仿真验证系统的设计，然后自动将模型生成代码，进而进行代码测试和软、硬件集成后系统级的测试与验证。

相比于传统软件编码的开发模式，基于模型的设计开发流程具有以下优点：

1）在统一的开发测试平台上，让设计从软件设计阶段就开始验证与确认，并做到持续不断地验证与测试，让设计的缺陷尽量暴露在开发的初级阶段。

2）让工程师把主要精力放在算法和测试用例的研究上，嵌入式 C 代码的生成与验证由计算机去完成。

3）模型的复用性好，易于维护和移植。

4）大大缩短开发周期并降低开发成本。

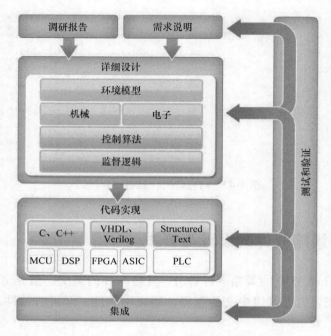

图 4-44　基于模型设计的系统开发流程

2. MATLAB/Simulink 工具简述

MATLAB 是美国 The MathWorks 公司开发的用于科学计算和动态系统建模仿真的软件，目前已成为科学计算、控制系统设计与仿真、图像处理设计与仿真、信号处理设计与仿真等领域的工业标准工具，被广泛应用于航空航天与国防、汽车、教育等行业。航空航天与国防机构普遍使用 MATLAB 作为平台化的工具进行基于模型的产品开发。MATLAB 为多领域系统设计提供了统一的软件环境，能够进行高性能动态系统的仿真、分析及测试，并能自动生成符合 DO－178B/C、ISO 26262 和 MISRA－C 标准的高效的嵌入式代码，为开发人员提供一体化平台。

Simulink 是以 MATLAB 为基础的可视化建模仿真工具，可对动态系统进行建模仿真，包括连续、离散、单速率、多速率、事件驱动和混合系统等。同时具有面向不同领域的 Simulink 模型库（Blocksets），包括航空航天库、控制系统、信号处理系统、通信系统、机/电/液系统等。用户也可构建自己的模型库，或将已有的 MATLAB、C/C＋＋、Fortran 函数封装成 Simulink 模块。Simulink 代码生成工具能够自动将 Simulink 模型转换成高效的 C/C＋＋ 和 HDL 代码。

如图 4-45 所示，一个典型的 Simulink 模型包括如下三种类型的元素：信号源模块、被模拟的系统模块、输出显示模块。系统模块作为中心模块，是 Simulink 仿真

图 4-45　Simulink 模型元素关联图

建模所要解决的主要部分。

利用 Simulink 建立物理系统和数学系统的仿真模型，关键是对 Simulink 提供的功能模块进行操作，即用适当的方式将各种模块连接在一起。Simulink 自带了功能强大且丰富的标准模块库，能够表征各种数学逻辑、物理对象及电气元件和电路等。Simulink 4 把功能块分成 9 类，分别放置在 9 个库中，这 9 个库分别为源模块库（Source）、输出显示库（Sinks）、离散模块库（Discrete）、连续模块库（Continuous）、非线性模块库（Nonlinear）、数学函数库（Math）、通用函数及列表库（Functions and Tables）、信号处理及系统类模块库（Signal and Systems）和子系统模块库（Subsystems）。在建模之前，应对模块和信号线有一个整体、清晰的理解。

3. 模型在环（MIL）测试脚本工具

MATLAB/Simulink 提供了一个动态系统建模、仿真和综合分析的集成环境，其图形化的建模工具能快速建立复杂的整车动力、传统系统部件模型及整车动力学模型，同时 Simulink 也是主流的基于模型的汽车嵌入式软件设计工具，因此基于 Simulink 的 MIL（Model in the Loop）自动化测试方法作为验证软件模型单元和系统功能逻辑的重要手段，是模型开发流程中至关重要的一个环节。

通俗一点理解，MIL 就是对模型在模型的开发环境下（如 Simulink）进行仿真，通过输入一系列的测试用例，验证模型是否满足了设计的功能需求。MIL 是所有测试中最关键的，因为 MIL 的 test accept criterion 必须源于功能需求，没有其他的东西可以参考。

如图 4-46 所示，Simulink 提供的 Simulink Verification and Validation、Simulink Design Verifier、Simulink Test 等验证、确认、测试相关工具箱可以进行需求追溯、建模规范检查、模型覆盖度分析。

Simulink Verification and Validation、Simulink Design Verifier、Simulink Test、MATLAB Report Generator、Simulink Report Generator 提供的功能主要如下：

1）实现需求、模型、代码和测试双向追溯。

2）自动生成子系统测试框架。

3）检测死逻辑、整数和定点溢出、数组访问越界、被零除及需求违反。

4）提供子系统或模型测试的测试框架模型。

5）提供执行测试和评估的测试序列模块。

6）用来编写创建、执行和组织测试用例和结果的测试管理器。

7）自动生成报告。

4.5.2　VCU 策略软件的主要模块——第一部分

VCU 的定位是整车控制系统的"大脑"，它的策略软件非常丰富多样，而且在不断快速发展中。但 VCU 最核心的功能是提高整车驾驶的舒适性，这通常通过转矩管理策略和相关的驾驶性标定来实现。

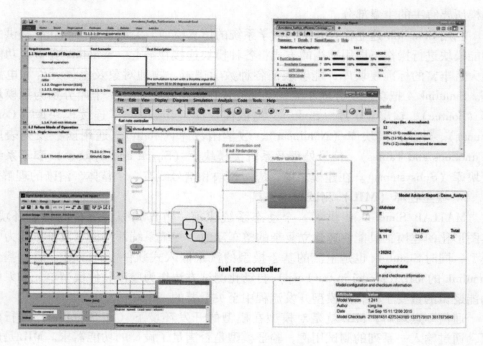

图 4-46　Simulink 测试功能

下面首先介绍除了转矩管理以外的其他主要 VCU 策略软件模块。

1. 上下电和模式管理

在电动汽车中，上下电和模式管理实现整车动力系统中各控制器低压、高压上下电过程中的协同和自检，目的是在上电自检过程中验证各控制器和整车动力系统的健康状态，保障后续车辆使用中的安全。由 VCU 主控整车的上下电和模式管理是当前国内主机厂通用的设计。

一般情况下，与动力系统密切相关的整车电源档位分为 OFF、ON 和 START 三个。三个档位的功能可以根据整车控制系统的要求进行定义，以下是一种定义的方式：OFF 档为整车下电休眠；ON 档为整车进入低压待命状态；START 档为整车进入高压激活状态，根据当前整车状态判断是否进入可行驶状态或停留在高压激活状态。低压上电过程中，整车控制器唤醒动力域相关控制器，请求并实时监控这些 ECU 在规定时间内完成自检进入低压待命状态，如果 ECU 自检失败上报故障，或整车控制器诊断到超时故障，低压上电失败仪表显示相应的故障灯。低压上电成功才能响应高压上电请求，整车控制器控制其他高压控制器进入高压激活状态，实时监控控制器响应状态和进行超时诊断，确保所有控制器在规定时间内完成高压上电的状态切换和整车高压系统正常工作，最大程度将可能的故障暴露在上电自检过程中，而非行车过程中。

2. 交/直流充电

交流充电和直流充电的流程中，VCU 进行上下电管理、充电条件判断及整车故障诊断并执行系统响应。控制整车进入交/直流充电流程，并在上下电和充电过程中对控制器进行故障诊断，确保安全充电。这里不再进一步展开。

3. 能量管理

电动汽车的能量管理主要分为以下三个部分：

（1）功率计算与能耗计算　功率计算与能耗计算是指对整车的主要功率器件进行实时的功率计算与能耗计算，得到的信息一部分通过仪表显示给用户，一部分输出给其他模块，进行下一步的计算。常见的输出到仪表的信息有整车瞬时能耗和整车平均能耗。而外部消耗高压功率的计算结果会发送给电池管理系统 BMS，用于 BMS 在充电时计算需要向充电桩请求的充电功率。

（2）功率分配与功率限制　功率分配和功率限制：整车在行驶时，电池的最大可用输出功率是有限的，如果此时整车的各个功率器件请求的总功率超过了电池的最大允许输出功率，那么 VCU 就要通过功率分配策略来决定优先满足哪些器件的功率请求，而对其他的优先级低的器件则进行功率限制。

例如，电池电量低时，电池的最大允许输出功率会降低，如果此时电机和空调同时请求功率，且请求的总功率超过了电池的最大允许输出功率，就有可能导致电池过流，从而对电池造成损伤，甚至引发安全风险。此时就需要 VCU 按照预定的功率分配策略，对电机和空调进行用电功率的分配，保证整车的用电安全。

（3）SOC 与剩余里程计算　SOC 与剩余里程计算是当前电动汽车领域的一个研究热点，在电池续驶里程和充电速度还没有得到突破的前提下，电动汽车特有的"里程焦虑"受到了广泛的关注。因为纯电动汽车的续航能力与燃油汽车相比弱了很多，所以"充电"比"加油"的次数要多得多，用户会根据剩余里程来规划充电的地点。SOC 越低，用户就越关心剩余里程。若用户发现按照预估的规划没有再次调整规划的机会时，车辆在没有到达充电桩之前就会将电能耗尽，长此以往，一旦 SOC 较低，用户就会异常焦虑，没有安全感，这就是"里程焦虑"。

通过科学的预测方法，给用户提供可靠的剩余里程提示，告诉用户当前的操作对于剩余里程的影响，降低用户遭遇"里程焦虑"的概率，但这并不是一件容易的事。最困难的是剩余里程是在当前时刻，预测的车辆在不充电的情况下剩余可行驶的距离，这是一个预测的结果。它受到电池剩余电量、用户的驾驶习惯、路况（如红绿灯）、高压附件负载（如空调）用电的变化等因素的影响。参考机器学习的算法，让车辆在用户的使用过程中不断学习用户的驾驶习惯与周期性路况，自我训练，通过机器学习来不断提高预测的准确度，最终达到准确预测剩余里程的目标。

4. 热管理

电动汽车的整车热管理大致可分为以下三个部分：

（1）电驱动系统冷却管理　电驱动系统冷却管理指的是对动力域相关零部件（主要包括 MCU、Motor、OBC 及 DC/DC 等）的热管理。这些零部件是车辆行驶的关键零件，必须要保证它们始终工作在安全的温度范围以内。同时，为了尽可能延长车辆的续驶里程，冷却系统的能耗必须尽可能低。

电驱动系统的散热量极大，冷却系统一般都采用液冷，通过一条共用的冷却水路将 MCU、DC/DC、OBC、Motor 等器件串联起来。在冷却水路中放置一个水泵来驱动冷却液流动，从而将各个零件的热量通过冷却液带到位于车前端的散热器进行散热，再将降温以后的冷却液重新驱动到动力部件进行降温。

一般在冷却回路的散热器上还安装有冷却风扇，当车辆爬坡或者高速行驶时，MCU 和 Motor 的散热量会增加，这时通过提高水泵转速，打开冷却风扇并调高风扇的转速，可以增加散热器的散热量，从而让 MCU 及 Motor 等零件的产热量和散热器的散热量达到平衡，确保车辆行驶安全。而当车辆在行驶速度较低时，关闭冷却风扇，并调低水泵的转速，可以降低冷却系统的能耗，延长车辆的行驶里程。

（2）动力蓄电池液冷管理　动力蓄电池是电动汽车相比燃油汽车特有的零件。电池在充电或放电的过程中也会产生大量的热量，如果不能把这些热量及时释放出去，电池的温度会持续上升，到一定程度就会影响电池的工作性能，降低电池寿命，甚至引发燃烧等安全风险。另一方面，电池在工作时也需要保持在一个最佳的温度范围内，温度过高或过低时电池的可用电量、最大充放电功率也都会下降，因此必须要通过电池热管理系统对电池的工作温度进行控制。

目前，电池的散热方式主要有风冷和液冷两种。风冷方式适用于存储电量较小，工作电流也不大的电池，这种电池多用于小型或微型车，日常工况下散热量较小，通过自然风已足够进行冷却。充电时如果温度太低，可通过内置的电加热器进行加热，达到预设温度后再进行充电。

液冷电池近几年发展很快，各个主机厂的新款车型很多都选择了液冷电池。相对于风冷电池，液冷电池的散热能力更强，安全性更高，存储电量更大，一般多用于中高端车型。液冷电池一般通过水热加热器进行加热，通过电池冷却器进行制冷。因为电池对冷却液的温度范围要求较严，因此电池的冷却回路一般不和电驱动系统的冷却回路串联在一起。但也有一些特殊的场景，如充电或者低温环境下缓慢行驶时，电驱动系统的冷却液温度满足电池系统的冷却液温度要求，这时通过一些三通阀或四通阀将电驱动系统的冷却液导入电池系统，可以在给电池保温的同时，提高整车的能量利用率，延长车辆的行驶里程。某些车型还可以控制电机进入特殊的工作模式，代替水热加热器在冬天给电池加热，降低车辆成本的同时还减小了质量。

（3）乘员舱热管理 乘员舱热管理和传统燃油车类似，都是指对乘员舱的温度进行控制，从而提高驾乘人员的舒适性。不同的是燃油车一般用发动机废热进行乘员舱加热，用发动机带动压缩机进行乘员舱制冷。而电动汽车没有发动机，而电机的效率很高，废热很少，因此一般要用加热器或热泵等进行乘员舱加热，需要额外消耗电能。另一方面，一般都采用效率较高的电压缩机进行降温。因为电池的容量有限，而加热器/热泵和压缩机都要消耗大量的电能，因此对乘员舱热管理的主要目标是和整车能量管理相互配合，保证舒适性的同时，尽可能地提高节能性能，从而延长车辆的续驶里程。

5. 远程控制

远程控制系统包括车载信息服务终端 T- BOX、汽车电器系统（如 VCU、空调系统等命令处理和执行器）和移动终端。其中，车载信息服务终端通过 CAN 总线与整车控制器相连接，移动终端和车载信息服务终端通过无线信号进行通信。

如图 4-47 所示，以远程开启空调为例，当用户通过移动终端应用程序发送控制命令到车载 T- BOX，车辆在获取控制命令后，通过 CAN 总线发送控制报文并实现对车辆的控制，最后反馈操作结果到用户移动终端的应用程序上，实现远程起动车载空调，从而在冬季驾驶人上车前提前除霜、除雾和采暖，夏季驾驶人上车前提前降温，提高用户的车辆使用舒适性。

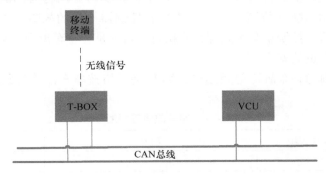

图 4-47 远程空调控制系统

在远程控制功能中，VCU 必须参与的原因是该远程控制功能需要用到高压电，而 VCU 在高压电协同上下电时是不可或缺的控制器。

6. 故障诊断

实车运行中，任何零部件都可能产生故障，从而导致器件损坏甚至危及车辆安全。电动汽车 VCU 要能对车辆各种可能的故障进行分析处理，这是保证汽车行驶安全的必备条件。故障诊断管理负责对硬件（传感器、继电器等）输入和 CAN 信号的监控，确认是否有故障发生；如果确认故障发生，综合各种故障产生响应方式，及时进行相应的安全保护处理，在保证车辆足够安全的条件下，给各部件提供可使用的工作范围，以尽可能地满足驾驶人的驾驶意图。同时对每个确认的故障按照标准格式存储故障代码，以供诊断回调分析。故障诊断管理模块关系/架构图如图 4-48 所示。

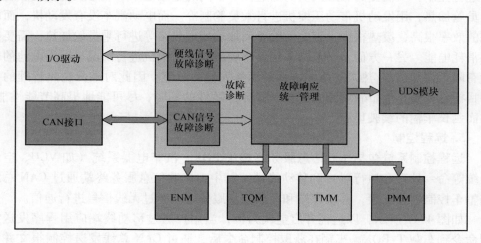

图 4-48　故障诊断管理模块关系/架构图（见彩插）

VCU 故障诊断 DTC 设计及实现应符合 ISO 15031 和 ISO 14229 标准。VCU 的故障诊断在电动汽车上的特殊性在于，VCU 不仅要实时诊断自身的故障，而且还实时接收整车控制系统（特别是动力系统）各控制器上报的故障，再根据预先定义的故障处理策略，控制整车按处理策略执行。目的是在整车出现故障的情况下，保证整车和驾乘人员的安全。

表 4-6 所列为整车故障等级划分，VCU 会严格按整车故障等级划分进行故障处理。

表 4-6　整车故障等级划分

故障等级	车辆状态	动力	高压
0	无故障	—	—
1	轻微性能限制	无限制	保持
2	严重性能限制	根据具体故障决定处理策略	保持
3	车辆停止	停止输出	正常下电
4	车辆停止	停止输出	紧急下电

7. 功能安全监控

VCU 的控制器设计需要符合功能安全的要求是汽车行业一个中长期的发展方向，国内在这方面还处于刚刚起步的阶段。功能安全的设计通常遵循前文所述的 ISO 26262 标准。以下主要讨论一些需要考虑的设计要点，不展开做更多的讨论。

在多核 ECU 中，根据软件的可并行性和相关安全架构，将策略软件模块分配给不同的处理器内核。分区的首要任务是确保策略软件模块之间不互相干扰，避免对安全相关的存储器内容进行错误更改。在硬件支持内存保护单元（MPU）时，内部存储才能完全避免干扰，这种内存保护机制可以确保应用程序只能访问预定义的某块内存区域。这些内存区域是针对每个内核单独定义的，但必须与其他内核共享硬件资源（RAM 等）。

从安全通信的角度来讲，一方面要防止数据被错误地覆盖，另一方面需要处理器内核之间切换任务时正确地交换数据。在具有多核架构的安全相关 ECU 中，RTE 必须允许跨内存分区的通信，同时能够区分通信路径是跨核（核间通信）还是在同一内核上运行的两个任务之间（核内通信）。

4.5.3　VCU 策略软件的主要模块——第二部分

下面重点介绍转矩管理策略软件模块。

1. 转矩管理架构

纯电动汽车上高压成功后处于可行驶状态，驾驶人把档位挂入 D 位（Drive）或 R（Reverse）位，即可通过踩加速踏板和制动踏板来控制车辆行驶。整车控制器（VCU）根据加速踏板、制动踏板状态及整车实际状态来进行转矩计算并使车辆按照驾驶人意图来驱动的过程称为转矩管理。转矩管理主要分为需求转矩分析（TQD）、转矩限制（TQR）、转矩滤波（TQF）三个部分。

需求转矩分析（TQD）就是计算需求转矩值，对于加速踏板、蠕行、回馈、定速巡航等模式，转矩同时进行计算，然后根据驾驶人意图进行模式识别仲裁输出唯一转矩即为驾驶人需求转矩。首先，整车控制器对于所有输入信号进行解析，计算出不同工作模式下的转矩。然后，根据模式识别的结果，仲裁选出让驾驶更加安全、符合驾驶人意图的转矩。最后，整车控制器还要判断车辆是否处于可行驶状态，可行驶状态下得到的转矩值即为驾驶人需求转矩值。

转矩限制（TQR）指的是根据现有车辆的设计能力和整车的当前状态，对转矩需求分析得出的需求转矩，再进行比例限制和上下限限制的过程。车辆对于转矩的限制有很多种情况，本书以车速限制为例进行介绍。车速限制主要有两种，即最大设计车速、故障限制车速。最大设计车速是厂家对每个车型要求设计的最大车速，当实际车速接近最大设计车速时，开始对需求转矩按照比例进行减小，最终达到维持最大设计车速不再上升的状态；故障限制车速指的是车辆发生故障后诊断系统会设置一个跛行车速，此车速一般远低于最大设计车速，实际车速接近跛行车速时，开始对需求转矩按照比例进行减小，最终达到维持跛行车速不再上升的状态。

由于整车控制器实时计算出的转矩数值变化较大，直接发送给动力系统执行会造成车辆的剧烈抖动，为了兼顾舒适性，需要对需求转矩进行滤波处理，让不同工作模式下的转矩按照一定斜率和步长去增加，这称为转矩滤波（TQF）。转矩滤波部分会根据整车工作模式、转矩变化情况设计滤波因子，需求转矩在滤波因子的基础上增减，最终输出给动力系统执行。经过滤波的转矩是平顺的，不存在突变的情况，兼顾了驾驶性和舒适性。

2. 转矩模式管理

纯电动汽车工作模式既有常见的蠕行、回馈、巡航等，还有涉及驾驶安全的车身电子稳定性控制（ESC）、紧急制车（AEB）等。为了使车辆能够更好地响应驾驶人的需求，同时也能保证人员、车辆的安全，整车控制器（VCU）会对所有存在的工作模式进行排列，确保车辆驾驶状态更加合理。转矩模式管理原则的优先级依次为禁止行驶状态、驾驶安全、辅助驾驶、转矩较大者。

（1）禁止行驶状态　车辆驱动状态一般只存在可行驶状态和禁止行驶两个状态。车辆控制中，依据人员人身安全的最高原则及车上模块工作能力的实际情况，优先响应禁止行驶状态。当处于禁止行驶状态时，车辆不会进入其他工作模式，需求转矩值始终输出为0。

（2）驾驶安全　车辆处于可驾驶状态，当涉及驾驶安全的功能被触发时优先响应这些功能。驾驶安全的功能主要包括防抱死（ABS）、车身稳定控制（ESP）、制动力分配（CBC）、紧急制动（AEB）等。

（3）辅助驾驶　常见的辅助驾驶功能有自适应巡航（ACC）、定速巡航（CC）、陡坡缓降（HDC）、坡道辅助（HAC）、自动泊车（APA）等，这些功能需要驾驶人在使用时通过按键等开关设置来触发，所以当这些功能满足使能条件时优先响应。

（4）转矩较大者优先　实际车辆驾驶中，很多工作模式是互斥的，此时做模式管理比较简单，但也存在同时存在的情况。遵循转矩较大者优先的原则就是为了能够及时响应驾驶人的需求。

3. 档位控制逻辑

当车辆处于可驾驶状态时，驾驶人操作档位开关进行换档，整车控制器通过硬线信号识别出驾驶人的换档意图并根据整车实际情况进行档位判断，最后通过CAN信号发送给仪表显示系统档位信息。

如图 4-49 所示，档位一般分为以下几档：

（1）D 位（前进档位）　在此档位下，踩加速踏板会驱动车辆向前行驶。

（2）R 位（后退档位）　在此档位下，踩加速踏板会驱动车辆向后行驶。

（3）N 位（空档位）　等红绿灯时可以挂此档位，用于暂时停车。无论什么原因需要长时间停车时，须换至驻车档位。

（4）P 位（驻车档位）　停车后，挂 P 位，车辆会停驻在原地，不会出现"溜车"的情况，一般车辆是具有 P 位按键的，如果没有 P 位按键，则停车时挂 N 位，拉起驻车制动器手柄即可。

VCU 结合驾驶人换档信号、车速信号、制动踏板信号及加速踏板等信号条件，判断是否允许换档，如果不满足档位切换的要求，VCU 会向仪表发送换档失败信号，以提示用户重新切换档位。

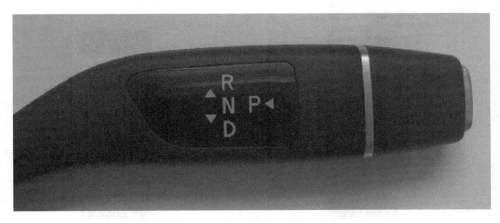

图 4-49　变速杆示意图

4. 转矩滤波

纯电动汽车利用整车控制器、驱动电机及高压电池系统替代了原有发动机动力系统，因此其与传统燃油汽车在转矩计算方面也有很大区别。整车控制器通过驾驶人意图解析与系统当前状态及汽车工况等条件限制计算出的需求转矩值，通过CAN 总线发送到电机控制系统进行驱动，满足驾驶人的驾驶需求。然而现有技术存在的缺点是，纯电动汽车在加速或减速过程中，如果转矩变化太快会导致转矩变得不够平滑，大大降低舒适性。所以，需求转矩输出前需要根据当前转矩信号的变化趋势对当前转矩信号进行滤波调整，再把当前转矩信号设定为需求转矩信号输出给动力系统，控制电动汽车以所需求转矩信号行驶，从而使电动汽车获得良好的动力性、安全性，让驾驶更加平顺。

5. 能量回馈

由于电动汽车充电时间较长，城市充电设施还在快速建设中，一辆车充满电后的续驶里程就成了衡量一辆电动汽车性能的重要指标之一。在汽车总电量保持不变的情况下，如何提高能量利用率，增大续驶里程，一直以来都是用户关注的焦点。能量回收功能在电动汽车上的应用能够很好地缓解"里程焦虑"，提高能量利用效率，是电动汽车区别于燃油汽车的一大特点。传统燃油汽车制动时，制动系统摩擦生热，将车辆动能转化成热能释放到空气中。而电动汽车能够将制动和滑行时的动能转换成电能，并将其存储在动力蓄电池中。电动汽车在能量回馈时，驱动电机运行在发电状态，将汽车的部分动能回馈给电池以对其充电，对延长电动汽车的续驶里程是至关重要的。

能量回收分为滑行能量回收与制动能量回收两种模式，分别适用于滑行与制动两种工况。能量回收示意图如图 4-50 所示。当车辆处于滑行工况时，能量回收系统向车辆施加一定制动力矩，使车辆缓慢减速；当驾驶人踩制动踏板时，制动系统与能量回收系统相互协调，合理分配制动力，达到驾驶人预期的制动效果。

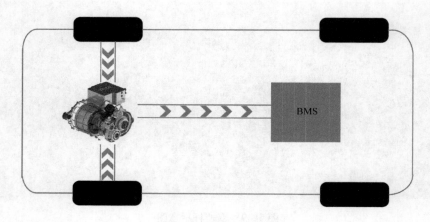

图 4-50　能量回收示意图

能量回收一般分为若干个强度等级，以适应不同的驾驶风格，由驾驶人自由选择。从 0 级到最高级，能量回馈力度依次增加，0 级时无能量回馈，低级时回馈力度较小，更加偏驾驶舒适性，高级时回馈力度较大，更加偏经济性。

VCU 根据驾驶人信息与车辆信息判断是否能够进入能量回收模式，并根据驾驶人设置的能量回收等级，向电机请求不同的制动转矩，并在制动转矩介入与退出时做平滑处理，兼顾车辆驾驶舒适性与经济性。

所以，在纯电动汽车上，适时地运用能量回收系统，不仅能为汽车提供辅助制动功能，还可将制动能量重新转化为电能进行二次利用，能量回收贡献率最大可达 20% 左右，是提升整车续驶里程的重要方法。

6. 蠕行

蠕行指的是纯电动汽车处于可行驶状态，在不需要踩下加速踏板的情况下车辆可以自行提速至某一恒定车速并稳定行驶的驱动功能。蠕行属于低速巡航驾驶辅助系统功能，VCU 控制转矩输出使车辆自行以缓慢的车速行驶，保证其不会因行车过快产生打滑等不安全状态。蠕行模式情况下，驾驶人只需要专心地控制转向盘，并不需要踩加速踏板和制动踏板，很大程度上减弱了车辆在恶劣路面的颠簸感。因此，蠕行对于一些"新手"来说是非常有用的功能，可以更好、更安全地帮助他们实现倒车、上坡。

7. 防溜坡功能

防溜坡功能是车辆的一种坡道辅助功能，是当车辆行驶到坡上，未能及时踩下制动踏板出现车辆后溜时而启动的一种安全保护措施，让车辆能自动停止，给驾驶人足够的反应时间踩制动踏板、拉驻车制动器手柄或踩加速踏板继续行驶等。

当车辆处于坡道上准备起步时，脚离开制动踏板而踩加速踏板的一瞬间，ESC 系统会自动地保持制动油压 2、3s，相当于制动踏板仍被踩着的状态，所以车不会往下溜。当脚踩下加速踏板时，ESC 系统的制动控制就自动结束了，而且不是突然卸掉全部制动力量，而是逐步地减小制动力量，于是车也随着驾驶人踩加速踏板而稳稳地起步行驶。如果不踩加速踏板，ESC 的自动制动控制也会在 2 ~ 3s 后结束，所以踩加速踏板的动作可以从容不迫。

然而，当前纯电动汽车中存在很多价格较低的经济性的车型，因为要控制成本而没有配置 ESC，所以无法通过机械制动做到车辆防溜坡。大多数整车厂在没有增加其他底盘部件的情况下通过控制电机输出转矩使车辆在坡道上维持零转速达到防溜坡的目的。

8. 定速巡航

定速巡航功能是一项舒适性的辅助驾驶功能，指的是在驾驶人不踩加速踏板的情况下，控制车辆按照设定的目标巡航车速行驶。当车辆在高速公路上长时间行车时，驾驶人激活定速巡航功能，则无需控制加速踏板，减轻了疲劳程度，同时也减少了不必要的车速变化，起到节省电量的作用。

定速巡航功能用于控制纯电动汽车以恒定的速度行驶，车辆一旦被设定为巡航状态，整车控制器控制输出巡航转矩。整车控制器根据道路状况和汽车的行驶阻力不断地调整巡航转矩，使车辆始终保持在所设定的车速行驶，而无需操纵加速踏板。目前，巡航控制系统已成为中高端新能源汽车的标准配置。

巡航控制开关如图 4-51 所示。

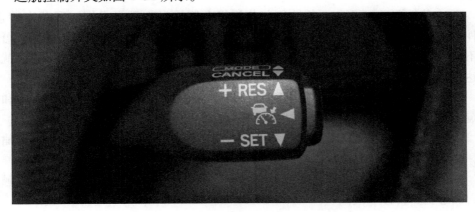

图 4-51　巡航控制开关

（1）开启/关闭巡航　驾驶人通过按下转向盘上的巡航组合按键"ON/OFF"键或者将组合开关操纵杆上的滑动开关置于"ON/OFF"位置来开启和关闭定速巡航功能。

（2）设定车速　巡航开启状态下，车速大于或等于设定阈值且实际车速达到驾驶人目标车速时，按下"SET"键，车辆即可以此车速持续行驶。设定巡航车速后，驾驶人仍可按常规方法，如踩加速踏板进行加速，松开加速踏板后，系统便将实际车速恢复至设定的巡航车速。如果踩加速踏板加速，实际车速长时间超出设计巡航车速范围，则必须重新设定巡航车速。

（3）车速调节　定速巡航处于运行状态中，可以通过长按或短按"－SET""＋RES"开关来增加、减小巡航目标车速。

（4）暂时退出巡航　当车辆进入定速巡航后，驾驶人可通过踩下制动踏板、换档、手动控制电子驻车控制系统等方式来主动退出巡航运行状态，进入定速巡航取消状态。

4.5.4　VCU 策略软件的 MIL 测试

1. MIL 测试覆盖度介绍

覆盖度用来表示一个测试用例对模型逻辑结构的所有路径测试的完成程度，适用于对模型进行结构测试的测试用例。一个完整的模型结构测试用例应当对模型或状态机内的每条路径都有唯一的条件进行测试，并且不与其他路径条件发生冲突。用黑盒测试的方法设计测试用例，用白盒测试方法补充用例，验证程序结构是否有未覆盖到的逻辑路径。

（1）决策覆盖（DC）　决策覆盖分析模型中表示决策点的要素，如开关模块或者状态流状态，对于这些项，模型覆盖确定模拟测试时实际通过这些路径的百分率。

（2）条件覆盖（CC）　条件覆盖分析组合逻辑（如逻辑操作）和状态转移，条件覆盖分析报告是否模型中的每个模块被完全覆盖了。当收集模型覆盖时，可能达不到100%的条件覆盖，例如，如果确定短路逻辑模块（一种处理方式），就不能达到100%的条件覆盖。

（3）改进条件/决策覆盖（MDCD）　改进条件/决策覆盖分析扩展了决策和条件覆盖能力，它确定测试试验测试逻辑模块输入和转移条件独立性的程度。

一个测试试验达到模型的完全覆盖，当改变模块的一个独立于其他输入的输入时，引起了模块的输出改变。

一个测试试验到状态流转移的完全覆盖，也就是每个转移条件在一个条件触发时，状态至少转移一次。

2. 覆盖度测试

为了降低模型的单元测试复杂度，推荐将大模型尽量拆分成小模型后，对小模型进行单元测试。简单模型示例如图4-52所示。针对被测试的模型编写测试用例，尽可能地包括所有的输入情况，可以使用 Design Verifier 自动生成测试用例，再根据自己的流程对用例进行修改。

如上测试模型实现 X || （Y && Z）的功能，只要设计 4 个测试用例就能满足100% MCDC 覆盖度。覆盖度测试用例见表4-7，覆盖度测试结果如图4-53所示。

boolean
1
X
boolean
2
Y
boolean
3
Z
AND
boolean
Logical
Operator
OR
boolean
Logical
Operator1
1
Out

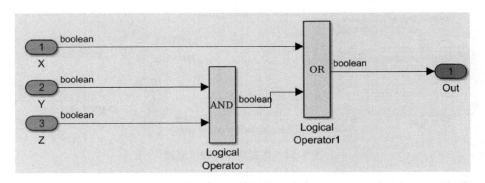

图 4-52　简单模型示例

表 4-7　覆盖度测试用例

序号	X	Y	Z
1	0	0	0
2	0	0	1
3	0	1	0
4	0	1	1
5	1	0	0
6	1	0	1
7	1	1	0
8	1	1	1

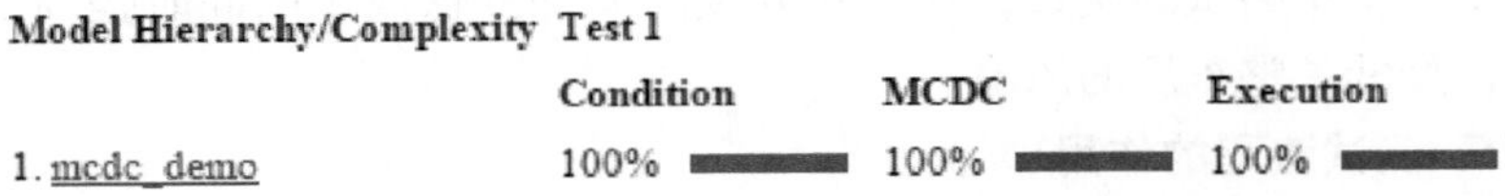

Model Hierarchy/Complexity
Test 1
Condition
MCDC
Execution
1. mcdc_demo
100%
100%
100%

图 4-53　覆盖度测试结果

自动生成测试用例后运行仿真，观察被测试状态机，并根据实际情况修改模型。

3. 仿真功能测试

仿真功能测试的目的是对模型进行动态仿真，对预期结果和仿真结果进行比较，检测出模型中潜在的问题，验证控制模型的功能逻辑。仿真功能的测试原理如图 4-54 所示。

测试案例的输入主要是来源于软件的功能需求分析，首先应根据软件需求和功能建立 MIL 的测试大纲，测试用例需覆盖全部功能点。同时应考虑边界值、异常值等条件，以检测模型的鲁棒性。测试结束后对模型仿真结果进行确认，若为“FAILED”，需详细分析错误原因，修改模型后进行回归测试。

图 4-54   仿真功能的测试原理

随着软件功能测试的不断完善，测试案例会不断积累，数量可达几百个甚至上千个，如果每个都手动来运行，效率会比较低，所以自动化测试的实现非常必要：采用 MATLAB 的 m 脚本文件控制整个仿真过程，并保存每个测试案例仿真后的数据与曲线以便进行更详细的分析。

4.6   VCU 硬件在环（HIL）测试

4.6.1   HIL 测试的流程

HIL 测试是以实时处理器运行仿真模型来模拟受控对象的运行状态，通过 I/O 接口与被测的 ECU 连接，对被测 ECU – VCU 进行全方面、系统的测试。从安全性、可行性和合理的成本上考虑，HIL 测试已经成为 VCU 开发流程中非常重要的一环，减少了实车路试的次数，在缩短开发时间和降低成本的同时提高了 ECU 的软件质量，降低了整车厂的风险。

1. HIL 测试流程的作用

软件测试在整车研发过程中是最重要的一个环节，保证测试结果的正确性，才能够把控好控制器产品的质量。HIL 测试作为最重要的 VCU 软件测试工作，是 VCU 产品质量把控的重要步骤。

VCU HIL 测试的输入为整车控制器的软件需求规范，在测试工作开始前，需要制定测试计划，根据功能输入，设计测试用例，再执行测试，将测试结果输出为测试报告。如何判断测试用例设计是否正确，测试结果是否可靠，在整个测试过程中，测试人员的所有工作内容，就需要通过合理的测试流程进行约束。

2. HIL 测试流程的设计原则

对于测试工作的管控，每个公司都有自己的流程，但遵循的原则应该是一致的，合理的测试流程设计，需要遵循以下原则：

（1）明确测试工作的输入   在 VCU 研发过程中，整车控制器的软件需求规范应该作为开发和测试人员都要遵循的统一标准。对整车控制器的 HIL 测试人员来说，测试工作的输入有：

1）当前测试软件版本。

2）当前软件 MIL 测试报告。

3）整车控制器的软件需求规范。

HIL 测试的唯一工作对象，就是当前测试软件版本。如果版本是错误的或者是未通过开发人员 MIL 测试的，那么整个测试工作都是没有意义的。测试规范需要对测试版本如何管理做出明确定义。

而当前软件版本测试是否通过，则需要依据整车控制器的软件需求规范中定义的功能来一一进行验证。测试规范需要明确定义功能的测试粒度及通过标准。

（2）明确测试工作的范围和内容　在车辆研发过程中，由于零部件数量很多，需要进行的工作中会有一些交叉和重复，清晰地划分工作范围，定义工作内容，有助于提高测试工程师的工作积极性和效率。HIL 测试工程师的主要工作有：

1）需求评审。

2）测试计划制定。

3）测试用例开发、评审。

4）测试执行。

5）出具测试报告。

6）测试问题记录、跟踪。

测试规范首先要明确定义整车控制器的软件需求规范是唯一来源，测试工程师接收到整车控制器的软件需求规范后，需要与开发人员一起，对其中的内容进行评审，确保需求的设计是合理的，以及开发与测试对于功能的理解是一致的。

测试计划需要反映本轮测试的版本、范围、时间节点、责任人、通过标准等。测试规范需要定义测试计划制定的依据，如项目计划、软件开发计划；划分测试范围的依据，如当前版本发布是为了做"骡车"装车前的三电联调，有时只需要满足基础的上下电、充电功能就可以释放；但如果是为即将量产的车辆发布，则需要进行所有功能的测试及实车测试，以及计划无法完成时的风险管控方案。

测试计划评审完成后，就可以根据功能点进行用例设计。测试用例必须经过评审，以保证用例设计的合理性和全面性。测试规范应该对评审原则、用例设计的格式、覆盖率统计等做出要求，保证用例没有遗漏，团队所有成员的测试用例文档可读性强。

测试执行分为手动执行和自动执行，自动执行的测试结果以自动化测试软件自动生成的测试报告为依据，对于手动测试的部分，需要进行严格跟踪，以防遗漏和测试人员消极怠工，可通过测试时的报文记录来进行管控。

图 4-55 所示为 HIL 测试流程图，对于测试过程中发现的软件缺陷，需要统一进行管理。

（3）明确测试工作的输出　测试工作结束后，需要交付本次测试的软件版本，

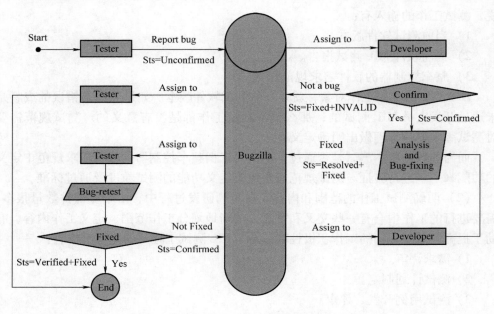

图 4-55　HIL 测试流程图

以及能反映本次测试内容和测试结果的测试报告。测试规范需要明确定义软件发布的标准、流程及测试报告的格式和内容，以及需要提交的路径或部门。

（4）问题管理流程　常用的 VCU 缺陷管理工具有 Bugzilla、JIRA、TFS 等。测试规范需要定义缺陷的等级、状态、格式、关闭依据、如何与测试用例关联、每个状态对应的责任人角色等要素。根据所使用的缺陷管理系统，需要在系统里配置好流程中涉及的所有人员账号、缺陷的状态、缺陷的优先级，执行缺陷管理。

3. HIL 测试流程的实际应用

流程的建立是为了更好地指导测试工作，流程在原则上是固定的，但实际工作千变万化，合理利用流程，有助于提高测试的工作效率，在遇到流程与实际工作有冲突的情况时，需要重新分析流程的合理性，如果流程设计不合理，需要对流程做出修改。

4.6.2　HIL 测试环境搭建

1. 硬件环境

（1）HIL 测试台架仿真原理　在实车环境中，整车控制器与其他单元通过线束连接传感器和执行器进行交互，要通过 HIL 台架对实车环境进行仿真，如图 4-56 所示，除了被测对象整车控制器和连接线束是真实的，车辆环境的其他物理部分，都需要使用仿真模型去代替。

（2）测试台架组成　典型的 HIL 测试系统由板卡、实时处理器、I/O 接口、操

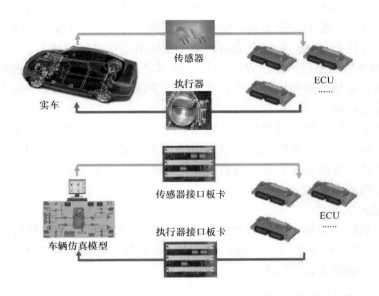

图 4-56 HIL 测试台架仿真环境

作界面组成。实车环境中的传感器和执行器等在 HIL 台架上都需要用相应的板卡进行模拟。实时处理器主要提供车辆环境的模拟，用于运行仿真模型及信号处理。I/O 接口是与被测部件交互的模拟、数字和总线信号，一般有数字信号接口、模拟信号接口、CAN 信号接口等。操作界面可以直观地控制车辆模型和被测 ECU 间的I/O 交互，简化操作。

2. HIL 测试台架搭建

（1）搭建硬件环境 要搭建一个完整的 VCU HIL 测试台架，首先需要根据高低压原理图，分析与 VCU 交互的 I/O 接口有哪些类型，如继电器、开闭信号等，提取为数字量；电压、电流、电阻等信号提取为模拟量；CAN 信号与 LIN 信号等提取为信号量。确定机柜需要模拟的信号类型和数量，配置相应的板卡资源及电阻等元器件，并通过线束将被测对象和机柜连接。

（2）搭建仿真模型 硬件环境搭建完成后，需要使用 Simulink 搭建车辆仿真模型。根据已提取的 I/O 接口类型和数量，将 I/O 接口提取为 I/O 模型。

根据整车控制器软件需求规范中的系统原理框图，模拟车辆及其驾驶操作环境，将需要与整车控制器交互的所有控制器的功能，如电驱动系统、电池系统、空调系统等，提取为车辆模型。设计车辆模型时，不要求与实车环境完全一致，只要能正确满足大部分功能测试的输入与输出即可。

值得一提的是，部分机柜厂商的车辆模型都是成熟的，只要通过配置一些参数，稍做调整，就可以快速搭建出满足大部分车辆环境的仿真模型，这极大地缩短了搭建测试环境的时间。

（3）板卡 I/O 接口与模型匹配　机柜厂商都提供了可以将硬件板卡资源与 I/O 模型和车辆模型匹配的配置工具，使用配置工具，将硬件板卡资源和模型中的各个仿真信号一一进行关联。关联完成后，整个测试模型就搭建完成了。

（4）操作界面搭建　操作界面在 HIL 测试环境中是一个很重要的部分，在界面上可以很直观地观测和操作各个变量，进行手动测试，验证测试环境与被测控制器的功能是否正确。

通过特定的输入值，观测是否得到期望的输出值，是测试的主要目的。界面输入的值或者车辆模型计算的值就可以输出给板卡，通过线束传递到整车控制器上，整车控制器通过逻辑处理后输出的值，通过线束传递到板卡，板卡再输出给模型，整个测试环境就形成了一个闭环。

3. 其他测试环境

除 HIL 测试台架外，还可以使用一些工具对整车控制器进行单件测试，如使用 CAN Diva 测试 UDS 协议，使用 CANoe 的 test 功能进行网络管理测试，使用小型桌面 labcar 台架测试电源控制等。

4.6.3　HIL 测试用例开发

1. 测试需求分析

需求是指用户对目标软件系统在功能、行为、性能、设计约束等方面的期望，测试需求通常是以软件开发需求为基础进行分析，通过对开发需求的细化和分解，形成可测试的内容，分析过程如图 4-57 所示。对测试工作者来说以下内容非常重要：

1）测试需求是开发测试用例的依据。

2）测试需求是衡量测试覆盖率的指标。

3）测试需求有助于保证测试的质量与进度。

需求分析的大致过程如下：

1）需求采集。将软件开发需求中的具有可测试性的需求或者特性提取出来，形成原始测试需求。

2）对每一条需求进行细化分解，形成可测试的分层描述的测试点。

3）对形成的每个测试点，从软件产品的质量需求的角度来分析，确定测试执行时需要实施的测试类型。

4）建立测试需求跟踪矩阵。对测试需求进行管理，将分析确定的开发需求、测试需求、测试类型填入测试跟踪需求矩阵。

5）评审。应保证所描述的内容能够得到相关各方的一致理解，各项测试需求之间没有矛盾和冲突，各项测试需求在详尽程度上保持一致，每一项测试需求都可以用作测试用例设计的依据。

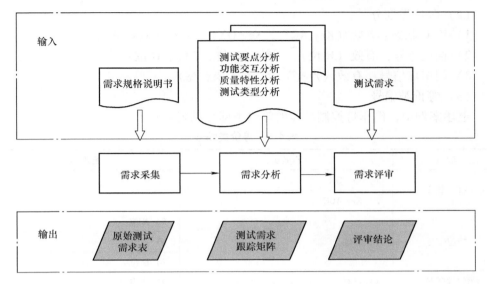

图 4-57　测试需求分析过程

2. 测试设计方法

测试用例的设计是 HIL 测试的重要部分，其输出在测试流程的文档准备阶段，HIL 测试用例是为了验证 VCU 功能，测试用例设计的质量决定了测试执行的深度和广度，也决定了测试结果的质量，合适的测试用例有助于提高测试效率和测试覆盖率，可有效验证整车控制器的功能，及时发现 VCU 的设计缺陷，在 VCU 装车前尽可能多地清除错误，保证实车运行时的安全性。

应用频率高的主要有等价类划分法、边界值法、因果关系法，下面以等价类划分法为例介绍测试用例的开发步骤和方法。

等价类划分法是一种典型的黑盒测试方法，运用该测试方法时，完全不考虑待测部件的内部结构，只依据整车控制策略说明书来设计测试用例。等价类划分法把所有可能的输入数据划分成若干部分，然后从每一部分中选取有代表性的数据作为测试用例。下面列举具体案例具体分析。已知某功能测试需求（表 4-8）。

表 4-8　倒车灯控制功能需求

功能需求	功能描述
倒车灯控制功能	VCU 唤醒后检测倒车档位信号直接驱动倒车灯点亮

（1）输入提取

1）VCU 状态：有效、无效。

2）档位信号：有效、无效。

3）倒车灯信号：有效、无效。

（2）等价类划分

1）VCU 状态：有效（Key ACC 、Key ON）、无效（Key OFF）。

2）档位信号：有效（R 位）、无效（N 位、P 位、D 位）。

3）倒车灯信号：有效（点亮）、无效（未点亮）。

（3）等价类编号

上述案例中，倒车灯控制功能的等价类标号见表4-9。

表4-9　等价类编号

输入	有效类		无效类
VCU 状态	1）Key ON		
	2）Key ACC		
档位信号	4）R 位		5）N 位
			6）P 位
			7）D 位
倒车灯信号	8）点亮		9）未点亮

（4）测试设计　测试设计见表4-10。

1）条件桩。列出系统的所有输入，通常认为列出的输入次序无关紧要。

2）动作桩。列出系统所有可能执行的操作，这些执行操作没有顺序约束。

3）结果项。列出输入项的各种取值。

表4-10　测试设计

输入条件	VCU 状态	Key ON	√	√	√	√	×	×
		Key ACC	×	×	×	×	√	×
		Key OFF	×	×	×	×	×	√
	档位信号	R 位	√	√	√	√	√	√
		N 位	×	√	×	×	×	×
		P 位	×	×	√	×	×	×
		D 位	×	×	×	√	×	×
	倒车灯信号	点亮	√	×	×	×	√	×
		未点亮	×	√	√	√	×	√
测试结果			Y	N	N	N	Y	N

根据上述的测试设计，设计一个新的测试用例，使其尽可能多地覆盖未被覆盖过的有效等价类，重复该步骤，直到所有的有效等价类都被覆盖为止。可知表4-10中倒车灯点亮的测试用例只有两条即：1）—4）—8）与2）—4）—8），但这并不代表有效的测试用例仅有此两条，倒车灯未点亮的组合同样是测试的重点：1）—5）—9）、1）—6）—9）、1）—7）—9）、3）—4）—9）。

（5）测试用例生成　测试用例见表4-11。

表 4-11　测试用例

编号	测试步骤描述	预期结果
Case_ 001	VCU 状态 Key ON，档位处在 R 位，观测倒车灯状态	倒车灯点亮
Case_ 002	VCU 状态 Key ON，档位处在 N 位，观测倒车灯状态	倒车灯未点亮
Case_ 003	VCU 状态 Key ON，档位处在 P 位，观测倒车灯状态	倒车灯未点亮
Case_ 004	VCU 状态 Key ON，档位处在 D 位，观测倒车灯状态	倒车灯未点亮
Case_ 005	VCU 状态 Key ACC，档位处在 R 位，观测倒车灯状态	倒车灯点亮
Case_ 006	VCU 状态 Key OFF，档位处在 R 位，观测倒车灯状态	倒车灯未点亮

表4-11是根据表4-10衍生出来的测试用例，读者可结合其他用例设计方法，选取合适的一种或多种方法来设计完整的测试用例，使覆盖度尽可能达到100%，并最终实现整车控制器功能的目的。

3. 覆盖率统计

覆盖率是度量测试完整性的一个指标，是测试有效性的一个度量，通过已执行代码表示，用于可靠性、稳定性及性能的评测。

测试覆盖是对测试完全程度的评价，测试覆盖是由测试需求和测试用例的覆盖或已执行代码的覆盖表示的，建立在对测试结果的评估和对测试过程中确定的变更请求的分析的基础上。

通常的做法是将每一条分解后的软件需求和对应的测试建立一对多的映射关系，最终目标是保证测试可以覆盖每个需求，以保证软件产品的质量 HIL 测试基于测试用例进行调试，实现对整车控制系统的验证工作，整个测试用例库的编写都是以整车的控制策略为基础的，在测试用例库编写完成后，需要组织 HIL 测试人员进行评审，确认测试用例是否能完整地覆盖测试需求。在通过相关人员认可后，才能对测试用例库进行发布。

4. 故障诊断测试

（1）测试目的　故障诊断是指在车辆发生故障时，为了保障驾乘人员的人身安全及防止车辆产生进一步的损失，对车辆实施的一种强制处理措施。这有别于驾驶人的驾驶意识，而是车辆控制器通过一系列参数自主判断，自我保护的一种行为。故障诊断测试不仅仅为了车辆的改进和完善，也为了保障购车人的人身和财产安全。

所以，对故障诊断功能的测试就尤为重要。通常情况下，故障诊断主要涵盖了以下三个步骤：

1）检测设备状态特征信号。

2）在所检测的信号当中提取征兆。

3）根据征兆及其他诊断信息对设备状态进行识别。

故障诊断功能在设计时，需要考虑以下两个方面：

1）能够保证在车辆出现异常时，VCU 准确及时地检测到发生了哪一个故障，以及做出合理的处理，并且能够记录故障发生时的数据，以便进一步查找故障发生的原因。

2）防止误报。确切地说就是车辆行为正常时或者偶尔的信号抖动，控制器不能误报故障，不能给驾驶人造成紧张或者恐慌，影响驾驶体验。

所以对于故障诊断相关功能的测试，需要按照故障发生和处理的逻辑来进行。故障诊断测试就是为了检查以上两方面功能是否完全实现。

（2）故障分类　从故障诊断功能本身来讲，并没有类别之分。之所以要对故障进行分类，一是为了全面覆盖所有的测试点，另一方面也是为了便于测试数据的组织管理。从功能验证的维度方面，可以将故障诊断测试分为正向测试、反向测试、边界测试、滤波测试等。

1）正向测试。所谓正向测试，就是在满足故障所有条件的前提下，测试故障注入后是否能够在规定时间内得到故障代码，以及 VCU 对该故障的处理方式，如降功率、降车速及点亮故障灯等。

2）反向测试。反向测试主要是为了防止误报。在条件不满足的情况下，不能误报故障，以免造成驾驶人员的恐慌。此类测试故障注入的条件不满足。

3）边界测试。边界测试主要是为了验证在故障产生的边界条件下，是否会报故障。

4）滤波测试。滤波测试主要是为了验证故障确认时间是否满足测试条件。

根据故障注入方式的不同可分为通信类故障、硬线信号故障及开路短路试验故障等。

1）通信类故障。这类故障的特点是都和 CAN 总线或者 LIN 总线的通信相关，主要包括 VCU 检测到某个零部件通信异常发生的故障，以及车辆上其他零部件上报的故障。如 MCU 上报电机绝缘栅双极型晶体管（IGBT）故障、电机过温故障、ABS 车速无效故障、电子转向柱锁（ESCL）通信超时故障等。而 VCU 检测到的通信丢失故障有 BMS 丢失故障、MCU 丢失故障等。

2）硬线信号故障。所谓硬线信号，是 VCU 和其他被控对象有线束连接关系，从物理连接上可以认为这些信号都来自于 VCU 的 PIN 脚。VCU 控制这些零部件的方式主要包括霍尔信号组合、信号频率和占空比，以及设定电压电流值等。因此在诊断过程中需要检验这些信号的合法性，这类信号通常有以下特点：

① 霍尔信号组合。如档位故障、制动踏板故障等。

② 信号频率和占空比。如水泵故障、真空泵故障、碰撞故障等。

③ 电压电流值。如加速踏板故障、快充口过温故障等。

3）开路短路试验故障。这类故障本质上也属于 VCU 的 PIN 脚故障，但是故障注入的方式与前面几种差别较大，为了便于管理也将其单独分离出来，主要包括低驱故障、高驱故障等。

（3）测试环境　前面已经对整个 HIL 测试环境有了一定的说明。而故障诊断测试相比较其他功能测试而言，对测试环境有一些特殊的要求，在此补充说明如下：

1）故障诊断结果的读取，必须依赖于 UDS（ISO 14229）服务。在 dSPACE（数字空间系统）的测试环境下，如果要使用 UDS 服务，那么必须先配置 pdx（pdx 是 UDS 协议的数据库文件，在其中定义了支持的 UDS 服务及格式）。如图 4-58 所示。

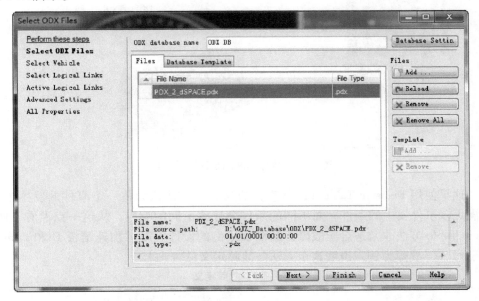

图 4-58　配置 pdx

pdx 文件可以通过 CDD 文件导出，前提是需要先用工具 CANdela Studio 配置好 CDD 文件。

2）配置 pdx 后，还需要用一个 DCI CAN 卡连接被测对象，这样才能调用 UDS 服务读取故障代码。图 4-59 以 dSPACE 测试台架为例，说明了故障诊断的硬件测试环境。

如图 4-59 所示，在 ControlDesk 上正确连接了 ECU Diagnostics 后，才能读取故障诊断信息。

3）对一些特殊的故障，可能还需要对 HIL 测试模型进行扩展和补充，如定速巡航功能和蓝牙钥匙功能。

（4）测试用例设计　故障诊断测试与其他功能的测试相比较而言有如下特点：

1）每一个故障相对来说比较独立，每一个工况的测试可以自成一体。

2）故障产生条件比较明确。

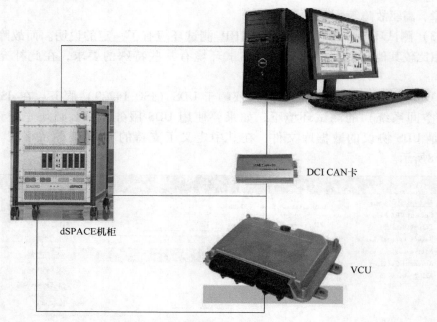

图 4-59　故障诊断的硬件测试环境

　　这里使用 Decision Table（决策表）方法，该方法认为每一个事件的发生依赖于满足该事件发生的条件，而不同的条件会导致不同的响应。从这一点上看，Decision Table 方法非常适合于故障诊断测试用例的设计。以"加速踏板 H 和 L 同时处于死区"故障为例来说明这个方法。故障定义见表 4-12。

表 4-12　故障定义

故障名称	加速踏板 H 和 L 同时处于死区
故障产生条件	1）KL15 唤醒上电××秒后（充电不诊断） 2）低压系统供电正常 3）加速踏板供电正常 4）加速踏板 H 和 L 采集信号值，同时处于上端或者下端死区
故障确认时间	连续保持 400ms
故障代码	P××××××
VCU 的处理方式	CAN 发送"整车控制系统故障等级"=2 系统限功率为××％ 限车速为≤×× km/h（防止加速踏板开度计算错误导致暴冲） 仪表整车故障灯点亮，记录故障代码
自愈条件	连续 400ms 检测正常

　　1）需求分析，找出故障产生的条件，并对条件做简要说明

① KL15 唤醒上电××秒后，说明这个故障在低压上电不诊断。

② 低压系统供电正常，说明没有低压供电系统故障发生。

③ 加速踏板供电正常，说明没有加速踏板供电故障发生。

④ 加速踏板 H 和 L 采集信号值，同时处于上端或者下端死区，这里包括两种情况，都处于上端死区或者都处于下端死区。

⑤ 充电不诊断。在充电（包括交流充电和直流充电）的情况下，尽管故障的其他条件均满足，但是依然不报该故障。

2）根据条件，添加列数，见表4-13。

表4-13　故障定义列表——添加列数

KL15 上电	低压系统供电正常	加速踏板供电正常	加速踏板 H 和 L 采集信号值，同时处于上端或者下端死区	是否充电

3）添加决策，见表4-14。

表4-14　故障定义列表——添加决策

序号	KL15 上电	低压供电正常	加速踏板供电正常	H 和 L 同时处于上端死区	H 和 L 同时处于下端死区	持续 400ms	是否充电	决策
1	√	√	√	√	×	√	×	报故障
2	√	√	√	×	√	√	×	报故障
3	×	√	√	√	√	√	×	不报故障
4	√	×	√	√	√	√	×	不报故障
5	√	√	×	√	√	√	×	不报故障
6	√	√	√	√	√	√	×	不报故障
7	√	√	√	√	×	√	√	不报故障
8	√	√	√	√	×	×	×	不报故障

注：√表示满足条件，×表示不满足条件。

这里为了便于编写测试用例，将 H 和 L 同时处于上端死区和下端死区分为两个条件，需要对这两种情况分别测试。另外，不满足故障注入持续时间 400ms 的情形，有两种测试方法：一是在满足故障注入条件的前提下，缩短故障注入的时间少于 400ms；二是测试故障产生时间总是在指定时间以上。对第一种方法，考虑到 HIL 机柜的响应时间误差及测试脚本计算的误差，其实很难做到精确控制。相比较而言，统计同一个故障多次执行的平均响应时间应该更加可信。

4）编写测试用例。编写测试用例，其实是一个水到渠成的过程。下面以决策表第 1 项为例，设计测试用例，见表4-15。

表 4-15 设计测试用例

测试步骤	期望结果
1. VCU 上电	—
2. 检查 VCURdy 状态	VCURdy = TRUE
3. 确认无低压供电故障	通过
4. 确认无加速踏板供电故障	通过
5. 清除历史故障	清除历史故障成功
6. 故障注入：Voltage_ H = 5，Voltage_ L = 2.6，持续 400ms	—
7. 读取故障代码	故障代码 = P × × × × × ×
8. 读取系统故障等级	系统故障等级 = 2
9. 读取系统故障灯	点亮
10. 读取降功率数据	系统限功率为 × × %
11. 读取降车速数据	车速为 ≤ × × km/h
12. 取消故障注入条件	—
13. 读取系统故障等级	系统故障等级 = 2
14. 读取系统故障灯	不点亮
15. 读取降功率数据	系统限功率为 100 %（不限）
16. 读取降车速数据	车速不限制
17. 结论：是否自愈？	能自愈
18. VCU 下电	VCU 下电成功

这样，一个测试用例就写完了。

5. 可测试范围

从 HIL 测试的角度看，只要是软件功能定义中明确写出的，都需要测试。但这只是一个原则，具体到某一个模块的某一个功能，如果满足以下任何一个条件，就认为该功能是不可测试的：

1）该模块不依赖其他模块的输出。它可以自给自足，该模块的行为只对自己负责。

2）测试该功能的输入依赖于环境的破坏。例如，有一个故障，它诊断某个元器件烧毁。在这种情况下，没有任何其他方法可以证明，这个故障是可以工作的。

4.6.4 HIL 测试执行

1. 自动化测试

最初的硬件在环测试系统大都依赖于人工完成，耗费时间、人力，无法同时测试多台设备，存在测试用例固化、覆盖度低、可溯性差、并行测试压力大等弊端。为了大大降低人力、物力成本，人们发明了机械手一键操作，但是该方法对 python

语言的要求高，会增加测试脚本语言的学习成本，并且机械手对环境的要求高，需要暗箱操作，即便如此也因摄像头图片精度有限，大大增加了测试对比的错误率。与此同时，机械手单个指令执行的速度有限，转移安装工作繁琐，多台设备并行测试也无法实现，因此也无法满足人们对自动化测试的需求。而以 dSPACE 公司为代表的 HIL 测试设备供应商提供的产品，如 AuthomationDesk，是一款强大的自动化测试软件，具有上述测试手段无法比拟的优势，可依赖自身提供的简易脚本序列快速搭建，将测试用例转化成软件可识别代码，实现自动化测试各控制器的各功能点，同时还会提供有意义的测试 tionDesk 等相关软件，对 HIL 自动化测试流程和脚本动作库的建立进行了研究报告。典型过程如图 4-60 所示。

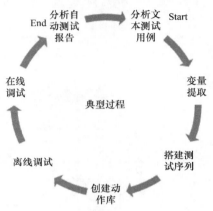

图 4-60　自动化测试序列开发过程

下面基于某 VCU HIL 测试系统平台，通过自动化测试完成对整车控制器的功能验证。

自动化测试能顺利执行的关键是开发出质量高的自动测试序列，在测试序列的开发中遵循以下步骤：

1）从设计用例入手，解析并提取测试用例中的隐含过程、变量，在这个过程中应确定哪些变量需要给定特定设置参数，哪些变量用于参考。

2）搭建图 4-61 所示的测试序列：初始化测试条件—测试数据采集设置—精简测试步骤—测试数据处理与判定—测试状态复位。

3）创建动作库。动作库作为测试序列开发的基础，开发完成后可被序列调用，升级后可同步更新，维护成本低。根据功能模块和控制系统划分大致包含（不限于）上下电、充电、档位逻辑、加速制动等，存放在固定位置，提高了测试序列开发效率，增强测试序列的统一性和可读性，减少程序错误，有利于跨平台移植。

4）离线调试。鉴于测试机柜的应用紧张程度，提高台架测试利用率，每个测试人员开发的测试序列都在本地计算机离线调试通过后再移植到测试台架进行在线调试，在线调试是一个长期而繁琐的工作，环境复位稍有偏差便会导致后面执行的序列全部出错，这就要求我们在调试过程中要有极大的耐心。

5）执行自动测试序列。从菜单栏中选择 Execute 标志，此时会弹出"Execution Configuration"对话框，此时如果不需生成报告，则取消"Create Result"选项。这里需要生成报告，选择"Create Result"选项并单击"OK"，此时所选的序列开始自动执行并记录执行日志，待所有 Case 执行完毕后，从菜单选择需要导出的报告模式，从报告中可以清晰地看到测试执行情况的统计和分析。

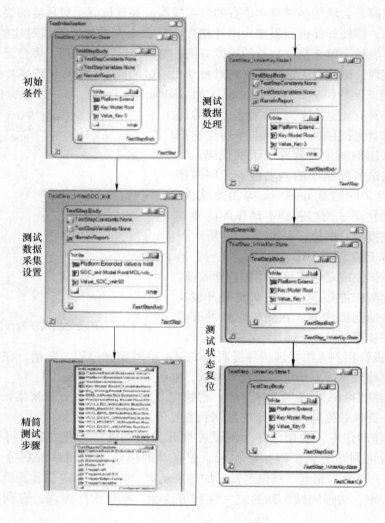

初始
条件

测试
数据
采集
设置

精简
测试
步骤

测试
数据
处理

测
试
状
态
复
位

图 4-61　自动测试序列执行流程图

2. 手动测试

虽然自动化测试能满足大部分的测试工况，但仍有一部分工况需要手工进行测试。

（1）测试环境调试　测试环境刚搭建完成时，并没有自动化测试脚本，所有的测试都需要手动来完成。

（2）新功能调试　新功能在调试阶段，自动化脚本还未开发完成时，也需要手工测试来完成。

（3）自动测试不可测　由于不同的机柜配置时购买的组件不同，部分功能无法进行自动化测试，如通过 CANape 修改标定量、BootLoader 烧写程序、CAN 网络测试等，都需要通过手动测试确认功能。

4.6.5 HIL 测试的产出和报告分析

1. HIL 测试报告

对于自动化测试，测试软件会自动出具测试报告，如图 4-62 所示。

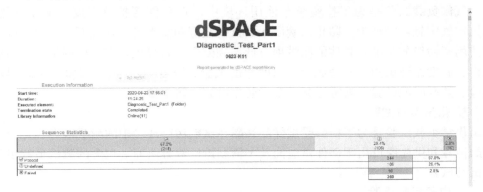

图 4-62 HIL 测试报告

通过测试报告的汇总统计数据，可以一目了然地看到测试结果。

2. 测试报告分析

自动化测试报告会记录测试步骤，自动判断测试是否通过。对于未通过的用例，需要根据测试报告进行分析，分析是测试环境的原因（如上一个用例设置的参数未恢复），还是功能测试未通过。

对于手动测试，则需要在测试过程中仔细观察各个变量，由测试人员自主判断测试结果。

4.7 VCU 设计验证（DV）和产品验证（PV）测试

整车控制器开发阶段需要通过 DV 和 PV 进行试验验证。DV 是设计验证，做试验的样件可以是手工件或者是模具件，PV 是产品验证，样件必须是模具件且是量产生产线上生产的零件，PV 之后零件完成生产件批准程序（PPAP）审核就具备批量供货资格了。测试要求是从产品的需求分解出来的，在整车和零部件上都通用，VCU 就是根据整车功能需求和运行环境定义的试验要求，同时包括对市场的预期、国家的法律法规、用户的需求来定义的。

4.7.1 DV 测试

DV 测试是为了保证电器件在各种可能的外部环境下功能完好而进行的测试。进行测试的样件可以是模具件。按照环境类别分类，可分为机械负载试验、气候负载试验、化学负载试验、电气负载试验、电磁兼容试验五大类。

1. 机械负载试验

机械负载试验是对控制器在机械性能上的验证，主要涉及自由跌落试验、随机振动试验、机械冲击试验。具体要求按照国家标准执行。

2. 气候负载试验

气候负载试验是为了检验整车使用环境中，VCU 能否抵抗温度、湿度变化，抵抗空气中悬浮的细尘，防止水滴浸入，抵御盐雾和盐水侵蚀外表面的能力，以及对使用寿命等的验证。具体的测试项有低温预处理、高温预处理、低温工作、高温工作、温度循环试验、寿命试验、温度冲击试验、温度/湿度组合试验、稳态湿热试验、盐雾腐蚀试验、盐雾渗漏试验、防尘试验、防水试验。

3. 化学负载试验

化学负载试验是为了检验受试样品暴露在试剂污染环境中的耐受能力。化学试剂的型号和供应商可由零部件供应商及车辆制造厂双方协商。包含的测试项有耐化学试剂试验。

4. 电气负载试验

所有的电气性能测试均可以概括为"外部的特殊电气触发"及"产品对这种触发做出的响应"这两部分。典型的外部触发有起动波形、过压、极性反接、短路、开路等，考验 VCU 在恶劣的电气环境中是否仍能正常工作。相关的测试项有直流供电电压试验、长时间过电压试验、短时间过电压试验、叠加交流试验、电压缓降缓升试验、起动扰动电压试验、反向电压试验、单线开路试验、多线开路试验、信号电路短路保护试验、负载电路短路保护试验、对电压骤降的复位性能、参考接地和供电偏移试验、击穿强度试验、绝缘电阻试验。

5. 电磁兼容试验

电磁兼容性是指设备或系统在其电磁环境中符合要求运行，并不对其环境中的任何设备产生无法忍受的电磁干扰的能力。因此电磁兼容性可包含两个方面：

1）设备在正常运行过程中对所在环境产生的电磁干扰（EMI）。

2）设备对所在环境中存在的电磁干扰所具有的一定程度的抗干扰能力（EMS）。

与 VCU 相关的电磁兼容性试验项有辐射发射 RE01、射频传导发射 CE01、瞬态传导发射 CTE01、辐射抗扰 BCI（大电流注入）法 RI01、辐射抗扰 ALSE（电波暗室）法 RI02、模拟车载发射机 RI04、电源线瞬态抗扰 CI01、信号线瞬态抗扰 CI02、静电放电 ESD01。具体可参照 GB/T 4365—2003《电工术语 电磁兼容》等标准。

零部件和整车对电磁兼容性都有强制性法规要求。电磁兼容具有一票否决权，如果电磁兼容不能满足相应法规要求，将导致产品不能上市，因此要求厂家投入大量的资金和设备进行电磁兼容的研发。

4.7.2　PV 测试

PV 测试是在 DV 测试后开展的。被测件必须是在量产生产线上生产的模具件。

PV 测试项可以与开发试验有重叠，也可以不一样，主要取决于设计验证到产品验证阶段的变化，如果没有变化，可以减少相关测试项，这需要根据具体情况评估。

PV 之后的零件再完成 PPAP 审核，就具备量产供货资格了。

4.8　VCU 实车测试

4.8.1　实车测试目的

VCU 作为纯电动汽车重要的核心零部件，不能只在实验室中进行 HIL 测试、DV/PV 等测试，必须在实车环境上完成最后一步的子系统实车测试，然后才能交付给整车部门进行进一步的整车测试。

本章所阐述的实车测试是整车控制器软件发布前不可或缺的一个测试环节，主要目的是在实车环境上验证 VCU 最常规的功能，对 HIL 测试台架无法模拟的工况进行补充测试，进一步确认整车控制器软件功能的安全性与稳定性。

HIL 测试台架上使用的 Simulink 搭建的被控对象模型，由于技术限制并不能模拟全部环境状态，如温度、湿度、路面摩擦系数、坡度、电磁干扰等，对于整车控制器功能的影响是无法在 HIL 测试台架中进行评估的，另外模型无法包含所有的环境，如市场上各种不同型号的充电桩。所以，在进行 HIL 台架测试后，还需要进行实车测试，这样才能完成整车控制器完整的功能测试。

4.8.2　实车测试内容

实车测试分为常规测试和特殊功能验证。在软件发布前，所有的常规功能都需要在实车上测试通过，发布的功能中若包含无法在 HIL 台架上测试的部分，也需要在实车上确认。

进行实车测试前，需要准备好待测软件、OBD 诊断连接线、软件刷写工具 PCan、数据监测工具 CANalyzer、标定工具 CANape、示波器、万用表等。

测试时要依据事先评审好的测试用例，按从静态测试到动态测试的顺序有条不紊地进行测试，以防有遗漏。

静态测试的典型例子是整车暗电流测试。所谓暗电流，是指点火开关在 OFF 的位置时，有一部分元器件维持工作，需要消耗 12V 电源电池的电量而产生电流。因为有暗电流存在，以及 12V 电源电池自然放电，车辆长期停放会导致 12V 电源电池容量不足，车辆无法起动，因此，整车功能定义中对整车暗电流的范围做了严格限制，是测试重点，测试时应按照下列步骤进行：

1）检测电池静态电压，必须排除电池和发电量正常。

2）关闭车上所有用电设备，并将电源档位设置在 OFF 档。

3）关闭车上所有用电设备，锁好车门。

4）将万用表调到电流档位，切记一开始不要打到 mA 档，因为在锁车的一瞬间电流会很高，容易将万用表的熔丝烧坏。

5）将电池负极线连接万用表红表笔，负极桩头连接黑表笔，开一下车门锁，关一下车门锁。待电流值稳定时读数，一般情况下不会超过 20mA。

整车暗电流测试通过后，要恢复 12V 电池电源的连接，进行其他测试。

动态测试包括很多常规使用功能的测试，如起动车辆、交流充电、直流充电、换档等。确保车辆在各种操作过程中功能能正确响应，不会出现故障或者无响应状态。

典型的实车动态测试是车辆行驶过程中的相关功能测试，如最高车速、加速性能、防溜坡性能和最大爬坡度、能量回收、剩余里程等测试，这些在实车测试时都要兼顾，并从主观感受的角度对整体的驾驶舒适性等进行初步的评价。

实车测试结束后要对所有测试的数据进行细致的分析，有疑问的数据要及时和研发人员确认，做好记录并把数据留档一段时间。实车功能测试完成后，VCU 软件版本就可以发布给整车相关部门做进一步的验证了，也可以给标定工程师，进行实车的驾驶性标定等工作。

4.9　VCU 标定

本章针对纯电动汽车实车标定内容进行介绍。首先对为什么要对电动汽车进行实车标定和实车标定内容进行介绍。

在对不同电动汽车进行开发工作时，因对车型的要求、定位的不同，车型之间会产生或大或小的差异（如选用电机型号的不同、车重差异、轮胎差异等），而这些差异会影响车辆驾驶的最终特性。为解决这个问题，会在车型开发过程中通过标定试验对相应参数进行优化调整，以满足不同车型的驾驶要求，发挥车辆的最优性能。

纯电动汽车标定工作一般包含如下几方面内容：

（1）桌面标定　即在实车标定工作前，对相关参数进行预设（如电机参数的设置，pedal map 的预标定，variant code 参数设置等），保证标定车辆具备基本功能及安全性，为下一步的车辆标定做准备。

（2）转鼓标定　即在转鼓试验台进行的实车标定工作，目的是通过标定使车辆满足动力性、经济性等相关指标要求。

（3）道路标定试验　即在普通公路、试验场、特殊试验道路等试验路况，以及在一定温度条件下对车辆进行针对性的试验、标定及验证，从而使车辆最终满足项目开发要求。

4.9.1　标定工具链

标定过程中，需使用相应的标定工具，通常使用的工具如下：

1）计算机。

2）信号转换设备。

3）标定应用软件（如 CANape、INCA 等）。

4）刷写软件（如 PCAN 等）。

5）相应的连接线。

其应用原理如图 4-63 所示，即根据软件标定协议采集信号，并通过信号转换设备转换为计算机可识别的信号，最终显示在标定应用软件界面上。通过标定应用软件，可在线调整参数影响车辆性能，并最终生成标定文件，通过刷写软件和工具对 VCU 进行软件刷写操作。

其中，使用标定应用软件进行标定时，需根据采用的标定协议（如 CCP 或 XCP）载入对应的 a2l 文件（即描述标定目的的内部 ECU 变量格式的文件）作为数据库。

4.9.2　桌面标定

利用原始数据文件、电机台架数据，结合整车技术条件等信息，进行数据预设，以保证标定车辆的基本驾驶功能及安全。其中，对于纯电动汽车，较为重要的几点包括：

（1）Variant coding　通过相应参数标定，针对不同车型进行相应的基本参数配置，如传动比、轮胎半径等。

（2）相应传感器、执行器参数配置　根据传感器、执行器自身特性，通过设置标定参数将相应电信号转化为可读的数值。例如，将加速踏板输出的电压信号转化为踩下行程的百分比，该百分比将作为代表驾驶人意图之一的基本信号输出至其他功能模块。

（3）电机外特性曲线的输入　即将电机台架试验测得的外特性数据，填入相应的以电机转速作为输入的二维表格，作为 VCU 进行转矩管理的基础。

（4）对影响驾驶、安全功能的参数的预标定　如 pedal map、转矩加载、下降梯度等。对这一类参数进行预设，需根据标定的一般原则进行参数设置（如有类似的成熟项目，也可进行参考），确保车辆基本功能和安全。

4.9.3　转鼓车辆试验

在道路试验开始前，通过转鼓试验室的底盘测功机模拟实际道路工况，对相关

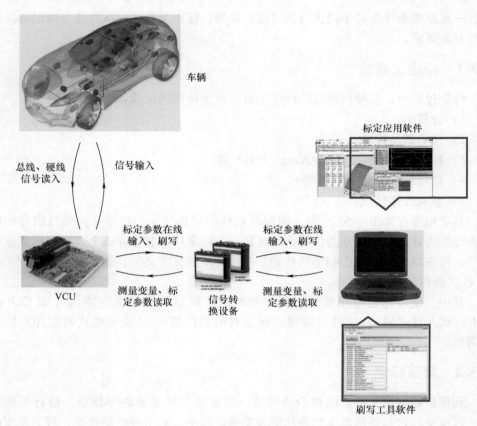

车辆

标定应用软件

总线、硬线
信号读入

信号输入

标定参数在线
输入、刷写

标定参数在线
输入、刷写

VCU

测量变量、标
定参数读取

信号转
换设备

测量变量、标
定参数读取

刷写工具软件

图4-63　标定工具链

功能进行标定工作，如图4-64所示。转鼓车辆试验主要包含以下内容：

1）经济性标定。

2）动力性摸底与标定。

3）定速巡航标定。

4）热管理标定。

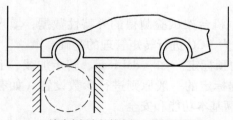

a) 试验车辆在转鼓台架上准备试验图

b) 转鼓台架控制界面

图4-64　转鼓台架试验

1. 经济性标定

GB/T 18386—2017《电动汽车　能量消耗率和续驶里程试验方法》规定使用工况法（NEDC）和等速法两种方式进行能量消耗率和续驶里程的测量。其中，标定工作对等速法下的试验结果基本无影响，因此此处仅对工况法的相关标定工作进行介绍。

工况法即按 NEDC 规定的工况进行试验，NEDC 工况如图 4-65 所示。

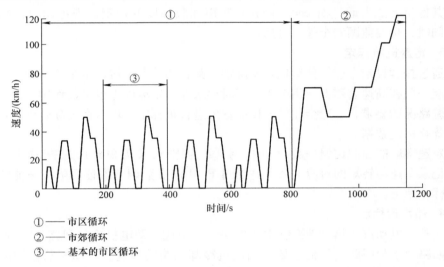

① —— 市区循环
② —— 市郊循环
③ —— 基本的市区循环

图 4-65　NEDC 工况

由图 4-65 可知，NEDC 循环工况均匀加、减速及匀速工况较多，而与实际驾驶情况较为不符。GB/T 38146.1—2019《中国汽车行驶工况　第 1 部分：轻型汽车》中规定了 CLTC–P 循环工况，其更接近于真实驾驶工况。但无论是 NEDC 还是 CLTC，对纯电动汽车经济性标定来说，主要影响的都是滑行回馈工况，为解释这个问题，首先明确能量消耗率的概念。

电动汽车经过规定的试验循环后，对动力蓄电池重新充电至试验前的容量，从电网上得到的电能除以行驶里程所得的值即为能量消耗率。换个角度讲，即单位里程内动力蓄电池的耗电量，该值越小，经济性越好。

从能量消耗率的角度来讲，回馈能量越高，则动力蓄电池的耗电量越少，经济性越好。因此对滑行回馈的标定能够显著影响电动汽车的经济性。

其标定方法为在转鼓上，驾驶试验车辆以不同车速滑行，对回馈转矩进行标定，使车辆满足经济性指标。同时，由于回馈转矩会造成一定的制动感，对舒适性有一定影响，因此标定过程中需要在经济性和舒适性之间取得一定平衡。

2. 转鼓动力性标定

即在转鼓试验室针对动力性指标进行预标定、摸底工作。就纯电动汽车而言，动力性指标一般有如下内容：

1）最高车速。

2）加速性能（0—50km/h、50—80km/h等）。

3）爬坡车速。

4）坡道起步能力。

5）项目规定的其他动力性指标。

其标定方法为通过对 pedal map 和转矩加载梯度的标定，满足动力性指标要求。同时，也要兼顾安全性、舒适性。

3. 定速巡航标定

通过按键设定车速，使车辆在不踩加速踏板的情况下按设定车速行驶。由于定速巡航一般在高速公路上应用较多，同时要求在一定坡度上也可起作用，出于安全和试验路况的要求，一般会在转鼓试验室先进行预标定，然后在实际公路上进行验证和优化标定数据。

定速巡航的控制逻辑一般为 PI 控制（P 为比例，I 为积分），在转鼓上，需测量并记录车速与转矩的对应关系，并通过 P、I 的参数调节保证实际车速能够稳定在目标车速上。

4. 热管理标定

通常，电动汽车热管理系统主要由四部分组成，即电机冷却回路、空调回路、电池回路及采暖回路，下面主要介绍电机冷却回路的标定。冷却回路控制的原理是，VCU 工作后，监控 MCU 温度、IGBT 温度、电机温度、DC/DC 温度、OBC 温度及空调开启/关闭状态，根据热管理控制策略调整水泵、风扇等执行器的工作状态，调节水道温度使得电动汽车各个高压附件工作在正常的温度范围内，避免各部件发生过温故障。

某款 A0 级电动汽车，通过标定 PWM 水泵和两级风扇状态来控制冷却回路水温。首先确认受控部件的工作温度，如 DC/DC 的工作温度在 -40 ~ 80℃之间，当温度超过 75℃时开始限制功率输出，DC/DC 的最佳工作温度在 50 ~ 60℃之间。初步设定水泵开启/关闭温度为 55℃和 50℃，同时通过不同温度设定不同的水泵 PWM 占空比，温度越高，PWM 越大，温度达到 75℃时，PWM 最大，水泵全开。因为风扇的工作能耗比水泵高，所以风扇的控制温度要比水泵高，将低速风扇和高速风扇的开启温度分别初标为 65℃和 70℃。然后按照预设的常规工况和极限工况进行测试验证，观察行驶过程中 DC/DC 的工作温度，通过调节水泵各温度 PWM 占空比及风扇开启温度，避免温度过高。同理设定 OBC、MCU 和电机等部件的水泵和风扇控制温度，然后通过类似的测试用例进行测试验证。

4.9.4 车辆道路标定

电动汽车的道路标定包含但不限于：

1）动力性标定。

2）驾驶性标定。

3）蠕行标定。

4）定速巡航标定。

1. 动力性标定

常温驾驶动力性标定主要分为动力响应标定、起步加速标定、超越加速标定和爬坡性能标定。这里主要介绍动力响应标定，动力响应是指车辆在不同的速度下，踩下加速踏板后所获得的动力响应和迟滞情况，其中所获得的加速感与加速踏板开度有关，以半开和全开为标准。图 4-66 所示为某电动汽车加速踏板转矩图，横坐标为车速，纵坐标为转矩，随车速下降的曲线为各开度加速踏板的转矩线，随车速上升的曲线坡度为 0% 时和坡度为 3% 时的车辆阻力曲线。当车辆在 A 点时，因为驱动力和阻力平衡，车辆以 10% 的加速踏板开度匀速行驶，驾驶人踩下 50% 加速踏板开度，要获得多大的加速度响应，需要标定 B 点的转矩值。同时需要标定 A 点转矩过渡到 B 点转矩需要的时间及转矩走势，如果时间过长，则车辆响应迟滞，如果时间过短，则会引起传动系统冲击，标定时需要根据具体情况而定。

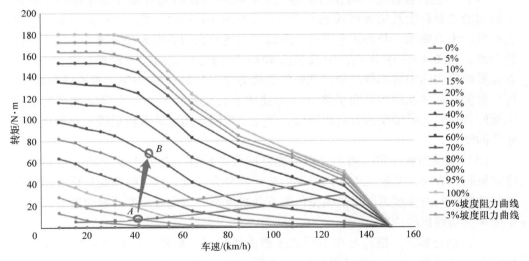

图 4-66　某电动汽车加速踏板 pedal map 转矩图（一）（见彩插）

2. 驶性标定

常温驾驶性标定主要分为加速线性度标定、匀速行驶标定、tip-in/out 平顺性标定、D 位及 R 位静态/动态换档标定和驾驶平顺性标定（包含能量回收标定）等。

（1）加速线性度标定　加速线性度主要标定车辆加速时车辆随加速踏板开度变化而变化的线性度。如图 4-67 所示，车辆在 A 点，以 10% 的加速踏板开度匀速行驶，分别以 20%、30%、40%、50% 至 100% 的加速踏板开度进行加速，标定这些点的转矩，使得到达各点的加速度值线性增加。

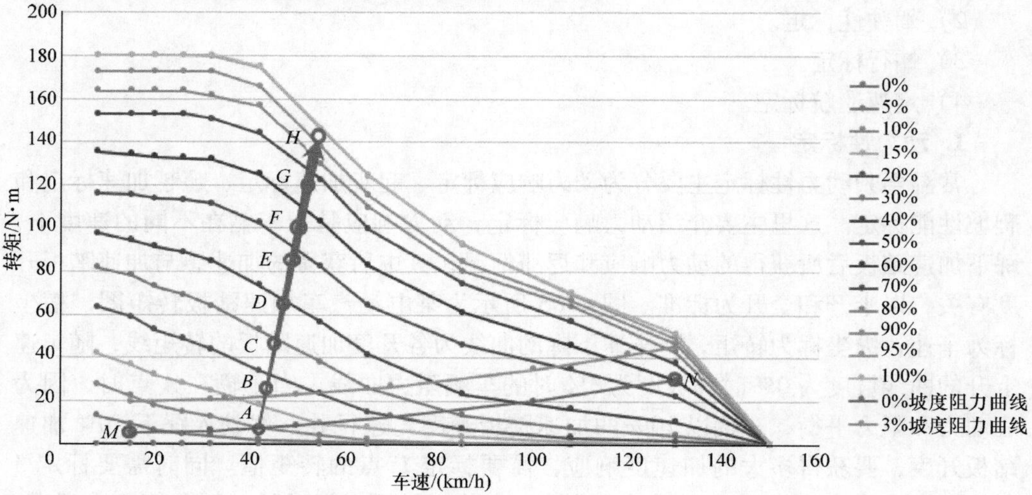

图 4-67　某电动汽车加速踏板 pedal map 转矩图（二）（见彩插）

（2）匀速行驶标定　匀速行驶标定是指标定加速踏板开度控制车速稳定在某一数值的难易程度及匀速行驶的平顺性。如图 4-67 所示，曲线 *EF* 为车辆在平路上行驶的阻力曲线，与各加速踏板开度转矩曲线相交的点即为某车速下稳定车速的转矩点。如图 4-67 中 *A* 点，中低车速 40km/h 稳定车速的加速踏板开度为 10%，首先要确定实际项目车辆的加速踏板的踏板力是否容易稳住 10%，若不容易稳定，可以根据实际情况适当下调平移 10% 加速踏板转矩线；另外一个标定原则是加速踏板的转矩线需要随车速升高而降低，避免出现同一加速踏板转矩线相邻两点转矩相等的情况。

（3）能量回收标定　前面介绍过能量回收的原理，此处主要介绍能量回收标定的原则和方法。驾驶某款电动汽车能量回收分为二级，标定的原则是低级回馈不踩制动踏板的减速度力度尽量模拟传统发动机反拖力，高级回馈的减速度力度模拟中度踩制动踏板的情况。

（4）蠕行标定　蠕行是在不踩加速踏板的情况，车辆自行起步并维持在某个较低车速的功能。一般的应用场景为停车入库，或极拥堵情况下的起步、行驶。蠕行的控制逻辑一般为 PI 控制。在加、减速阶段，通过 P、I 参数对转矩进行调整，使实际车速达到并稳定在蠕行目标车速，当实际车速达到目标蠕行车速后，P 转矩降为 0，I 转矩维持此前积分值，如图 4-68 所示。

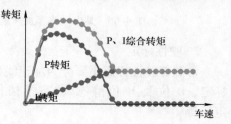

图 4-68　蠕行至目标蠕行车速的转矩变化趋势（见彩插）

　　其基本标定方法为：设定目标蠕行车速，激活蠕行功能，观察蠕行功能使试验车辆起步并且车速上升至目标蠕行车速的过程。根据蠕行功能具体表现，设定蠕行基础转矩，并调整 P、I 参数使蠕行功能下的起步、车速上升过程平顺，并且能够稳定在目标蠕行车速。

　　（5）定速巡航道路标定　定速巡航功能需在实际道路上进行标定和验证，以满足功能要求。当驾驶人通过按键设定目标巡航车速后，VCU 会对目标巡航车速和当前车速进行对比，并通过 P、I 参数对转矩进行调整使实际车速达到目标巡航车速。如图 4-69 所示。

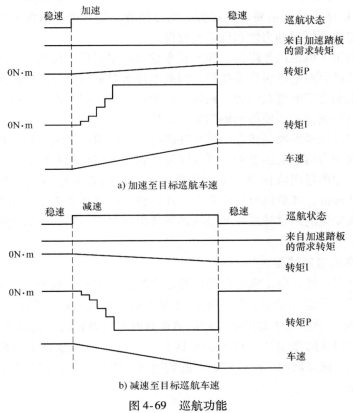

a) 加速至目标巡航车速

b) 减速至目标巡航车速

图 4-69　巡航功能

　　当巡航处于稳速状态时，P 为 0，I 基本无变化。当加速或减速时，P 和 I 响应增大或减小，使车速接近并最终达到设定的目标巡航车速；当处于稳速状态时（即实际车速与目标巡航车速相等），I 保持此前积分值，而 P 降为 0，此时保持车速稳定。当车速因负荷变化等原因发生动态变化时，P、I 会进行调整，保证车速回到目标巡航车速。

　　巡航功能道路标定方法为在实际公路上，通过设定不同目标巡航车速，观察实际车速到达目标巡航车速的过程并且是否能够稳定在目标巡航车速。通过调整 P、

I，使巡航功能最终满足要求。

3. 低温环境道路试验

低温环境道路试验是一项必不可少的道路试验，在低温环境和冰雪路面，汽车的适应性和操控性都面临挑战。恶劣环境道路测试旨在了解车辆极限状态，从而不断优化车辆性能，以满足不同地区的用户需求，是对车辆品质的考验，更是对消费者的承诺。相对于燃油汽车，纯电动汽车整车表现更容易受温度影响，低温续驶里程、充电时长、空调耗电等问题都是电动汽车低温必须注意的问题。下面主要介绍低温下的 VCU 标定验证。

低温 VCU 标定验证主要是标定验证低温环境下整车电控系统的适应性和稳定性。主要标定验证低温动力性和低温驾驶性。

低温状态下，电池活性降低，如果整车输出功率仍像常温状态下对电池电量有较大需求，势必会对电池包造成损伤，因此电池会对低温状态下的输出功率做出限制。功率的限制会影响低温动力的输出，因此需要对不同车速、不同加速踏板开度下的转矩进行修正标定，使得车辆驾驶性最佳。

前面介绍过能量回收是指电动汽车在滑行过程中通过车辆反拖电机将动能转化为电能存储到动力蓄电池的过程，同时能量回收的强弱影响着行驶过程中的制动感和安全性，因此能量回收标定的原则是整个车速段需要平稳减速。而在低温条件下，电池活性降低，能量回收功率变小，导致整车回收功率变小，使得在常温情况下随车速平滑变化的回收转矩在低温状态下会出现突变，需要根据温度进行回馈转矩修正标定。

4. 高温环境道路试验

和传统汽车一样，电动汽车也需要通过高温标定验证，包括三电系统（电池、电机、电控）的标定与验证、散热系统（热管理、空调性能）的标定与验证。其中 VCU 高温标定的重点主要是电机和电池在高温时功率和输出能力受限的情况下，整车控制器如何能够做出适应性的标定区分。主要包含高温的能量管理、转矩分配、加速响应、能量回收、故障状态下的判断与策略标定等，以及充电和续驶里程的检查及验证。

4.10　VCU 技术发展与趋势

4.10.1　VCU 未来发展的方向

如图 4-70 所示，如果说汽车未来的发展趋势是电动化、智能化（甚至是软件定义汽车），那么整车控制器未来的发展趋势必将是高度集成及安全可靠。无论汽车发展到什么阶段，安全性、舒适性与经济性永远是发展的硬性指标。

图 4-70 汽车发展趋势

4.10.2 更加安全可靠

随着行业安全标准 ISO 26262 不断完善,功能安全设计议题在汽车领域已被高度重视。

有很多行业内专著对功能安全的系统架构和方法论进行了大量的论述,读者可以从 ISO 26262 标准本身开始,结合最新的专著进行学习,在此不再进一步展开讨论。

4.10.3 融合新的功能

1. 整车电子电气架构(EEA)的新进展

在数字化重塑的浪潮下,一场深刻的汽车电子电气(E/E)架构变革正在酝酿,从分布式架构到域集中架构,从域集中到跨域融合,从跨域融合再到最终的中央计算平台,这个演化过程已经成为行业的共识。不管是图 4-71 所示的博世对于 EEA 的演化示意图,还是其他相似示意图,都对趋势有了相似的指引和预测。

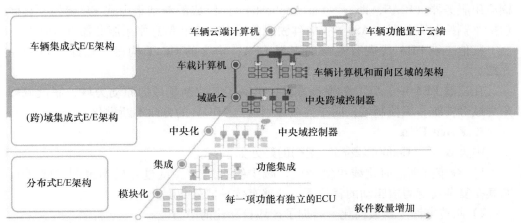

图 4-71 博世对于 EEA 的演化示意图

目前看来,比较主流的 EEA 设计有两种:第一种为三域架构,利用三个大型域控制器实现车控、智驾、信息娱乐三个域的功能，国内不少新造车势力也在研究这种架构；第二种为 Zonal 架构，是比较终极的方案，可能需要更长的时间来实现。

传统的分布式 EEA 使得车辆的本质属于机电一体化的机械载具，而非数字化/信息化的半导体设备。若要汽车真正变成一台类似手机的智能设备，首先需要实现集中式的 EEA，然后基于集中化的硬件基础，实现软件的 SOA（面向服务的架构）架构（可以基于 AUTOSAR，或者像特斯拉一样不关注 AUTOSAR）和基于服务的通信，这样才能成为现实。

2. 三域 EEA

三域的主流观点是指车控域、智能驾驶域和智能座舱域。其中，车控域基本将原动力域、底盘域和车身域等传统车辆域进行了整合；智能驾驶域和智能座舱域则专注实现汽车的智能化和网联化。涉及的零部件主要有 4 类，即车控域控制器（Vehicle Domain Controller，VDC）、智能驾驶域控制器（ADAS/AD Domain Controller，ADC）、智能座舱域控制器（Cockpit Domain Controller，CDC）及若干高性能网关，其中：

1）VDC 作为私有汽车域控制单元（DCU），负责整车控制，实时性、安全性要求高。

2）ADC 作为公共汽车域控制单元（DCU），负责自动驾驶相关感知、规划、决策相关功能的实现。

3）CDC 作为公共汽车域控制单元（DCU），负责人机接口（HMI）交互和智能座舱相关（甚至整合 T – Box）功能的实现。

三域架构的典型代表为大众 MEB 平台（首款车 ID3）的 E3 架构：即由 3 个车辆应用服务器（ICAS，即 In – Car Application）组成的新型集中式 EE 架构，具体包括车辆控制服务器 ICAS1、智能驾驶服务器 ICAS2 和信息娱乐服务器 ICAS3。

其他三域 EEA 代表有宝马的三域 EEA，华为的 CC 架构等，在此不再一一介绍。

在三域 EEA 中，VCU 的发展方向在车辆实时控制领域的原动力域、底盘域和车身域等传统车辆控制域，向车控域控制器（VDC）的方向不断进化。

3. Zonal EEA

中央 & 区（Central&Zone）架构的好处如下：

1）线束方面。简化线束复杂度，减少线束用量（重量和成本也同步降低）。尤其在复杂功能需求驱动的背景下，能够有效平抑复杂度。

2）制造方面。线束简化，增加了产线自动化的潜力。

3）空间和安装位置。节省了安装空间。

4）软件更新灵活性。只需要在车载中央计算机更新应用程序即可。

（1）中央计算单元　中央计算单元是 Zonal EEA 中最关键的，不管是按区域的架构，还是纯中央计算平台，其硬件构型从根本上决定了软件架构的设计方向。中央计算单元可以分为图 4-72 所示的三种形态。

a）分离式

b）硬件隔离式

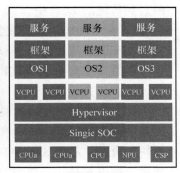
c）软件虚拟式

图 4-72 中央计算单元的三种形态

1）分离式是指将多个不同的芯片集成到一个中央计算单元中，每个运行不同的操作系统，只是在形态上集中到了一起，各单元依然独立地完成各自的任务，代表有特斯拉 AP、奥迪 zFAS 等。

2）硬件隔离式是指在统一的计算平台上采用虚拟化方案，同时运行多个操作系统，但是各个系统依然在硬件上进行隔离，每个系统都有自己的专属硬件资源。

3）软件虚拟式是指在统一的计算平台上采用虚拟化方案，同时运行多个操作系统，每个操作系统所使用的硬件资源，由 Hypervisor 层动态调配，每个系统并没有专属的硬件资源。

（2）区控制器（Zonal Controller）

Central&Zone 架构概念中，车载中央计算机固然重要，但是弄清区控制器（Zonal Controller）更重要。根据获得的资料显示，区控制器所扮演的角色主要是网关、交换机和智能接线盒，提供并分配数据和电力，并实现车辆特定区域的特征。

（3）Central&Zone 架构中 SOA 架构的部署 在 Central&Zone 架构中，部署 SOA 有以下好处：

1）功能不再与 ECU 关联，而是与区关联。

2）单个特征可由不同 ECU 所提供的服务构成，而非一个功能对应一个控制器盒子。

3）业务逻辑（Business Logic）放在车载中央计算机中实现。

能够有效解决以下问题：

1）保证功能在不同 ECU 或区之间的可移植性。

2）增加软件组件（SWC）的重用性。

3）有助于物理连接向逻辑连接进行抽象。

4）传统通信机制得以保留，如关键任务 ECU（ESP）能够保留，并仍旧使用基于信号（signal – based）的通信；可使用 Classic – AUTOSAR 将服务（Service）映射到传统的 ECU 中。

5）新增功能不需要改变 ECU 和线束（降低拓扑复杂度、增加线束优化潜力），直接在车载中央计算机中添加即可。

当然，中央 & 区架构的实现也有一些挑战，如 EMC 问题、散热问题、安全问题、缺少相关标准。

（4）Zonal EEA 的典型代表　特斯拉的 Zonal EEA 中车载中央计算机其实是辅助驾驶（Autopilot）ECU 和媒体控制单元（Media Control Unit，MCU），以及网联模块融合在一起组成的中央计算模块（CCM），共享同一套液冷系统，如图 4-73 所示，所以它是一个典型的分离式车载中央计算机。

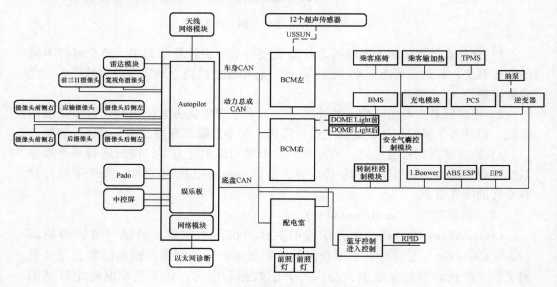

图 4-73　特斯拉 Zonal EEA

其他 Zonal EEA 代表有丰田的 Zonal EEA、沃尔沃的 Zonal EEA、安波福的 Zonal EEA、博世的 Zonal EEA 概念、伟世通的 Zonal EEA 概念等，在此不再一一介绍。

在 Zonal EEA 中，基本上 VCU 的硬件已经被车载中央计算机所取代，在未来 Zonal EEA 成为汽车行业的主流时，VCU 作为一个独立的控制器也就完成了其历史的使命，将在整车中消失。当然，VCU 的主要功能将会以软件的形式长期存在，只不过运行在车载中央计算机上。

第5章

电驱动系统开发与设计

5.1 电驱动系统概述

5.1.1 电驱动系统架构

纯电动汽车的电驱动系统主要包括驱动电机及其控制器、减速器系统，广义的电驱动系统还包含电源系统及高压连接系统。动力蓄电池包的直流母线通过配电盒连接至电机控制器的直流输入端，同时整车控制器通过 CAN 网络向电机控制器发出状态和转矩指令，电机控制器通过控制功率开关将电池包的直流电转换为三相交流电并驱动电机输出转矩，通过减速器实现减速增扭功能，带动车轮转动，实现整车的加速、减速功能。图 5-1 所示为纯电动汽车动力系统架构。

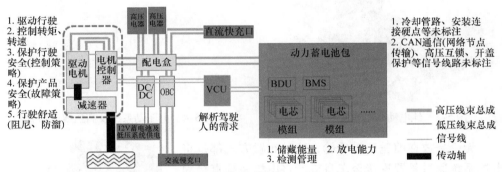

图 5-1　纯电动汽车动力系统架构（见彩插）

混合动力汽车的动力总成较为复杂，根据内燃机和电机之间能量传递方式的不同又分为串联式混合动力和并联式混合动力。其中并联混合动力系统的内燃机和电机既可以单独驱动车轮，又可以同时输出动力，而串联混合动力系统中的内燃机将化学能量转换为电能，再通过电机单独输出动力驱动整车。混动系统作为纯电动汽车和传统燃油汽车的中间状态，可以有效提高传统汽车内燃机的工作效率，降低排放量，同时又能在一定程度上避免纯电动汽车的"里程焦虑"，但是由于配备了两套动力系统，传动系统连接结构复杂，整体效率较纯电动汽车低，整车成本较高。图 5-2 所示为混合动力汽车动力系统架构。

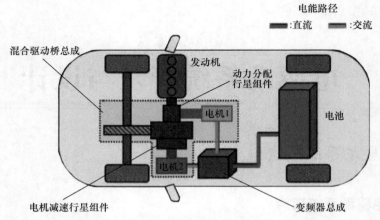

图 5-2　一种混合动力汽车动力系统架构（见彩插）

　　根据具体的车辆驱动形式，电驱动系统一般放置于整车的前舱或者后舱。图 5-3 所示为纯电动汽车底盘布置，图 5-4 所示为电驱动系统及高压线束布置。

图 5-3　纯电动汽车底盘布置

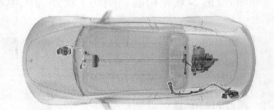

图 5-4　电驱动系统及高压线束布置

　　无论是放在前舱还是后舱，这种布置方式都是将电机系统通过悬置连接至车身或者将电机系统直接固定在前后桥上，将减速器的输出端连接半轴直接驱动车轮。部分整车厂和零部件厂提出了另一种布置方式，即将两个或多个电机直接集成到轮毂上，实现直接驱动。图 5-5 所示为轮毂电机剖面图。

　　这种驱动方式无需设计变速器、万向传动装置、差速器等传动部件，各个车轮可以独立控制，整体效率较高，转矩响应精度高、响应速度快、底盘布置更灵活，但是电机的安装环境相比于前、后舱条件更加恶劣，振动噪声大，簧下质量提高，悬架设计难度加大，制动系统也需要重新设计，同时分布式驱动系统

图 5-5　轮毂电机剖面图

的转矩协同和分配也对整车的控制提出了更高的要求。

5.1.2 新能源汽车优劣势分析

我国近年来一直在大力推动汽车的电动化，最直接的原因是汽车电动化在我国具有巨大的节能减排意义。

传统内燃机汽车中，小型传统汽车油耗约为5L/100km，折合成二氧化碳排放量约为117g/km。图5-6所示为乘用车平均燃料消耗量及二氧化碳排放量。

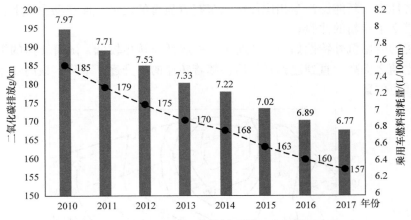

图5-6 乘用车平均燃料消耗量及二氧化碳排放量

新能源汽车平均百公里电耗按照13kW·h计算，火电碳排放强度约为797g/kW·h，火电发电比例约占70%，输电和充电过程中效率按85%计算，可得电网碳排放强度约为666g/kW·h，由此可得新能源汽车的碳排放量约为86g/km，相比传统汽车降低了26.5%。随着电力清洁度进程的加快，火电的碳排放强度和发电比例都在进一步降低，赋予了电动汽车在节能减排方面的巨大潜力。表5-1所列为2015—2017年电网碳排放强度及新能源车辆能耗。

表5-1 2015—2017年电网碳排放强度及新能源车辆能耗

年份	2015	2016	2017
电网碳排放强度/(g/kW·h)	724	694	666
火电碳排放强度/(g/kW·h)	835	822	797
火电比例(%)	73.7	71.8	70.9
输充电损失(%)	15	15	15
纯电动汽车(BEV)电耗/(kW·h/100km)	17	16	15
混合动力汽车(PHEV)综合油耗/(L/100km)	2	1.8	1.6

另外从经济性上讲，新能源汽车目前的购车价格大致与传统汽车相当，但是使

用及保养的费用远低于燃油汽车。新能源汽车按照百公里电耗 13kW·h 计算，快充桩电价约为 1 元/kW·h，百公里只需 13 元；而传统汽车按照 5L/100km 的油耗计算，92 号汽油约为 6 元/L，百公里需要花费 30 元。如果新能源汽车采用家用慢充，则电费消耗还会更低。同时，由于新能源汽车在运行中仅仅通过控制器和电机实现电能和机械能的互相转换，不需要清理发动机积炭、更换机油，在日常保养中几乎不需要额外的花费，通常只需检查冷却系统和空调系统，并对部分机械部件进行检查。

经济性上，新能源汽车相比传统汽车有着显著的优势，而在动力性上，新能源汽车也带来了崭新的体验。

传统的内燃机外特性如图 5-7 所示，一般低速转矩较低，随着转速的提高，最大转矩也随之提高，直到达到峰值后再随着转速的提升逐渐下降。最高效率点处于中速高转矩位置。

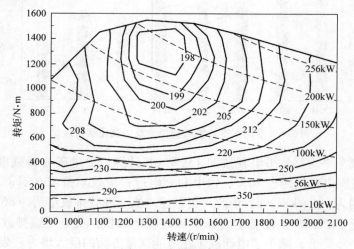

图 5-7　内燃机外特性

新能源汽车采用的电机外特性（图 5-8）则是在静止时就可以直接输出最大转矩，并且随着转速的提升始终保持最大转矩输出能力，直到达到速度拐点之后，再随着转速的提升逐渐下降。这样的特性使新能源汽车有很强的起步加速能力，并且由于调速范围宽，可以不需要像传统汽车那样采用多档变速器，而是采用单档减速器，全工作范围内固定传动比，在加减速过程中避免了换档的不平顺，提升了驾驶舒适性。

电机系统的运行效率也远高于传统内燃机。在大部分的运行区间，单电机的运行效率都可以达到 90% 以上，最高运行效率一般可达到 97%；电机控制器的效率一般在 95% 以上，最高可达到 99%；减速器的效率一般也可稳定在 97% 左右。综合来看，电驱动系统的整体效率最高可以达到 94%，在大部分日常行驶工况下的综合效率可以达到 90% 左右。图 5-9 所示为电机效率。

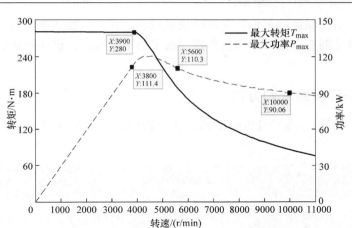

图 5-8　电机外特性

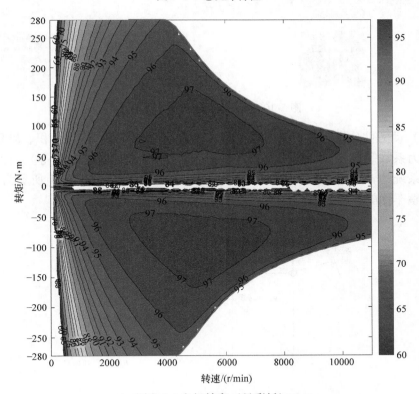

图 5-9　电机效率（见彩插）

最后，随着人工智能和互联网技术的不断发展，汽车的智能网联化也成为未来发展的趋势。新能源汽车由于采用电能驱动，各整车部件之间通过网络信号进行数据交互，在智能网联化上具有天然的优势，可以更方便快捷地集成自动驾驶、程序远程升级等先进功能。

当然，目前新能源汽车仍然存在续驶里程不足，充电便利性不高，充电时间过长等问题，但是随着电池技术和整车控制技术的不断发展，这些问题也会不断得到解决。

5.1.3 产品评价维度和方法

如图 5-10 所示，在开发电驱动系统的过程中，一般可从以下几方面逐步开展工作：

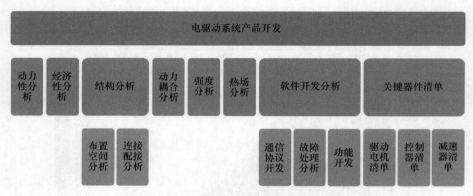

图 5-10　电驱动系统产品开发要点

（1）动力性分析　基于整车的参数（车重、轮胎半径、迎风面积、风阻系数、滚动阻力系数等）和设计指标（最高车速、最大爬坡度、加速时间等），计算并选取电机系统的转矩、功率、最高转速、传动比等技术参数。图 5-11 所示为电机外特性对整车性能的影响。

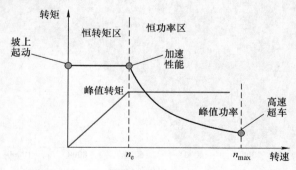

图 5-11　电机外特性对整车性能的影响

根据整车的动力性要求，可按照以下顺序分别初步计算电机系统的技术需求边界：

1）传动比初定。一般选为 6 ~ 12。

2）根据 30min 最高车速确定额定功率：

$$P_e = \frac{1}{\eta_T}\left(\frac{Gfu_{max30}}{3600} + \frac{C_dAu_{max30}^3}{76140}\right)$$

式中，P_e 为额定功率（kW）；η_T 为传动系统机械效率；G 为汽车重力（N）；f 为滚动阻力系数；u_{max30} 为 30min 最高车速（km/h）；C_d 为空气阻力系数；A 为迎风面积（m^2）。

3）根据最高车速、传动比和轮胎半径确定电机峰值转速：

$$n_{max} = u_{max}\frac{i}{0.377r}$$

式中，n_{max} 为峰值转速（r/min）；u_{max} 为最高车速（km/h）；i 为传动比；r 为轮胎半径（m）。

4）根据最高车速确定峰值功率：

$$P_{max} = \frac{1}{\eta_T}\left(\frac{Gfu_{max}}{3600} + \frac{C_dAu_{max}^3}{76140}\right)$$

式中，P_{max} 为峰值功率（kW）。

5）根据最大爬坡度确定峰值转矩：

$$\frac{T_{max}i\eta_T}{r} = Gf\cos\alpha + \frac{C_dA}{21.15}u^2 + G\sin\alpha + \delta m\frac{du}{dt}$$

式中，T_{max} 为峰值转矩（N·m）；u 为转速（km/h）；δ 为汽车旋转质量换算系数；m 为汽车质量（kg）。

6）根据初定的转矩和功率，按照整车技术规范校核加速时间、爬坡能力和整体效率情况，根据校核结果重新优化传动比及转矩、功率选择，直至达到综合最优的性能。图 5-12 所示为不同传动比对应的 NEDC 工况曲线及效率图。

（2）经济性分析　得到电驱动系统的技术参数后，通过仿真或实物测试的方式得到电驱动系统的全工况效率，结合目标工况计算出整车的综合效率及能耗情况，确保满足经济性指标。如果偏差较大，需要重新选取电驱动系统的技术参数，通过多次迭代得到最优的参数组合。目前常用的工况有 NEDC、WLTC 等，国内实行的工况为 CLTC，是结合我国测试数据形成的包含市区和郊区行驶工况的综合工况曲线。

根据整车性能指标（动力性/经济性）完成电驱动系统匹配计算后，即可初步确定电驱动系统参数范围。然后可根据整车技术规范的指标要求，微调部分参数（电机系统外特性、传动比等），实现整体动力性和经济性的综合优化。

（3）结构分析　根据整车的空间，分析电驱动系统的布置情况，并确定系统数模与车身的连接配接情况。图 5-13 所示为电驱动系统布置校核。

（4）动力耦合分析　在仿真系统中搭建各动力系统部件，并对整个动力系统进行耦合分析，确保各个系统满足整车的动力需求。

（5）强度分析　机壳及端盖强度需满足悬置 28 工况要求，冲片强度应满足

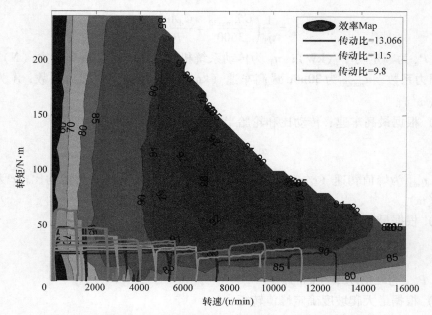

图 5-12 不同传动比对应的 NEDC 工况曲线及效率图（见彩插）

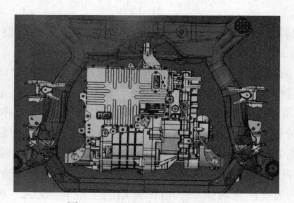

图 5-13 电驱动系统布置校核

1.2 倍最高转速工况要求，转轴及花键应满足最大转矩工况要求。图 5-14 所示为 28 工况应力校核。

（6）热场分析 电机的水道主要分为轴向水道和螺旋水道两种，如图 5-15 和图 5-16 所示。根据机壳工艺来选择，流阻需要满足要求。确认水道布置方式后，根据电机参数需求，对电机额定状态和峰值状态进行温升仿真。确认电机在额定和峰值工况下的温升可以满足设计要求。

（7）软件开发分析 定义通信协议、故障诊断及其他整车需要的控制功能，确认控制器可以满足相应的软、硬件要求。

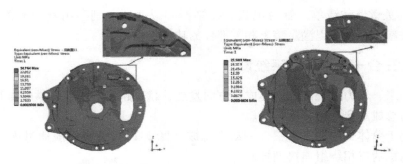

工况24：最大应力为24.8MPa　　　　　工况25：最大应力为27.6MPa

图 5-14　28 工况应力校核（见彩插）

图 5-15　轴向水道仿真（见彩插）

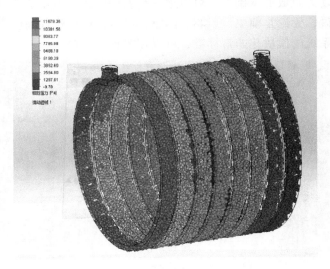

图 5-16　螺旋水道仿真（见彩插）

（8）关键器件清单　针对电机、控制器和减速器分别列出其中的关键器件，检查器件参数是否可以满足整车和零部件的功能性能要求。

5.1.4　三合一动力总成系统设计

近年来，动力系统逐步向集成化方向发展，越来越多的零部件供应商开始考虑采用动力总成三合一的设计方案。

有别于分体式的方案，三合一动力总成（图5-17）方案一般通过内部的铜排直连将电机的三相绕组连接到控制器的三相交流输出端，并将电机旋转变压器和温度采样通过内部低压线束直接连接到主控板上。电机和控制器的冷却回路一体铸造完成或内部直接连通。电机和减速器采用共端盖设计，降低了材料成本和整体的体积质量。

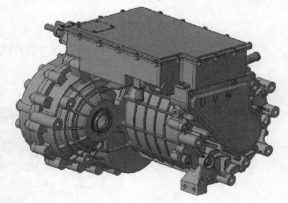

除了结构上的简化，三合一系统在设计阶段即可充分考虑整体的工作点情况，通过调整相应的设计参数，提升三合一系统的整体运行

图5-17　三合一动力总成

效率及噪声、振动方面的性能，避免部件间出现强耦合引入非预期的振动噪声等情况。从全局角度实现最优化匹配，提升整体工作性能。

在三合一动力总成的基础上，可以进一步发展成集成电驱动桥（图5-18），对于电动汽车来说，无论是前驱、后驱、四驱，都将是通过这种高度集成的电驱动桥来实现。动力系统的模块化非常标准，可以按需自由组合。

图5-18　电驱动桥

5.1.5　技术发展趋势及评价指标

1. 动力总成集成化模块化

随着市场对电驱动的能量密度要求不断提高，越来越多的零部件厂开始采用集成化的动力总成（图 5-19）。多部件的集成设计和制造有利于减小系统质量和体积，降低系统制造成本，同时也提高了整车厂的生产效率，降低了管理成本。同时，动力总成也逐渐向模块化方向发展，即同一个动力总成可以应用在多个整车平台上，通过调整电机铁心叠片长度、更换兼容功率模块和芯片、预留多个安装点等方式，满足不同功率和不同布置方式的整车的需求。

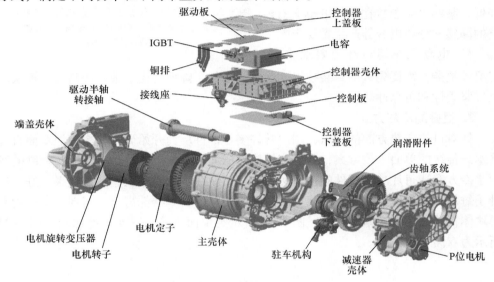

图 5-19　集成化动力总成

2. 新的功率模块

硅基功率器件有着高输入阻抗和低导通压降的特性，广泛用于高压高功率的电机控制器上。然而，器件本身的开关特性决定了开关速度上限为 10~12kHz，并且在开关过程中存在较高的开关损耗，从而带来了巨大且昂贵的热管理需求及功率转换系统效率的上限。

近年来，以 SiC 和 GaN 为代表的宽禁带半导体材料逐渐走进了工业界的视野。以 SiC 材料为例，它拥有 10 倍于硅材料的临界电场强度，因此在由 SiC 制作的功率器件中，允许使用更薄的漂移区来维持更高的阻断电压。更薄及更高注入的漂移区可以带来更低的正向电压降及导通损耗。除了降低系统的整体质量和尺寸外，还带来了前所未有的效率提高（开通损耗约降低 50%，关断损耗约降低 80%，导通电压降约降低 20%）。图 5-20 所示为不同功率模块适用的功率和开关频率。

尽管 SiC 功率器件在电动汽车驱动系统中的使用具有显著的优势和广泛的应用

前景，但仍有以下问题需要解决：

1）提高的开关频率会加剧电动汽车的电磁干扰，有可能影响其他车载电子设备的正常运转，同时高频高压工作下的开关器件会引起很高的电压和电流变化率，从而影响电机的绝缘可靠性和器件的工作稳定性。

2）提高开关频率后回路中磁性材料的铁损会增大，导致电力变换器效率降低，某些寄生参数在高频下也会对电路的漏感和分布电容等产生重要影响。

3）电动汽车运行环境要求较高，

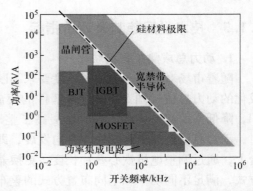

图 5-20　不同功率模块适用的功率和开关频率
BJT—双极结型晶体管　MOSFET—金属－氧化物－
半导体场效应晶体管

工况较复杂，需要先进的封装技术改善散热条件，降低寄生参数，提高功率模块的电气坚固性和可靠性。

3. 更好的冷却方式

针对可靠散热方面的需求，国内外许多零部件厂商开始研究功率模块双面直冷技术。传统的单面水冷方案，水道与模块接触面积有限，散热功率较低。特制的双面水冷方案让每片功率器件的正反两面均直接贴在水冷回路上，散热效果更好，提升了每片功率器件可承担的电流，从而减小了总的功率器件需求，实现了高压功率模块体积的减小和效率的提升。图 5-21 所示为单面水冷与双面水冷比较，图 5-22 所示为双面水冷模组。

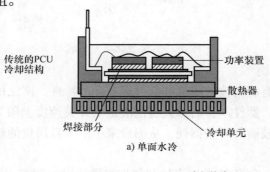

a) 单面水冷

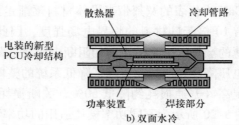

b) 双面水冷

图 5-21　单面水冷与双面水冷比较

4. 扁线电机

扁线电机内的扁线是针对定子的绕组，传统的为多根细圆线，现在变成几根粗的矩形导线，将其制成类似发卡一样的形状，穿进定子槽内，再在另外一段将其端部焊接起来。图 5-23 所示为扁线电机定子绕组。

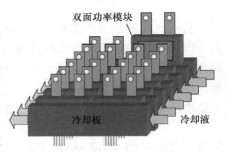

图 5-22　双面水冷模组

扁线电机的优点很多，核心优点在于通过改变铜线成形方式，将传动电机约为 40% 的槽满率提高到 60% 以上，通过槽满率的提升，提升填铜量，产生更大的磁场强度，从而提升了功率密度。同等体积下扁线电机可提高功率 20%～30%。另外，扁线之间接触面积大，相比圆线电机，导热性能更好，温升更低。最后，扁线电机还可以通过节省端部铜材的方式提升铜线利用率，降低成本。

图 5-23　扁线电机定子绕组

但是，扁线电机的劣势也同样明显。具体表现为扁线成形要求高，加工难度大。由于铜线具有一定的弹性，在设计时必须留有变形余量。另外，绝缘涂层在烘干后会产生收缩形变，如果是圆线，则收缩比较均匀，扁线则容易损坏，导致在实际加工中，扁线的良品率远远低于圆线。扁线的加工工序多，设备要求高，前期投入大，而且扁线系列化设计难，设计开发成本高。另外，扁线在运行中会产生比较明显的集肤效应，导体的实际电阻增加，损耗功率增加。表 5-2 所列为扁线电机的优势和劣势。

表 5-2　扁线电机的优势和劣势

优势	劣势
绕组槽满率高，低速工况下效率高	高速工况下的集肤效应明显，效率低
导线散热能力强	需要特制的矩形导体绕线
绕组刚度高，电枢噪声低	绕组制造需要专用设备，投入成本高
磁阻转矩高，功率密度高	绝缘、焊接一致性要求高
绕组排列布置紧密，体积小	线径匝数难以调整，设备通用性差
端部不用绑扎，可降低成本	工序多，工艺要求高，可维修性差
批量化生产节拍快，效率高	产品系列化难度大，需要顶层设计

目前，国外已有成熟的扁线电机产品应用于新能源汽车，具有代表性的是雪佛兰 VOLT（雷米电机）和丰田普锐斯（日本电装），均采用油冷冷却方式。国内扁线电机应用较少，主要是因为新能源市场发展时间较短，主要的市场份额集中在微型乘用车市场。除雷米、电装、日立等国外供应商外，国内有稳定出货量的供应商主要有华域电动、松正电机及方正电机。

5.2　功率电子驱动原理

新能源汽车的电机控制器一般采用三相全桥电路驱动电机，基本的全桥电路如图 5-24 所示，通过三组功率开关控制三相电压的幅值、频率和相位，功率开关的控制信号由电机控制器的主控芯片计算得到。

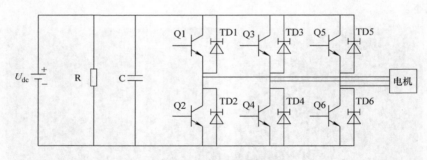

图 5-24　三相全桥电路

新能源汽车上最常用的功率开关为 IGBT，部分低压应用场合也会使用 MOS-FET。为保证直流母线电压的稳定性，母线正负极间会并联一个较大的支撑电容。另外，为了保证安全，母线之间还需要并联一个较大的被动放电电阻，在电池的主继电器断开之后，即使控制器停止工作，母线电容上的高压也会通过被动放电电阻在 5min 内降至安全电压以下，避免出现安全事故。

5.2.1　IGBT 特性及支撑电容

IGBT 即绝缘栅双极型晶体管，是由 BJT（双极结型晶体管）和 MOS（绝缘栅型场效应晶体管）组成的复合全控型电压驱动式功率半导体器件，兼有 MOSFET 的高输入阻抗和 GTR（电力晶体管）的低导通压降两方面的优点。GTR 饱和压降低，载流密度大，但驱动电流较大；MOSFET 驱动功率很小，开关速度快，但导通压降大，载流密度小。IGBT 综合了以上两种器件的优点，驱动功率小而饱和压降低。非常适合应用于直流电压为 600V 及以上的变流系统，如交流电机、变频器、开关电源、照明电路、牵引传动等系统。图 5-25 所示为 IGBT 拓扑图，图 5-26 所示为 IGBT 电压与电流特性图。

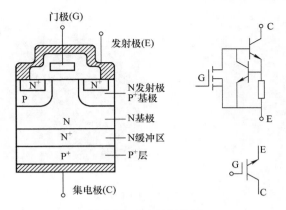

图 5-25　IGBT 拓扑图

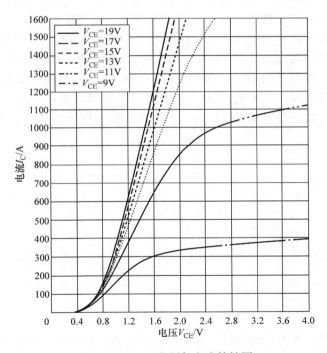

图 5-26　IGBT 电压与电流特性图

　　IGBT 模块（图 5-27）是由 IGBT 与 FWD（续流二极管芯片）通过特定的电路桥接封装而成的模块化半导体产品。常见的有按照上下桥两组器件封装的形式，也有按照三相全桥六组器件封装的形式。封装后的 IGBT 模块可以直接应用于电机控制器，通过铜排将 IGBT 模块的输入端连到母线支撑电容上，IGBT 的输出端同样通过铜排连接到电机控制器的三相输出端口，并最终与电机三相绕组连接。

　　理论分析时，IGBT 常被近似为理想开关，在动作的一瞬间即可完成电压和电

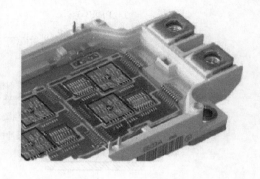

图 5-27　IGBT 模块

流状态的切换，没有损耗。但是在实际应用场合，IGBT 的开关需要时间，且开关时间越长，越影响控制精度。基于这个客观事实，在主芯片计算出 IGBT 导通时间时，需要注意该导通时间不能低于最小开关时间间隔。如果 PWM 控制下的开关信号给出的开关时间间隔小于 IGBT 最小开关时间间隔，IGBT 将不能有效完成相应开关过程。另外，在理想的开关过程中，同一条桥臂的上下桥导通信号应当是互补的，但是在实际过程中，可能出现一侧桥臂还没有可靠关断时另一侧桥臂已经导通，在这个瞬间高压母线被直接短路，有可能导致器件烧毁。图 5-28 所示为 IGBT 开关过程。

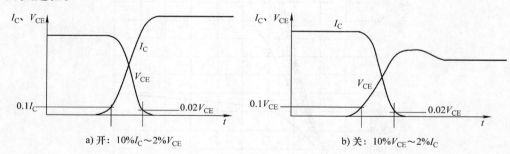

图 5-28　IGBT 开关过程

为了解决功率开关的切换延时导致的上下桥臂直通问题，可以在上下桥臂的驱动信号间增加死区保护时间，在一端桥臂有效关断后再将另一端桥臂开通。增加死区保护后，开关的实际导通时间会发生变化，当该开关通过的电流为正值时，实际导通时间会缩短（图 5-29a）；当该开关通过的电流为负值时，实际导通时间会增加（图 5-29b）。

增加死区时间之后，控制过程中的电压利用率也发生了变化，为了保持电压利用率不变，同时降低因为死区时间产生的高次谐波，可以在控制算法中增加死区补偿的策略，如图 5-30 所示。当通过电流为正值时，目标电压和导通占空比进行正

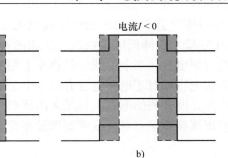

图 5-29　死区时间对导通脉冲的影响

向补偿（图 5-30a）；当通过电流为负值时，目标电压和导通占空比进行负向补偿（图 5-30b）。如果补偿的比例选取合适，就能保证最终的三相输出电压不变。

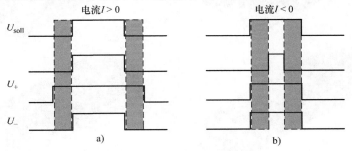

图 5-30　死区补偿后的导通脉冲

　　另一方面，如果计算出的单相导通时间过短，开通时间小于或等于死区时间，就有可能导致功率开关无法有效动作。为了解决这一问题，可按图 5-31 所示处理，当某一相的开关时间间隔小于 T_{min} 时，这一相在这个周期就不再开关，但为了保证电压矢量不变，另外两相的开关时间也要同时间段减除。这样处理后，不仅解决了电压矢量与设计值不同的问题，同时还降低了开关次数，能有效提高 IGBT 寿命，也避免潜在的短路风险。

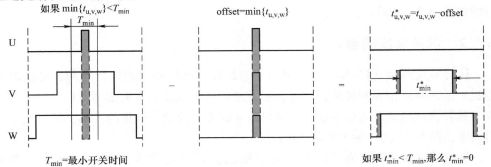

图 5-31　最小脉冲处理方式

241

IGBT 开关过程中会产生快速的电压和电流变化，因此需要在直流母线上并联支撑电容（图 5-32）以降低电压纹波。主流的高速电动汽车控制器一般采用薄膜电容作为母线支撑电容，工业上或者低速车上则使用并联电解电容的方式作为母线支撑电容。薄膜电容相对于电解电容有尺寸小、重量轻、耐电压高、寿命长、稳定性好等诸多优点，而并联的电解电容最大的优点是成本较低。母线支撑电容选型主要考虑母线电压纹波要求、电流纹波要求及布置空间和成本的限制。

图 5-32　母线支撑电容

母线电容 C（F）的选取可基于以下公式估算：

$$C = \frac{I_{rms}}{2\pi f U_{ripple}}$$

式中，I_{rms} 为输出电流的有效值（A）；U_{ripple} 为允许的电压纹波（V）；f 为驱动信号的载波频率（Hz）。

5.2.2　脉冲宽度调制

脉冲宽度调制（PWM）就是对逆变电路开关器件的通断进行控制，使输出端得到一系列幅值相等的脉冲，用这些脉冲来代替正弦波或所需要的波形。按一定的规则对各脉冲的宽度进行调制后，既可改变逆变电路输出电压的大小，也可改变输出频率。图 5-33 所示为 PWM 调制波形。

常规的通过 PWM 调制拟合正弦波形的过程又被称为正弦波脉冲宽度调制（SPWM）。将三角载波和对称的单相或三相正弦调制波比较，从而生成 PWM 波形，实现相电压控制。图 5-34 所示为 PWM 调制载波和调制波。

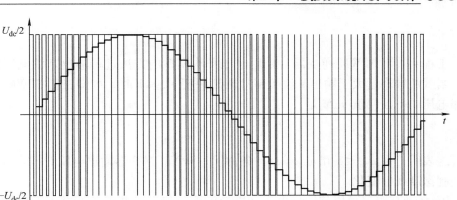

图 5-33　PWM 调制波形

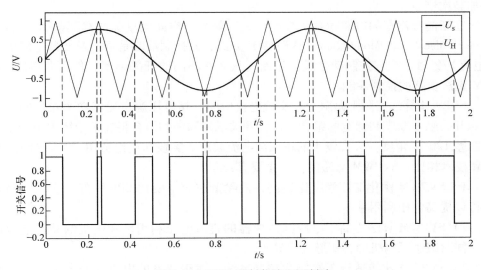

图 5-34　PWM 调制载波和调制波

定义三相正弦相电压表达式为：

$$\begin{cases} u_A = u_m \cos\omega t \\ u_B = u_m \cos\left(\omega t - \dfrac{2}{3}\pi\right) \\ u_C = u_m \cos\left(\omega t + \dfrac{2}{3}\pi\right) \end{cases}$$

载波 u_C 是幅值为 u_{Cm}、频率为 ω_c 的三角波。

载波信号频率 ω_c 与调制波信号频率 ω 之比定义为载波比，即

$$m_\omega = \frac{\omega_c}{\omega}$$

正弦调制信号与三角载波信号的幅值之比定义为调制深度，即

$$m_m = \frac{u_m}{u_{Cm}}$$

工程上，对 SPWM 逆变器常采用电压平均模型的方法进行输出基波电压的计算。当载波频率远大于输出基波频率且调制深度 $m_m \leqslant 1$ 时，可知三相 SPWM 逆变器相电压的基波幅值 u_m 满足

$$u_m = \frac{1}{2} m_m U_{dc}$$

这表明，在 $m_m \leqslant 1$ 和 $\omega_c \gg \omega$ 的条件下，SPWM 逆变器输出电压的基波幅值随着调制深度线性变化。

PWM 逆变电路可以使输出电压和电流波形更接近正弦波，但是由于使用了载波对正弦信号进行调制，必然产生和载波有关的谐波分量，另外输出电压本身也会叠加高次谐波。

在新能源汽车的电驱动系统控制中，一般采用空间矢量脉冲宽度调制（Space Vector Pulse Width Modulation，SVPWM）方式，其控制策略是依据逆变器空间电压（电流）矢量切换来控制功率模块通断，从而在不高的开关频率条件下获得较 SP-WM 算法更好的控制性能。

SVPWM 算法实际上是对应于交流电机中的三相电压源逆变器功率器件的一种特殊开关触发顺序和脉宽的组合，这种开关触发顺序和组合将在定子绕组中产生三相互差 120°电角度，失真较小的正弦波电流波形。实践和理论证明，与直接的 SP-WM 技术相比，SVPWM 算法的优点主要有：

1）SVPWM 优化谐波程度比较高，消除谐波效果要比 SPWM 好，实现容易并且可以提高电压利用率。

2）SVPWM 算法提高了电压源逆变器的直流电压利用率和电机的动态响应速度，同时减小了电机的转矩脉动等缺点。

3）SVPWM 比较适合于数字化控制系统，对于典型的电机控制器电路，其基本原理图如图 5-35 所示。

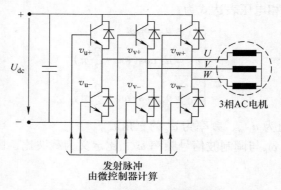

图 5-35　典型电机控制器电路

为了描述每一相绕组的连接情况，按照以下定义：

1）当绕组连接到母线正极（IGBT 上桥导通）时，定义为 1。

2）当绕组连接到母线负极（IGBT 下桥导通）时，定义为 0。

由于三相绕组均可以独立连通母线的正极和负极，可知绕组的连接情况共有 8 种可能，对应了 8 个标准电压矢量 $u_0 \sim u_7$，其中 u_0（所有绕组均连接到母线负极）和 u_7（所有绕组均连接到母线正极）为零矢量。

标准电压矢量在定子磁场定向坐标系下的空间分布如图 5-36 所

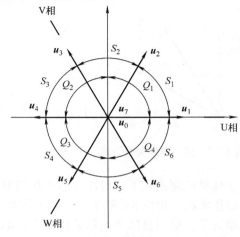

图 5-36　电压矢量图

示。坐标轴将空间分为 4 个象限 $Q_1 \sim Q_4$，各矢量将空间划分成了 6 个扇区 $S_1 \sim S_6$。各个标准电压矢量对应的开关状态见表 5-3。

表 5-3　电压矢量对应开关状态

相	u_0	u_1	u_2	u_3	u_4	u_5	u_6	u_7
U	0	1	1	0	0	0	1	1
V	0	0	1	1	1	0	0	1
W	0	0	0	0	1	1	1	1

任意目标电压矢量均可以通过标准电压矢量的组合进行合成，以第一扇区的矢量为例，如图 5-37 所示，目标矢量 u_s 处于第一扇区，可用沿着标准向量 u_1 和 u_2 方向的向量 u_r 和 u_1 合成。如果整个脉冲周期 T_p 均可用于电压加载，则基于等幅值变化，最大可用的电压为

$$|u_s|_{max} = |u_1| = |u_2| = \frac{2}{3} U_{dc}$$

向量 u_r 和 u_1 可通过一定导通时间的向量 u_1 和 u_2 实现：

$$T_1 = T_p \frac{|u_1|}{|u_s|_{max}}$$

$$T_r = T_p \frac{|u_r|}{|u_s|_{max}}$$

在完整的 T_p 周期内，剩余的时间由零矢量 u_0 和 u_7 填充。具体的各向量时序如图 5-38 所示。

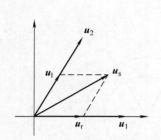

图 5-37　第一扇区矢量合成

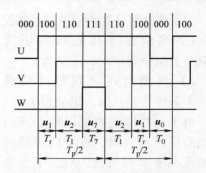

图 5-38　第一扇区各相导通时序

在这种控制模式下，每次状态变化只有一组开关管会动作，整个周期内每个开关管动作两次。由图 5-38 可知，实际控制中每一个载波周期 T_p 内可以加载两个目标空间矢量，根据具体控制器采样和更新的频率，这两个矢量可以是相同的，也可以是不同的。

其他五个扇区也有类似的向量分解和开关过程，如图 5-39 所示。每半周期采样更新一次的控制方式理论上可以实现更高的正弦度，但是实际上目标电压矢量的实现通常需要数个载波周期，所以差别不会很大。载波频率在实践中一般可以选在 $2 \sim 10\text{kHz}$ 之间。

当目标矢量处于扇区正中时，以第一扇区为例，通过将 u_1 和 u_2 的占空比同时设为 0.5，可以合成该矢量。易得该矢量的长度为

$$U = \frac{\sqrt{3}}{2}U_1 = \frac{1}{\sqrt{3}}U_{dc}$$

该矢量的长度恰好为矢量六边形的内切圆半径。为了保证整个工作范围内的平滑控制，该矢量对应的电压即为一般矢量控制采用的最大相电压（可留 10% ~ 15% 的电压余量）。

如果要更大的电压利用，只有使用过调制方法直到最大的方波控制。过调制控制基于电压矢量冲量等效的原则。根据目标电压矢量的幅值大小划分为过调制 I 区和过调制 II 区，如图 5-40 和图 5-41 所示。

在过调制 I 区时，当目标电压幅值高于内切圆半径时，随着目标矢量转动，在超出六边形时将矢量限制到六边形上，在回到六边形内部时，增大电压矢量以补偿之前损失的部分。

当电压幅值继续增大，进入过调制 II 区，实际电压矢量保持在六边形边界上，当目标电压矢量开始旋转时，实际电压矢量先保持在基本电压矢量上（如 V1），当目标矢量转过一定角度后，实际电压矢量开始沿六边形边界变化，并在 V1 和 V2 中间处追上，然后实际电压旋转至 V2 并等待目标矢量旋转至 V2，接着重复 I 区的以上过程。随着目标电压逐渐增大，该过程逐渐趋近六拍控制的相电压基波 $\frac{2}{\pi}U_{dc}$。

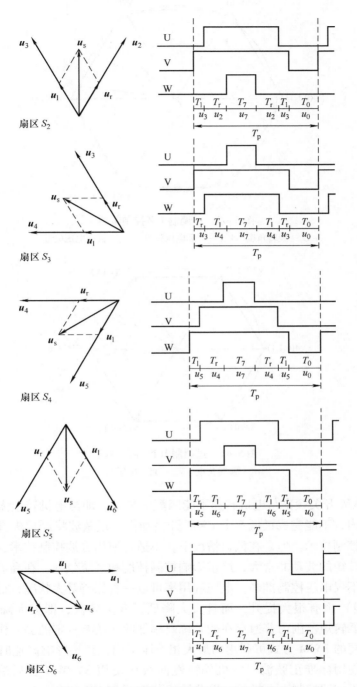

图 5-39　第二到第六扇区矢量合成及导通时序

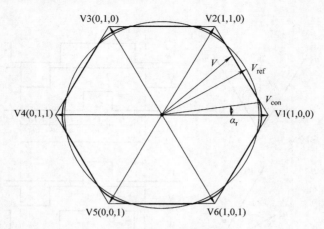

图 5-40　过调制 I 区控制策略

α_r—旋转角度　V_{con}—实际电压矢量　V_{ref}—目标电压矢量

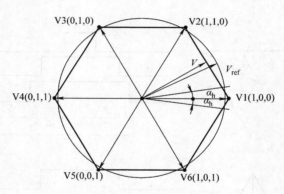

图 5-41　过调制 II 区控制策略

α_h—旋转角度　V_{ref}—目标电压矢量

　　针对 PWM 开关频率与电机转速不能匹配的情况，即当电机转速太快，在一个电转速周期内，不能完成最低 6 个 PWM 开关动作，正弦波将严重失真。这时，最好采用方波控制技术。但是在低速情况下，不适合使用方波控制技术，使用方法控制技术会使转矩的波动非常大，严重影响控制精度和系统效率。在高速情况下采用方波技术，不仅电压控制准确，电压利用率可以一直保持最大状况，最大输出转矩（外特性曲线）也有很大提升，而且大大降低了开关频次，即大大降低了开关损耗。在高速低转矩范围内普遍存在的系统效率低的问题有一定的提升作用。

　　采用不同的 PWM 方式可利用的最大相电压不同，直接影响高速时所能输出的最大转矩。使用标准正弦波，电机外特性曲线比使用 SVPWM 在后端降低 7% ~ 15%。而使用方波控制，电机外特性曲线比 SVPWM 提高 10% ~20%。在没有改变任何电机结构设计的情况下，仅仅依靠不同的 PWM 方法，电机的外特性曲线就有如此大的差异，这是一个非常大的差异，对电驱动系统的设计是很重要的影响因素。

5.3 电驱动软件开发

5.3.1 软件开发流程简述

电机控制器的软件开发一般遵循图 5-42 所示的 V 流程，其最大的特点是每个开发阶段都对应一个测试阶段。总体上说，这是一个严格的顺序流程模型，即下一阶段必须在上一阶段完成后才能开始。

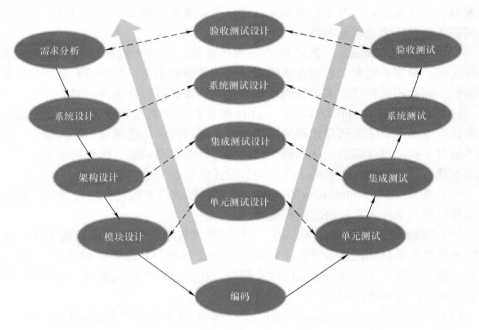

图 5-42 软件开发 V 流程

在 V 流程下，并行计划了与开发阶段相对应的测试阶段。在 V 流程左侧为从系统到部件逐层细化的开发设计过程，而右侧为从部件到整体逐步集成的测试验证过程，左侧与右侧相应的级别一一对应，每一个右侧的测试流程都对左侧的设计进行了验证。下面针对每一个阶段进行逐一介绍。

（1）需求分析（Business Requirement Analysis） 这是开发周期的第一阶段，需要详细分析和理解产品需求。为了保证充分可靠地理解客户的需求，在此阶段需要持续与客户沟通，明确客户的期望和准确要求，并系统地进行整理，同时可以在此阶段得到验收测试时的设计计划。

（2）系统设计（System Design）　有了明确而详细的产品要求后，就可以据此设计出完整的系统。系统设计将从系统需求出发，确定目标产品完整的具体软、硬件功能，并且按照不同的功能，设计出对应的系统测试计划。

（3）架构设计（Architectural Design）　在架构设计阶段需要将整个系统细分为不同的功能模块，并确定所有模块组合成整个系统的方式。模块内部、模块之间及整个系统与其他系统之间的数据传输和通信应当被定义清楚，同时可以据此完成集成测试的设计和测试目标。

（4）模块设计（Module Design）　在模块设计阶段需要完成所有功能模块内部的详细设计。在设计过程中应当依据架构设计中规定的模块内部和模块之间的数据传输形式，确保功能模块设计完成后可以和系统架构中的其他模块及外部系统相互兼容。在此阶段可以基于内部模块的设计来完成单元测试方法的设计。通常由模块编码人员自己完成单元测试。

（5）编码（Coding）　此阶段的主要任务是针对各个设计好的功能模块进行实际编码。根据系统和架构的要求确定最合适的编程语言。根据编码准则和标准进行编码。该代码需要经过多轮代码审查和优化，保证运行性能及可靠性。

（6）单元测试（Unit Testing）　此阶段会以整个功能模块为测试对象进行单元测试。单元测试主要还是代码级别的测试，通过测试功能模块的输入输出，判断是否满足了功能设计需求，从而确认代码编写是否存在缺陷。尽管通过单元测试不能够发现所有的缺陷，但有助于在早期阶段排除错误。

（7）集成测试（Integration Testing）　集成测试与架构设计阶段相关。执行集成测试以测试系统内部模块之间的兼容性。

（8）系统测试（System Testing）　系统测试与系统设计阶段直接相关。系统测试检查整个系统功能是否符合设计需求，以及系统与外部系统的通信是否正常。如在试验车上进行雷达和摄像头的融合测试。在执行系统测试期间，可以发现大多数软件和硬件兼容性问题。

（9）验收测试（Acceptance Testing）　验收测试与需求分析阶段相关，并且涉及在用户环境中测试产品。验收测试可以发现与用户环境中其他可用系统的兼容性问题。它还能发现一些非功能性问题，如实际用户环境中的负载和性能缺陷。

V 流程的优点在于其简单易懂，易于管理，且每个阶段都有特定的可交付成果和审查过程，但是因为它是顺序类流程，因此在项目开始之前，必须充分准确地分解需求，因为在项目后期出现问题后重新更改需求会带来非常大的时间和经济代价。

5.3.2　软件架构及功能

一个基本的电机控制器软件架构如图 5-43 所示。

总体来看，软件可以分为底层和应用层，中间通过软件接口进行联接。底层代

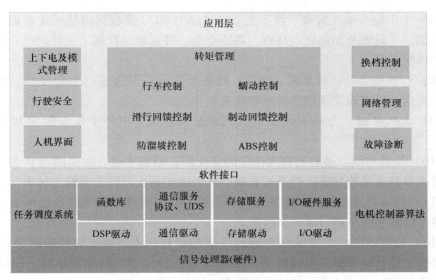

图 5-43　电机控制器软件架构

码主要处理硬件驱动和系统基础服务（输入输出、定时器、任务调度、基本函数库等），与产品的芯片选型、资源分配和硬件设计密切相关。电机控制的基本算法由于不会随着不同项目的要求发生变化，也可以放在底层中。应用层代码主要实现电机系统与整车的匹配交互及其他的各种应用功能，和整车的功能需求密切相关，但是和控制器本身的硬件关系很小，可以独立开发。在软件集成中，将底层代码封装成函数库，应用层代码就可以不关注具体的硬件设计，只需调用标准函数即可实现电机控制。

（1）DSP（数字信号处理）驱动及函数库　主芯片基本模块的初始化及调用，包含时钟与系统管理、中断管理等功能。

（2）通信驱动及通信服务协议、UDS　包含 CAN 通信、SPI（串行外设接口）通信等功能的初始化和调用，按照 UDS 协议规定了一系列服务，可以在接收到对应的 CAN 报文指令后读取并反馈相应的信息或执行数据写入、代码写入等操作。

（3）存储驱动及存储服务　包含主芯片内部存储空间的初始化和调用，可用于指令和数据的读写操作。

（4）I/O 驱动及 I/O 硬件服务　包含 ADC（模数转换）、GPIO（通用输入输出端口）等模块的初始化和调用，可用于模拟量和数字量的采样及输出，在电机控制中可以采集电压、电流等传感器的输入信号，并输出 IGBT 控制信号。

（5）任务调度系统　通过定时器和中断搭建整个程序的运行框架，可以按照优先级和调用周期将各个功能模块放在不同的任务中定时调用。

（6）电机控制器算法　基本的电机 FOC（磁场定向控制）算法、SVPWM 调制，以及根据电机种类和物理参数预先标定的电机运行控制参数。一般可兼容不同极对数永磁同步电机和异步电机在不同母线电压下的控制策略和运行参数。

（7）上下电及模式管理　整车上下电过程中 MCU 接收到的状态需求和对应的状态反馈，一般涉及初始化、待机、高压上电、转速转矩控制、主动放电、准备休眠及故障状态等。

（8）行驶安全　针对车速、档位、转矩给定及反馈等进行主动校验，确保整车行驶安全，不出现非预期的转矩和转速变化。

（9）人机界面　与特定调试上位机的交互功能，可用于实车标定和状态检测等。

（10）换档控制：接收到物理档位的变化后，根据车速、加速踏板状态、制动踏板状态等整车参数判断换档是否有效，从而确定是否可以安全输出转矩。

（11）网络管理　按照一定的规范参与整车各个零部件构建的通信网络，可以按照整车的需求同步进行休眠和唤醒。

（12）故障诊断　实时检测电驱动系统的运行状态，在出现故障时通过 CAN 网络进行上报并记录相关运行数据，在通过 UDS 协议进行故障读取服务时反馈记录的历史故障、当前故障和故障运行数据，以便故障分析。

（13）行车控制　根据档位、加速踏板开度计算出输出转矩，或者按照整车控制器给定的转矩进行输出，在输出时需要保证转矩加载幅度不超过 MCU 的限制，如果出现了会导致限转矩的故障，输出转矩不能超过限制的最大可用转矩。

（14）蠕行控制　在车辆起动未踩加速踏板时，自动调节转矩让整车平稳加速至预先定义好的蠕行车速后保持匀速前进，模拟传统汽车的蠕行功能。

（15）滑行回馈控制　在车辆高速运行松开加速踏板后，自动按照定义的能量回馈等级和车速计算出能量回馈转矩，将整车的动能转换为电池的电能。

（16）制动回馈控制　在车辆运行时踩下制动踏板后，按照能量回馈等级和车速计算出制动回馈转矩，该转矩一般比同样车速下的滑行回馈转矩更高。如果车辆配备有整车控制器，滑行回馈转矩和制动回馈转矩由整车控制器输出，电驱动系统只需响应转矩需求即可。

（17）防溜坡控制　当车辆处于坡上时，如果未踩加速踏板或者踩下的深度不够，可能出现溜车情况，为保证安全，控制器会自动按照车速为零控制电机输出合适的转矩，让车辆稳定在坡道上，直至踩下足够的加速踏板深度正常行车。

（18）ABS 控制　当车辆在加速或制动过程中出现打滑，各轮速不一致时，电机控制器接收 ABS 报出的信号并限制电机的转矩输出，保证整车安全。

5.3.3　开发工具

近年来，随着整车各零部件软件规模的不断增长和复杂度的不断提高，软件开发的方式也逐渐从手写代码转变成基于模型的软件开发和代码自动生成。

基于模型的开发（Model Based Development, MBD）是指在建模仿真软件中搭建仿真模型，完成仿真测试，在满足功能要求后直接用工具生成代码并烧录入芯片中使用的设计过程，典型的工具有 Matlab/Simulink 和 dSPACE/Targetlink 等。整个设计流程大致包含需求分析、模型搭建、模型验证、代码生成、代码集成及测试等，符合软件开发的 V 流程。图 5-44 所示为基于模型的软件开发。

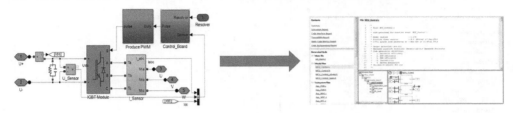

图 5-44　基于模型的软件开发

从系统功能需求分解出软件功能需求后可以提炼出输入量、输出量及需采用的算法。然后基于软件功能需求，即可在软件中搭建出相应的仿真模型。图 5-45 所示为仿真模型搭建。

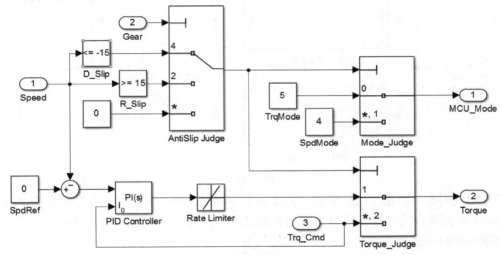

图 5-45　仿真模型搭建

在软件中还可以检查搭建的模型是否符合建模标准，并进行模型评审、模型结构分析等工作。完成必要的数据管理和代码生成配置之后，通过 Code Generation 功能直接生成应用层软件代码（ANSI C 代码，可兼容所有的编译器和芯片）。图5-46 所示为代码生成。

通过 SIL、PIL（处理器在环）等测试方式，确认自动生成的代码和原始模型在行为上完全一致，没有引入错误。其中 SIL（Software in Loop）测试可以在 Simulink 中将生成的代码封装成 S – Function，在同样的输入条件下比较原始模型和 S – Function 的输出，如果输出一致则 SIL 测试通过。图 5-47 所示为 SIL 测试。

将自动生成的应用层代码与底层驱动代码集成（图 5-48），编译生成可烧写至

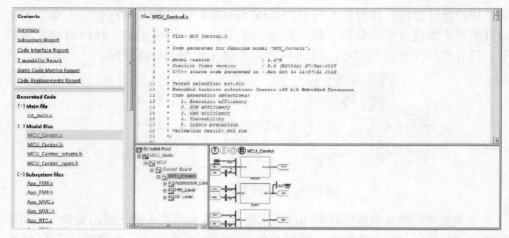

图 5-46　代码生成

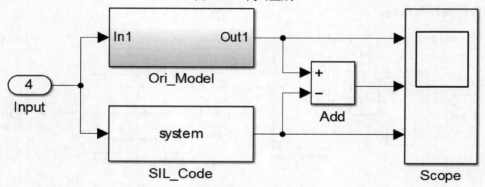

图 5-47　SIL 测试

芯片的代码文件。由于底层驱动代码无法在 Simulink 环境下仿真，且建模需要掌握 TLC（目标语言编译器）语言，不适合通过模型生成。一般建议对应用层代码和底层驱动代码库进行手动集成，其工作量并不大。

MAAB（MathWorks Automotive Advisory Board）为 MathWorks 公司整理并推荐采用的额定建模规范，在文档中规定了命名规范、模型架构、模型配置及 Simulink 和 Stateflow 中各项功能模块的详细架构和配置规范。在实际使用中，可以以此为基础，形成自己的建模规范。

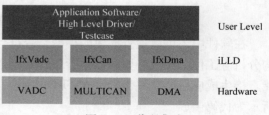

图 5-48　代码集成

将应用层和底层代码集成后，需要用目标芯片对应的软件进行代码编译及调试。以 Infineon 公司的芯片为例，编译器可选用 Tasking 或者 HighTech 工具，编译器均为基于 Eclipse 软件开发并针对目标芯片进行相应匹配，编译成功后的代码可以直接烧录入芯片进行调试。图 5-49 所示为 Tasking 编译器界面。

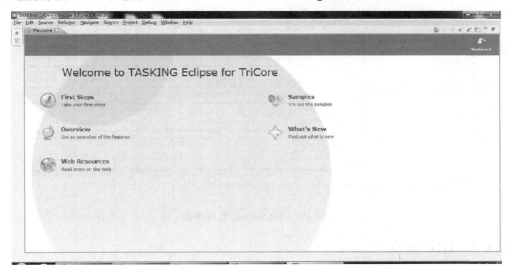

图 5-49　Tasking 编译器界面

在进行代码调试时，可以首先通过调试设备进行代码级的调试，然后当电驱动系统安装在测功台架或者整车上时，一般通过 CAN 网络和相应的 CAN 工具进行调试。国内经常使用广州致远的 ZLG USBCAN 工具。图 5-50 所示为 CANTest 软件上位机界面。

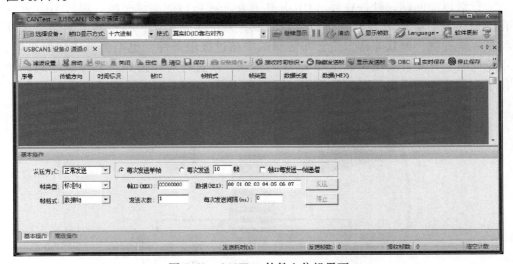

图 5-50　CANTest 软件上位机界面

国际上比较常用的主要是 Vector 公司的 CANalyzer 或 CANoe 工具。图 5-51 所示为 CANalyzer 软件界面。

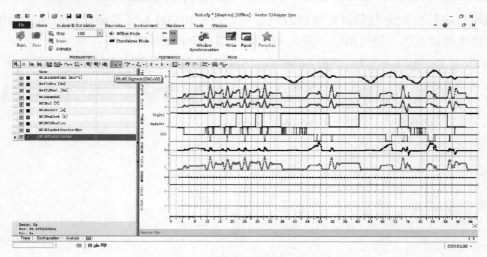

图 5-51　CANalyzer 软件界面

5.3.4　HIL 系统

随着电子技术的飞速发展，汽车上使用的电子控制单元（ECU）越来越多。网络技术在汽车上的广泛应用，使得 ECU 的软件功能越来越复杂，各控制器间的联系也越来越紧密。对汽车上的 ECU 进行全面综合的测试，尤其是故障情况和极限条件下的测试就显得格外重要了。传统的测试台架已经无法满足如此大规模的系统化测试的需要，尤其是在产品生产之前。

针对以上问题，硬件在环（HIL）仿真是一种可行的测试手段，通过 HIL 可以在虚拟环境中对 ECU 及软件进行大量测试，减少实车测试，缩短测试时间。这种测试系统性强，而且非常安全，即使测试中超过极限条件，也不会造成任何损坏。不论何时，只要需要就可以重现 ECU 的错误，而且还可以搭建自动测试序列，简化了测试流程，提高了测试的效率。图 5-52 所示为 HIL 测试系统模拟实车环境。

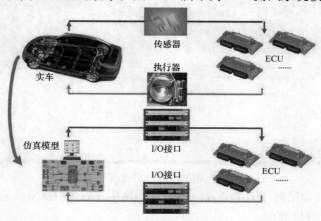

图 5-52　HIL 测试系统模拟实车环境

　　具体到电机系统的 HIL 测试，可以通过仿真系统（硬件和软件）模拟出整车动力模型、电机电子及机械特性、MCU 功率器件开关特性，以及其他与 MCU 交互的 ECU 的软件逻辑及交互通信，结合真实的 MCU 控制板搭建出完整的闭环系统进行控制模拟。

　　为了替代真实的被控对象，仿真模型需要精确地仿真被控对象的性能，包括其静态输入输出特性、动态响应特性等。使用硬件在环仿真的用户必须为仿真控制对象建立可运行的实时模型。现有的商业模型都提供了参数化的实时模型，用户只需要修改参数就可以完成大部分模型的设计工作。

　　根据以上需求，HIL 测试系统的基本组成部分包括控制器（MCU 控制板）、仿真硬件平台（HIL 机柜）、已校准的车辆模型（包括电机模型和控制器功率回路模型）和试验管理软件如图 5-53 所示。

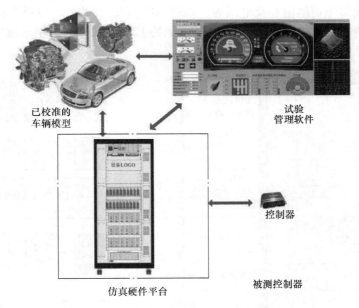

图 5-53　HIL 测试系统软、硬件平台

　　其中车辆模型在计算机上完成编辑之后可下载到 HIL 机柜中的专用芯片上进行模拟仿真。

　　HIL 的硬件平台主要包括实时硬件系统、外围硬件、综合信号管理模块、可编程电源、断路测试盒、电源管理模块等。实时硬件系统可将电机及车辆的模型实时运行，将计算出的结果转化为电信号发送给 MCU，同时采集 MCU 输出的信号及硬件系统的信号，转化后参与到模型的计算中。外围硬件可实现故障注入、电源切换等特殊功能。

　　HIL 的试验管理软件可控制 MCU 上下电，并进行控制信号（工作状态、电流、转矩指令等）的发送和反馈信号（电机转矩、电机转速、相电流、故障等）的观测。

在控制板上电之后，可以通过上位机软件观察到 MCU 向 CAN 总线上循环发送报文。同时也可以通过上位机发送报文给 MCU，观察 MCU 的响应。

如果通信有问题，则无法观察到对应报文的上传刷新，如果通信矩阵配置有问题，则上传的报文会出现不合理的数值。另外，CAN 总线网络测试及 UDS 诊断方面的测试也可以通过 HIL 台架进行。

MCU 的运行状态可分为初始化、待机、高压激活、力矩控制、速度控制、下电、故障等。在整车发送不同的需求时对应地工作在不同的状态，并且在不同运行状态时，力矩响应、故障诊断等功能会有不同的表现。

实际测试时可基于 VCU 的逻辑，预设好整车状态和 MCU 状态的对应，直接在上位机中更改整车钥匙信号及电压等，观察 MCU 状态的跳变，也可直接对 VCU 报文中的状态请求数值进行更改。图 5-54 所示为 HIL 测试平台机柜示意图，图 5-55 所示为测试系统实物图。

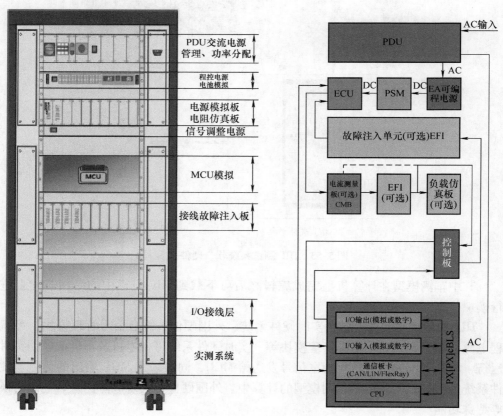

图 5-54　HIL 测试平台机柜示意图

在 HIL 的实时仿真模型中建有 MCU 功率模块、电机及整车的模型。通过上位机给出转矩需求后，MCU 会输出 PWM 驱动信号，通过实时仿真模型的计算，将驱动信号转换为模拟的相电流和转矩输出，并且模拟出电机和整车加速、减速的过程。模拟的相电流会通过 I/O 接口反馈给 MCU 控制板，形成电流的闭环。

图 5-55　HIL 测试系统实物图

转矩给定信号可基于 VCU 的逻辑预设好加速踏板和制动踏板与转矩的关系，直接拖动加速踏板和制动踏板，也可直接对 VCU 报文中的转矩请求数值进行更改。

电机系统的故障保护主要包括电压、电流、温度、转速等方面，可以通过改变 I/O 接口模拟的采样信号幅值让 MCU 计算出的信号物理值超出故障阈值，从而报出对应故障，限制功率输出或关闭功率输出。

HIL 台架还配备有故障注入板卡，可以测试输入输出信号线发生短路和断路的情况下 MCU 是否能判断出故障并合理保护。

HIL 还可以测试 MCU 实现的各种其他逻辑功能。以防溜坡功能为例，在模型中调整车辆的坡度，通过上位机模拟 VCU 功能，在检测到坡度和溜坡转速时发送速度环指令，可让 MCU 进入速度环运行状态，观察 MCU 调节出的转矩和车速变化情况。如果 MCU 内部集成了防溜坡使能的判断，也可仅调节坡度与加速踏板和制动踏板，观察 MCU 是否能及时进入防溜坡模式。

通过调节整车动力系统的参数，还可以使车辆运行时转速的抖动加剧，测试 MCU 的主动防抖功能是否能及时的触发，并观察主动防抖功能对转速波动的抑制情况。

5.4　电机控制器设计

5.4.1　FOC 算法

本节以永磁同步电机为研究的基础展开对应的控制器设计。异步电机、开关磁阻电机等有一定的差异，但原理是一样的。

FOC 控制策略是在保证空间磁场等效的前提下，通过坐标变换将三相交流电转换为两相直流电，模拟直流电机解耦磁场控制和转矩控制的方式，达到简化控制的目的。

首先，将定子 U 相绕组通正向电流时产生的磁场方向定义为 α 向，将该方向逆时针转过 90° 的方向定义为 β 向，如图 5-56 所示。

在空间中将定子的 U、V、W 三相交流电流投影至 α、β 轴上，可以将三相交流电转换为等效的两相交流电。该变换又被称为静止坐标变换（Clarke 变换），如图 5-57 所示。

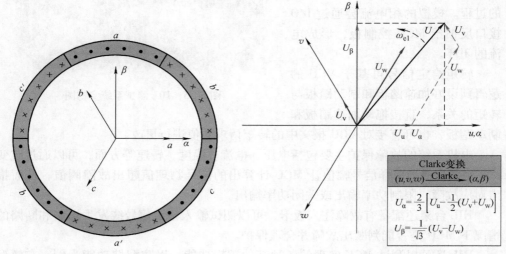

图 5-56 α、β 轴方向

图 5-57 Clarke 变换

然后，观察 α、β 轴上的两相交流电，可发现其频率等于原来的三相交流频率，合成的电流矢量在空间中逆时针旋转。如果以一个沿同样方向和速度旋转的坐标系作为参考系，则可以将两相交流信号转换为两相直流信号。在选取该参考系时，将电机转子的 N 极朝向定义为 d 向，将该方向逆时针旋转 90° 电角度定义为 q 向，如图 5-58 所示。如果电机有 n 个对极，则在机械角度上 d 轴和 q 轴的夹角为 90/n。

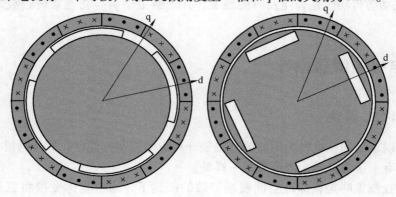

图 5-58 d、q 轴方向

将两相交流电投影为 d、q 轴上的两相直流电后，由于 d 轴与转子磁场朝向一致，在不考虑磁阻转矩的前提下，空间磁场强度仅和 d 轴电流有关，电机转矩仅和 q 轴电流有关。于是可以通过控制两个直流量实现不同电压、转速下永磁同步电机的转矩控制。该变换又被称为同步旋转坐标变换（Park变换），如图 5-59 所示。

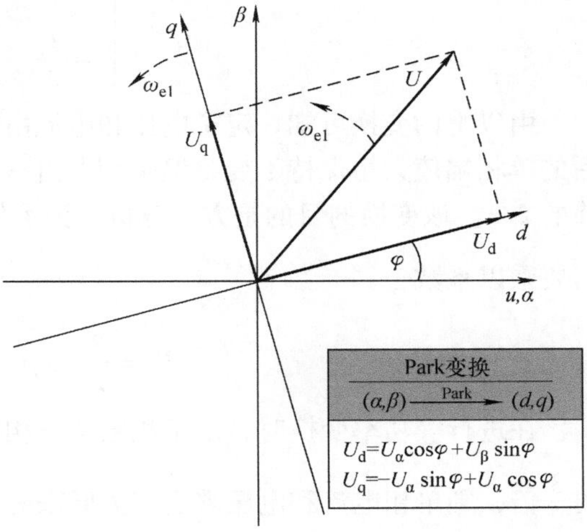

在稳态情况下，定子三相电流的瞬时值可以表示为

$$\begin{cases} i_A = I\cos(\omega t + \varphi) \\ i_B = I\cos\left(\omega t + \varphi - \dfrac{2}{3}\pi\right) \\ i_C = I\cos\left(\omega t + \varphi + \dfrac{2}{3}\pi\right) \end{cases}$$

图 5-59　Park 变换

式中，I 为相电流幅值；ω 为定子电流的电角频率；φ 为 A 相电流的初始相位角。

将三相电流矢量进行合成，化简可得

$$i_s = i_A + i_B e^{j\frac{2}{3}\pi} + i_C e^{-j\frac{2}{3}\pi} = \frac{3}{2} I e^{j(\omega t + \varphi)}$$

从计算结果可以看出，合成的电流矢量是一个幅值恒定的旋转矢量，其幅值为单相电流的 1.5 倍，合成矢量的电角速度与三相电流频率相同。

从三相到两相的变换有两种变换方法：一是等幅值变换，即保持变换后的电流幅值不变；二是等功率变换，即保持变换后的总功率不变。

在进行等幅值变换时，为保证幅值不变，需要在变换时乘以系数 $\dfrac{2}{3}$：

$$i_{s1} = \frac{2}{3} i_s = I e^{j(\omega t + \varphi)}$$

在 α、β 轴投影后可得

$$\begin{bmatrix} i_\alpha \\ i_\beta \end{bmatrix} = \frac{2}{3} \begin{bmatrix} 1 & -\dfrac{1}{2} & -\dfrac{1}{2} \\ 0 & \dfrac{\sqrt{3}}{2} & -\dfrac{\sqrt{3}}{2} \end{bmatrix} \begin{bmatrix} i_A \\ i_B \\ i_C \end{bmatrix}$$

进行逆变化，即 Clarke 逆变换，可得

$$
\begin{bmatrix} i_A \\ i_B \\ i_C \end{bmatrix} = \begin{bmatrix} 1 & 0 \\ -\dfrac{1}{2} & \dfrac{\sqrt{3}}{2} \\ -\dfrac{1}{2} & -\dfrac{\sqrt{3}}{2} \end{bmatrix} \begin{bmatrix} i_\alpha \\ i_\beta \end{bmatrix}
$$

由以上的变换可知，定子电压和电流由三相静止坐标系变换到两相静止坐标系后的单相幅值大小保持不变，但是相数由三相变为两相，这样就导致功率变为变换前的 2/3。该变换的目的是方便分析，为了保持变换前后功率一致，在计算功率时需要乘以系数 $\dfrac{3}{2}$:

$$
P_e = \frac{3}{2}(u_\alpha i_\alpha + u_\beta i_\beta)
$$

在进行等功率变换时，由于相数从三相变为两相，单相的功率应该变为变换前的 $\dfrac{3}{2}$ 倍，则单相电流和电压需要变为原来的 $\sqrt{\dfrac{3}{2}}$ 倍，即

$$
\begin{bmatrix} i_\alpha \\ i_\beta \end{bmatrix} = \sqrt{\frac{3}{2}} \times \frac{2}{3} \begin{bmatrix} 1 & -\dfrac{1}{2} & -\dfrac{1}{2} \\ 0 & \dfrac{\sqrt{3}}{2} & -\dfrac{\sqrt{3}}{2} \end{bmatrix} \begin{bmatrix} i_A \\ i_B \\ i_C \end{bmatrix} = \sqrt{\frac{2}{3}} \begin{bmatrix} 1 & -\dfrac{1}{2} & -\dfrac{1}{2} \\ 0 & \dfrac{\sqrt{3}}{2} & -\dfrac{\sqrt{3}}{2} \end{bmatrix} \begin{bmatrix} i_A \\ i_B \\ i_C \end{bmatrix}
$$

基于等功率变化计算电机功率时，不需要再乘额外的系数：

$$
P_e = u_\alpha i_\alpha + u_\beta i_\beta
$$

将两相静止坐标系转换至同步旋转坐标系时，定义旋转坐标系的 d 轴和静止坐标系的 α 轴的夹角为 θ，可得

$$
\begin{bmatrix} i_d \\ i_q \end{bmatrix} = \begin{bmatrix} \cos\theta & \sin\theta \\ -\sin\theta & \cos\theta \end{bmatrix} \begin{bmatrix} i_\alpha \\ i_\beta \end{bmatrix}
$$

其逆变换为

$$
\begin{bmatrix} i_\alpha \\ i_\beta \end{bmatrix} = \begin{bmatrix} \cos\theta & -\sin\theta \\ \sin\theta & \cos\theta \end{bmatrix} \begin{bmatrix} i_d \\ i_q \end{bmatrix}
$$

基于等幅值变化，可得电机电磁转矩表达式为

$$
T_e = \frac{3}{2} p_p \left[\varphi_f i_q + (L_d - L_q) i_d i_q \right]
$$

式中，p_p 为电机极对数；φ_f 为电机永磁体磁链；L_d、L_q 分别为电机在 d 轴和 q 轴方向上的等效电感。

需要关注的，dq 模型是一个简化的数学模型。在实际应用场合，永磁体受到磁滞回线和温度的影响，永磁体磁链会发生变化；受到磁饱和效应及漏感的影响，

不同的电流会导致电机的等效电感也发生变化；另外磁通和电机电感在瞬态过程中还存在高阶次的变化，同样会影响计算结果。总体来说，在工程应用场合，根据实际控制精度的要求，可以通过预先的标定和赋值，调整以上公式中的各项电机参数，尽可能让计算结果接近实际电机的运行结果。

在实际电驱动系统中，MCU 通过传感器采集电机的实际三相电流和角度。当整车 VCU 给出转矩需求后，MCU 结合当前的转速和母线电压计算或查表得出最优的 d、q 轴电流。实际的三相电流通过 Clarke 变换和 Park 变换转换至 d、q 轴，和查表得到的目标电流比较并进行计算，得到 d、q 轴目标电压，再通过 Park 逆变换和 Clarke 逆变换转换成三相电压，控制 IGBT 开关将电压加到实际电机绕组上。图 5-60所示为 FOC 控制原理图。

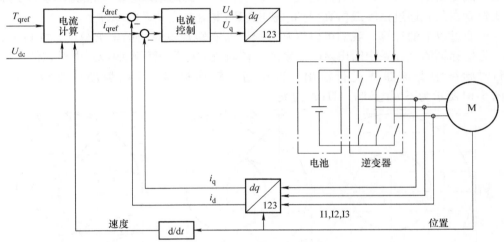

图 5-60　FOC 控制原理图

5.4.2　最大转矩电流比（MTPA）和最大转矩电压比（MTPV）

新能源汽车的续驶里程一直是用户最关心的参数之一。为了保证同样的电池电量和驾驶习惯下，整车可以获得尽可能高的续驶里程，在进行电机控制时，除了要求保证转矩的控制精度，还希望电机的每一个工作点都尽可能地提高工作效率。

电机的损耗主要分为铜损、铁损、风摩损耗和杂散损耗。其中风摩损耗主要和电机转速相关。在电机转速较低时，电机反电势较低，铁损基本固定且占比较小，铜损成为影响不同工作点效率高低的主要因素。为了保证在转速和输出转矩一定的条件下铜损尽量小，需要解决以下的有约束极值问题：

$$\begin{cases} \min\limits_{i_d,i_q}(i_d^2 + i_q^2) \\ 约束条件：\dfrac{3}{2}p_p\big[\varphi_f i_q + (L_d - L_q)i_d i_q\big] - T_{ref} = 0 \end{cases}$$

为了简化计算，可以先认为约束条件中的电机参数均是固定值，通过数值计算方法，可以简化为求以下方程的解：

$$f(x) = 2(dL)^2 x^4 + 2\varphi_f T_{nref} x - 2T_{nref}^2 = 0$$

其中 $x = i_q$，$dL = L_q - L_d$，$T_{nref} = T_{ref} / (\frac{3}{2} p_p)$。

采用牛顿迭代法计算，可得迭代关系为

$$x_n = x_{n-1} - \frac{f(x)}{f'(x)} = x_{n-1} - \frac{(dL)^2 x^4 + \varphi_f T_{nref} x - T_{nref}^2}{4(dL)^2 x^3 + \varphi_f T_{nref}}$$

经过数次迭代达到收敛，即可求得该转矩对应的电流分配。

由于电机的电感参数受到电流的影响，在每次迭代之后可以先同步根据 d、q 轴电流更新电感参数，然后再进行下一次迭代，得到的结果会更为准确，但是该方式建立在预先通过试验或仿真得到电机电感和电流对应关系的基础上。

通过以上的计算，我们可以得到低速下所有转矩点对应的电流分配，在以 i_d、i_q 为坐标轴的坐标系中绘出该电流轨迹，该轨迹被称为 MTPA 曲线。电机在低速运行时始终沿着该曲线进行输出，直至随着转速提高，反电势超过母线电压。图 5-61 所示为不同电机的 MTPA 曲线。

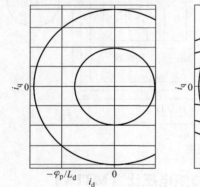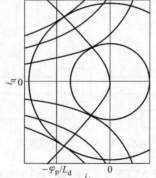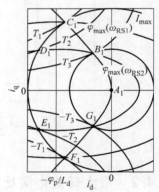

图 5-61　不同电机的 MTPA 曲线

类似地，当电机转速较高时，为了提高工作点效率，需要保证有尽可能高的电压利用率，可以转化为以下的有约束极值问题：

$$\begin{cases} \min_{i_d, i_q} (L_d^2 i_d^2 + L_q^2 i_q^2) \\ 约束条件：\frac{3}{2} p_p [\varphi_f i_q + (L_d - L_q) i_d i_q] - T_{ref} = 0 \end{cases}$$

按照类似的方法得到电流轨迹，该轨迹被称为 MTPV 曲线，如图 5-62 所示。

在控制器软件模型中，按照 MTPA/MTPV 曲线增加前馈控制如下：

控制器采集到当前的母线电压和转速后可以得到最大可用电压和磁链，从整车控制器报文中得到的目标转矩可以根据 MTPA/MTPV 的限制得到参考的磁链限制和

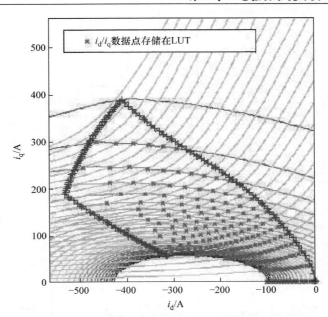

图 5-62　不同转速转矩下电机的电流轨迹（见彩插）

电流限制，将其与电压转速等参数结合计算出最优的电流 d、q 轴分配。图 5-63 所示为 MTPA 的软件模型实现，图 5-64 所示为电流计算的软件模型实现。

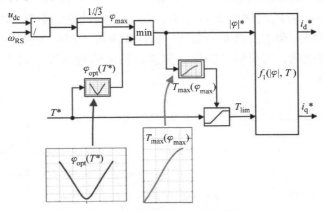

图 5-63　MTPA 的软件模型实现

5.4.3　变频技术

电控系统最主要的损耗来源是逆变器损耗，逆变器损耗 70% 来自开关部分。从开关损耗的角度分析，研究了载频动态调整技术。通过仿真试验发现，调整开关频率后，控制器效率最大可以提升 2% 左右，使用动态载频技术，尤其是在低转速下对载频要求较低时，调整载频可以有效降低控制器的损耗，提高控制器的效率，

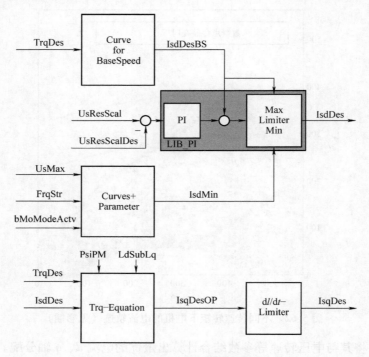

图 5-64　电流计算的软件模型实现

初步预计每 100km 可以增加 1.5km 左右。需要注意的是，载频不能无限制下调，还需要考虑整车噪声和电机控制的需要。特定频率可能产生较明显的整车噪声，影响驾乘人员的舒适感，需要调整变频区间避开该敏感频率段。图 5-65 所示为电机控制器变频策略。

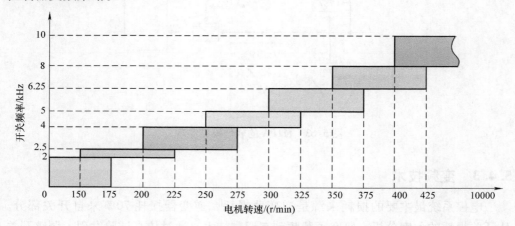

图 5-65　电机控制器变频策略

另外，电机控制器的载频可能通过电机和传动系统放大，导致整车的噪声瀑布图上出现以载频为中心的伞状分布的高能量区图 5-66，在实车上产生特定频率的高频噪声。为了减轻该噪声的影响，可以采用随机载波的方式。以当前载频为中心，随机地在每次控制时微调载频，让特定的频率分散为一个窄幅的频率带，使得原本集中的能量分散到一片区域中，从而减弱该频率噪声对驾乘人员的影响。

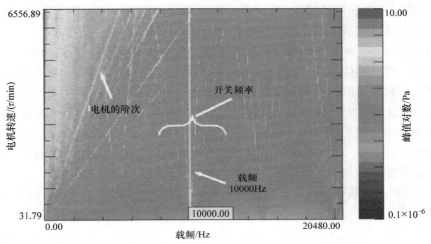

图 5-66　电机系统在载频附近的伞状振动噪声（见彩插）

5.4.4　无传感器控制技术

目前，车用永磁电机一般采用空间矢量控制（FOC），将电机的三相电流等效为旋转坐标系下的直轴电流和交轴电流，通过控制直轴电流来控制电机的磁链，通过控制交轴电流来控制电机的转矩，将电机的磁链与转矩解耦，实现电机准确高效的控制。

由于空间矢量控制需要将电机的三相电流进行坐标变换，需要准确的电机磁场的方向，考虑到位置精度、响应速度和可靠性的要求，一般需要在电机转子轴上安装旋转变压器，实时测量电机转子的位置。这也导致空间矢量控制存在一定的局限性，一方面，安装旋转变压器及配套的解码芯片提高了电机控制系统的成本，在某些精度要求和可靠性要求不高的场合安装旋转变压器并不是那么有必要；另一方面，旋转变压器输出的位置信号可靠度很高，但是一旦旋转变压器本身出现故障，如果没有合适的控制算法作为冗余，可能会导致电机控制系统故障，车辆失去动力，严重时甚至危害驾乘人员的人身安全。

为了克服使用机械位置传感器给调速系统带来的缺陷，研究人员提出了很多利用检测特定运行物理量通过一定的算法进行永磁转子位置估算以取代位置传感器的方法。从容易直接测量的定子电压、定子电流等入手，利用直接计算、参数辨识、状态估计、间接测量等不同手段，估算出与位置有关的量，从而得到转子的位置和速度信息，并将其运用到速度反馈与矢量变换控制中。目前，常用的永磁同步电机位置估算的主要策略有：

1）传统滑模观测器算法。

2）自适应滑模观测器算法。

3）模型参考自适应算法。

4）扩展卡尔曼滤波算法。

以下简单介绍滑模观测器算法如何进行永磁电机转子位置估算。

滑模控制是一种特殊的非线性控制系统，它与常规控制的根本区别在于控制的不连续性，即一种使系统"结构"随时变化的开关特性。这种方法实现的关键在于滑模面函数的选取和滑模增益的选择，既要保证收敛的速度，也要避免增益过大而引起电机运行时产生过大的抖动问题。由于滑模控制对系统模型的精度要求不高，对参数变化和外部干扰不敏感，它是一种鲁棒性很高的控制方法。在三相永磁同步电机（PMSM）控制系统中，该方法是基于给定电流与反馈电流间的误差来设计滑模观测器的，并由该误差来重构电机的反电动势，估算转子转速。

1）根据电机基本公式，在两相静止坐标系下通过电机的三相端电压的测量值估算电流值：

$$\begin{cases} \hat{i}_\alpha(k) = F_{\text{smopos}}\hat{i}_\alpha(k-1) + G_{\text{smopos}}[u_\alpha(k-1) - E_\alpha(k-1) - Z_\alpha(k-1)] \\ \hat{i}_\beta(k) = F_{\text{smopos}}\hat{i}_\beta(k-1) + G_{\text{smopos}}[u_\beta(k-1) - E_\beta(k-1) - Z_\beta(k-1)] \end{cases}$$

式中，$F_{\text{smopos}} = e^{-\frac{R_s T_s}{L_s}}$，$R_s$ 为定子电阻，L_s 为定子电感，T_s 为采样周期；$G_{\text{smopos}} = \dfrac{1 - F_{\text{smopos}}}{R_s}$；$\hat{i}_\alpha(k)$ 和 $\hat{i}_\beta(k)$ 为 k 时刻的估算电流值；$u_\alpha(k-1)$ 和 $u_\beta(k-1)$ 为 $k-1$ 时刻的电压采样值；$E_\alpha(k-1)$ 和 $E_\beta(k-1)$ 为 $k-1$ 时刻的电机反电势值；$Z_\alpha(k-1)$ 和 $Z_\beta(k-1)$ 为 $k-1$ 时刻的滑模量。

2）估算电流误差：

$$\begin{cases} \hat{i}_{\alpha\_err}(k) = \hat{i}_\alpha(k) - i_\alpha(k) \\ \hat{i}_{\beta\_err}(k) = \hat{i}_\beta(k) - i_\beta(k) \end{cases}$$

式中，$i_\alpha(k)$ 和 $i_\beta(k)$ 为 k 时刻的实际电流采样值；$\hat{i}_{\alpha\_err}(k)$ 和 $\hat{i}_{\beta\_err}(k)$ 为 k 时刻的估算电流误差值。

3）采用饱和函数替代开关滑模函数：

$$\begin{cases} \hat{i}_{\alpha\_err}(k) \begin{cases} \hat{i}_{\alpha\_err}(k) \geqslant E_0 & Z_\alpha(k) = K_{\text{slide}} \\ |\hat{i}_{\alpha\_err}(k)| < E_0 & Z_\alpha(k) = K_{\text{slide}}\hat{i}_{\alpha\_err}(k)/E_0 \\ \hat{i}_{\alpha\_err}(k) \leqslant E_0 & Z_\alpha(k) = -K_{\text{slide}} \end{cases} \\ \hat{i}_{\beta\_err}(k) \begin{cases} \hat{i}_{\beta\_err}(k) \geqslant E_0 & Z_\beta(k) = K_{\text{slide}} \\ |\hat{i}_{\beta\_err}(k)| < E_0 & Z_\beta(k) = K_{\text{slide}}\hat{i}_{\beta\_err}(k)/E_0 \\ \hat{i}_{\beta\_err}(k) \leqslant E_0 & Z_\beta(k) = -K_{\text{slide}} \end{cases} \end{cases}$$

式中，K_{slide} 为滑模增益，取 $K_{slide} = 1.5\varphi_f \omega_{e\_max}$，$\varphi_f$ 为转子永磁体磁通，ω_{e_max} 为最大电角速度，可根据电机的最高转速和极对数计算得到；E_0 为饱和函数的饱和限值；$Z_\alpha(k)$ 和 $Z_\beta(k)$ 为 k 时刻的滑模量。

4）经过低通滤波器之后求得电机反电势：

$$\begin{cases} E_\alpha(k) = E_\alpha(k-1) + K_{slf}[Z_\alpha(k-1) - E_\alpha(k-1)] \\ E_\beta(k) = E_\beta(k-1) + K_{slf}[Z_\beta(k-1) - E_\beta(k-1)] \end{cases}$$

式中，$E_\alpha(k)$ 和 $E_\beta(k)$ 为 k 时刻的电机反电势值；$K_{slf} = 2\pi f_0 T_s$，f_0 为低通滤波器的截止频率，可根据电机最高转速计算得到，T_s 为采样周期。

5）根据电机反电势表达式在静止坐标系 α 轴和 β 轴上的分量求得 k 时刻的转子位置估算值 $\hat{\theta}(k)$：

$$\hat{\theta}(k) = \arctan \frac{-E_a(k)}{E_\beta(k)}$$

根据转子位置信息计算得到 k 时刻的电机电角速度 $\omega_e(k)$：

$$\omega_e(k) = K_1[\hat{\theta}(k) - \hat{\theta}(k-1)]$$

式中，K_1 为角度计算周期的倒数。

进一步，对电机转速信号进行滤波处理，消除滑模算法带来的抖动：

$$\hat{\omega}_e(k) = K_2\hat{\omega}_e(k-1) + K_3\omega_e(k)$$

式中，K_2 和 K_3 为滤波系数；$\omega_e(k)$ 为 k 时刻的电角速度计算值；$\hat{\omega}_e(k)$ 为 k 时刻的电角速度滤波值。

由于在电机转子位置估算过程中采用低通滤波器，出现电机转子估算角度的滞后，需要进行角度的补偿：

$$\theta_{delay} = \arctan \frac{\omega_r}{\omega_f}$$

式中，θ_{delay} 为补偿角度；ω_r 为电机当前角速度；$\omega_f = 2\pi f_0$，f_0 为低通滤波器的截止频率，可根据电机最高转速计算得到。

将补偿角度叠加到转子位置估算角度上得到最终用于电机矢量控制的角度 $\theta(k)$：

$$\theta(k) = \hat{\theta}(k) + \theta_{delay}$$

图 5-67 所示为基于滑模观测器的无传感器控制原理图。

由于进行滑模观测和计算时需要保证一定的相电压，需要电机有一定的转速。如果电机为静止状态或者转速较低，可能无法得到很准确的结果。所以在电机起动阶段可以采用开环 V/f 控制先将电机加速至可以通过滑模算法得到比较准确的转速和角度，再进行切换。

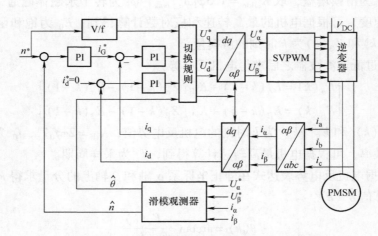

图 5-67　基于滑模观测器的无传感器控制原理框图

5.4.5　连接传动后的控制补偿

当电驱动系统连接至整车的传动系统后，因为传动系统的弹性形变及阶次振荡，导致体现在车辆上的驱动转矩出现波动。针对该转矩波动，可以建立模型分析，并在转矩加载时进行主动补偿。

电机的输出轴通过减速器、半轴连接到车轮，将整个传递路径简化为一组并联的弹簧与阻尼（图 5-68），各系统部件的参数如下：

J_m：电机转动惯量　　　　J_w：车轮转动惯量

ω_m：电机角速度　　　　ω_w：车轮角速度

θ_1：电机转过角度　　　　θ_2：车轮转过角度

i：减速器传动比　　　　k_1：传动系统弹性系数

k_2：传动系统阻尼系数　　　　T_s：弹性形变力

T_d：阻尼力　　　　T_m：电机驱动力

T_1：路面阻力

根据简化模型可得状态方程组如下：

$$x = \begin{bmatrix} \omega_m \\ \omega_w \\ \theta_1 \\ \theta_2 \end{bmatrix}$$

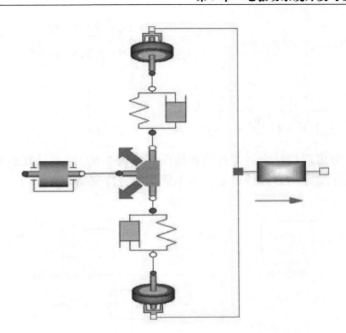

图 5-68　简化动力系统传动模型

$$u = \begin{bmatrix} T_m \\ T_l \end{bmatrix} \begin{cases} \dfrac{\mathrm{d}\omega_m}{\mathrm{d}t} = -\dfrac{k_1\theta_1}{J_m i^2} + \dfrac{k_1\theta_2}{J_m i} - \dfrac{k_2\omega_m}{J_m i^2} + \dfrac{k_2\omega_w}{J_m i} + \dfrac{T_m}{J_m} \\[3mm] \dfrac{\mathrm{d}\omega_w}{\mathrm{d}t} = \dfrac{k_1\theta_1}{J_w i} - \dfrac{k_1\theta_2}{J_w} + \dfrac{k_2\omega_m}{J_w i} - \dfrac{k_2\omega_w}{J_w} - \dfrac{T_l}{J_w} \\[3mm] \dfrac{\mathrm{d}\theta_1}{\mathrm{d}t} = \omega_m \\[3mm] \dfrac{\mathrm{d}\theta_2}{\mathrm{d}t} = \omega_w \end{cases}$$

$$\dot{x} = \begin{bmatrix} -\dfrac{k_2}{J_m i^2} & \dfrac{k_2}{J_m i} & -\dfrac{k_1}{J_m i^2} & \dfrac{k_1}{J_m i} \\[3mm] \dfrac{k_2}{J_w i} & -\dfrac{k_2}{J_w} & \dfrac{k_1}{J_w i} & -\dfrac{k_1}{J_w} \\[3mm] 1 & 0 & 0 & 0 \\[3mm] 0 & 1 & 0 & 0 \end{bmatrix} x + \begin{bmatrix} \dfrac{1}{J_m} & 0 \\[3mm] 0 & -\dfrac{1}{J_w} \\[3mm] 0 & 0 \\[3mm] 0 & 0 \end{bmatrix} u$$

$$y = \omega_m = \begin{bmatrix} 1 & 0 & 0 & 0 \end{bmatrix} x + 0u$$

计算可得以下传递函数：

$$G(s) = C(sI - A)^{-1}B + D = \left[\frac{1}{s} \frac{J_w s^2 + k_2 s + k_1}{J_m J_w s^2 + (\frac{J_w k_2}{i^2} + J_m k_2)s + (\frac{J_w k_1}{i^2} + k_1 J_m)} - \right.$$

$$\left. \frac{1}{s} \frac{\frac{k_2}{i}s + \frac{k_1}{i}}{J_m J_w s^2 + (\frac{J_w k_2}{i^2} + J_m k_2)s + (\frac{J_w k_1}{i^2} + k_1 J_m)} \right]$$

针对该函数可以设计合适的前馈补偿环节（图 5-69），并计算出相应的补偿转矩，叠加到整车给定的目标转矩上，减小整车的转速波动。

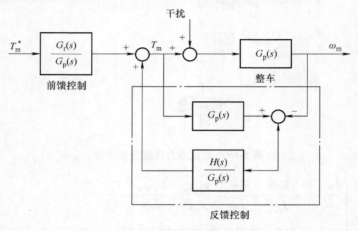

图 5-69　通过增加前馈补偿主动防抖

在基于模型的软件开发中，可按照图 5-70 所示增加观测环节和转矩补偿环节。

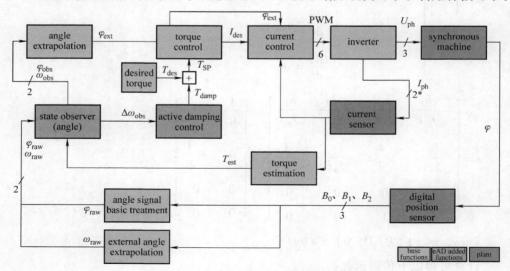

图 5-70　状态观测和主动阻尼控制软件模型

　　从电机输出转矩，要经过减速器才能传给传动轴。制造高精度品质的齿轮是很重要的，齿轮很难做到相互完全贴合。在电机输出力方面变化、过零等工况下，难免出现齿轮间的冲击响应，这种冲击体现在整车上就是行驶的不连续性，大大降低驾乘人员的舒适感。为了避免这样的冲击现象，在电机控制上，往往都需要加入一定的抑制措施来避免冲击。

　　把输入转矩/电流从一阶响应调整为二阶响应。过零前后，也用二阶曲线来过渡。

5.5　电驱动系统的热管理设计

5.5.1　电机热管理

　　电机在运行中会产生各种损耗，这些损耗最终都是以热的形式进行消耗，在输出功率较高时，损耗发热也会非常严重。电机的功率输出能力受到电机的温升限制，同时过热会影响永磁电机的性能从而降低运行效率，影响润滑和绝缘性能，甚至烧坏电机。所以低工作温度是延长电机运行寿命，提高运行效率的基本要求，需要通过冷却设计和热管理来保证。常见的电机冷却方式有风冷、水冷和油冷等，如图 5-71 所示。

风冷	水冷	油冷
✓ 体积小	✓ 使用比较普遍	✓ 降温效果好
✓ 重量轻	✓ 散热性能好	✓ 尤其适合扁线电机
✓ 散热性能相对较差	✓ 功率密度得到提升	✓ 可能会成为趋势

图 5-71　不同电机冷却方式

　　风冷又分为自然冷却和强制冷却。自然冷却最为简单，通过电机的壳体将电机产生的热量传递到外部，通过气流将热量带走，不需额外的装置。为了提高散热效率，一般会通过在外壳上设计散热鳍片以增大接触表面积。强制风冷需要在电机轴上增加散热风扇，在新能源汽车上，由于布置空间有限，一般不采用这种方式。风冷结构简单，成本最低，但是散热效率较低，仅适用于功率较低或者连续工作时间较短的电机系统，另外这种散热方式也无法充分利用废热。

　　水冷是在新能源汽车上应用最广泛的电机系统冷却方式。这种方式可以充分利用热量，散热效率可以通过冷却液温度和流量来保证，但是冷却回路较复杂，需要单独设计。为了在保证散热效率的同时避免低温冷冻，冷却液一般选用水与乙二醇的混合溶液。新能源汽车的电机水冷系统通常不是独立的，而是和电池包及电控系统的冷却系统形成一个完整的热管理系统。在电机壳体的内部有独立的水道，冷却液通过水泵的驱动在水道中流动，从而达到散热效果。当然，水冷系统要兼顾电池包和驱动电机两方面的冷却，有的热管理系统还和空调、电控系统等相连，这样涉及多个子系统，在设计方面会比较复杂。但是，由于水冷的冷却效率远高于自然风冷，所以目前主流的中高功率电动汽车基本上都采用水冷系统来为驱动电机散热。水冷系统的另外一个优势就是可以统筹使用车上的热量，实现更好的热管理。例如，有些车型的设计就将电机散发的热量用于电池组保温。对于新能源车型来说，这种设计在冬季可以提高总体能量利用率，降低电池组自加热系统的负担，有很现实的意义。图 5-72 所示为不同构型流道仿真。

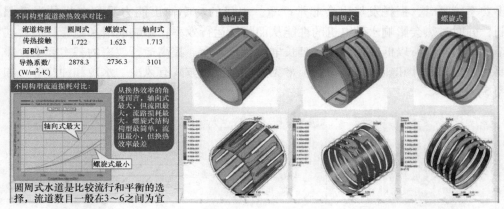

图 5-72　不同构型流道仿真（见彩插）

　　随着技术的进步，不但电机外侧的定子可以冷却，内部的转子也可以增加水套进行冷却，进一步提升了热交换的效率。图 5-73 所示为转子水冷对比。

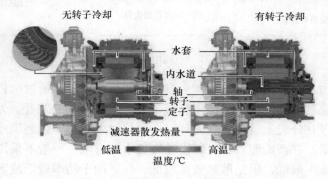

图 5-73　转子水冷对比（见彩插）

目前还有部分整车厂的车型选用了功率较高的电机系统，为了充分发挥电机系统的能力，采用了油冷的冷却方案。油冷和水冷的优势在于，油的绝缘性能良好，可以直接对电机内部进行冷却，散热效率更高，同时油的沸点和凝点比水要高，使冷却液在低温下不易结冰，高温下不易沸腾。采用电机绕组端部喷油冷却的方式可以使电机绕组温度降低 68% 以上，大大提升了电机的功率密度和转矩密度水平。由于高槽满率下绕组间的导热能力是低槽满率的 150%，端部喷油的冷却方式非常适合扁线电机绕组的冷却。图 5-74 所示为油冷电机原理。

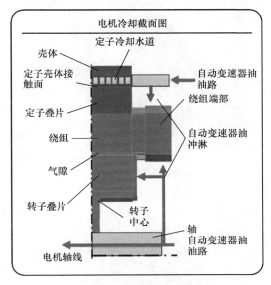

图 5-74　油冷电机原理

为了避免电机过热，除了合理设计冷却回路外，在电机控制器中也需要有对应的保护功能。

首先，在设计电机时，可以通过仿真的方式确认电机在特定工况下各部分能够达到的最高温度，如果温度过高，则需要重新调整设计，直至温度不会超过可能造成退磁等不可逆损坏的阈值。

其次，电机的定子绕组上安装有温度电阻，一般会对每一相绕组独立采集温度，并送至控制器的主芯片。当检测到电机温度高于一定阈值时，控制器逐步限制允许的转矩输出，直到零功率输出，确保电机温度稳定。图 5-75 所示为电机温升仿真。

最后，为了避免电机转子温度过高，可以根据电机的热模型在程序中进行转子温度估算，结合当前的定子温度、发热功率和散热功率，预估出转子的温度和温升速率，提前进行保护。

5.5.2　MCU 热管理及 IGBT 热可靠性设计

电机控制器在运行过程中，功率模块的开关损耗和导通损耗也会发热并升高温度。温度过高时可能导致功率模块导流能力下降甚至直接烧毁，所以 MCU 的冷却同样也直接关系到 MCU 能力的发挥和工作寿命。

和电机的冷却类似，电机控制器的冷却方式分为风冷和液冷。风冷主要通过控制器壳体散热，功率模块直接贴在散热底板上，底板另一侧增加散热鳍片或者通过安装专用的散热风扇提高散热效率。这种方式主要用于功率较低的电机系统，功率一般不超过 20kW。

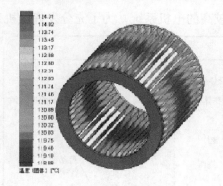

a) 裸铜温度分布图

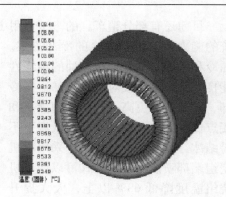

b) 定子铁心温度分布图

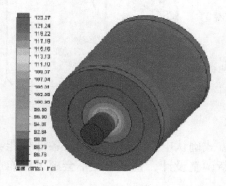

c) 转子温度分布图

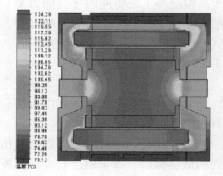

d) 电机轴向内部温度分布图

图 5-75　电机温升仿真（见彩插）

　　主流的高功率控制器采用液冷方式，同样采用水与乙二醇的混合溶液进行冷却，控制器的冷却水道与电机的冷却水道直接连通，功率模块贴在水道上侧或者冷却引脚直接插入水道中，如图 5-76 和图 5-77 所示。这种方式可以通过水温和水流量调整散热效率，且由于冷却液的比热容较高，散热效率远高于风冷方式。

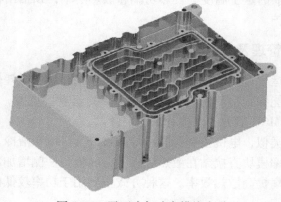

图 5-76　平面冷却功率模块水道

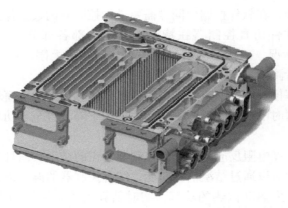

图 5-77　pin – fin 冷却功率模块水道

　　单面直接水冷仍不能满足持续增加的散热需求，因而双面直接水冷模块应运而生，双面冷却方案是把温度传感器和电流传感器功能集成，实现对整个模块进行芯片级的管理，同时集成水冷流道的散热结构。基于同样的总流量假设，双面水冷较之单面水冷，热阻可以减小 32%，同时水路压降跌落也只有其 35%。同时，对于双面水冷，仅增大 27.5% 的压力，就能获得双倍于单面水冷的总散热流量。同等条件下，采用双面水冷散热后，输出功率能够增加 30% 以上。如果采用更优化的水冷板设计，控制器的电流能力能够增加 50% 甚至更多。图 5-78 所示为单面水冷与双面水冷。

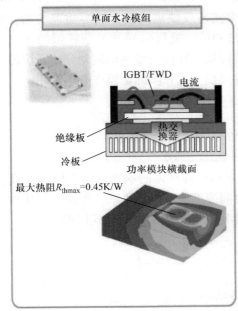

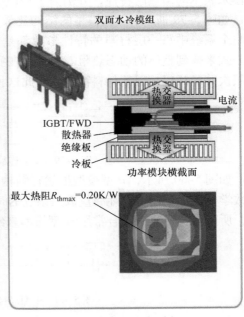

图 5-78　单面水冷与双面水冷（见彩插）

除了水道设计，在软件控制中同样需要进行控制器的过温保护。

首先，通过软件仿真控制器在特定工况下内部各部分的温升情况，主要是 IGBT 模块的温升情况，确认不会超过模块允许的结温上限。如果温度过高，需要调整水道设计或者降低可用的电流。

其次，在功率模块内部贴有温度电阻，可以实时反馈功率模块当前的温度，在温度高于一定阈值时电机控制器的输出能力逐渐下降，直至零功率，确保电机控制器温度稳定。

最后，由于温度电阻反应的并非是控制器真正的结温，而且温度变化有一定的延时性，在程序中可以通过结温估算功能，结合控制器的温度模型、温度电阻反馈的当前温度及当前发热和散热的功率，实时估算出功率模块的当前结温和变化趋势，及时防止器件损坏。

IGBT 模块通过导热硅脂贴在散热底板上，底板下方设计水道带走热量，或者通过模块底板下方的 pin - fin 引脚直接插到水道中进行散热。在考虑控制器的温度模型时，一般需要通过热阻和热容两个特性来拟合散热底板或者散热引脚。热阻 R_{th} 主要反映导热介质阻碍热量传导的能力，可以通过热流通路上的温差 ΔT 与总损耗功率 P_{tot} 之比计算得到：

$$R_{th} = \Delta T / P_{tot}$$

而热容特性主要在温度动态变化的过程中产生影响。当导热过程同时受到热阻和热容的影响时，可以引入动态热阻来表征热传递的特性。一般可以通过两种方式建模来表示动态热阻特性，分别为 T 型模型和 π 型模型。

如图 5-79 所示，T 型模型的结构比较真实地反映出热阻和热容物理结构。如果整个系统中每一层材料的特性参数都是已知的，就可以通过 T 型模型的理论计算公式来得到整体的动态热阻。但是，在实际场合往往很难准确地划分出系统的不同层次并确认每一层的材料特性，因此这种建模方式在实际建模中并不常用。

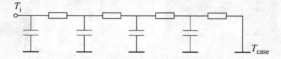

图 5-79　T 型连续网络模型回路

如图 5-80 所示，π 型模型虽然在结构上不具备具体的物理意义，但是该模型的数学模型可以通过实际测量散热系统的时间温度曲线拟合出来，操作过程比较简单，所以在实际应用场合常用 π 型模型来给定动态热阻曲线的分式因数。

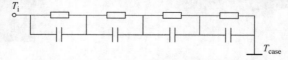

图 5-80　π 型局部网络模型回路

基于 π 型模型的动态热阻 Z_{thjc} （t） 曲线的表达为

$$Z_{\mathrm{thjc}}(t) = \sum_{i=1}^{n} r_i \left(1 - \mathrm{e}^{-\frac{t}{\tau_i}}\right)$$

在动态温升过程中，IGBT 模块的损耗 $P(T)$ 可以通过电压、电流的测量和计算得到，IGBT 模块底壳温度 T_{case} 一般通过温度电阻采样得到，则 IGBT 及二极管芯片的结温可由下列公式得出：

$$T_{\mathrm{vj}}(t) = P(T) Z_{\mathrm{thjc}}(t) + T_{\mathrm{case}}(t)$$

更精确地，如果考虑到散热器及模块与散热器接触面的瞬态热阻，整个散热系统需要额外串联这两部分的热阻和热容，由此整个散热系统的串联 π 型网络模型可由图 5-81 表示。

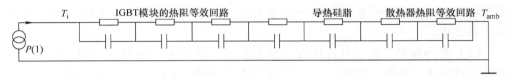

图 5-81　合并热阻网络模型

散热器的热阻 $Z_{\mathrm{thha}}(t)$ 可以按照以下公式拟合：

$$Z_{\mathrm{thha}}(t) = R_{\mathrm{thha}} \left(1 - \mathrm{e}^{-\frac{t}{\tau}}\right)$$

由此得出整个系统的 IGBT 结温 $T_{\mathrm{vj}}(t)$ 计算公式为

$$T_{\mathrm{vj}}(t) = P(T) \left[Z_{\mathrm{thch}}(t) + Z_{\mathrm{thjc}}(t) + Z_{\mathrm{thha}}(t) \right] + T_a$$

从 IGBT 模块的动态热阻特性表达式可以看出，当电机控制器工作在不同的输出频率下时，对应的 IGBT 模块结温的波动幅度也是不同的。在输出正弦波的一个半波周期内，特定的一相半桥桥臂的 IGBT 可能始终处于工作状态。如果电机转速较低，输出的正弦波频率也较低，对应的特定桥臂持续工作时间较长，可能会导致该桥臂的 IGBT 温度迅速上升。所以当整车处于低速爬坡、静止驻坡或者大转矩堵转时，即有可能出现上述的单相 IGBT 温度迅速上升的场景。当温升过快时，IGBT 底板温度并不能及时做出反应并进行保护，需要通过结温公式计算出该相的结温后将其与预设的保护阈值进行比较，一旦出现结温过高或者结温上升斜率过高的情况，就需要限制电机系统的转矩和电流输出，保护 IGBT 模块不会因过热而烧毁。

5.6　系统安全：故障定义及诊断

5.6.1　故障风险后果分析

尽管在设计阶段通过各种措施尽可能保证电机系统稳定运行，在实际应用时仍然难免会出现偶发的软、硬件失效状况。为了避免这些非预期的失效产生不可接受的后果，需要针对这些故障进行实时检测并在出现故障后有相应的处理措施，保护整个系统不产生更大的损坏或者安全风险。

在设计故障检测和保护之前，要对可能出现的故障进行一定的分析，确认故障的出现概率、严重性和保护措施的可靠性。在功能安全概念中，这又被称为危害分析和风险评估（Hazard Analysis and Risk Assessment，HARA）分析，即为了避免不合理的风险，对相关项的危害事件进行识别和归类的方法及定义防止和减轻相关危害的安全目标及 ASIL 等级的方法。在分析过程中，主要考量可控性、暴露概率和严重度三个方面。

（1）可控性　通过所涉及人员（驾驶人、乘客或者车辆外部的邻近人员）的及时反应，也可能通过外部措施的支持，避免特定的伤害或者损伤的能力。一般分为 3 个等级：C0——可控；C1——简单可控；C2——一般可控；C3——难以控制或者不可控。

（2）暴露概率　处于某种运行场景的状态，在该运行场景下，如果发生所分析的失效模式，可能导致危害。一般分为 4 个等级：E0——不可能；E1——非常低的概率；E2——低概率；E3——中等概率；E4——高概率。

（3）严重度　对可能发生在潜在危害场景中的一个或者多个人员的伤害程度的预估。一般分为 3 个等级：S0——无伤害；S1——轻度和中度伤害；S2——严重的和危及生命的伤害（有可能存活）；S3——危及生命的伤害（存活不确定），致命的伤害。

在确认故障的可控性、暴露概率和严重度后，即可得到对应的 ASIL，等级共分为 A、B、C、D 四级，每一个等级定义了 ISO 26262 中的相关项或者要素的必要要求和安全措施，以避免不合理的风险，D 代表最高等级，A 代表最低等级，见表5-4。

表5-4　ASIL 等级划分表

严重度	暴露概率	可控性		
		C1	C2	C3
S1	E1	QM	QM	QM
	E2	QM	QM	QM
	E3	QM	QM	A
	E4	QM	A	B
S2	E1	QM	QM	QM
	E2	QM	QM	A
	E3	QM	A	B
	E4	A	B	C
S3	E1	QM	QM	A
	E2	QM	A	B
	E3	A	B	C
	E4	B	C	D

5.6.2　故障应对策略设计

在检测到故障后，为了避免故障继续恶化，可以限制电机的转矩输出。在电机系统的温度、电压、电流等运行参数出现偏高或者偏低时，随着该参数的继续变化，线性地限制电机系统的最大允许输出转矩，直至最终零转矩输出。当这些参数逐渐向正常方向恢复时，转矩和功率的限制也可以逐渐恢复，直至正常输出。

如果限转矩保护下无法阻止故障参数继续向超出阈值方向变化，则会采取零转矩保护方式。电机最大可用转矩降为零，电机在低速时输出零电流或直接关波，在高速时仅输出弱磁电流或进行主动短路（ASC）保护。

当电驱动系统出现较严重的故障时，为防止继续输出转矩而导致器件损坏或安全事故，常会采用关波滑行的保护方式（图 5-82）。残留的机械能逐渐转换为电能。执行关波后，MCU 功率回路中的六个 IGBT 功率晶体管全部关断，仅剩反向续流二极管可以继续导通。电机反电势较低时不会产生较大的续流电流，仅有少量瞬态谐振电流。电机反电势较高时，直接关波可能产生较大的反向续流电流，从而带来较大的制动转矩，在这种情况下，就需要采用主动短路保护方式。

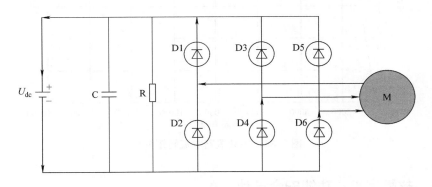

图 5-82　关波随动滑行状态

当电机需要在较高车速下限制输出转矩至零，而又无法实现有效的电流闭环控制（如电流传感器损坏，旋转变压器故障等）时，需要通过主动短路方式进行保护，防止出现不可控的电流转矩，避免电机反电势影响母线上其他高压器件。MCU 控制三相桥臂的下桥 IGBT 导通，上桥 IGBT 关断，电机的感应电势通过三个下桥 IGBT 形成短路回路，将电机的机械能转换为电机定子绕组发热的内能。如果此时下桥 IGBT 损坏，也可以控制三相上桥 IGBT 导通，下桥关断。图 5-83 所示为主动短路保护状态。

根据电机公式可计算出此时转矩被控制在一个较小的量级上，不会带来安全风险。图 5-84 所示为主动短路电流转矩分析。

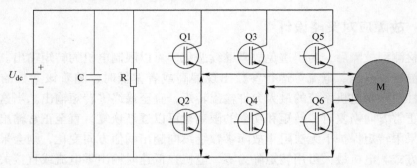

图 5-83　主动短路保护状态

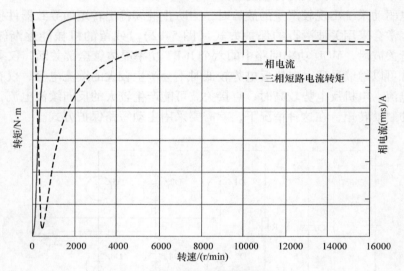

图 5-84　主动短路电流转矩分析

5.6.3　故障定义、功能安全设计

在具体检测故障时，可以采用软件检测和硬件检测的方式。软件检测是通过采样回路将被测信号值送入主芯片中，在主程序中进行比较和判断，当满足故障阈值条件时主芯片输出故障信号，并控制进入故障保护处理策略。硬件检测是采样回路输出的电平直接进入硬件比较器，当超过故障阈值时直接输出硬件电平信号，封锁 PWM 输出寄存器，限制 MCU 功率至零。表 5-5 所列为电机故障示例。

表 5-5　电机故障示例

故障名称	电机过温报警	电机过温故障
故障码	5	28
检测周期	≤500μs（5K 时为 200μs，8K 时为 125μs，10K 时为 100μs）	≤500μs（5K 时为 200μs，8K 时为 125μs，10K 时为 100μs）

（续）

故障名称		电机过温报警	电机过温故障
故障阈值		电机温度超过 135℃	电机温度超过 148℃
是否可恢复		可恢复	可恢复
故障等级		二级	二级
对应处理措施		MCU 自行调节最大可用转矩指令	MCU 自身控制关波，并把最大允许转矩降为 0
故障检测条件		实时检测与阈值温度做对比	实时检测与阈值温度做对比
故障确认条件		检测到电机温度 > 电机温度限制值（135℃）	检测到电机温度 > 电机温度限制值（148℃）
故障恢复条件		电机温度超过 135℃ 时，MCU 启动降功率处理，温度低于 130℃ 后，清除该故障	可恢复，电机温度低于 140℃
故障处理方式	MCU	当电机温度 > 电机温度限制值（135℃）时，MCU 降功率运行	MCU 自身控制关波，并把最大允许转矩降为 0
	VCU	仪表点亮电机系统专用警告灯（闪烁）	仪表点亮电机系统专用警告灯（闪烁）

为了保证整车的功能安全，除了针对过温、过压、过流等运行参数进行故障检测和保护外，还需要对转矩驱动本身进行冗余校验和保护。具体而言，目前主流的电机控制器主芯片均采用多核架构。其中主核接收到控制器的采样输入后，各软件功能模块按照定义好的指令进行运算得到输出信号，而同样的输入会进入校验核按照同样的指令进行冗余计算，只有校验核的计算结果与主核的计算结果完全一致时，校验核才会输出使能信号确认输出有效。更进一步的，还可以设置独立的监控核针对主核和校验核的存储、通信等硬件参数进行监控，确认主核和校验核的工作运行状态正常，并输出使能信号。只有当校验核和监控核均输出使能信号，主核的输出才会最终给到相应的执行器完成输出，如将 IGBT 驱动信号输出给驱动芯片实现 IGBT 通断。图 5-85 所示为功能安全三层架构。

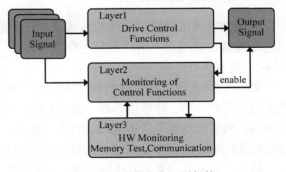

图 5-85　功能安全三层架构

以英飞凌的 Aurix 系列芯片为例，其中的 TC27x 系列芯片包含三个独立的核（CPU0、CPU1、CPU2），其中两个带有校验核（CPU0、CPU1），可以将不同的软件功能分配到三个核中，实现功能安全的多层监控校验。图 5-86 所示为 Aurix TC275 芯片硬件架构。

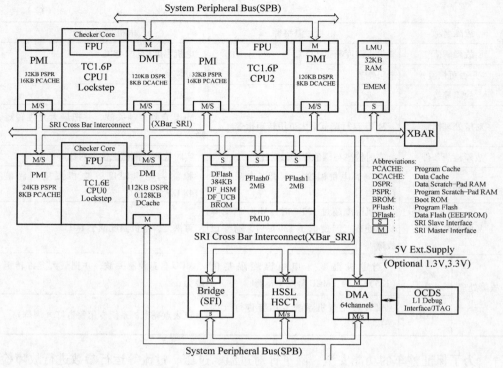

图 5-86　Aurix TC275 芯片硬件架构

5.7　电驱动系统的台架及实车标定

5.7.1　台架测试工具

电驱动系统可以搭载在测功台架上进行完整的特性测试。为了保证被测电机可以稳定地输出转矩，一般选用另一台功率更高、转速范围更大的电机进行对拖，如图 5-87 所示。

如图 5-88 所示，两台电机分别固定在台架底座上，并通过特制的传动轴连接，在连接处安装转速、转矩传感器。被测电机连接被测控制器，对拖电机连接其配套的控制器，两套控制器可连接至同一个高压电源，也可以各自连接独立的高压电源。被测电驱系统可连接功率分析仪，测试其交流电压及电流、直流电压及电流和机械转速、转矩，并据此计算出其机械功率、交流功率、直流功率、系统效率等参数。

5.7.2　测试项

（1）电机标定　当一台控制器和一台新电机进行匹配时，一般需要在台架上进行一系列物理参数和运行参数的标定，保证电机控制器可以控制电机精确输出目

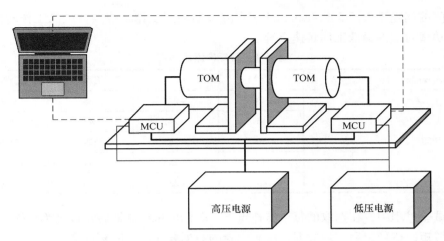

图 5-87　电机对拖台架示意

标电流和转矩。主要需标定的参数大致有以下方面：

1）电流精度标定。通过控制器给定一定的电流，用功率分析仪测量控制器的交流电流和直流电流，据此调整控制器将电流采样电平换算为实际电流值的换算参数，保证电流采样满足精度要求。

2）电压精度标定。通过高压电源给定一定的直流母线电压，据此调整控制器的母线电压采样换算参数，保证电压采样满足精度要求。

图 5-88　电机对拖台架实物

3）旋转变压器零位标定。通过直流定位或弱磁零转矩的方法确定旋转变压器零位，保证进行 Park 变换时所用的角度准确，d、q 轴电流分解可以有效保证解耦。

4）转矩电流表标定。通过给定特定的电流并记录相应的电压和转矩，找出电机在给定转速和转矩下工作效率最高的工作点并记入写入程序中，在控制器收到特定转矩指令时可以查表得到所需的电流分配并执行。表 5-6 所列为转矩电流表标定。

（2）外特性测试　测试电机能达到的最高转速及在各转速下能输出的最高转矩。驱动电机控制器直流母线电压分别设置为额定工作电压、最高工作电压、最低工作电压及最高工作电压与最低工作电压之间的其他工作电压，驱动电机系统处于实际冷态、电动状态及馈电状态。试验时在 0 ～ 500r/min 的转速范围内，取不少于 3 个转速点，在 500r/min 至最高工作转速范围内取不少于 10 个转速点，相邻转速点之间的间隔不大于 500r/min，测试点应包括额定工作转速点、最高工作转速点、峰值功率对应的最低工作转速点等。

表 5-6 转矩电流表标定

转速/(r/min)	I_{smax}/A	θ/(°)	I_d/A	I_q/A	T_{rqout}/N·m
1000	350	40	−225	268	154.00
		45	−247	247	155.20
		50	−268	225	154.80
		47	−256	239	155.30
		43	−239	256	155.00

试验过程中，在选取的每个转速点上，驱动电机控制器转矩设置为该转速点的峰值转矩，待稳定后记录数据，所有记录的数据要在同一时刻读取。

试验时，每个试验点处可以全部或者部分选择测量下列数据：

1）直流母线电压。

2）直流母线电流。

3）转矩给定值。

4）转矩实际值。

5）驱动电机输入电压。

6）驱动电机输入电流（相电流）。

7）驱动电机转速。

8）驱动电机机械功率。

最小转速至峰值功率对应的最低工作转速之间任何点上的实际最大输出转矩不应小于产品技术文件的规定，峰值功率对应的最低工作转速至峰值转速之间任何点上的最大输出转矩对应的实际机械输出功率不小于产品技术文件的规定。

（3）效率 Map 测试 验证驱动电机系统、驱动电机、驱动电机控制器最高效率能否达到产品技术文件规定。验证驱动电机系统、驱动电机、驱动电机控制器高效工作区域（效率不低于80%）占整个工作区域的占比能否达到产品技术文件规定。

驱动电机控制器直流母线电压分别设置为额定工作电压、最高工作电压、最低工作电压及最高工作电压与最低工作电压之间的其他工作电压，驱动电机系统处于热态、电动状态及馈电状态。转速点和转矩点按照合理间隔选取。

分别在不同的转速点和不同的转矩点进行试验，并按照以下方法计算各个试验点的效率：

驱动电机控制器效率分为驱动电机系统电动状态时的效率和驱动电机系统馈电状态时的效率，其值应根据驱动电机控制器输入功率和输出功率的比值计算确定。

驱动电机效率分为驱动电机系统电动状态时的效率和驱动电机系统馈电状态时

的效率，其值应根据驱动电机输入和输出功率的比值确定。

试验时，每个试验点处可以全部或者部分选择测量下列数据：

1）直流母线电压。

2）直流母线电流。

3）转矩给定值。

4）转矩实际值。

5）驱动电机输入电压。

6）驱动电机输入电流。

7）驱动电机转速。

8）控制器直流侧功率。

9）电机输入三相功率。

10）驱动电机机械功率。

（4）温升测试　验证驱动电机系统在额定、峰值及其他工况下的温升情况是否满足产品技术文件规定。

1）工况一。驱动电机控制器的直流母线电压设置为额定电压，驱动电机工作在额定转速，额定功率下持续运行，直至达到温度平衡，记录驱动电机系统持续运行的时间和温升数值。

2）工况二。驱动电机控制器的直流母线电压设置为额定电压，驱动电机工作在峰值转速，额定功率下持续运行，直至达到温度平衡，记录驱动电机系统持续运行的时间和温升数值。

图 5-89 所示为效率 Map 测试图。

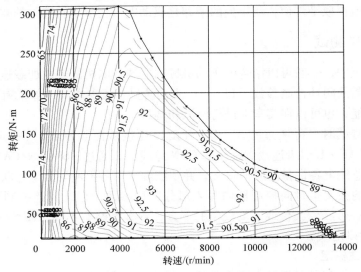

图 5-89　效率 Map 测试图

3）工况三。驱动电机控制器的直流母线电压设置为额定电压，驱动电机工作在额定转速，峰值功率下持续运行，直至达到温度报警值，记录驱动电机系统持续运行时间和温升数值。

4）工况四。驱动电机控制器的直流母线电压设置为额定电压，驱动电机工作在峰值转速，峰值功率下持续运行，直至达到温度报警值，记录驱动电机系统持续运行的时间和温升数值。

5）工况五。技术文件规定的其他工况。

（5）支撑电容放电测试　验证驱动电机控制器支撑电容被动放电时间、主动放电时间是否满足产品技术文件规定。试验时，驱动电机控制器直流母线电压设置为最高工作电压，电压稳定后，立即切断直流供电电源，同时利用电气测量仪表测量驱动电机控制器支撑电容两端的开路电压。试验期间，驱动电机控制器不参与任何工作。记录支撑电容开路电压从切断时刻直至下降到 60V 经过的时间，此数值即为驱动电机控制器支撑电容的被动放电时间。对于具有主动放电功能的驱动电机控制器，试验时直流母线电压设定为最高工作电压，电压稳定后，立即切断直流供电电源，并且驱动电机控制器参与放电过程，利用电气测量仪表测取驱动电机控制器支撑电容两端的开路电压，记录支撑电容开路电压从切断时刻直至下降到 60V 经过的时间，此数值即为驱动电机控制器支撑电容的主动放电时间。

（6）空载反电势测试　测量驱动电机在额定转速时空载反电势的值。断开驱动电机与驱动电机控制器之间的三相高压线，驱动电机定子绕组开路。由测功机拖动驱动电机至额定转速，测取驱动电机定子绕组 UV 的端电压，反复测量三次，取平均值。用同样的方法测取 UW、VW 的端电压平均值。将测得到的 UV、UW、VW 电压的平均值再取平均值，所得到的值即是驱动电机在额定转速下的空载反电势。

5.7.3　实车测试

实车测试中，一般可以结合整车的机械响应调节电机的转矩加载速度、电流控制和速度控制的闭环控制参数（PI 值）、主动防抖补偿参数等。如果有其他整车定义的特殊功能，也可以在实车上进行测试和调整。

在实车测试时，可通过整车 OBD 开度口连接被测控制器。在 OBD 引脚中，CAN - H 和 CAN - L 引脚连接到整车的 CAN 总线上，通过 USBCAN/CANalyzer 等设备可以读出总线上各设备的通信报文，并观测到整车各控制器的运行状态。同时可以通过特定的报文实时向控制器内写入部分调试参数，在线调整控制器的运行情况。OBD 口一般在驾驶位或副驾驶位的下方，各车型略有不同。图 5-90 所示为整车 OBD 诊断口定义。

1. 驾驶性标定

PedalMap 标定是对驾驶人需求转矩的解析，不同车速、不同加速踏板开度下输出适当的请求转矩，保证车辆在大加速踏板开度下的动力性和小加速踏板开度下

OBDⅡ

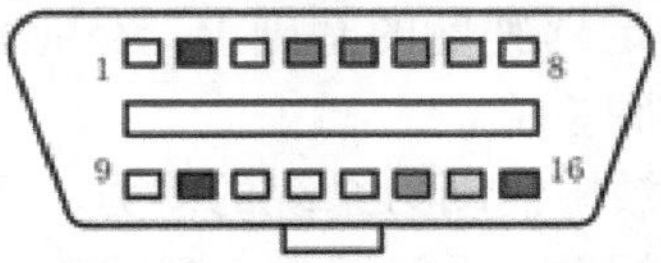

Female OBD-II connector pinout front view

1	Manufacturer discretion - GM: J2411 GMLAN/SWC/Single-Wire CAN.VW/Audi: Switched +12 to tell a scan tool whether the ignition is on. Ford: Infotainment CAN High
2	Bus Positive Line of SAE J1850 PWM and VPW
3	Manufacturer discretion - Ford: DCL(+) Argentina, Brazil (pre OBD-II) 1997-2000, USA, Europe, etc. Ford: Medium Speed CAN-High Chrysler: CCD Bus(+)
4	Chassis ground
5	Signal ground
6	CAN-High (ISO 15765-4 and SAE J2284)
7	K-Line of ISO 9141-2 and ISO 14230-4
8	Manufacturer discretion - BMW: Second K-Line for non OBD-II (Body/Chassis/Infotainment) systems.
9	Manufacturer discretion - GM: 8192 bit/s ALDL where fitted.
10	Bus Negative Line of SAE J1850 PWM only (not SAE J1850 VPW)
11	Manufacturer Discretion - Ford: DCL(-) Argentina, Brazil (pre OBD-II) 1997-2000, USA, Europe, etc. Ford: Medium Speed CAN-Low Chrysler: CCD Bus(-)
12	Manufacturer discretion -
13	Manufacturer discretion - Ford: FEPS – Programming PCM voltage
14	CAN-Low (ISO 15765-4 and SAE J2284)
15	L-Line of ISO 9141-2 and ISO 14230-4
16	Battery voltage

图 5-90　整车 OBD 诊断口定义

的平顺性。小加速踏板开度时车速稳定平顺，能跟随加速踏板开度而平滑变化；中大加速踏板开度起步时需求转矩与系统能力相符。

Tip in/out 是驾驶性标定中的重要环节，该工况是模拟驾驶人在驾驶过程中快速地踩踏加速踏板并快速地松开加速踏板。其中 Tip in 是指车辆行驶过程中驾驶人快速踩踏加速踏板的工况，对应的 Tip out 是指车辆行驶过程中驾驶人快速松开加速踏板的工况，主要验证电机转速变化、转矩响应时间及起步过程中整车主观感受。实现 Tip in 过程中车辆加速响应迅速，加速感平顺无抖动；Tip out 过程中车辆减速响应平顺，车辆不能出现顿挫，车辆不存在窜动。

静态挂档确保电机挂挡逻辑合理，能快速响应目标档位（挂档时间短），过程平顺无冲击。动态挂档在低速进行踩制动踏板 D 位与 R 位切换，换档平顺无冲击。

R 位切换 D 位同理。

2. 动力性标定

整车动力性标定是在满足驾驶性的基础上，依据整车技术规范中的动力性指标，对其要求的工况进行摸底验证。

尽可能放开由于转矩滤波限制动力系统的能力。在损失部分驾驶性的前提下，调整电机的大转矩输出，挖掘动力系统潜力。测试 0—50km/h、50—80km/h 和 0—100km/h 的加速性能。

3. 滑行能量回收标定

能量回收开启后，车辆进入、退出回馈状态平顺，制动无突兀，减速度无突变感。各车速段松加速踏板后，车辆进入、退出制动回馈平顺，制动无突兀，减速度无突变感。能量回馈状态下各车速段，在进行不同加速踏板的 Tip in 时，转矩响应迅速，无迟滞感，无车辆冲击。能量回馈状态下各车速段，在进行不同加速踏板的 Tip out 时，转矩响应迅速，无迟滞感，无车辆冲击。

4. 蠕行功能标定

前进蠕行车速稳定在 6km/h，倒退蠕行车速稳定在 3km/h；在平直路面上，车辆蠕行稳定车速 PI 闭环超调量不超过 ±1km/h；在连续起伏路面上，车辆蠕行稳定车速超调量不超过 ±2km/h；蠕行过程中车辆平稳、无抖动；倒退起动加速度不要过大，否则影响驾驶安全性。前进/倒退蠕行切换到起步过程，电机转矩衔接平稳无抖动；蠕行过程中车辆平稳、无抖动。蠕行状态下轻踩制动踏板及重踩制动踏板，车辆无电机转矩过零异响、无冲击。

5. 防溜坡标定

要求坡度在项目规定的最大防溜坡度及最大防溜坡度以下的坡道上，车辆在松开加速踏板不踩制动踏板及拉驻车制动器手柄的情况下，车辆不能出现后遛现象，10s 内车轮后溜距离不能超过 10cm。在项目规定的最大防溜坡度上进行连续防溜坡测试，验证防溜坡时电机温度上升情况。

另外，还可以在不同的坡道、不同的路面、不同的温度情况下进行整车的标定工作，适应不同的驾驶场景。

第6章
电池系统的开发与设计

6.1 电池系统

6.1.1 电池系统简述

1. 电池系统的作用

电动汽车电池系统是负责提供动力来源的高压电池，通过电机驱动系统把电能转化为机械能，为车辆提供行驶的动力。电池系统的性能决定了车辆的续驶里程，电池容量、充电时间、电池体积和电池安全性都是开发电池系统需要考虑的指标。电动汽车动力传动系统框图如图6-1所示。

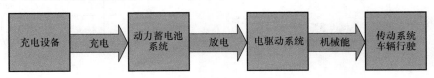

图6-1　电动汽车动力传动系统框图

2. 电池系统的设计理念

（1）电池容量大　电池容量大可以提高电动汽车的续驶里程，减少充电次数。

（2）电池寿命长　电池寿命的增长可以增加电动汽车的使用寿命或更换电池的年限。

根据规定，电动汽车动力蓄电池容量衰减到新电池状态的80%以下，可视为动力蓄电池使用寿命的终结。影响电池使用寿命的原因有电池材质、使用环境和最佳工作状态等。

（3）电池安全性高　电动汽车电池温度过高有爆燃风险，温度过低影响电池的续驶里程，高压电池还有触电的风险，所以动力蓄电池的安全性设计非常重要。电池系统需要考虑散热系统、加热系统、过充保护、过放保护、过温保护、过流保护、均衡功能等，实时监测电池状态。

（4）充电速度快　电动汽车充电分为交流充电和直流充电，直流充电桩功率为60kW、120kW、200kW甚至更高，交流充电桩功率为7kW、22kW、40kW，交流充电较慢，需要几个小时甚至一晚充满，直流充电速度快，两三个小时可以充满，快充只需要半小时即可，快充充电功率大，充电快，但是对电池的损耗也较大，这也是需要考虑的。

3. 电池电气系统架构

电池电气系统主要的作用是控制电池包的充放电和信号的采集，电池包的充放电是由 BMS 控制器接触器的闭合，使电池包与外部设备形成回路实现的。电池系统框图如图6-2所示。

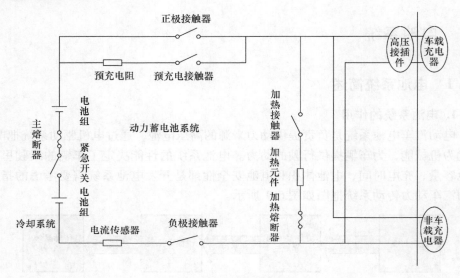

图 6-2　电池系统框图

（1）接触器（继电器）　正极接触器是用于闭合电池包与外部设备的正极开关，负极接触器是用于闭合电池包与外部设备的负极开关。预充接触器的作用是电池包闭合正极接触器前先需要闭合预充接触器，因为电池前端都有较大的电容，若无预充电阻，主继电器直接与电容接通，此时电池电压较高，而电容上电压接近为0，相当于瞬间短路，负载电阻为导线和接触器触点电阻，电阻值很小会使回路电流非常大，正极继电器会损坏，预充接触器串有预充电阻，所以需要通过预充电阻进行限流，使回路电压稳定后，再闭合正极接触器。加热接触器是用于闭合电池包与加热系统的开关。

（2）预充电阻　预充电阻用于限制接触器闭合时回路产生的大电流，防止接触器损坏。

（3）电流传感器　电流传感器的作用是测量电池包主回路的电流，主要有分流器采集和霍尔采集两种方法。

（4）主熔断器　主熔断器的作用是保护电池包，在主线路发生短路故障时能够及时切断电池包回路，避免损害电池和防止高压线路过热导致起火等事故。

（5）紧急开关　紧急开关也称为维修开关，其作用是断开电池包主回路，保护在高压环境下维修电池包的技术人员的安全或应对某些突发的事件。

（6）车载充电器接口　车载充电器接口是电动汽车充电接口，主要是使用市电交流慢充方式充电。

（7）非车载充电器接口　非车载充电器接口是电动汽车充电接口，主要是使用充电桩进行直流快充方式充电。

（8）加热元件　加热元件的作用是在温度过低时加热电池，因为电池在低温下活性降低，充电时内部会析出锂枝晶，影响电池安全，放电时电压平台降低，能量减少。

（9）冷却系统　冷却系统的作用是在温度过高时给电池降温，因为在高温下电池内部副反应会加速进行，导致电池容量、寿命衰减。

4. 电池管理系统 BMS

（1）估算动力蓄电池组的荷电状态　估算动力蓄电池组的荷电状态（State of Charge，SOC），即估算电池剩余电量，电池剩余电量在合理的范围内，可防止由于过充或者过放对电池造成的损伤。

（2）动态监测电芯/电池模组的工作状态　在电池充放电和使用过程时，实时采集电芯和电池模组的电压和温度、充放电电流及电池包总电压。

（3）单体电池之间的均衡功能　均衡功能的作用是使电池组中各个电池都达到均衡一致的状态。现有均衡功能分为主动均衡和被动均衡，主动均衡是把电压较高的电芯能量分给电压较低的电芯，使所有的电芯达到均衡一致。被动均衡是把电压较高的电芯能量通过均衡电阻释放，使所有电芯达到均衡一致。现在电动汽车普遍使用的是被动均衡功能。

5. 电池热管理系统

汽车电池热管理系统的主要作用是控制电池工作温度和电芯（或模组）温差，当前电动汽车动力蓄电池适宜的工作温度为 15～35℃，为电池提供适宜的环境温度，保证电池充放电性能，延长使用寿命，确保电池安全。

电池温度控制包括电池冷却、加热和保温，主要集中在加热和冷却两方面。常用的冷却方式主要有三种，即风冷、液冷和相变冷却；加热方式也有三种，即电加热膜加热、加热器加热和液热。表 6-1 和表 6-2 所列分别为不同电池冷却方式和加热方式的对比。

表 6-1　不同电池冷却方式的对比

冷却方式	传热介质	制冷方式	换热系数
风冷	空气	对流换热	$5\sim100\mathrm{W}/(\mathrm{m}^2\cdot\mathrm{K})$
液冷	冷却液（由水和乙二醇组成）	对流换热	$500\sim15000\mathrm{W}/(\mathrm{m}^2\cdot\mathrm{K})$
相变冷却	制冷剂	相变潜热	$2500\sim25000\mathrm{W}/(\mathrm{m}^2\cdot\mathrm{K})$

表6-2 不同电池加热方式的对比

加热方式	加热模式	电池温升速度	电池温差
电加热膜加热	电阻加热	≥0.2℃/min	≤10℃
加热器加热	功率加热	≥0.3℃/min	≤10℃
液热	对流加热	≥0.5℃/min	≤5℃

（1）风冷 风冷包括自然风冷和强制风冷，自然风冷依靠空气自然对流换热，结构简单，但换热效率低。强制风冷通过风扇将空气引入电池包箱体内部，空气以一定流速掠过模组的表面，将电池热量带走散入空气中，散热效果较自然风冷有所提高。

（2）液冷 液冷系统分为常规电池液冷系统和直冷系统。常规电池液冷系统通过电池内部管路中的冷却液将电池热量带出电池包，最终散到周围空气中去。有些厂家会将液冷系统集成到电池箱体上，而直冷系统则是制冷剂直接冷却电池包，取消了冷却器。直冷系统是在液冷系统的基础上将整车热管理系统进一步集成，将制冷剂直接通入电池带走热量，一般来说直冷系统的散热效率是液冷系统的 3～4 倍，能应对更大倍率的电池充放电产热问题。

（3）相变冷却 相变冷却是一种使用相变材料控制电池组温度的热管理方法。电池的侧面完全浸在相变材料（如石蜡 - 石墨复合材料）中，当锂电池与材料接触点的温度达到材料熔化温度时，材料从固态变为液态，吸收热量。当电池温度降低时，材料从液态变成固态，放出热量。相变冷却主要应用于小功率系统。

（4）电加热膜加热 电加热膜由电阻丝、绝缘包覆层、引出导线组成。在一些情况下，为了便于安装，包覆层的外表面会涂上一层胶。电加热膜的安装分为安装在电池模组侧边、底部和电池间隙三种方式。电池模组侧边安装方式分为单侧安装和双侧安装两种形式。电加热膜加热高压回路由电加热膜、熔丝和继电器串联而成，整个高压回路与电池系统的高压回路并联。

（5）加热器加热 加热器由加热元件、导热金属板和引出导线组成。安装方式分为安装在电池模组侧边和底部两种方式。电池模组侧边安装的方式分为单侧安装和双侧安装两种形式。加热器与继电器串联，再与电池系统高压回路并联。

（6）液热 液热是建立在液冷系统之上的一种加热形式，通过在外循环冷却回路中接入加热回路，可对电池系统进行加热。收到加热指令时，三通阀指向加热回路，被加热之后流经液冷系统并对电池系统进行加热，收到冷却指令时，三通阀指向冷却回路，被冷却之后流经液冷系统并对电池系统进行冷却。

6. 电池系统的外形与安装

车辆用途、车型不同，电池包的大小及外形也会各不相同，乘用车大多数是单个箱体的电池包，大型客车或者货车空间较大，可能会由单个形状规则的电池包或者多个形状规则的电池包组成整个电池系统。大型客车电池包外形如图 6-3 所示。

乘用车因为相比大型客车或者货车空间小，结构会更紧凑，电池包所占空间比

图 6-3　大型客车电池包外形

较小，多为形状不规则的扁平结构。乘用车电池包外形如图 6-4 所示。

图 6-4　乘用车电池包外形

　　电池系统一般安装于车辆底盘，这样可以节省车辆空间，而且电池包的质量大，安装于车辆底盘可以把车辆中心降低，使车辆更加平稳。电池包安装图如图 6-5 所示。

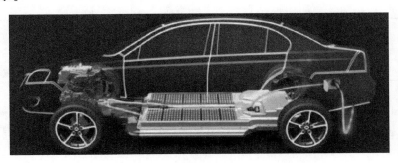

图 6-5　电池包安装图

6.1.2　电池技术介绍

1. 电池材料分类及优缺点

电池电芯主要由正极材料、负极材料和电解质组成。电芯示意图如图6-6所示。正极材料及负极材料性能及优缺点分别见表6-3和表6-4。

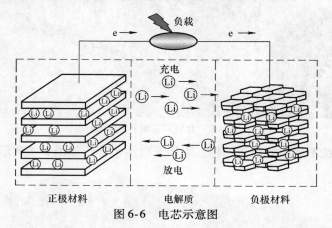

图6-6　电芯示意图

表6-3　正极材料性能及优缺点

正极材料	LCO 钴酸锂	LMO 锰酸锂	NCM 镍钴锰三元	NCA 镍钴铝三元	LFP 磷酸铁锂
比容量/(mA·h/g)	140~160	100~120	160~190	160~190	130~140
倍率特性	中	优	中	中	优
低温性能	优	优	优	优	差
高温性能	优	差	优	优	优
循环特性（次）	500	300	1500~2000	1500~2000	2000~3000
安全性	差	好	较好	较差	好
压实密度/(g/cm³)	3.8~4.0	2.8~3.2	3.5~3.8	3.5~3.8	2.2~2.4
能量密度	高	中	高	高	低
成本	高	低	较高	高	低

表6-4　负极材料性能及优缺点

负极材料	天然石墨	中间相炭微球	人造石墨	钛酸锂	硅碳复合材料
优势	技术及生产工艺成熟，成本低，容量高	技术及生产工艺成熟，循环性能好，压实密度高	技术及配套工艺成熟，循环性能好	安全性能优异，倍率、循环、高低温性能优异	理论比能量高，是未来发展趋势

（续）

负极材料	天然石墨	中间相炭微球	人造石墨	钛酸锂	硅碳复合材料
劣势	循环、倍率性能差，安全性差，比能量已到极限	比能量低，安全性一般	比能量一般，安全性能较差	成本高，能量密度低，技术不成熟	体积膨胀剧烈，工艺不成熟，电导率低等
发展方向	低成本化，改善循环	低成本化，提高比容量	提高容量，降低内阻，低成本化	提高能量密度，完善技术和电解液、正极间匹配工艺	低成本化，减小膨胀，完善与黏结剂、电解液的匹配

2. 电池封装形式

常用的电池封装形式有柱状电池、方形电池、软包电池，如图 6-7 所示。

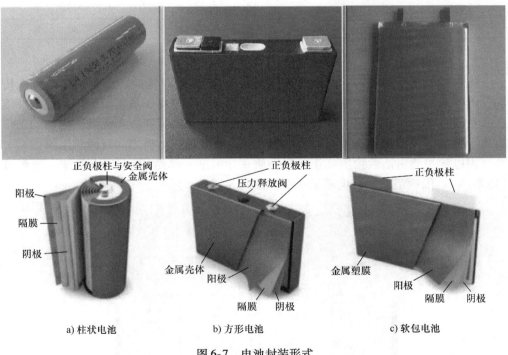

a) 柱状电池　　　　b) 方形电池　　　　c) 软包电池

图 6-7　电池封装形式

柱状电池单体能量密度比方形硬壳电池更高，同时柱状电池的循环性能优越，可快速充放电，充电效率高，而且输出功率更大，由于形状的原因，电池之间间隙大，柱形电池组散热面积更大。另外，因为柱状电池技术更为成熟，所以电池一致性高。但是柱状电池本身尺寸较小，为了满足电动汽车更高的容量要求，需要通过增加电池的数量来弥补，对于电池模组和电池包的生产要求很高。

方形电池由于形状规则，本身拥有更高的空间利用率，单体电池体积及容量也明显优于其他形式的电池，能量密度也可以做得更高。但是电池本身外层为硬质铝壳，使得电池包整体重量增加，并且方形电池的标准化低，一致性差。

软包电池相比方形电池和柱状电池本身的重量更轻。在同等容量下，软包电池的重量更轻，所以软包电池的理论能量密度高于方形电池和柱状电池。此外，软包电池可供模块化定制性更高，电池形状更容易改变，对放置空间及位置要求较低。但是软包电池的包装材质为软性铝塑膜，电池本体保护性差，并且软包电池的标准化低，一致性差。

不同电池类型的优缺点见表6-5。

表6-5　不同电池类型的优缺点

电池类型	能力密度	安全性	生产效率	标准化程度	成本	充放电倍率
柱状电池	中	中	高	高	低	低
方形电池	中	低	中	低	中	中
软包电池	高	高	低	低	高	高

3. 电池设计技术

锂电池的工作原理为，两个电极分别发生氧化/还原反应，离子通过电解液传递，电子通过外电路产生电能。充电时，电池正极的锂离子从正极脱出经过电解液嵌入负极；放电时则相反，锂离子从负极脱出，经过电解液嵌入正极。电池的工作电压与构成电极的化合物及锂离子浓度有关。锂电池正负极之间有隔膜阻隔。

锂电池主要由活性物质（正负极物质＋导电剂＋黏结剂）、导电骨架、电解液（电解质）、隔膜组成。其电芯示意图如图6-8所示。

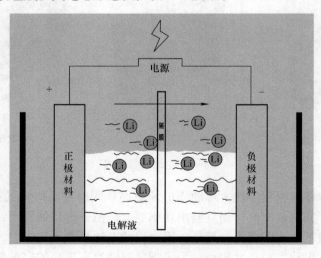

图6-8　锂电池电芯示意图

（1）活性物质（正负极物质＋导电剂＋黏结剂）

1）作用：参加成流反应、产生电子等。

2）要求：活性高、化学稳定性高、电子导电性好等。

3）主要指标：比容量、振实密度、循环寿命等。

（2）导电骨架

1）作用：传导电子，支撑活性物质。

2）要求：电子导电性好、耐腐蚀、机械强度高等。

（3）电解液（电解质）

1）作用：正负极间传递电荷、（部分）参加电极反应、建立电极电位等。

2）要求：离子导电性好、比导电性高、化学稳定性好，不与活性物质反应、电子绝缘性好、温度范围广、电化学稳定窗口广等。

（4）隔膜

1）作用：防止电池正负极接触、造成内部短路、吸附电解质。

2）要求：电解质运动阻力小、电子绝缘性好、化学和机械稳定性好等。

3）主要指标：孔径、吸液率、胀缩率、抗拉强度（纵/横）等。

6.1.3　电池未来发展方向

电池未来发展方向主要有锂离子电池、锂硫电池、锂空气电池、燃料电池、全钒液流电池，相关电池性能见表6-6。

表6-6　相关电池性能

电池类型	电压/V	理论能量密度/ （W·h/kg）	实际能量密度/ （W·h/kg）	实际/理论能量 效率（%）	发展阶段
锂离子电池	3.6～3.8	360～500	150～220	44～61	产业化
锂硫电池	3.0～3.2	>6000	500～700	14～20	基础研究
锂空气电池	2.2	2674	350	9～11	基础研究
燃料电池	0.6～0.7	3600	350	9～10	应用研究
全钒液流电池	1.25～1.4	—	—		储能示范

1. 锂离子电池技术

（1）优势

1）能量密度高，功率密度高。

2）能量转换效率高。

3）关键材料和电池制造工艺比较成熟，成本有进一步下降的空间。

（2）劣势

1）能量密度难以超过300W·h/kg，提高空间有限。

2）高能量密度和高功率性能难以兼顾。

3）充电速度慢，难以与传统燃油汽车加油相比。

4）安全性控制难度大。

2. 锂硫电池技术

（1）优势

1）能量密度高。

2）正极材料来源广泛，成本低。

（2）劣势

1）处于基础研究阶段，尚未取得关键突破。

2）正极硫的电导率低，中间产物多硫化物，在电解液中易溶解。

3）电压平台低。

4）充放电中硫体积膨胀大，循环性能差。

3. 锂空气电池技术

（1）优势

1）能量密度高。

2）正极活性物质氧气来源于空气，不需要存储在电池内部，成本低。

（2）劣势

1）处于基础研究阶段，尚未取得关键突破。

2）阴、阳极所用的贵金属催化剂 Pt 成本高。

3）金属锂负极易产生锂枝晶，安全性差。

4）反应产物 Li_2O_2 容易堵塞正极空隙，阻止进一步反应，循环性差。

4. 燃料电池技术

（1）优势

1）能量密度高，反应产物为水，环境污染小。

2）在几分钟内可以实现快速加氢。

3）可通过增加储氢罐增加能量密度，可兼顾高能量密度和高功率密度。

4）安全性影响因素的控制方面难度要低于锂离子电池。

（2）劣势

1）阴、阳极所用的贵金属催化剂 Pt 和质子交换膜成本高。

2）加氢站的建设难度远高于充电站。

3）氢气的获取成本高，总体能量效率低于锂离子电池。

5. 全钒液流电池技术

（1）优势

1）储能量大。

2）储能过程中无自放电现象。

3）可实现快充快放。

4）可深度放电。

5）无爆炸和自燃危险。

6）对使用地点的选择基本无特殊要求，产品维护便捷。

（2）劣势

1）体积大，质量大。

2）技术新，产品的质量和性能还需要在市场应用中提高。

6.2　电池管理系统

6.2.1　电池管理系统的功能

电池管理系统（BMS）作为实时监控、数据采集、电池均衡的控制系统，起到保障安全、延长电池寿命、估算剩余电量等重要功能，是电池系统中重要的组成部分。

1. BMS 唤醒和休眠功能

为了使 BMS 降低功耗，在不使用 BMS 的情况下休眠 BMS，需要时再进行唤醒，所以 BMS 具有硬件信号唤醒和休眠唤醒功能，唤醒方式有网络唤醒、硬件唤醒。

2. 电池系统状态监控功能

电池系统状态检测是检测电芯的安全状态和电池包的状态，电芯安全检测包括电芯电压采集、电芯温度采集，电池包状态检测包括电池包总电压采集、主回路电流采集等功能。

3. BMS 均衡功能

BMS 均衡功能是出现电芯电压不一致时，将电芯电压高的电芯通过 MOS 进行开关，通过均衡电阻将多余的电量释放，所以均衡功能就是控制 BMS 均衡电路的开启、关闭，保证电芯电压相等的功能。

4. 高压系统绝缘检测功能

电池系统包括电芯、BMS、高压组件、壳体及连接线束等。其中，电芯经过串、并联后，组成了高压系统，而模组的金属外壳、电池包的上下壳体是连接车身地的，属于低压系统。高压系统绝缘检测功能是电动汽车安全的重要指标，是保证高压系统和低压系统具有安全保证的阻值参数。具备高压继电器电池端、负载端绝缘检测功能，能够检测到高压端与低压端绝缘阻值。

5. 高压互锁检测功能

高压互锁检测功能也是 BMS 的一个重要功能，它的作用是检测高压回路中高压插接器的连接状态，识别高压插接器未连接或意外断开的故障，所以 BMS 需要具备高压互锁检测功能，BMS 能发出 PWM 信号通过回路并对信号进行检测。

6. BMS 通信功能

电池包通信使用 CAN 通信功能，使 BMS 系统与整车其他系统进行通信，如与充电设备进行通信的充电 CAN，与整车控制器和电机控制器进行通信的整车 CAN，控制器更新程序或调试使用的内部 CAN 等。

7. 碰撞信号检测功能

碰撞信号检测是电动汽车安全的重要指标，车辆发生碰撞事故时，气囊 ECU 或相关检测碰撞信号的 ECU 发出碰撞信号给 BMS，BMS 将整车高压断开，避免更严重的高压问题，所以 BMS 应具有硬线碰撞检测功能。

8. 高压上下电控制功能

按照高压上下电流程协助整车控制器 VCU 完成高压系统上下电控制，实现继电器（主正/主负/预充）驱动，来完成高压上下电的功能。

9. 电池充放电能力估算功能

根据当前电池状态评估电池充放电能力，设定电池最大允许充放电电流、电压、功率范围等，保证电池包充放电处于最好的状态。

10. SOC 估算功能

SOC 是电池的一个重要指标，SOC 是电池荷电状态，也称剩余电量，代表的是电池使用一段时间或长期搁置不用后的剩余可放电电量与其完全充电状态的电量的比值。BMS 需要具有能够实时准确估算电池系统荷电状态的功能。

11. 电池系统热管理功能

电池系统温度过高或者过低都会导致电芯的寿命衰减甚至出现安全事故，所以需要实时检测电池电芯当前的温度，根据电池电芯当前的工作温度，BMS 向外发送电池冷却或者加热需求。

12. 故障诊断和处理功能

可以诊断和处理电池系统传感器故障，网络故障，电池故障，电池过充、过放、过流、绝缘故障，温度过高过低故障，CAN 通信故障等。当诊断出电池安全保护方面的故障时，BMS 上报故障给整车控制器和车载充电器，同时切断高压来保护电池不受损害，包括漏电保护等功能。

13. 专断服务功能

汽车产业常用的统一诊断服务 UDS 定义了陆路车辆资料链路层汽车诊断服务的独立需求。电池系统需要通过 UDS 定义的服务 ID 从诊断工具发出的 CAN 信息控制与监控电池包状况。BMS 系统需要符合 UDS on CAN 诊断通信规范的要求。

14. 充电管理功能

BMS 充电管理功能是通过检测与交流充电桩或者直流充电桩交互的信号，判断充电的开始和结束，确定充电电流大小等的功能。所以 BMS 需要具备交直流充电过程的控制和管理功能。

15. 程序刷写功能

BMS 需要具备使用刷写工具通过 CAN 接口进行程序刷写的功能。在 BMS 下线生产是下载 BOOT，后期维护可通过 CAN 通信对 BMS 进行程序刷写。

6.2.2　电池管理系统的设计架构

1. BMS 硬件系统架构设计

（1）一体式 BMS　一体式 BMS 就是将 BMS 系统的所有功能都集中设计在一个控制器上，包括电池包所有电芯电压采集和温度采集功能。

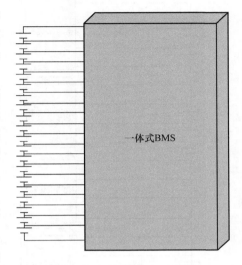

一体式 BMS 的优势在于结构紧凑，成本较低，电芯采集芯片的通信全部都在板内，通信效果好。缺点是 BMS 对外的电芯采集线束比较长，整个电池包的布线比较复杂，更换 BMS 代价高。适用于小型的电池包。一体式 BMS 示意图如图 6-9 所示。

（2）主从式 BMS　主从式 BMS 是将 BMS 系统分为 BMS 主板和多个 BMS 从板，每个 BMS 从板负责部分电芯电压采集和电芯温度采集工作，所有从板采集整个电池包的电芯电压和电芯温度，将采集的数据

图 6-9　一体式 BMS 示意图

通过 CAN 通信传递给 BMS 主板。BMS 主板负责与 BMS 从板进行通信及控制 BMS 系统的其他功能。

主从式 BMS 的优势在于电池包内布置方便，电芯采集线束长度比较短，电池包串数方便扩展，可以根据不同电芯的串数增减 BMS 从板的数量，更换 BMS 主板或者从板代价较小。缺点在于 BMS 成本较高，每个从板都需要单独的 MCU、电源模块和通信模块。适用于各类型电池包。主从式 BMS 示意图如图 6-10 所示。

（3）分布式 BMS　分布式 BMS 是将 BMS 系统分为 BMS 主板和多个电芯采集板，每个电芯采集板负责一个模组或两个模组的电芯电压

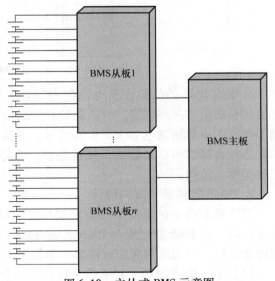

图 6-10　主从式 BMS 示意图

采集和电芯温度采集工作，所有电芯采集板采集整个电池包的电芯电压和电芯温度，将采集的数据通过通信模块传递给 BMS 主板。分布式 BMS 一般使用电芯采集

芯片自带的串口通信方式进行通信。BMS 主板负责与 BMS 从板进行通信及控制 BMS 系统的其他功能。分布式 BMS 示意图如图6-11所示。

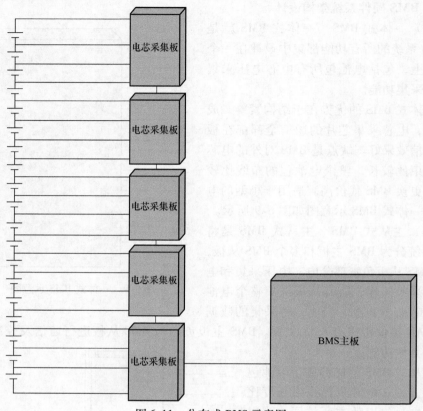

图 6-11　分布式 BMS 示意图

分布式 BMS 的优势在于电池包内布置方便，电芯采集板可以放在模组侧面，省去很长的电芯采集线束，只需要较长的通信线束，电池包串数方便扩展，可以根据不同电芯串数增减电芯采集板的数量，更换电芯采集板的代价低。缺点在于电芯采集芯片自带的串口通信抗干扰性能差，容易受到外部的干扰。分布式 BMS 适用于各类型电池包。

2. BMS 软件系统架构设计

BMS 的软件系统架构采用应用层与底层软件模块化的类 AutoSar 的开发架构，通过接口实现 BMS 应用层与 BMS 底层的数据交互，依据功能划分底层和应用层的模块化设计。应用层和底层软件架构图如图 6-12 所示。软件开发遵循如下原则：

（1）单一职责原则　每个模块只负责一个单一的，可以内聚的功能。

（2）开闭原则　模块的扩展是开放的，修改限制在内部。

（3）接口隔离原则　一个模块与另一个模块的依赖应该建立在最小的接口上。

（4）最小知识原则　各模块尽量封装在内部，减少和其他模块的耦合。

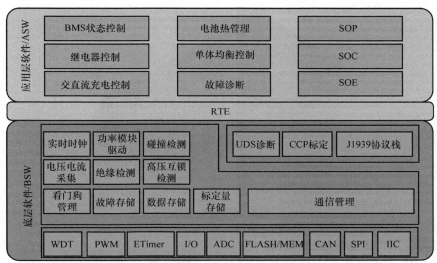

图6-12　应用层和底层软件架构图

3. BMS 壳体的设计

BMS 壳体用于保护 BMS 内部器件不受损害，也可提高 EMC 性能。现在常用的壳体主要有铸铝壳体、钣金壳体和塑料壳体。

（1）铸铝壳体　铸铝壳体是壳体设计后用铝浇注成型，壳体坚固，如果接插件选用防水形式，壳体通过打胶，整个 BMS 可以密封，EMC 性能很好，但是成本高。铸铝壳体如图6-13所示。

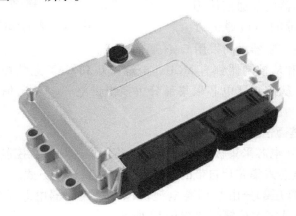

图6-13　铸铝壳体

（2）钣金壳体　钣金壳体是壳体设计后使用钣金材料，通过切割、机械冲压制成，壳体坚固，EMC 性能较好，价格比较低，但是不能防水。钣金壳体如图6-14所示。

（3）塑料壳体　塑料壳体是壳体设计后使用聚氯乙烯（PVC）、树脂等混合材

图 6-14　钣金壳体

料注塑而成，壳体比较坚固，价格低，但 EMC 性能较差，不能防水。塑料壳体如图 6-15 所示。

图 6-15　塑料壳体

6.2.3　电池管理系统方案介绍

1. 基于 CAN 通信主从式方案

1）从控制器使用 1～5 个电芯采集芯片，从控制器内部通信使用电芯采集芯片自带的串口通信方式，从控制器与主控制器之间采用 CAN 通信方式。

2）主控制器和从控制器都有 MCU、电源模块和 CAN 通信模块，低压部分由小型蓄电池供电，从控制器电芯采集部分由模组供电。CAN 通信主从式系统框图如图 6-16 所示。

2. 基于菊花链通信主从式方案

1）从控制器（电芯采集板）使用 1 个电芯采集芯片，从控制器与主控制器之间采用菊花链（电芯采集芯片自带的串口通信方式）通信方式。

2）主控制器低压部分由小型蓄电池供电，从控制器电芯采集部分由模组供电。菊花链通信主从式系统框图如图 6-17 所示。

3. 基于 CAN 通信主从高压模块式方案

1）将 BMS 系统分为主控制器、从控制器和高压模块，从控制器内部通信使用电芯采集芯片自带的串口通信方式，从控制器、主控制器之间和高压模块之间采用 CAN 通信方式。

2）主控制器、从控制器和高压模块都有 MCU、电源模块和 CAN 通信模块，

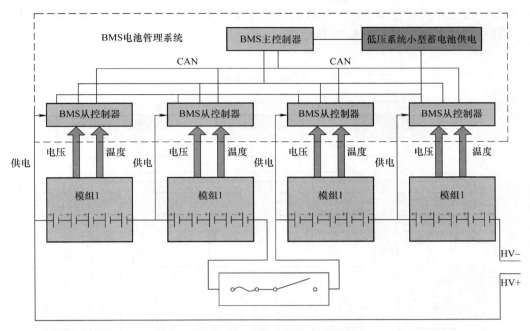

图 6-16　CAN 通信主从式系统框图

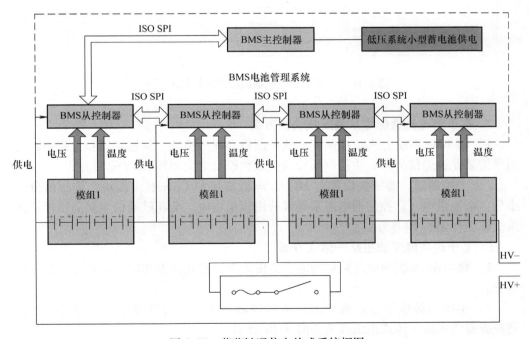

图 6-17　菊花链通信主从式系统框图

低压部分由小型蓄电池供电，从控制器电芯采集部分由模组供电。CAN 通信主从高压模块式系统框图如图6-18 所示。

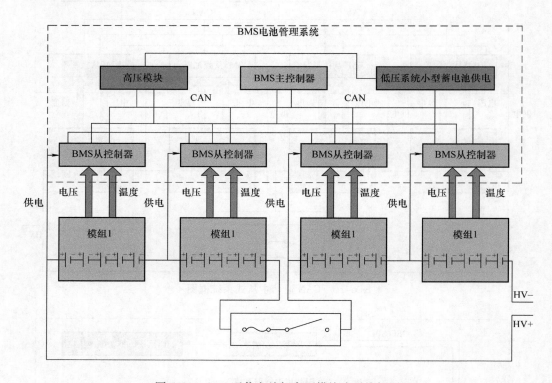

图 6-18　CAN 通信主从加高压模块式系统框图

4. 基于菊花链通信主从高压模块式方案

1）将 BMS 系统分为主控制器、从控制器和高压模块，从控制器和主控制器之间采用菊花链通信方式，主控制器和高压采集模块之间采用 CAN 通信方式。

2）主控制器、高压模块都有 MCU、电源模块和 CAN 通信模块，低压部分由小型蓄电池供电，从控制器电芯采集部分由模组供电。菊花链通信主从高压模块式系统框图如图6-19 所示。

5. 基于菊花链通信主从一体式方案

1）将 BMS 系统的电芯采集功能、高压采集功能及其他功能都集成在一个控制器上。

2）BMS 内部使用电芯采集芯片的串口通信方式，对外使用 CAN 通信方式。菊花链通信主从一体式系统框图如图6-20 所示。

6. 基于 CAN 通信分体式电池包方案

1）从控制器使用 1～5 个电芯采集芯片，从控制器内部通信使用电芯采集芯

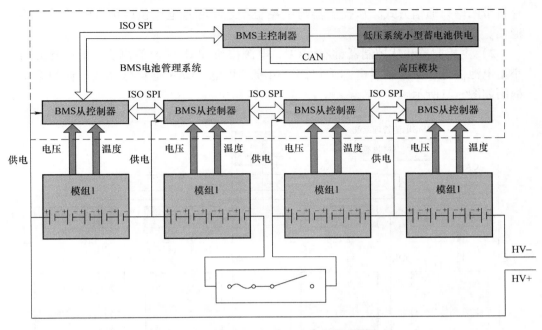

图 6-19　菊花链通信主从高压模块式系统框图

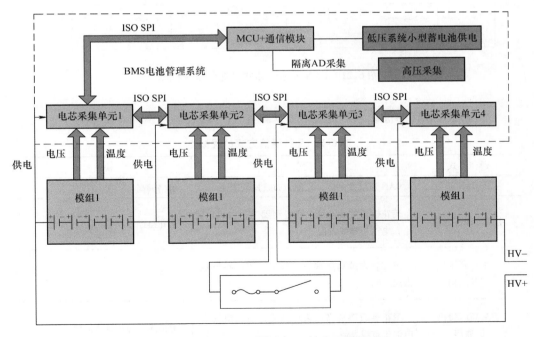

图 6-20　菊花链通信主从一体式系统框图

片自带的串口通信方式，从控制器与主控制器之间和跨电池包通信方式采用 CAN 通信。

2）主控制器和从控制器都有 MCU、电源模块和 CAN 通信模块，低压部分由小蓄电池供电，从控制器电芯采集部分由模组供电。CAN 通信分体式电池包系统框图如图6-21所示。

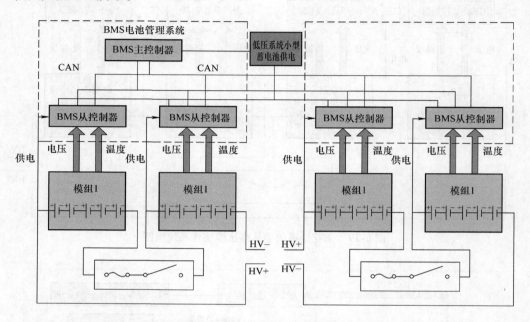

图 6-21 CAN 通信分体式电池包系统框图

几种通信方式的优缺点对比见表6-7。

表 6-7 几种通信方式的优缺点

通信方式	优点	缺点
主从 CAN 通信	CAN 通信效果好，电池包布线比较方便	价格偏高
主从菊花链通信	菊花链通信成本低，从控制器小，占用空间小，电池包布线方便	菊花链通信稍差
主从高压 CAN 通信	主控制去掉高压模块，减小了控制器体积，占用空间小	价格高
主从高压菊花链通信	菊花链通信和高压模块独立，占用空间小，电池包布线方便	价格高，菊花链通信稍差

（续）

通信方式	优点	缺点
一体式	使用菊花链通信，成本低，控制器生产使用方便	电池包布线距离长，适用于小型电池包
分体式电池包	在大型大容量的电池包项目中使用方便，可以分包布置，占用整车的局部空间小	价格偏高

7. 电池管理前端采集芯片介绍

（1）Linear 的 LTC6803、LTC6804、LTC6811　电芯电压采集为 12 路，温度采集为 4 路，电芯电压最大测量误差为 ±1.2mV（3.3V/25℃），内置均衡 MOS 的电阻 $R_{ds} = 20\Omega$，最高通信速率为 1Mbit/s。

（2）NXP 的 MC33771C　电芯电压采集为 14 路，温度采集为 7 路，电芯电压最大测量误差为 ±0.8mV（3.3V/−40~105℃），最大均衡电流为 300mA，内置均衡 MOS 的电阻 $R_{ds} = 0.2\Omega$，最高通信速率为 2Mbit/s，ASIL D。

（3）Maxim 的 MAX17823、MAX17843　电芯电压采集为 12 路，温度采集为 2 路，电芯电压最大测量误差为 2mV（3.6V/25℃），最大均衡电流为 150mA，内置均衡 MOS 的电阻 $R_{ds} = 2\Omega$，最高通信速率为 2Mbit/s，ASIL D。

（4）TI 的 BQ76PL455A　电芯电压采集为 16 路，温度采集为 8 路，电芯电压最大测量误差为 ±0.75mV（3.6V/25℃），内置均衡 MOS 的电阻 $R_{ds} = 8\Omega$，最高通信速率为 1Mbit/s。

（5）Renesas 的 ISL78714　电芯电压采集为 14 路，温度采集为 4 路，电芯电压最大测量误差为 ±2mV（1.65~4.28V/−20~85℃），内置均衡 MOS 的电阻 $R_{ds} = 9\Omega$，最高通信速率为 1Mbit/s，ASIL−C。

（6）ST 的 L9963　电芯电压采集为 14 路，温度采集为 7 路，电芯电压最大测量误差为 ±2mV（全温度），最大均衡电流为 200mA，最高通信速率为 2.66Mbit/s，ASIL−D。

6.3　电池系统测试

6.3.1　BMS 硬件测试

BMS 硬件测试一般是在 DV/PV（设计验证/生产验证）阶段进行的，目的是验证 BMS 的硬件设计/生产是否符合设计要求。其中包含硬件功能测试、电气特性测试、机械负荷测试、气候负荷测试、电气负荷测试、电磁兼容测试和可靠性测试等。BMS 电气功能测试如图 6-22 所示。

1. 硬件功能测试

1）对 BMS 的休眠功能进行测试，断开 BMS 的唤醒信号线，检测休眠功能是

图 6-22   BMS 电气功能测试

否正常。

2）对 BMS 的唤醒功能进行测试，接入 BMS 的唤醒信号线，检测唤醒功能是否正常。

3）确认通信接口是否可正常通信收发数据，无错误帧。

4）通过调试工具，确定 BMS 是否可以正常刷写程序。

2. 电气特性测试

1）测试 BMS 电源系统是否正常，测量输出精度是否满足设计要求。

2）测试 BMS 总高压采样是否正常，测量总高压采样精度是否满足设计要求。

3）测试 BMS 总电流采样是否正常，测量总电流采样精度是否满足设计要求。

4）测试 BMS 绝缘电阻是否正常，测量绝缘电阻精度是否满足设计要求。

5）测试 BMS 交流充电和直流充电检测信号精度是否满足设计要求。

6）测试 BMS 单体电芯电压采集和温度采集精度是否满足设计要求。

7）测试 BMS 均衡功能是否满足设计要求。

8）测试 BMS 采集信号端口对地和对电源短路一定时间，采集是否可以恢复正常采集。

9）测试 BMS 通信是否正常，测量 CAN 通信信号波形，检测 CAN－H、CAN－L电平是否满足要求。

10）测试 BMS 的 PWM 输出信号的输出频率和占空比精度是否正常。

11）测试 BMS 高边驱动和低边驱动对地、对电源短路一定时间，采集是否可以恢复正常采集。

12）测试 BMS 工作电流是否满足设计要求。

13）测试 BMS 休眠电流是否满足设计要求。

14）测试 BMS 的漏电流是否满足设计要求。

3. 机械负荷测试

对 BMS 进行自由跌落测试，测试后 BMS 无损坏，可以正常工作。

4. 气候负荷测试

1）测试 BMS 高低温运输、储存耐受能力，测试后 BMS 无损坏，可正常工作。

2）测试 BMS 高低温上下电，正常工作能力，测试后 BMS 无损坏，可正常工作。

3）测试 BMS 温度梯度和温度循环特性，测试 BMS 耐温度变换能力和在温度变化期间的工作能力。

4）测试 BMS 湿热循环特性，测试 BMS 在潮湿环境中是否会引起电气故障，BMS 是否可以正常工作。

5. 电气负荷测试

1）测试 BMS 最低和最高电压功能状态，确定是否可以正常工作。

2）测试 BMS 在发电机调节器失效时引起发电机输出电压上升到高于正常电压条件下的功能状态。

3）测试 BMS 在短时间过电压条件下的功能状态。

4）测试 BMS 在叠加交流试验时的工作状态。

5）测试 BMS 电压缓降缓升时，电压变化情况下的功能状态。

6）测试 BMS 电源反接的抵御能力。

7）进行 BMS 地和电源偏移试验，设置 1V 的偏移量，检测各项功能是否正常。

8）测试 BMS 在不同电压骤降条件的回复性能。

9）测试 BMS 绝缘层的绝缘性能。

6. 电磁兼容测试

1）电源线传导发射测试。测试产品通过输入和输出端口对外骚扰的强度。

2）控制与信号线传导发射测试。测试产品通过控制与信号线对外传导骚扰的强度。

3）低频传导发射测试。测试产品通过 I/O 端口对外产生的低频干扰的强度。

4）瞬态传导发射测试。测试产品在通断电时刻或负载变化时刻对外的骚扰强度。

5）大电流注入测试。通过产品控制线束或低压线束耦合电流波动骚扰，测试产品抗扰能力。

6）发射器射频抗扰度测试。测试产品对外界射频设备的抗扰能力。

7）电源线瞬态传导抗扰度测试。在电源线端口模拟干扰信号，测试产品抗扰能力。

8）信号线瞬态传导抗扰度测试。在信号线端口模拟干扰信号，测试产品抗扰能力。

9）静电放电测试。测试产品在静电放电条件下的抗扰能力。

10）辐射发射测试。测试产品在正常工作时，对外界发射电磁波干扰的强度。

11）辐射抗扰度测试。测试产品在外界电磁波干扰环境下的抗扰能力。

7. 可靠性测试

1）高温耐久测试。测试 BMS 在高温条件下长时间工作的能力。

2）随机振动测试。测试 BMS 承受随机振动的能力，振动后是否导致失效和损坏。

6.3.2　BMS 软件测试

1. MIL 测试

MIL 测试即模型在环测试，用于验证软件模型是否可以实现设计的软件功能，测试依据是由系统需求分解而来的软件需求。对软件各个模块模型进行测试。MIL 测试框架如图 6-23 所示。

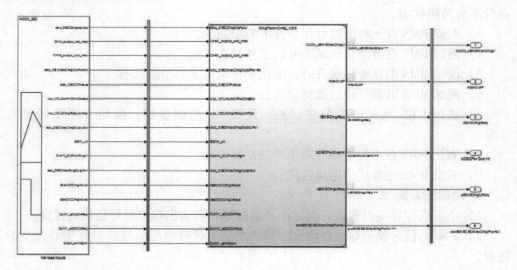

图 6-23　MIL 测试框架

MIL 测试包括以下内容：

1）充电管理模块模型测试。

2）均衡控制模块模型测试。

3）功率控制模块模型测试。

4）继电器控制模块模型测试。

5）高压控制模块模型测试。

6）SOC 估算模块模型测试。

7）故障诊断模块模型测试。

2. 底层软件功能测试

底层软件功能测试是在 DV/PV（设计验证/生产验证）阶段进行的，目的是根据系统输入的功能要求，在台架模式下验证 BMS 的功能，以及精度是否满足要求，对各个模块功能进行全范围的测试验证等。底层软件功能测试如图 6-24 所示。

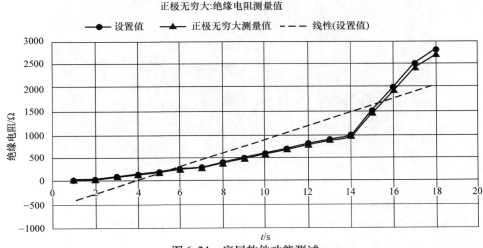

图 6-24　底层软件功能测试

底层软件功能测试包括以下内容：

1）交流充电、直流充电充电器连接电阻采集功能测试。

2）BMS 电源采集功能测试。

3）高压采集功能测试。

4）总电流、加热电流采集测试。

5）绝缘采集功能测试。

6）PWM 输出、捕获功能测试。

7）数字时钟功能测试。

8）通信测试。

9）EEPROM 存储功能测试。

10）采样前端功能测试。

6.3.3　BMS 的 HIL 测试

HIL 测试即硬件在环测试，测试 BMS 控制器完整的系统功能，搭建 BMS 控制器所在系统的测试台架，使用电气元件模拟传感器（如温度传感器）和执行器（如风扇负载）的电气特性，验证完整的系统功能。通过 HIL 仿真测试系统可以快速验证 BMS 控制器的功能，及时排除可能存在的故障，完善所设计开发的系统产品。HIL 测试设备如图 6-25 所示。

图 6-25　HIL 测试设备

1. 采集功能测试

采集功能测试主要是测试 BMS 各个采集功能模块的采集精度，主要测试的采集功能有电压、电流、温度等，部分测试内容如下：

1）总压采集精度。

2）电流采集精度。

3）单体电压采集精度。

4）单体温度采集精度。

5）交流充电连接电阻阻值采集精度。

6）直流充电连接电阻阻值采集精度。

7）绝缘电阻采集精度。

2. 高压上下电控制测试

高压上下电控制测试是测试 BMS 高压系统在各种工况高压的上下电功能，部分高压上下电控制测试内容如下：

1）高压上电初始化时间测试。

2）高压上电时间测试。

3）主正/预充继电器常闭故障测试。

4）主正/预充继电器常开故障测试。

5）主负继电器常闭故障测试。

6）主负继电器常开故障测试。

7）预充超时测试。

8）预充短路测试。

9）预充开路测试。

10）直流充电和交流充电连接时，BMS 正常完成上高压测试。

11）Key OFF 时，BMS 正常下高压测试。

3. 交流充电管理测试

交流充电管理测试是 BMS 在交流充电过程中，对交流充电中可能发生的各种工况进行测试，部分交流充电测试内容如下：

1）当不同电流的交流充电枪接入时，BMS 能正确识别出对应的充电模式，当充电枪拔出后，能准备识别拔出状态测试。

2）ACC 档下交流充电进入功能测试。

3）ON 档下交流充电进入功能测试。

4）交流充电参数计算时，OBC 发送的 CP 值发生变化，BMS 发送的充电请求电流要相应变化。

5）充电时，最高单体电压达到降流阈值时，BMS 控制电流调整，并且因电流降低导致单体电压再降低，电流仍保持功能测试。

6）充电开始阶段 BMS 发生非禁止充电故障，不影响正常充电功能测试。

7）充电过程中 BMS 发生非禁止充电故障，不影响正常充电功能测试。

8）充电开始阶段 BMS 发生故障，BMS 不能进入正常充电流程功能测试。

9）充电过程中 BMS 发生故障，BMS 退出充电流程功能测试。

10）具备交流充电剩余时间估算功能测试。

4. 直流充电管理测试

直流充电管理测试是 BMS 在直流充电过程中，对直流充电中可能发生的各种工况进行测试，部分直流充电测试内容如下：

1）当直流充电枪接入时，BMS 能正确识别出对应的充电模式，当充电枪拔出后，能准确识别拔枪状态。

2）快充功能完整性测试。

3）BMS 已处于高压激活状态，有直流充电需求时，正常进入充电状态。

4）直流充电应根据不同温度实时调整充电请求电流，并且取电池最高温度和最低温度对应充电电流的较小值。

5）充电时，最高单体电压达到降流阈值时，BMS 控制电流调整，并且因电流降低导致单体电压再降低，电流仍保持。

6）具备直流充电剩余时间估算功能。

7）直流充电继电器常开时，BMS 能检出相应故障，并且控制充电终止。

8）直流充电继电器常闭时，BMS 能检出相应故障，并且控制充电终止。

5. 热管理测试

BMS 的热管理测试是测试 BMS 的热管理功能，对 BMS 的热管理功能在不同工况下的开启关闭条件进行测试，部分热管理测试内容如下：

1）电池最低温度低于设定温度时，交（直）流充电首先进入低温加热流程。

2）电池最低温度低于设定温度时，交（直）流充电首先进入低温加热流程。加热到最低温度超过设定温度时，进入边充电边加热流程。

3）BMS 在交（直）流充电模式下先进入加热流程，退出充电后，BMS 退出加热流程。

4）BMS 进入高压激活状态，电池最高温度高于设定温度时，行车状态进入冷却流程。

5）BMS 进入交流充电状态，电池最高温度高于设定温度时，交流充电进入冷却流程。

6）BMS 进入直流充电状态，电池最高温度高于设定温度时，直流充电进入冷却流程。

7）设置 SOC 为低于设定值时，放电模式下，电池最高温度高于设定温度，BMS 不进入冷却流程。

8）在慢充模式下，BMS 进入冷却流程或加热流程，设置出水口温度高于设定温度，BMS 能够正常充电和冷却。

9）在待机模式下，BMS 不能进入冷却流程。

6. 电池荷电状态测试

BMS 的电池荷电状态测试是测试 BMS 在不同工况下的电池荷电状态，部分电池荷电状态测试内容如下：

1）上电时，BMS 能正确完成 SOC 初始化测试。

2）本次上电与上次下电间隔超过规定时间，开路电压（OCV）查表值无效时，SOC 初始化值为上次下电存储值测试。

3）充电结束阶段，SOC 未到 100%，但单体电压已到充电截止电压，强制修正 SOC 到 100% 测试。

4）充电结束阶段，单体未到截止电压，安时（Ah）积分值已满足 100% 条件，SOC 强制等待在 99% 测试。

5）BMS 具有剩余能量估算功能测试。

7. 功率控制测试

BMS 的功率控制测试是测试 BMS 在不同工况下的功率状态，部分功率控制测试内容如下：

1）BMS 按照放电功率表计算放电功率时，取电池最高温度和最低温度对应功率的较小值。

2）BMS 按照充电功率（能量回馈）表计算放电的功率时，取电池最高温度和最低温度对应功率的较小值。

3）BMS 按照充放电功率表控制不同 SOC 下放电功率调整。

4）BMS 按照充放电功率表控制不同温度下放电功率调整。

5）当最低单体电压为一定值时，放电功率调整为固定值与功率表中的较小值。

6）当最高单体电压为一定值时，充电功率调整为固定值与功率表中的较小值。

8. 故障注入测试

BMS 的故障注入测试是测试 BMS 在不同故障状态下的处理是否正常，部分故障注入测试内容如下：

1）超过 1 个故障发生时，BMS 报出的故障等级以高等级故障为准，故障码循环显示。

2）发生单体电压采样线开路故障时，BMS 能正常报出故障等级和故障码，故障条件不满足后，BMS 能恢复正常状态。

3）发生总电压采样线开路故障时，BMS 能正常报出故障等级和故障码，故障条件不满足后，BMS 能恢复正常状态。

4）发生温度传感器开路或对电源短路故障时，BMS 能正常报出故障等级和故障码，故障条件不满足后，BMS 能恢复正常状态。

5）发生主电流传感器故障时，BMS 能正常报出故障等级和故障码，故障条件不满足后，BMS 需保持故障状态。

6）单体过压或者欠压时，BMS 能报出相应故障，故障条件不满足时，BMS 需保持故障状态。

7）BMS 检测到电池系统高压互锁回路对电源短路时，BMS 能报出相应故障，故障条件不满足时，BMS 能恢复正常状态。

8）BMS 检测到电池系统高压互锁回路对地短路时，BMS 能报出相应故障，故障条件不满足时，BMS 能恢复正常状态。

9）在高压激活状态且非充电状态，BMS 检测的碰撞信号不正常时，BMS 能报出相应故障，故障条件不满足时，BMS 能恢复正常状态。

10）在交流充电、直流充电、待机状态，BMS 检测的碰撞信号一直不正常时，BMS 不会报出相应故障。

11）BMS 检测的整车控制器 VCU 发送的碰撞信号为真时，BMS 能报出相应故障，故障条件不满足时，BMS 需保持故障状态。

12）BMS 检测的交流（直流）充电电流异常时，BMS 能报出相应故障，故障条件不满足时，BMS 需保持故障状态。

13）BMS 检测的蓄电池电压 <9V 或 >16V 时（12V 系统），BMS 能报出相应故障，故障条件不满足时，BMS 需保持故障状态。

9. 均衡功能测试

BMS 的均衡功能测试是测试 BMS 的均衡功能开启关闭的工况，部分均衡功能测试内容如下：

1）达到均衡开启预设条件时，BMS 发送均衡开启命令，BMS 从板进行目标电芯均衡。

2）均衡过程中，压差小于设定电压值，退出均衡。

3）均衡过程中，退出充电后，均衡功能关闭。

4）最大单体电压达到标定值时，压差未超过设定电压值，均衡功能不会开启。

5）最大单体电压未达到标定值时，压差超过设定电压值，均衡功能不会开启。

6）强制开启均衡模式下，压差大于设定电压值，均衡功能开启，关闭强制均衡时，均衡功能关闭。

7）强制开启均衡模式下，压差不大于设定电压值，均衡功能不会开启。

10. UDS 故障码测试

模拟所有故障按照故障诊断方案中的故障码与 BMS 上报的故障码一一对应。

6.3.4　电池包测试

电池包的测试一般在 DV/PV（设计验证/生产验证）阶段进行，目的是验证电池包的设计/生产是否符合设计要求。其中包含温度测试、机械测试、外部环境模拟测试、电气安全测试、电池性能测试等。

1. 电池包功能测试

对电池包的基本功能进行测试，测试电池包在车辆上使用的基本功能是否符合设计要求，测试项包含电池包低压唤醒/CAN 通信功能测试、体电压采集精度功能测试、总电压采集精度功能测试、温度采集精度功能测试、总电流采集精度功能测试、高压管理及继电器控制功能测试、均衡功能测试、SOC 估算精度测试、充电控制功能测试、绝缘检测功能测试、高压互锁功能测试、故障诊断及存储功能测试、能量管理功能测试、软件在线更新功能测试、碰撞检测功能测试、储存和释放能量功能测试。

2. 电池包电性能测试

电池包电性能测试主要是对电池包在不同温度和时间工况下的充放电容量、能力进行测试。电池总成测试系统如图 6-26 所示。测试项如下：

1）测试常温放电容量、常温放电能力、常温能量效率、常温直流内阻、常温时序放电能力、常温 30s 脉冲放电能力、常温 10s 脉冲充电能力、常温快充电能力、常温荷电保持及容量恢复能力。

2）测试 40℃ 高温放电容量、高温 30s 脉冲放电能力、高温 10s 脉冲充电能力、高温荷电保持及容量恢复能力。

3）测试 0℃ 低温放电容量、低温能量效率、低温脉冲放电能力、低温脉冲充电能力。

4）测试 −20℃ 低温放电容量、低温能量效率、低温脉冲放电能力、低温脉冲充电能力。

5）测试 −5℃ 低温快充充电能力。

6）储存中容量损失。

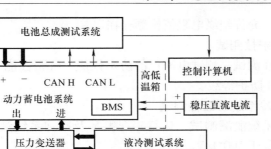

图 6-26　电池总成测试系统

3. 电池包安全性能测试

电池包安全性能测试是测试电池包在车辆发生事故时电池包的各种工况，测试项包含振动测试、机械冲击测试、跌落测试、翻转测试、模拟碰撞测试、挤压测试、温度冲击测试、湿热循环测试、海水浸泡测试、外部火烧测试、烟雾测试、高海拔测试、过温保护测试、短路保护测试、过充电保护测试、过放电保护测试。电池包安全性能测试如图 6-27 所示。

图 6-27　电池包安全性能测试

4. 电池包绝缘性能测试

电池包绝缘性能测试是指检测电池包自身及主继电器后端高压系统的绝缘性能。负责测量高压母线对车辆外壳/底盘之间的绝缘电阻。当检测到电池包总正、总负与底盘绝缘电阻均 $>500\Omega/V$（电池最大工作电压）时，不应检测为系统绝缘故障；当检测到电池包总正、总负单独或同时与底盘及其他电路绝缘电阻 $\leqslant500\Omega/V$（电池最大工作电压）时应报出绝缘故障并限制电池使用功率；当检测到绝缘电阻 $\leqslant100\Omega/V$（电池最大工作电压）时，应报出更高一级绝缘故障状态并断开高压继电器。允许绝缘电阻值检测存在误差。

5. 电池包防护性测试

电池包防护性测试是测试电池包的防水性能、气密性能、冷却系统气密性能，要求满足 IP67/68 防护等级。

6. 电池包液冷系统可靠性测试

电池包液冷系统泄漏测试，运行工况循环及冷却系统策略，系统无泄漏等现象，绝缘阻值不低于 500Ω/V。

电池包液冷系统凝露测试，40℃、95% 湿度环境下启动高温冷却策略，保持 1h，然后将温箱调至 25℃、0% 湿度，稳定后开盖，液冷管路无凝露等现象，绝缘阻值不低于 500Ω/V。

7. 电池包电气性能测试

电池包电气性能测试的测试项包括初始化时间、预充电时间、静态工作电流、休眠工作电流、漏电流、BMS 接地电阻值、Y 电容容值。

8. 电池包热管理性能测试

电池包热管理性能测试是测试电池包冷却系统和加热系统的性能，电池包热仿真图如图 6-28 所示。测试项包括常温冷却系统性能、高温冷却系统性能、低温加热系统性能、冷却系统流阻测试、冷却液进出口温度测试、电池温差测试、电器件温升性能测试。

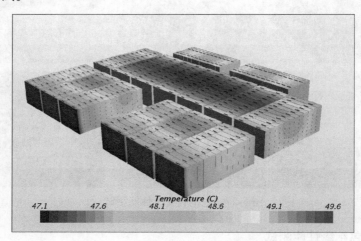

图 6-28　电池包热仿真图（见彩插）

6.3.5　电池包实车测试

电池包实车测试是电池包装车后，跟随车辆进行不同的性能测试，包含试验场路试、整车电磁兼容测试和三高测试（高寒测试、高温测试和高原测试）。三高测试主要是针对电动汽车在不同路况下，围绕整车的热管理、高压分配能力和高压安全等功能展开的标定与测试。

1. 整车试验场路试

　　整车试验场路试如图 6-29 所示。测试的内容包括最高车速、加速性能、最大爬坡度等，测试路况包括平台的高速环路、鹅卵石路、均匀波浪路等各种路况，测试后电池包不能因为振动或者老化而损坏，电动汽车涉水测试后车辆高低压绝缘应保持在安全范围内。

图 6-29　整车试验场路试

2. 整车电磁兼容测试

　　电动汽车电磁兼容测试是测试电动汽车的电磁干扰（EMI）和电磁抗扰度（EMC），整车电磁兼容测试如图 6-30 所示。由于整车系统复杂，包括无线通信，电机驱动系统会使电池干扰问题尤为严重，要保证电池包 BMS 不受外部电磁干扰而正常采集数据和传输数据，可以正常工作。

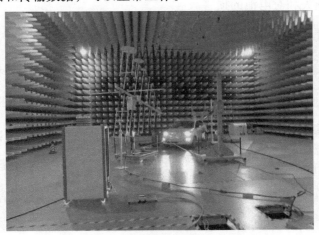

图 6-30　整车电磁兼容测试

3. 整车高寒测试

高寒测试一般选择在黑龙江漠河地区进行,测试温度可达 −35℃。整车高寒测试如图 6-31 所示。低温会造成电池活性降低,续驶里程降低,低温环境下充放电困难。高寒测试可以对车辆电池包的热管理系统进行测试,低温环境中电池包的加热系统应随着电池温度的变化而变化,能够保证电池在合理的温度范围内工作,减少能量损失和对电池的损害。

图 6-31 整车高寒测试

4. 整车高温测试

高温测试一般选择在新疆吐鲁番地区进行,测试温度可达 45℃。整车高温测试如图 6-32 所示。可以对车辆电池包的热管理系统进行测试,电动汽车在高温环境中,在长时间高速、爬坡、满载的驾驶工况下,电池温度会迅速升高,电池包的冷却系统应随着电池发热量的变化而变化,能够保证电池在合理的温度范围内工作,减少能量损失和对电池的损害。

图 6-32 整车高温测试

5. 整车高原测试

高原测试选择在高海拔地区，高原地区的极大温差变化是对热管理系统的考验，较大的压差变化可能导致电池鼓包，保证电池包可以在高原环境下供整车正常运行使用是重要的测试环节。整车高原测试如图 6-33 所示。

图 6-33　整车高原测试

第7章
空调及冷却系统设计

7.1 空调及冷却系统概述

与传统燃油汽车空调及冷却系统之间独立设计不同,新能源汽车热管理系统需统筹整车热量传递,将空调系统、动力蓄电池温控系统和驱动温控系统等进行融合,集成一套合理利用车内各部件冷热源的新能源汽车热管理系统解决方案。

车辆热管理是从系统集成和整体角度,统筹热管理系统与热管理对象、整车的关系,采用综合控制和系统管理的方法,将各个系统或部件如空调系统、冷却系统等集成为一个有效的热管理系统,控制和优化车辆的热量传递过程,保证各关键部件和系统安全高效运行,完善地管理并合理利用热能,降低废热排放量,提高能量利用效率,减轻环境污染。图7-1所示为典型空调及冷却系统原理图。

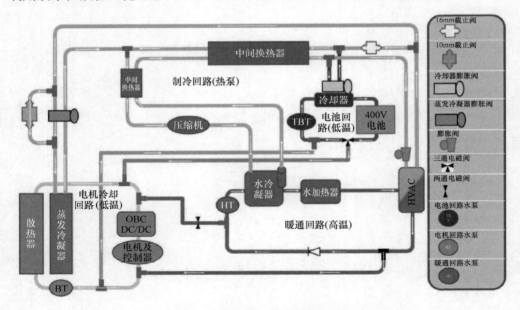

图 7-1 典型空调及冷却系统原理图

车辆热管理设计要综合考虑空气侧与车载热源系统之间的热量传递过程,涉及冷却介质、热交换器、风扇、泵、底盘空气流动、传感器与执行机构、材料与加工、整车空气动力学、安全性、可靠性、环保性及系统建模仿真等方面的研究。

7.1.1　电动汽车冷却系统工作原理

电动汽车的驱动电机、高压配电盒（PDU）和控制器等元件的温度直接影响着其使用性能和寿命。当驱动电机和 PDU 的温度突然升高或者超过电机的最高温度时，可能导致电机出现故障，而控制器对使用温度也有一定的要求。因此需要开发一种高效可靠的冷却系统，提高驱动电机、发电机和控制器等元件的使用效率和寿命。

电机与控制器在电能与机械能的转换过程中，部分电能会损耗成为热能释放。对于新能源汽车，驱动电机作为动力源，控制器用于能量转换，两者缺一不可。两者的热管理系统则主要对其进行冷却，使其能够安全可靠运行。随着驱动电机功率和转矩的日益增大，对电机和控制器热管理系统的要求也随之提高。目前，针对电机与控制器的冷却方式依据其介质的不同，可分为风冷、液冷和油冷。

1. 风冷

采用风冷的优点是结构简单、不需要设计独立的冷却零件，维护方便且成本低，缺点是冷却效果较差。为保证有足够的散热量，驱动电机与控制器需要增大与气流的接触面积，导致电机和控制器体积及成本增加。驱动电机和控制器在车辆上使用时对应的工况较为复杂，风冷无法在各工况下保持所需的散热量，故仅在热负荷小的小型车驱动电机或辅助电机上采用风冷。如北汽新能源 lite 车型和雷克萨斯 RX450h 的后驱电机等。

2. 液冷

相比风冷，液体具有更高的比热容，且可以根据需要主动调节系统温度，故而液冷具有更好的稳定性。对于新能源汽车的驱动电机和控制器等元件，采用液冷可以迅速带走热量，实现温度的快速降低，提高电机和控制器的效率和寿命。现阶段新能源汽车电机和控制器普遍使用液冷冷却，国内自主品牌主要采用冷却液作为介质，如国机智骏、蔚来、北汽新能源和吉利等。图 7-2 所示为典型水冷冷却系统原理图。

3. 油冷

日系车型的电机则能够采用自动变速器油（ATF）作为冷却介质，与冷却液相比，油冷电机体积更小，前舱布置较为紧凑。如雷克萨斯 RX450h 和三菱混合动力汽车的前驱动电机和发电机等，控制器仍是采用冷却液冷却。

目前新能源车型电机冷却系统还处在发展阶段，随着技术的不断进步，电机冷却系统将向精细化能量管理方向发展。如利用流量比例控制阀对系统的冷却液流量进行细化分配，精确满足各个元件所需流量，避免过多的流量浪费，降低水泵的功率或减少水泵的工作时间，节约电能。

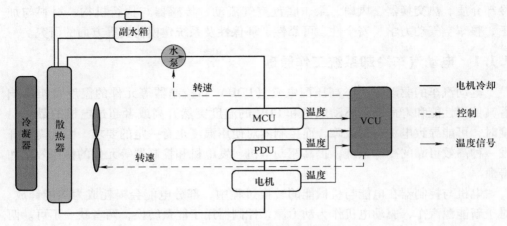

图 7-2　典型水冷冷却系统原理图

此外，为了实现新能源汽车热管理系统的精确控制和车载能量源的高效利用，不应将冷却系统独立匹配设计，需上升到整车层级的能量流控制。在设计中针对新能源汽车的热管理系统搭建相应的试验测试台架，对热管理系统进行静态和动态的测试，采集热管理系统中各零部件的数据，为设计匹配计算提供依据；建立内嵌控制逻辑的热管理系统一维仿真计算模型，以此作为整车经济性仿真的一个热管理系统模块；与整车共同经历综合工况下的模拟，反馈整车各工况下各零部件的温度，进而匹配出各零部件的效率；引入热管理系统对整车能量流的影响，并据此优化系统方案，实现能源的高效利用，提升整车续驶里程。

7.1.2　电动汽车空调系统工作原理

汽车空调的功能是把车厢内的温度、湿度、空气清洁度及空气流动性保持在使人感觉舒适的状态。在各种气候环境条件下，电动汽车车厢内应保持舒适状态，以提供舒适的驾驶和乘坐环境。另外，拥有一套节能高效的空调系统对电动汽车开拓市场也起到至关重要的作用。因此，在开发研制电动汽车时，必然也要对其配套的空调系统进行开发与研制。

对于目前传统燃油汽车空调系统，主要采用发动机驱动的蒸汽压缩式制冷系统进行制冷，而主要采用燃油发动机产生的余热制热。而对于纯电动汽车及燃料电池汽车来说，没有发动机作为空调压缩机的动力源，也不能提供作为汽车空调冬天制热用的热源，因此无法直接采用传统汽车空调系统的解决方案。对于混合动力车型来说，发动机的控制方式多样，故空调压缩机也不能采用发动机直接驱动的方案。综合以上原因，在电动汽车的开发过程中，必须研究适合电动汽车使用的新型空调系统。对于电动汽车来说，车上拥有高压直流电源，因此采用电动热泵型空调系统，压缩机采用电机直接驱动，成为电动汽车可行的解决方案。

　　与普通空调装置相比，电动汽车空调装置及车内环境主要有以下特点：

　　1）汽车空调系统安装在运动的车辆上，要承受剧烈而频繁的振动与冲击，要求电动汽车空调装置结构中的各个零部件都具有足够的抗振动冲击强度和良好的系统气密性能。

　　2）电动汽车大部分属于短距离代步工具，乘坐时间较短，且电动汽车内乘员所占空间比较大，产生的热量相对较多，相对热负荷大，要求空调具有快速制冷、制热和低速运行能力。

　　3）电动汽车空调压缩机使用的是车上动力蓄电池提供的直流电源，压缩机工作效率高，控制可靠性高，维护方便。

　　4）汽车车身隔热层薄，而且门窗多，玻璃面积大，隔热性能差，电动汽车也不例外，致使车内漏热严重。

　　5）车内设施高低不平且有座椅，气流分配组织困难，难以做到气流分布均匀。

　　图7-3所示为典型电动汽车空调系统构成。

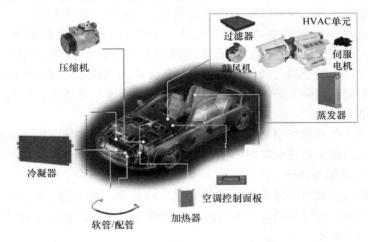

图7-3　典型电动汽车空调系统构成

　　随着国内电动汽车逐步产业化、市场化，电动汽车必然要配备空调系统。由于受到电动汽车独特性的影响，对于纯电动汽车来说，没有发动机作为空调压缩机的动力源，也不能提供作为汽车空调冬天制热用的热源，国内汽车厂家在传统燃油汽车空调的基础上进行部分替换设计，将燃油发动机带动的压缩机替换成直流电机直接驱动的压缩机，控制上相应改变，来完成空调制冷的功能。目前，替换设计效果基本能解决电动汽车空调的制冷问题，但制冷效率有待提高。由于没有燃油发动机产生的余热，国内厂家目前主要采用加热器加热和电热管加热，这些加热模式虽能满足制热效果，但都消耗电动汽车动力蓄电池的电能，制热效率相对较低，影响电动汽车的续驶里程。

在空调的主要零部件选用上，目前国内的电动汽车除了压缩机和控制策略，其他主要零部件还是沿用燃油汽车空调的零部件，冷凝设备主要使用平行流冷凝器，蒸发设备主要使用层叠式或平行流式蒸发器，节流装置仍然多为热力膨胀阀，制冷剂仍然是 R134a。据不完全统计，国内大力开发电动汽车的厂家如奇瑞、比亚迪、一汽、上汽、江淮等，目前电动汽车空调配套情况基本相同，都处于上述的发展现状。

国外电动汽车空调发展相对国内来说较成熟，国外电动汽车空调不乏有跟国内相似的模式，但在电动汽车热泵空调上已经有了一定的基础，日本本田纯电动汽车就采用了电驱动热泵式空调系统，系统中内置了一个反换流器控制压缩机。此外，在特别寒冷的地区使用时，部分车型可以选装一个燃油加热器采暖系统。

日本电装（DENSO）公司开发了采用 R134a 制冷剂的电动汽车热泵型空调系统，其在热泵系统的风道中采用了车内冷凝器和蒸发器的结构。电装公司还开发了 CO_2 热泵空调系统，自然工质 CO_2 具有良好的热物理性能，系统采用了在风道内设置 2 个换热器的方案，与 R134a 系统不同的是，当系统为制冷模式时，制冷剂同时流经内部冷凝器和外部冷凝器。为了减少空调对动力蓄电池的电能消耗，美国 Amerigon 公司开发了空调座椅，这种空调座椅上装有热电热泵，热电热泵的作用就是通过需要调温的空间之外的水箱转移热量，从而实现对需要调温的空间制冷或制热。这种空调座椅除了节能外还可以改善驾驶、乘坐的舒适性，在电动汽车上配套使用比较适合。

因此，国外电动汽车空调从节能高效和实用性上有所突破，国内电动汽车空调行业应积极向国外先进技术学习、借鉴，并在此基础上有所创新突破。

1. 空调系统制冷循环

车用空调机的制冷循环系统包括压缩机、冷凝器、储液罐、膨胀阀和蒸发器。制冷剂在制冷循环系统中循环，室内的热量被蒸发器带走并通过冷凝器释放到汽车外面，如图 7-4 所示。

（1）压缩机　压缩机吸入在蒸发器中被蒸发的制冷剂气体并压缩，以便它在冷凝器中容易液化，制冷剂在压缩机中被压缩后即变成高温高压气体。

（2）冷凝器　冷凝器液化从压缩机来的高温高压制冷剂气体。制冷剂进入冷凝器即被冷却并从气体变为液体。此时，必须保证它在冷凝器出口被完全液化。如果在冷凝器中制冷不充分且仍留有制冷剂气体，那么制冷能力就会降低。

（3）储液罐　储液罐是制冷剂的临时储罐。在纯电动汽车空调系统中，压缩机转速控制精度较高，压缩机的转速变化非常大。车厢中温度受外界空气温度的影响很大，特别是夏季，停放在太阳光照射下的汽车，其内部温度会非常高，所以当压缩机转速和车厢温度出现变化时，循环中的制冷剂流量就会出现波动，储液罐就是用来控制制冷剂流量波动的。

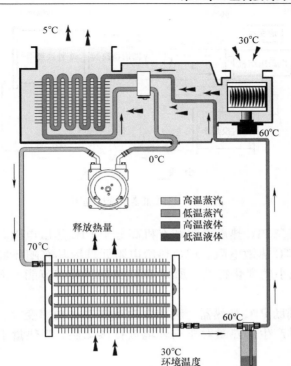

图 7-4 车用空调机的制冷循环（见彩插）

（4）膨胀阀 膨胀阀是一个在蒸发器下部保持压力的阀门。通过阀门的喷射，高压液态制冷剂被变成容易蒸发的低压、低温制冷剂雾。

（5）蒸发器 蒸发器通过从周围的散热片和扁管来吸收热量把制冷剂变成气体从而使车厢冷却。在蒸发器中，雾状制冷剂从车厢吸收热量被突然蒸发，蒸发器出口周围的制冷剂被完全汽化。

2. 空调加热系统

电动汽车空调系统暖风常见的方案如下：

（1）热泵加热系统 由传动带驱动的直流无刷电动机的电动汽车热泵式空调系统工作原理如图 7-5 所示，空调系统的制冷/制热模式由四通换向阀转换，实线箭头表示制冷工况，虚线箭头表示制热工况。从原理上讲，该系统与普通的热泵空调并无区别，但是用于电动汽车上，专门开发了双工作腔滑片压缩机、直流无刷电动机和逆变器控制系统。在热泵工况下，系统从融霜模式转为制热模式时，风道内换热器上的冷凝水将迅速蒸发，避免在风窗玻璃上结霜，影响驾驶的安全性。

（2）电加热器 电加热器是采用正温度系数（PTC）热敏电阻元件作为发热源的一种加热器。PTC 热敏电阻通常是用半导体材料制成的，它的电阻随温度变化而急剧变化，当外界温度降低时，PTC 电阻值随之减小，发热量反而会相应增加。

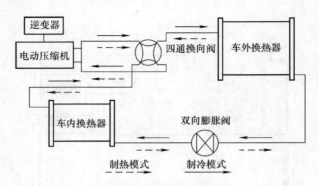

图 7-5　热泵加热系统原理图

按材质可以分为陶瓷 PTC 热敏电阻和有机高分子 PTC 热敏电阻。用于空调辅助电加热器的是陶瓷 PTC 热敏电阻。PTC 热敏电阻元件因具有随环境温度高低的变化其电阻值增加或减小的变化特性，所以 PTC 加热器具有节能、恒温、安全和使用寿命长等特点。

（3）余热 + 辅助 PTC 加热器　利用大功率器件（功率变换、驱动电机、电机控制器等）工作时产生的热量对车内环境进行热交换。当热量不足时，启用辅助 PTC 加热器。

7.1.3　电动汽车空调的发展趋势

电动汽车驱动能量来源于动力蓄电池，有别于传统燃油汽车，使得它的空调系统也不同于燃油汽车空调，由于作为驱动能量来源的动力蓄电池的容量有限，空调系统的能耗对电动汽车的续驶里程有较大的影响。同燃油汽车相比，对电动汽车空调系统的节能高效提出了更高的要求。同时，电动汽车空调必须要解决制冷、制热两大问题。根据电动汽车特有的性质，目前电动汽车空调可采用热电（偶）空调系统和电动热泵型空调系统。

1. 热电（偶）电动汽车空调系统

该项技术具有很多适合电动汽车使用的特点，并且与传统机械压缩式空调系统相比，热电空气调节具有以下特点：

1）热电元件工作需要直流电源。

2）改变电流方向即可产生制冷、制热的逆效果。

3）热电制冷片热惯性非常小，制冷时间很短，在热端散热良好冷端空载的情况下，通电不到 1min，制冷片就能达到最大温差。

4）调节组件工作电流的大小即可调节制冷速度和温度，温度控制精度可达 0.001℃，并且容易实现能量的连续调节。

5）在正确设计和应用条件下，其制冷效率可达 90% 以上，而制热效率远大于 1。

6）体积小、质量小、结构紧凑，有利于减小电动汽车的整备质量。可靠性高、寿命长并且维护方便；没有转动部件，因此无振动、无摩擦、无噪声且耐冲击。

热电（偶）制冷、制热工作原理如图 7-6 所示。

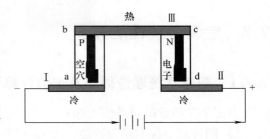

图 7-6　热电（偶）制冷、制热工作原理图

2. 热泵型空调系统

热泵型空调系统压缩机由永磁直流无刷电机直接驱动，由于在电动汽车上使用，压缩机等主要部件有其特殊性，热泵型空调系统最大的优点就是制冷、制热效率高，相关企业开发的全封闭电动涡旋压缩机是由一个直流无刷电动机驱动的，通过制冷剂回气冷却，具有噪声低、振动小、结构紧凑、质量小等优点。在测试条件为环境温度为 40℃、车内温度为 27℃、相对湿度为 50% 的工况下，系统稳定时它能以 1kW 的能耗获 2.9kW 的制冷量；当环境温度为 −10℃、车内温度为 25℃ 时，以 1kW 的能耗可以获得 2.3kW 的制热量。在 −10 ~ 40℃ 的环境温度下，均能以较高的效率为电动汽车提供舒适的驾乘环境。若能在零部件技术上得到改进，热泵型空调系统的效率还可以得到提高。

综上所述，通过对空调技术成熟性和能源利用效率进行比较可知，对于热电（偶）电动汽车空调系统，目前存在着热电材料的优值系数较低，制冷性能不够理想，并且热电堆产量受到构成热电元件的碲元素产量的限制。不满足电动汽车空调节能高效的要求。这使得电动汽车空调更倾向于选用节能高效的热泵型空调，该技术方案对于不同类型电动汽车的通用性较好，并且对整车结构改变较小，是将来电动汽车空调发展的主流趋势。

目前热泵型电动汽车空调最大的问题是低温制热性能差，尤其是在寒冷地区，这也是将来该行业研究的难题之一。为了使热泵型电动汽车空调更节能高效，可以从以下几个角度去着重解决：

1）开发更高效的直流涡旋压缩机。

2）开发控制更精准、更节能的硅电子膨胀阀。

3）采用高效的过冷式平行流冷凝器。

4）改善微通道蒸发器结构，使制冷剂蒸发更均匀。

此外，电动汽车开门的次数及在行车中车速、光照、怠速等因素的影响，空调湿热负荷大。压缩机乃至整个空调系统都要适应这种多因素变化的工况，因此热泵型电动汽车空调系统变工况设计尤为重要。

7.2 空调系统性能开发

7.2.1 制冷系统理论循环及热力计算

由图 7-7 所示的压焓图可知：

1）制冷剂单位质量制冷能力为 $q_0 = (h_1 - h_4) \mathrm{kJ/kg}$。

2）制冷剂单位质量放热量为 $q_k = (h_2 - h_3) \mathrm{kJ/kg}$。

3）单位质量制冷剂压缩机的耗功量为 $w_c = (h_2 - h_1) \mathrm{kJ/kg}$。

4）节流阀前后比焓不变，$h_3 = h_4$。

5）制冷剂质量流量为 $M_R = Q_0/q_0 \mathrm{kg/s}$，其中 Q_0 为制冷量。

6）压缩机的理论耗功量为 $P_{th} = M_R w_c = M_R(h_2 - h_1) \mathrm{kW}$。

7）理论制冷系数为 $\varepsilon_{th} = \dfrac{Q_0}{P_{th}} = \dfrac{q_0}{w_c} = \dfrac{h_1 - h_4}{h_2 - h_1}$。

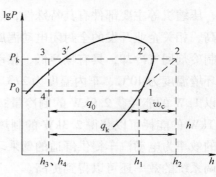

图 7-7 压焓图

7.2.2 空调系统热负荷理论计算

汽车空调作为保证车辆乘员热舒适性的系统，会消耗一部分动力蓄电池电量或发动机功率，合理设计空调系统的制冷量、制热量，对车辆热负荷计算至关重要，从而有效避免制冷量或制热量不足而造成的不适，为后期的空调系统设计减小误差提供有效的理论及数据支持。热负荷计算过程如下：

（1）参数确定　综合考虑夏季的高温酷暑和汽车空调系统经常使用的环境，结合有关资料，确定某车型车内外边界条件如下：空气流速为 $v = 2\mathrm{m/s}$；日照强度为 $I_{水平} = 1000\mathrm{W/m^2}$，$I_{垂直} = 160\mathrm{W/m^2}$，$I_{散} = 40\mathrm{W/m^2}$；车长为 2.00m；车宽为 1.59m；驾驶室高为 1.38m。

（2）车外综合温度计算　由于太阳辐射的影响，车身表面温度比环境温度高许多，为简化这部分热负荷计算，引入车外综合温度的概念，由于车顶和车侧的日照强度和热传导系数不同，车顶和车侧的综合温度也不同，其中车顶综合温度为

$$t_{c顶} = \rho I_{顶}/(\alpha_2 + K_{顶}) + t_2$$

车侧综合温度为

$$t_{c侧} = \rho I_{侧}/(\alpha_2 + K_{侧}) + t_2$$

式中，ρ 为车外表面吸收系数，取 0.9；$I_{顶}$ 为车顶太阳辐射强度，$I_{顶} = I_{水平} =$

$1000\text{W}/\text{m}^2$；$I_侧$ 为车侧太阳辐射强度，$I_侧 = \dfrac{I_{垂直} + I_{散}}{2} = \dfrac{160 + 40}{2}\text{W}/\text{m}^2 = 100\text{W}/\text{m}^2$；

α_2 为车外空气与车表面的对流放热系数，取经验值 $\alpha_2 = 33.48\text{W}/(\text{m}^2 \cdot ℃)$；$K_顶$ 为车顶传热系数；$K_侧$ 为车侧传热系数；t_2 为环境温度，取 $38℃$。

壁面传热基本公式为

$$Q = KF\Delta t$$

式中，K 为传热系数；F 为传热面积；Δt 为温差。

为简化计算，车身各部分按多层均匀平壁考虑，根据传热学理论，有

$$K = \cfrac{1}{\dfrac{1}{\alpha_1} + \sum \dfrac{\delta_i}{\lambda_i} + \dfrac{1}{\alpha_2}}$$

式中，α_1 为车内表面的对流放热系数，按自然循环考虑，其值取 $15\text{W}/(\text{m}^2 \cdot ℃)$；$\delta_i$ 为各层材料的厚度；λ_i 为各层材料的传热系数。

车顶和车侧的传热系数计算见表 7-1（表中与车体结构相关的参数为参考其他车型的估算值）。

表 7-1　车顶和车侧传热系数

结构	车顶			车侧		
结构层构成	钢板	空气间隙	隔热硬顶	钢板	空气间隙	内饰板
单一结构层厚度 δ_i/mm	0.7	15	5	0.7	25	3
单一结构层传热系数 $\lambda_i/[\text{W}/(\text{m}^2 \cdot ℃)]$	51.63	0.163	0.06	51.63	0.163	0.18
$\sum(\delta_i/\lambda_i)/[(\text{m}^2 \cdot ℃)/\text{W}]$	0.175			0.170		
$1/(\alpha_1)/[(\text{m}^2 \cdot ℃)/\text{W}]$	1/15			1/15		
$1/(\alpha_2)/[(\text{m}^2 \cdot ℃)/\text{W}]$	1/33.48			1/33.48		
传热系数 $K/[\text{W}/(\text{m}^2 \cdot ℃)]$	3.68			3.75		

由此可得

车顶综合温度为

$$t_{c顶} = \frac{\rho I_顶}{\alpha_2 + K_顶} + t_2 = \left(0.9 \times \frac{1000}{33.48 + 3.68} + 38\right)℃ = 62.22℃$$

车侧综合温度：

$$t_{c侧} = \frac{\rho I_侧}{\alpha_2 + K_侧} + t_2 = \left(0.9 \times \frac{100}{33.48 + 3.75} + 38\right)℃ = 40.42℃$$

车地综合温度 $t_{c地}$ 按 $41℃$ 计算。

（3）热负荷计算

1）通过车顶传入车内热负荷 $Q_顶$。车顶面积约为 $F_顶 = 3.2\text{m}^2$，则

$$Q_顶 = K_顶 F_顶 (t_{c顶} - t_1) = [3.68 \times 3.2 \times (62.22 - 25)]\text{W} = 438.3\text{W}$$

2）通过车侧传入车内的热负荷 $Q_{侧}$。车侧面积约为 $F_{侧} = 7.7\text{m}^2$，则

$$Q_{侧} = K_{侧} F_{侧}(t_{c侧} - t_1) = [3.75 \times 7.7 \times (40.42 - 25)]\text{W} = 445.25\text{W}$$

3）通过地板传入车内的热负荷 $Q_{地}$。地板的传热系数约为 $4.02\text{W}/(\text{m}^2 \cdot \text{℃})$，面积约为 1.7 m^2，温度约为 75℃，则

$$Q_{地} = [4.02 \times 1.7 \times (75 - 25)]\text{W} = 341.7\text{W}$$

4）通过车窗玻璃传入车内的热负荷 $Q_{玻}$。车窗玻璃面积见表7-2。

表7-2　车窗玻璃面积　　　　　　　　　　　　（单位：m^2）

全面积	前窗
约3.4	约1.0

其中前风窗玻璃并非垂直安装，其垂直方向投影面积约为 0.2m^2，水平方向投影面积约为 0.9m^2。

玻璃传热系数为

$$K_{玻} = 11.5\text{W}/(\text{m}^2 \cdot \text{℃})$$

则由于车内外温差而形成的热负荷为

$$Q_{玻1} = [11.5 \times 3.4 \times (38 - 25)]\text{W} = 508.30\text{W}$$

又太阳总辐射量为

$$U = (3.4 - 1.0 + 0.2)I_{侧} + 0.9I_{水平} = 2.6 \times 100 + 0.9 \times 1000 = 1160\text{W}$$

则由于太阳辐射而形成的热负荷为

$$Q_{玻2} = (\eta + \rho\alpha_1/\alpha_2)US$$

式中，η 为太阳辐射透过玻璃的透入系数，取 $\eta = 0.84$；ρ 为玻璃对太阳辐射热的吸收系数，取 $\rho = 0.08$；S 为遮阳修正系数，取 $S = 1.0$。

则　　　　$Q_{玻2} = [(0.84 + 0.08 \times 15/33.48) \times 1160 \times 1.0]\text{W} = 1015.97\text{W}$

总热负荷为

$$Q_{玻} = Q_{玻1} + Q_{玻2} = (508.3 + 1015.97) \text{ W} = 1524.27\text{W}$$

5）乘员热负荷 $Q_{人}$。乘员全热为108W，驾驶人全热为175W，则总热量为

$$Q_{人} = (0.89 \times 6 \times 108 + 175)\text{W} = 751.72\text{W}$$

6）车内电机及照明灯等的热负荷 $Q_{附}$。暖风机电机转换为热量的功率约为40W，收放机功率约为7W，照明灯等功率约为5W，则

$$Q_{附} = (40 + 7 + 5) \text{ W} = 52\text{W}$$

7）总热负荷为

$$Q_{总} = Q_{顶} + Q_{侧} + Q_{地} + Q_{玻} + Q_{人} + Q_{附} = 3553.24\text{W}$$

取整：$Q_{总} = 3560\text{W}$。

8）制热负荷。冬季车外温度低于车内，热量会通过车身、车窗等传到车外。忽略人体、电器散发热量，则制热负荷为

$$Q_{热} = Q_{顶} + Q_{侧} + Q_{地} + Q_{玻} = 2749.52\text{W}$$

取整：$Q_{热} = 2750W$。

9）结论。通过以上计算分析，总热负荷为3560W。所以该车电动空调系统的制冷性能应不小于3560W。

同时上述分析尚有一些影响空调系统制冷性能的因素没有考虑，诸如整车密封性能、隔热措施的采用、室内新风吸入量等。需要对样车或相关类似车型的空调系统进行详细的分析和测试，再结合理论分析和整车其他的限制因素，最终确定一个优化的系统制冷参数，进而确定系统各个部件的参数。

同时，由于不同车型（窄体单排、中体双排、宽体排半等）对空调制冷能力的需求也有所不同，对于这种情况，通常的做法是采用可变频一体式压缩机，而不改变空调系统的其他部件，以达到空调系统与整车的匹配。

制热负荷为2750W，电动空调采暖和除霜采用PTC电加热，PTC能根据车内温度、风量自动调节发热量，制热负荷小于制冷负荷，根据需要选择适合的产品即可。

7.2.3 空调系统关键零部件选型计算

1. 蒸发器选型计算

蒸发器的作用是使经过节流降压后的液态制冷剂沸腾汽化，吸收蒸发器表面周围空气的热量使其降温。汽车空调蒸发器有管片式、管带式、层叠式三种结构。管片式蒸发器一般由铜或铝质圆管套上铝翅片组成，经膨胀工艺使铝翅片与圆管紧密相接触，其结构简单、加工方便，但换热效率较低。管带式蒸发器由多孔扁管与蛇形散热铝带焊接而成，工艺比管片式复杂，需采用双面复合铝材及多孔扁管材料，该蒸发器换热效率比管片式高10%左右。层叠式蒸发器由两片冲成复杂形状的铝板叠在一起组成制冷剂通道，每两片通道之间夹有蛇形散热铝带，该类型蒸发器也需要双面复合铝材，并且焊接要求高，因此加工难度较大。但是其换热效率较高，结构也较紧凑。采用新型制冷剂R134a的汽车空调就应用这种层叠式蒸发器。

蒸发器计算主要是根据制冷量大小，在规定工况下，计算出蒸发器所需面积。

蒸发器传热计算公式为

$$Q = KF\Delta t_m$$

式中，Q 为蒸发器产冷量（kW）；K 为蒸发器的传热系数 $[kW/(m^2 \cdot ℃)]$；F 为蒸发器空气侧的传热面积（m^2）；Δt_m 为沿气流方向蒸发器表面与空气流之间的对数平均温差，对数平均温差可按下式计算：

$$\Delta t_m = \frac{t_1 - t_2}{\ln \dfrac{t_1 - t_0}{t_2 - t_0}}$$

式中，t_1 为蒸发器进口空气温度（℃）；t_2 为蒸发器出口空气温度，单位为℃；t_0 为蒸发温度（℃）。

　　蒸发器传热系数 K 值取决于蒸发器材料的导热系数及结构。常见的蒸发器结构中，管带式 K 值比管片式高。计算出蒸发器所需的换热面积，还要确定迎风面积与排深的比例关系。在不增加风阻的条件下，可减少迎风面积，增加排深。

2. PTC 选型计算

　　采用 PTC 电辅加热，是目前解决空调冬季供暖问题比较普遍的做法。PTC 加热陶瓷新材料具有恒温加热、无明火、热转换率高、受电源电压影响极小、自然寿命长等传统发热元件无法比拟的优势。

　　PTC 热敏元件是一种典型的具有温度敏感性的半导体电阻，当超过一定的温度（居里温度）时，它的电阻值随着温度的升高呈阶跃性的增高。

　　电流通过 PTC 热敏元件后引起温度升高，即发热体的温度上升，当超过居里温度后，电阻增加，从而限制电流增加，而后电流的下降又导致元件温度降低，电阻值随之减小，电路电流又增加，元件温度再升高，周而复始。因此 PTC 热敏元件既具有使温度保持在特定范围内的功能，又起到开关作用。它的一大突出特点在于安全性能上，即遇到风机故障停转时，PTC 加热器因得不到充分散热，其功率会自动急剧下降，此时加热器的表面温度维持在居里温度左右（一般为 250℃ 左右），从而不致产生如电热管类加热器的表面"发红"现象。此外，当外界温度降低时，PTC 热敏元件的电阻值随之减小，发热量反而会相应增加，依据此原理，采用了 PTC 电辅热技术的空调，能够自动根据车内温度的变化及风机风量的大小而改变发热量，从而恰到好处地调节车内温度，达到迅速、强劲制热的目的。

　　PTC 电加热器示意图如图 7-8 所示，可用于汽车室内的取暖和除霜，根据需要可将多组电加热器并联安装在汽车空调风箱内，设计的一个重要问题就是如何将 PTC 热敏元件产生的热量及时取走，这取决于风机和风道的设计。风机可采用轴流式风扇、离心式风扇等，基本要求是：使作用到整个 PTC 发热器迎风面上的风速均匀，充分发挥 PTC 元件的发热能力；风速要合理，PTC 发热器的消耗功率和出口风温与风速密切相关，风速增加，发热量增大。另外要有与之配合良好的风道设计。

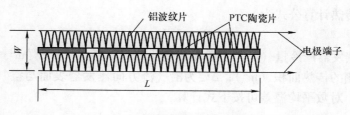

图 7-8　PTC 电加热器示意图

3. 冷凝器选型计算

　　冷凝器负荷按 $Q_c = 7.16\text{kW}$ 计算，按高中低风速设计（具体项目可以分得更细），高风速区默认为格栅垂直冷凝器通风的有效面积 22%（单位换热量取 7W/cm²）；中风速区为格栅开孔周边但是可以通风的区域 70%（单位换热量取 3.5W/cm²）；低风速区 8%（单位换热量取 1.5W/cm²）。

1）高风速区

换热量为

$$Q_1 = (7.16 \times 22\%) \, kW = 1.575 \, kW$$

有效面积需求为

$$S_1 = \left(1.575 \times \frac{1000}{7}\right) cm^2 = 225 \, cm^2$$

2）中风速区

换热量为

$$Q_2 = (7.16 \times 70\%) \, kW = 5.012 \, kW$$

有效面积需求为

$$S_2 = \left(5.012 \times \frac{1000}{3.5}\right) cm^2 = 1432 \, cm^2$$

3）低风速区

换热量为

$$Q_3 = (7.16 \times 8\%) \, kW = 0.573 \, kW$$

有效面积需求为

$$S_3 = \left(0.573 \times \frac{1000}{1.5}\right) cm^2 = 382 \, cm^2$$

冷凝器总有效面积需求为

$$S = (S_1 + S_2 + S_3) \, cm^2 = 2039 \, cm^2$$

冷凝器实际换热量需求 $Q = S \times$ 单位换热量（推荐值选取试验数据 4.5m/s 时对应换热量 6W/cm²）= (2039 × 6)W = 12234W，即冷凝器换热能力需求 4.5m/s 时换热量为 12234W

初步选取冷凝器尺寸需求有效面积为 2039cm²。

4. 压缩机选型计算

根据前面的计算，压缩机选型时应考虑以下几个条件：

1）具有合适的能效比。

2）制冷量应满足修正后制冷量。

3）合适的转速。

（1）压缩机参数的确定 图 7-9 所示为参考待用机型 EWXH-036-1 的性能曲线图，从性能曲线中可以看出压缩机转速在 3000r/min 左右时，制冷量可以达到 3kW，可以满足设计要求。

（2）压缩机速度定义 由于此款压缩机具有自我调节转速的功能，具体可调的范围为 500 ~ 4000r/min，考虑到压缩机需要消耗比较多的电能，建议将转速设定在能效比最高的转速位置，由以上可以看出，转速定义为 2000 ~ 3000r/min 最宜。

5. 膨胀阀选型计算

根据给定的工况，膨胀阀两端的压力降和蒸发器的负荷，经制冷剂液体过冷度修正后，查该型号的技术手册。

（1）确定膨胀阀两端的压力降 根据所给定的工况，系统中制冷剂液体流经管路、管弯头、干燥过滤器、视液镜、电磁阀等部件，其压力降之和设为

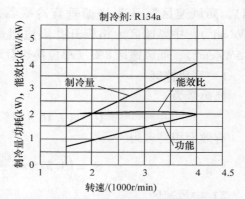

图 7-9 性能曲线图

试验工况：蒸发压力为0.30MPa(绝对压力)，冷凝压力为1.50MPa(绝对压力)，过热度为10℃，过冷度为5℃
工质：R134a

$\Delta P_1 = 66\text{kPa}$，多流程供液的蒸发器前需安装液体分配器，其压力降设为 $\Delta P_2 = 65.67\text{kPa}$。由于整个系统压力平衡，则有

$$P_e = P_c - \Delta P_{TXV} - \Delta P_1 - \Delta P_2$$

于是，热力膨胀阀端的压力降 ΔP_{TXV} 为

$$\Delta P_{TXV} = P_c - P_e - \Delta P_1 - \Delta P_2 = (1681 - 349.63 - 66 - 65.67)\text{kPa} = 120\text{kPa}$$

（2）蒸发器负荷的过冷修正 根据膨胀阀的技术手册规定，当热力膨胀阀前的制冷剂液体过冷度偏离4℃时，蒸发器的制冷量必须进行修正。修正方法是将所需制冷量除以表7-3所列的修正系数得到修正的蒸发器制冷量。

表 7-3 膨胀阀的制冷剂液体过冷度修正系数

液体过冷度 Δt_{sc}/℃	4	10	15	20	25
修正系数	1.00	1.08	1.13	1.19	1.25

在阀前的制冷剂液体过冷度为 $\Delta t_{sc} = 5℃$，修正系数为1.013，修正蒸发器制冷量 s' 为

$$s' = \left(\frac{29.311}{1.013}\right)\text{kW} = 28.9\text{kW}$$

则每只蒸发器的修正制冷量 s'' 为

$$s'' = \frac{28.9}{2}\text{kW} = 14.45\text{kW}$$

（3）根据 ΔP_{TXV}、t_e、s'' 确定应匹配的热力膨胀阀容量 由于热力膨胀阀的制冷量必须等于或稍大于修正后的蒸发器制冷量，可按 $\Delta P_{TXV} = 120\text{kPa}$，$t_e = 5℃$，$s'' = 16.8\text{kW} > 14.45\text{kW}$，在膨胀阀的技术手册的有关参数中，查到能够满足整个制冷系统匹配要求的参数，从而确定膨胀阀型号。

7.2.4　仿真分析

1. 一维仿真分析

一维仿真需要的计算资源少，计算时间短，却能获得很好的计算结果，尤其是当采用三维计算所没有的更完善的传热算法时，因此特别适用于汽车开发前期，许多数据尚未得知时的热管理计算。

汽车的冷却系统研究中使用较多的一维软件是 KULI（图 7-10）。该软件是针对整车热管理系统的一维计算软件平台，可以进行冷却系统的整体布置及热交换计算等。

在 KULI 中，整车热管理系统分为空气侧和水侧两大部分，空气侧由 CP 值（汽车行驶引起空气流动的压力变化）和散热器、风扇、加热器等构成，而水侧是由冷却液循环、润滑油循环和空调循环等构成的。

传统的一维冷却系统性能分析也存在相应缺点，如未考虑细节方面对计算结果的影响，KULI 都是假设散热部件上面的冷却风速度为均匀分布，但实际上，由于进气格栅和保险杠等的影响，冷却风速度分布是不均匀的。在计算散热器对空气传热时，结果的准确性受冷却风速度的影响很大，所以一维计算结果误差较大，应结合三维仿真综合考虑。

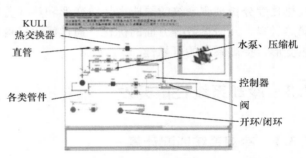

图 7-10　一维软件

2. 三维仿真分析

根据系统仿真并优化选出的总体设计方案，在三维建模工具 Catia 中完成产品结构和布局设计，用有限元前处理工具 Hypermesh 建立结构网格和流体网格，分别用于详细的传热分析和对流分析。三维仿真分析如图 7-11 所示。

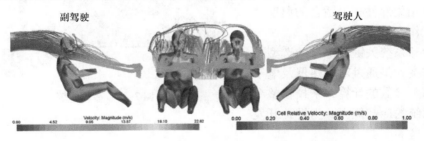

图 7-11　三维仿真分析（见彩插）

　　详细的热性能评估基于三维热分析工具 Radtherm 进行，可以导入真实的天气数据，模拟太阳照射、云层遮挡、地表反射等自然环境和天气条件的影响，高效计算透明材料等的热辐射，全面考虑热传导、对流换热和热辐射三种传热方式，分析各种环境或工况下各部件的温度分布和热流变化历程；可以分析基于假人模型的人体舒适度状态，用于空调设计的详细传热性能评估；内嵌先进的电池模型，考虑热与电的耦合影响，用于单体电池热分析或电池包热管理。

　　对于简单的对流传热过程，Radtherm 内嵌的对流换热库可快速根据流速、流量等计算出换热系数；流动非常复杂的热情况，可以利用常用计算流体动力学（CFD）工具与 Radtherm 的直接接口传热－流动耦合分析，由 CFD 工具提供对流边界给 Radtherm 以共同完成高精度长时间瞬态变化过程热分析。

　　详细热性能评估得到的温度场结果等可以直接通过 Radtherm 的有限元接口输出相应的格式，由非线性有限元仿真工具 Abaqus 等进行热强度分析，进而根据结构热强度分析预测系统的热应力、热变形和热疲劳状况。同时可调用 Optimus 进行隔热材料、几何参数等方面的优化，通过优化材料参数和结构参数以降低热应力和热变形，提高系统的可靠性。

7.3　冷却系统性能开发

7.3.1　冷却系统匹配计算

　　纯电动汽车电机冷却系统（图7-12）主要由电机水套、PDU水套、MCU水套、电子水泵、膨胀水壶、散热器、电子风扇、连接管路等部件组成。

　　冷却系统的最主要功能是保证电机及相关部件在最适合的温度状态下工作。

　　冷却系统关键零部件的选型及设计方案，是通过对散热器及电子水泵相关参数的计算，来校核整个冷却系统的冷却能力，为设计开发提供参考。

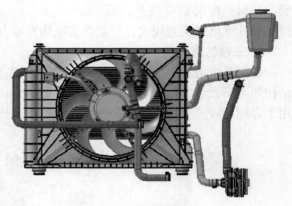

图 7-12　冷却系统

　　为降低开发成本与风险，冷却系统的散热器及电子水泵沿用供应商成熟产品，通过匹配计算，对各部件的产品参数进行分析，再做进一步选型调整。

下面以某一纯电动车型为例进行匹配计算，冷却系统设计输入条件：

（1）三电参数（表7-4）

表7-4 三电参数

参数项	数 据
电机额定功率/kW	45
电机峰值功率/kW	90
电机额定转矩/N·m	123
电机峰值转矩/N·m	280
电机绝缘等级	H
电机工作温度/℃	-30~105
电机峰值散热功率/kW	6
电机额定散热功率/kW	1.5
电机冷却水套容积/L	0.73
MCU 散热功率/kW	1.5
MCU 工作温度/℃	-40~85
MCU 冷却水套容积/L	0.152
PDU 散热功率/kW	0.7
PDU 工作温度/℃	-20~85
PDU 冷却水套容积/L	0.15
冷却方式	风冷

（2）散热器和风扇参数（表7-5）

表7-5 散热器和风扇参数

	标准散热量（10L/min）/kW	10
散热器参数	散热器芯子规格/mm×mm×mm	428.0×266.0×16.0
	扁管规格/mm×mm	16×1.4
	散热器芯子正面面积/m²	0.1138
	散热器散热面积/m²	0.5464
风扇参数	风扇风叶直径/mm	364
	风扇风量（静压为120Pa时）/（m³/h）	≥2000
	风扇内径/mm	141.0

（3）电子水泵参数（表7-6）

表7-6 电子水泵参数

电压/V	电流/A	开口流量/（L/min）	扬程/m
13	≤6	≥26	≥6

7.3.2 冷却系统主要零部件选型计算

1. 散热器选型计算

（1）电机、电控散热量计算

1）电动机控制器损耗计算。电动汽车的电动机控制器，采用功率模块作为主开关器件，负载为交流电动机，对于电压控制型功率模块和电感性负载，功率模块 P_{d1} 如下式：

$$P_{d1} = P_a + P_Q = 0.5U_{CE}I_{CE(PK)} + (t_{s(on)} + t_{s(off)})f_a + U_{CE(sat)}I_{CE}\delta \quad (7\text{-}1)$$

对于电动机控制器的冷却系统的设计，冷却系统的耗散功率应与功率模块损耗相平衡，因而电动机控制器冷却系统的耗散功率可用 P_{d1} 等效。

2）电动机发热损耗计算。

电动机的发热损耗主要有电动机铁损 P_{Fe}、机械损耗 P_{fw}、附加损耗 P_{ad} 等。电动机损耗 P_{d2} 可通过下式计算：

$$P_{d2} = P_{Fe} + P_{fw} + P_{ad} = C_{Fe}(E_1/f_1)^2(f_1/f_{1a})^a + C_{fw}[f_1(1-s)]^3 + 0.005P_2$$

$$(7\text{-}2)$$

可由式（7-1）和式（7-2）计算得设计车型三电的发热散热量，考虑到无法获知电机、电控等内部参数，一般由供应商提供相关的试验散热量，见表7-7。

表7-7 试验散热量

参数项	数值
电机、电控发热散热量/kW	3.7

散热器的最大散热量 Q_{max} 计算公式为

$$Q_{max} = (1.1 \sim 1.25)Q_水$$

根据经验取系数为1.2。设计车型空调冷凝器装在散热器前面，会增加散热器的进风温度，所以在下限基础上需要增加10%，综合这些因素，冷却系统散热器最大散热量为

$$Q_{max} = 1.2Q_{三电}$$

式中，Q_{max} 为散热器最大散热量（kW）；$Q_{三电}$ 为三电最大散热量，取8.2kW。

计算结果见表7-8。

表7-8 散热量计算结果

参数项	数 值
散热器最大散热量 Q_{max}/kW	9.84
散热器单件散热量/kW	10（≥9.84）

由以上可知，散热器散热量满足三电最大散热量要求。

3）散热器芯子正面面积。按电机最大功率计算散热器芯子正面面积：

$$F_f \geqslant (0.0027 \sim 0.0034) N_{emax}$$

式中，N_{emax} 为电机最大功率（kW）；

$N_{emax} \leqslant 73.5kW$ 时系数取上限，$N_{emax} > 73.5kW$ 时系数取下限。

计算得设计车型散热器芯子正面面积，见表7-9。

表7-9　散热器芯子正面面积

参数项	数　值
电机最大功率 N_{emax}/kW	90
散热器芯子正面面积 F_f/m^2（按电机最大功率计算）	0.243

设计车型散热器芯子规格为 $428.0mm \times 266.0mm \times 16.0mm$，计算得出散热器芯子正面面积为 $F_f = 0.1138m^2$。

由以上可知，设计的散热器芯子正面面积要求 $< 0.243m^2$，不满足经验要求，但上文已确定散热器散热量满足三电最大散热量。根据供应商提供的散热性能报告，进一步确认散热是否满足设计要求。

4）散热面积计算。散热面积计算公式为

$$S = \frac{Q_{max}\psi}{3.6K\Delta t_m}$$

式中，S 为散热面积（m^2）；Q_{max} 为驱动电机、电控最大发热量，（$8.2 \times 3.6 \times 10^3$）$kJ/h = 2.952 \times 10^4 kJ/h$；$\psi$ 为散热器系统、水垢及油泥影响等系数，一般为 $1.1 \sim 1.5$，取 1.1；Δt_m 为冷却介质对数平均温差（K）；K 为散热器传热系数，取 $60.5W/(K \cdot m^2)$。

其中冷却介质对数平均温差 Δt_m 的计算式为

$$\Delta t_m = \psi \frac{(t_{w1} - t_{a2}) - (t_{w2} - t_{a1})}{\ln\left(\dfrac{t_{w1} - t_{a2}}{t_{w2} - t_{a1}}\right)}$$

式中，t_{w1} 为散热器进水温度，取 $75℃$；t_{w2} 为散热器出水温度，取 $60℃$；t_{a1} 为空气进水温度，取 $38℃$；t_{a2} 为空气离开散热器的温度，取 $48℃$。

散热面积 $S = 0.5011m^2 < 0.5464m^2$，以上为散热器选型计算方法。

2. 冷却风扇选型计算

（1）风扇面积的计算　设计车型采用 1 个风扇，外径为 $0.364mm$。依据汽车设计原则，风扇外径扫过的环形面积占散热器芯子正面面积的百分比应大于 45%。

风扇外径扫过的环行面积计算公式为

$$S_{扇} = \frac{\pi(D_1^2 - D_2^2)}{4}$$

式中，$S_{扇}$ 为风扇外径扫过的环行面积（m^2）；D_1 为风扇外径，$D_1 = 0.364m$；D_2 为风扇内径，$D_2 = 0.141m$。

得设计车型风扇外径扫过的面积为 $S_{扇} = 0.0884m^2$。

散热器高266mm < 风扇外径364mm，风扇实际扫过面积 $S_{实} = 0.071m^2$。风扇扫过的实际面积 $S_{实}$ 与散热器芯子正面面积 F_f 之比为

$$\frac{S_{实}}{F_f} \times 100\% = \frac{0.071}{0.1138} \times 100\% = 62\% > 45\%$$

（2）风扇风量计算 按电机峰值功率计算，风扇风量为

$$V = \frac{Q_{max}}{\gamma_a C_p \Delta t_a}$$

式中，V 为所需的风扇风量（m^3/h）；Q_{max} 为电机最大发热散热量，取 $6 \times 3.6 \times 10^3 kJ/h$；$\gamma_a$ 为空气密度，取 $1.205kg/m^3$；C_p 为空气比热容，取 $1.004kJ/(kg \cdot ℃)$；Δt_a 为进出散热器的空气温度差，一般为 10 ~ 30℃，取10℃。

得 $\qquad\qquad V = 1785m^3/h < 2000m^3/h$

（3）迎面风速 额定功率迎面风速计算公式为

$$v = \frac{V}{1000 F_f}$$

式中，v 为迎面风速（km/h）；V 为按电机额定功率工况散热器散热量计算所得的风扇风量（m^3/h）；F_f 为散热器芯子正面面积，$F_f = 0.1138m^2$。

额定功率时车速远大于 28.4km/h 和 40.9km/h，以上为冷却风扇选型计算方法。

3. 水泵选型计算

电子水泵的主要性能参数有流量 P、扬程 H、转速 n、消耗功率、水泵效率、扬程系数。水泵流量计算式为

$$P = \frac{Q_{max}}{C_w \Delta t_w}$$

式中，P 为所需的水泵流量（L/min）；Q_{max} 为驱动电机、电控最大发热量，取8.2kW；C_w 为水的比热容，取 $4.179kJ/(kg \cdot ℃)$；Δt_w 为电机的进出水温度差，一般为 5 ~ 10℃，取10℃。

以上为电子水泵选型计算方法。

4. 膨胀水壶选型计算

膨胀水壶（图 7-13）容积包括三个部分：MIN 线以下的容积、MAX 与MIN 线之间的容积、膨胀容积。考虑到车辆上下坡等致使膨胀水壶倾斜的各种情况，一般要求冷却液的最低液面至膨胀水壶的底面距离不小于35mm，所以必备的残留容积应不小于

最小容积

图 7-13 膨胀水壶

35mm乘以膨胀水壶底平面面积。

表7-10所列为冷却系统冷却液容积。

表 7-10　冷却系统冷却液容积

项目	数值
三电水路容积/L	1.03
散热器容积/L	1.60
冷却水管容积/L	0.91
总容积/L	3.54

储备容积取冷却液总容积的11% ~ 15% = 0.39 ~ 0.53L。

膨胀容积就是整个冷却系统的冷却液因温度升高膨胀变大的容积。设总防冻液量为V_S，系统温度由t_1升高到t_2时，体积V_S变成$V_S + \Delta V$，密度由ρ_1变成ρ_2，根据质量守恒原理，可以得出下式：

$$V_S \rho_1 = (V_S + \Delta V)\rho_2$$

膨胀系数根据温度计算，考虑一定的工程余量，一般取6% ~ 8%，膨胀容积取冷却液总容积的6% ~ 8% = 0.22 ~ 0.28L

膨胀水壶总成容积 = 膨胀容积 + 储备容积 + 残留容积 = 0.9L < 1L

根据上述计算结果，设计车型冷却系统参数见表7-11。

表 7-11　冷却系统设计参数

参　数	数　值
最大散热量/kW	9.84
正面面积/m²	0.243
散热面积/m²	0.5011
最大功率工况风扇风量/(m³/h)	1785
直径/m	0.364/0.141
风扇个数	1
膨胀水壶总容积/L	0.9

上述计算公式主要为经验公式，上述计算仅作为设计参考。进一步设计校核及优化需要结合三维CFD及一维系统仿真。

7.3.3　冷却系统回路设计

电动汽车的关键部件是电机和电池及其附件，因此电动汽车的热管理模型主要就是电机和电池冷却系统温度控制，同时也要考虑电机控制器、逆变器等温度管理。

电机或电池等是结构复杂的物理实体，同一结构的不同点温度是有差异的，且时时变化，因此有必要将复杂构型简化为一些简单的热容。如电机可以简化为线圈热容、转子热容、壳体电容和冷却板热容等。有的是发热部件，有的是传热部件，它们最终都是与环境或者冷却介质实现热传递的，从而实现自身温度的调节。

电动汽车和热管理模型系统所需的整车和核心部件的热条件参数，由电机和电机控制器厂家提供相关信息。固件部件主要包括电机、电池和电机控制器等。电池的冷却形式主要有风冷、油冷、水冷等，此处电池采用风冷形式冷却，其他的采用水冷冷却，因此需要水冷的是电机和电机控制器。

根据电机和电机控制器的工作温度需求，确定冷却系统工作指标，采用电机和电机控制器串联冷却回路。

如图7-14所示，以某车型的回路进行说明。根据部件的使用温度范围，确定将MCU放在PDU前面，以确保两个部件正常工作。

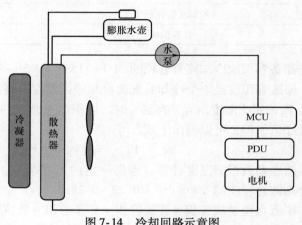

图 7-14　冷却回路示意图

电动汽车高压电源是唯一的能量源，需要给电机、电机控制器、水泵电机、空调等部件供电。

7.3.4　仿真分析

1. 一维仿真分析

根据电动汽车极限工况，输入电机和电机控制器的散热量，通过整车机舱流场的分析，能得出冷凝器在最大换热量下的空气温升，在一维仿真平台上搭建电动汽车的冷却模型，模型包含室内驾驶人、整车控制器、电机控制器等控制模型，还包括水泵、冷却循环管道、散热风扇、补水箱等冷却循环回路，以及各个部件的热容、附件热阻、DC/DC模型，仿真前设置好整车热容等关键参数，选定仿真循环及环境温度。

模型的冷却控制逻辑是，通过冷却液的温度调整水泵转速和风扇转速，模型模拟的是极限工况，可将两者参数设置为正常工作的最大转速，通过三维分析的进气温度、进气流量等输入，模拟仿真不同极限工况下的电机进液温度、PDU进液温度、MCU进液温度等仿真温度曲线，为冷却方案、部件选型提供优化建议。

下面以某项目的一维仿真计算进行说明：

（1）基本数据（表7-12）

表7-12　基本数据

某品牌车辆信息		
整车质量		1777kg = 1402kg + 375kg
滑行阻力	轮胎滚动阻力系数	0.0075
	迎风面积	2.45m²
	风阻系数	0.34
减速比		10.7
轮胎半径		215/50 R17
环境边界条件		
温度		40℃
冷却液		水与乙二醇的混合液
散热器迎面风速	静置风速	2.4m/s
	行车风速	0.062v + 2.4m/s（v为车速）
散热量/发热量	集成电机	项目输入
	PDU、DC/DC、OBC	480W
	散热器	项目输入
冷凝器发热量		10500W
仿真工况	高速工况	车速130km/h行驶20min，随后静置20min
	低速爬坡工况	车速40km/h、坡度9%行驶20min，随后静置20min
	高速爬坡工况	车速80km/h、坡度6%行驶20min，随后静置20min

对冷却系统散热器进行单体性能试验，并将试验结果输入一维软件中的 Radiator 元件，得到其性能如图7-15所示。

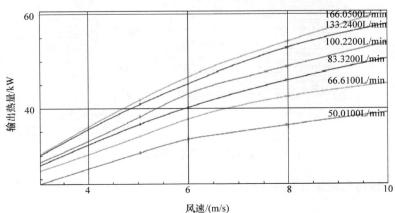

图7-15　散热器性能图

对冷却系统风扇进行单体性能试验，并将结果输入一维软件中的 Fan 元件，得出其性能如图 7-16 所示。

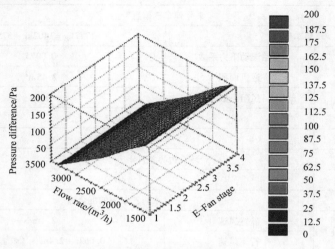

图 7-16　风扇性能图（见彩插）

对冷却系统水泵进行单体性能试验，并将结果输入一维软件中，得出其性能。

搭建一维仿真模型（图 7-17），针对整车运行的不同工况点进行仿真计算，得出各部件进出口温度、压降等曲线。

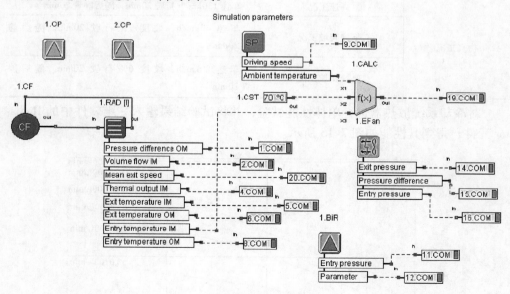

图 7-17　一维仿真模型

（2）一维仿真结果（表 7-13）

表 7-13　一维仿真结果

名称	高速工况		低速爬坡		高速爬坡		单位
工况	行驶平衡时（20min）	静置时（20min）	行驶平衡时（20min）	静置时（20min）	行驶平衡时（20min）	静置时（20min）	—
PDU 最高进液温度	≤60	≤60	≤60	≤60	≤60	≤60	℃
集成电机最高进液温度	≤70	≤70	≤70	≤70	≤70	≤70	℃
PDU 发热量	480	480	480	480	480	480	W
集成电机发热量	3415	0	2065	0	2517	0	W
散热器进风量	1.00	0.50	0.66	0.50	0.81	0.50	kg/s
散热器进风温度	51.22	61.69	56.86	61.69	53.78	61.69	℃
水流量	15（匹配计算值）						L/min

以图 7-18、图 7-19 所示的部分工况下的仿真结果进行说明。

由图 7-18、图 7-19 可知高速工况下，PDU 进液温度为 64.72℃ 小于 65℃，温度达标。集成电机进液温度为 64.95℃ 小于 65℃，温度达标。

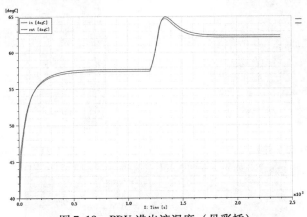

图 7-18　PDU 进出液温度（见彩插）

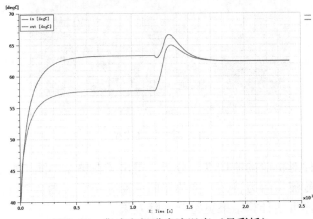

图 7-19　集成电机进出液温度（见彩插）

2. 三维仿真分析

机舱空气动力特性不仅与整车空气阻力相关，而且直接影响冷却系统的性能。如增大进气格栅面积会提高进气量，提升冷却系统性能；其次较为顺畅的机舱流道，其阻力一般较小，也可以提高进气量，提升冷却性能。一般情况下，机舱空气动力学特性可通过汽车风洞试验测得，但在新车型开发前期不具备实体模型的情况下可通过三维 CFD 流场分析获得。

应用 FLUENT 软件，建立机舱 CFD 模型。

第一步对几何模型进行处理，主要包括建模和几何清理，如图 7-20 和图 7-21 所示。第二步进行网格划分，建立计算模型，如图 7-22 所示。

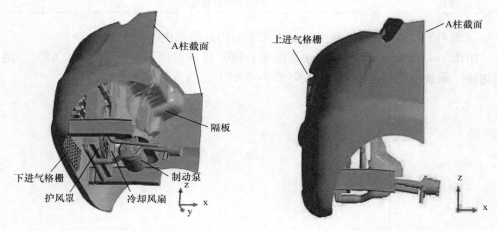

图 7-20　建模　　　　　　　　　　　图 7-21　几何清理

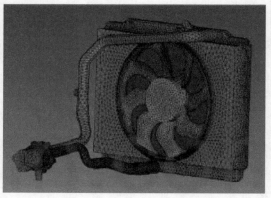

图 7-22　计算模型

通过三维软件对机舱的流场进行分析，得出了在整车不同工况下的机舱进口压力损失系数、机舱流道阻力特性、换热器的风速分布等（图 7-23），并将作为一维软件的输入。这样可使计算结果更符合实际效果。

图 7-23　机舱截面速度分布矢量图（见彩插）

三维仿真和一维仿真均对冷却系统布置及选型具有指导意义，但仍需实车道路试验数据反馈，优化仿真模型。

7.4　空调及冷却装置自动控制开发

7.4.1　控制系统的组成及方框图

新能源汽车与传统汽车热管理系统的组成部分不同。由于传统汽车和新能源汽车动力部件不同，两者热管理系统也存在差异。传统汽车热管理系统分为两大部分：

1）发动机热管理系统，调节发动机的工作温度。

2）汽车空调系统，调节乘员的驾驶环境。

新能源汽车热管理系统分为三个部分：

1）空调热管理系统，主要调节车内乘坐环境。

2）电机/电机控制器冷却系统，调节电动机及电机控制器的工作温度。

3）电池热管理系统（Battery Thermal Management System，BTMS），调节电池工作温度。

图 7-24 所示为传统汽车与新能源汽车热管理系统组成。

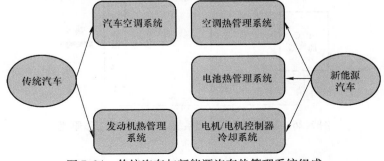

图 7-24　传统汽车与新能源汽车热管理系统组成

新能源汽车热管理的变化：

（1）空调系统

1）新能源汽车空调系统与传统空调系统的动力类型不同，需要通过电动系统驱动电动压缩机制冷，传统空调系统则以发动机带动普通压缩机进行制冷。

2）新能源汽车空调一般通过电热器来实现乘员舱供暖，如 PTC 加热器或热泵，而传统汽车空调则是利用发动机余热制热。

（2）电池、电机及电机控制器系统　与传统燃油汽车相比，纯电动汽车不再以发动机和变速器作为动力系统核心，取而代之的是电池、电机及电机控制器系统。相应地，纯电动汽车热管理系统的核心对象转移到了电池、电机和电机控制器。对于传统发动机，一般仅有冷却需求，而电池热管理系统不仅有冷却需求，还包括制热需求。新能源汽车的电池冷却系统一般兼顾空调系统的冷却作用，且电池的冷却液与空调的制冷剂会在电池冷却系统进行热交换。在对空间有要求的乘用车车型上，电池热管理系统和空调热管理系统往往共用电动压缩机和 PTC 加热器。

图 7-25 所示为新能源汽车乘员舱制冷与动力蓄电池冷却/加热原理和结构示意图，图 7-26 所示为新能源汽车空调系统 PTC 加热器工作原理。

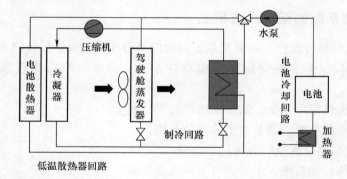

图 7-25　新能源汽车乘员舱制冷与动力蓄电池冷却/加热原理和结构示意图

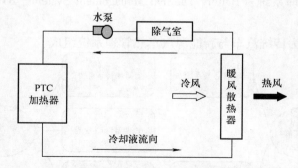

图 7-26　新能源汽车空调系统 PTC 加热器工作原理

7.4.2 空调控制系统的分类

空调控制系统是汽车空调系统的组成部分之一，能够对制冷系统和暖风系统的温度、压力进行控制，同时对车内空气的温度、风量流向进行控制，实现汽车空调系统的正常工作。

汽车空调按照系统配置进行分类，可以分为手动空调、电动空调和自动空调。

手动空调就是乘员通过操纵手动空调控制面板（图7-27）的旋钮、按键、拨杆，借助拉索调节进风方式、混合风门位置、出风方式及鼓风机档位。

手动空调的优点是成本低廉，机械式操纵机构简单、可靠。手动空调的缺点是操纵负载大，手感差，无法精确、恒温控制，机械故障率高，塑料控制盘容易变形导致控制错位、卡住、风门漏风严重。

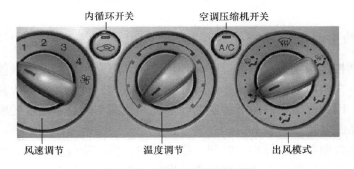

图 7-27　手动空调控制面板

电动空调多用于配置较低的汽车中，控制器中有电路板和处理芯片，控制器具有简单的逻辑处理功能，但操作仍然较为复杂，价格相对便宜。图7-28 所示为电动空调控制面板。

图 7-28　电动空调控制面板

自动空调就是乘员操作自动空调面板的旋钮或按键，设定所需的空调温度，由自动空调系统自动检测并调节出风口温度、鼓风机档位和出风方式。自动模式提供了最适宜的系统控制，并且不需要手动干预。图7-29 所示为自动空调控制面板。

自动空调的优点是智能化恒温控制、空调舒适性极佳；人性化交互界面，操作和运行可视化，与中控台融合为一体，协调美观；操纵负载小，手感佳。自动空调的缺点是成本高，维修难度增大。

图 7-29　自动空调控制面板

7.4.3　自动空调控制系统的评价指标

自动空调控制系统根据车内温度、环境温度、阳光照射强度等数值，计算与设计温度差值，向响应电机发出动作信号控制出风模式、风量，并接收其反馈信号进行闭环控制，因此测试车内温度控制的稳定性和达到不同设定温度的响应时间是考察自动空调系统的主要参数。

自动空调控制系统选择响应时间、稳定时间、稳定阶段超调量、系统误差等参数对自动空调系统试验的快速性和稳定性进行评价，具体如下：

（1）响应时间 T　T 作为系统响应快速性的评价指标，是指从设定开始到第一次进入稳定阶段的时间。

（2）稳定时间　指从一个设定温度点变化到另一个设定温度点过程中，前排两侧头部、膝部和足部温度的平均变化率小于 0.2℃ 的时刻。

（3）稳定阶段最大超调量 δ_{max}　δ_{max} 作为系统控制稳定性的评价指标，指进入稳定状态后的实际温度与设定温度之间最大偏差的绝对值。

（4）系统误差 e_{20}　e_{20} 作为实际值与设定值偏差的评价指标，是指从一个设定温度切换到另一个设定温度后第 20min 时实际值与设定值之间的误差，即 $e_{20} = T_{实际} - T_{设定}$。

7.4.4　控制系统执行器件构成

1. 传感器

（1）车内及车外温度传感器　此类传感器一般为负温度系数（NTC）热敏电阻，当车内及车外温度变化时，其阻值也会相应改变，并将此电信号发送给空调控制器。车外温度传感器一般布置在前保险杠格栅位置，车内温度传感器一般安装在仪表盘下方，并以空气管连接到空调通风管上，当气流迅速通过时，产生的真空将空气引进车内温度传感器。也有车型将车内温度传感器布置到空调面板内，此时车内温度传感器会自带一个小风扇，吸入车内空气经过车内温度传感器。传感器电器端接口电路和空调控制器端接口电路分别如图 7-30 和图 7-31 所示。

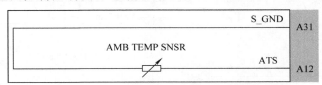

图 7-30　传感器电器端接口电路

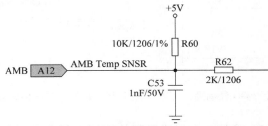

图 7-31　空调控制器端接口电路

（2）蒸发器温度传感器　此类传感器用于检测通过蒸发器内的空气温度或者蒸发器表面温度变化，此类传感器为负温度系数热敏电阻。蒸发器温度传感器电器端接口电路和控制器端接口电路分别如图 7-32 和图 7-33 所示。

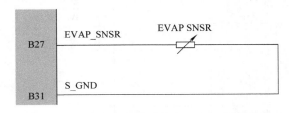

图 7-32　蒸发器温度传感器电器端接口电路

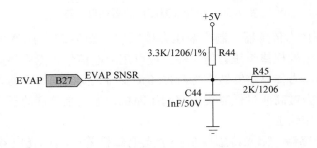

图 7-33　蒸发器温度传感器控制器端接口电路

（3）仪表板及脚部出风口温度传感器　出风口温度传感器用于感受仪表板出

风口或脚部出风口温度。当温度变化时，阻值改变，向空调控制器发送温度信号，用来控制温度风门的位置和鼓风机的转速。出风口温度传感器电器端接口电路和控制器端接口电路分别如图7-34和图7-35所示。

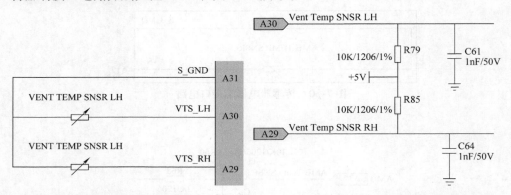

图7-34　出风口温度传感器电器端接口电路　　图7-35　出风口温度传感器控制器端接口电路

（4）冷却液温度传感器　冷却液温度传感器由负温度系数热敏电阻构成，冷却液温度的变化引起电阻值的变化，冷却液温度越低电阻值越大，冷却液温度越高电阻值越小，系统根据接收到的电压值来计算出当前的冷却液温度。图7-36所示为冷却液温度传感器接口电路。

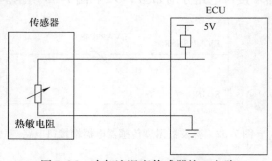

图7-36　冷却液温度传感器接口电路

（5）制冷剂压力传感器　制冷剂压力传感器（图7-37）能感受制冷剂压力信号，并能按照一定的规律将压力信号转换成可用的电信号，然后将此电信号输入控制单元。制冷剂压力传感器安装在冷凝器和蒸发器之间的高压管路内。制冷系统运行时，制冷剂压力过高或过低时关闭空调压缩机，根据制冷剂的压力信号调节冷凝器散热风扇的工作档位。

（6）阳光传感器　阳光传感器是一个光电二极管，利用光电效应，把阳光照射量转换为电流值信号并输送给空调电控单元，根据阳光的强弱控制温度风门和鼓风机转速。当阳光增强时，混合风门移向"冷"侧，鼓风机转速提高；反之，当阳光减弱时，混合风门移向"热"侧，鼓风机转速降低。阳光传感器一般安装在

驾驶室仪表台上面，前风窗玻璃底部。图 7-38 所示
为阳光传感器的结构及工作特性。

　　（7）空气质量传感器　空气质量传感器用于检
测外界空气中的有害气体，切断有害气体，保护乘员
健康。空气质量传感器用于主要检测 HC、CO、NO_x
及 SO_x 等有害气体。当外界有害气体的浓度达到一定
值时，空调控制单元将自动关闭汽车空调的进气风
门，循环风门切换为内循环，避免将污染的空气吸入
车内，当外界空气质量好转后，循环风门自动切换为
外循环以吸入新鲜空气。空气质量传感器一般安装在
车身前部，其控制原理如图 7-39。

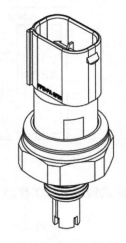

图 7-37　制冷剂压力
传感器

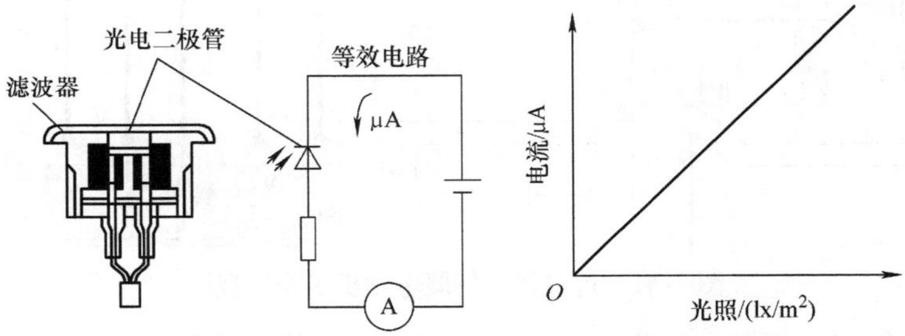

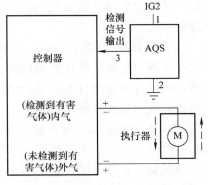

a) 结构　　　　　b) 工作特性

图 7-38　阳光传感器的结构及工作特性

　　（8）湿度传感器　湿度传感器为负温度
系数热敏电阻，湿度上升电阻下降，湿度下降
电阻上升，用于检测车内的空气湿度并输出给
空调控制器，控制车内空气湿度和清除在降雨
或低温状态下因湿度引起的风窗玻璃上的雾和
霜。湿度传感器一般安装在中央控制台下装饰
板附近，其电路简图如图 7-40 所示。

　　2. 执行部件

　　（1）进气模式伺服电动机　进气模式伺
服电动机又称为通风模式伺服电动机，用于控
制进气方式，其转子经连杆与循环风门连接，
当驾驶人通过空调控制面板选择内循环时，循环伺服电动机带动风门转到内循环位
置，当选择外循环时，循环伺服电动机带动风门转到外循环位置。图 7-41 所示为

图 7-39　空气质量传感器控制原理

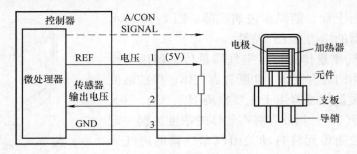

图 7-40　湿度传感器电路简图

进气模式伺服电机工作原理图。

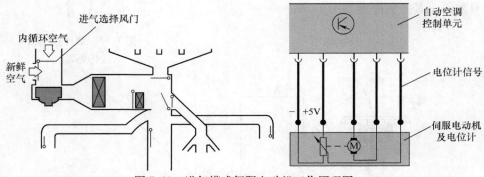

图 7-41　进气模式伺服电动机工作原理图

（2）空气混合伺服电动机　空气混合伺服电动机又称为温度风门伺服电动机，驾驶人设定所需温度后，空调控制器根据设置温度及各传感器采集的信号计算出出风温度，控制伺服电动机连杆顺时针或逆时针方向转动，改变空气混合风门的开启角度，从而改变冷、暖空气的混合比例。图 7-42 所示为空气混合伺服电动机工作原理图。

（3）出风模式伺服电动机　出风模式伺服电动机又称为气流方式伺服电动机，当驾驶人通过空调面板设定出风模式后，空调控制器根据设定的出风模式控制伺服电动机顺时针或逆时针方向转动风门，将风门转到相应的位置。图 7-43 所示为出风模式伺服电动机工作原理图。

（4）电子膨胀阀　电子膨胀阀是一种可按预设程序进入制冷装置的制冷剂流量的节流元件，与热力膨胀阀和毛细管相比，它的最大不同之处在于增加了一个能够自动发射变量信号的步进电动机，所以它可以按预设程序来调节制冷装置的制冷剂输出流量。

电子膨胀阀从全闭到全开状态用时仅需几秒钟，反应和操作速度极快，开闭特性和速度均可人为设定，并且其能在 10%～100% 的范围内进行精确调节，调节范围还可根据不同产品的特性进行设定。图 7-44 所示为电子膨胀阀结构原理。

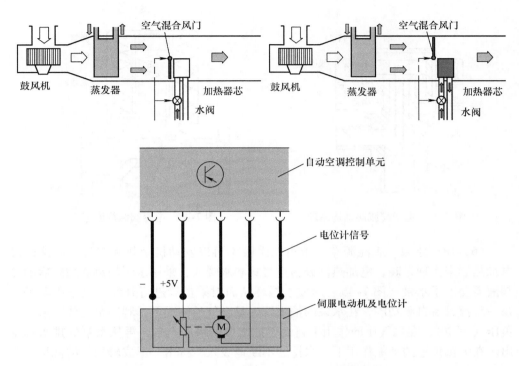

图 7-42　空气混合伺服电动机工作原理图

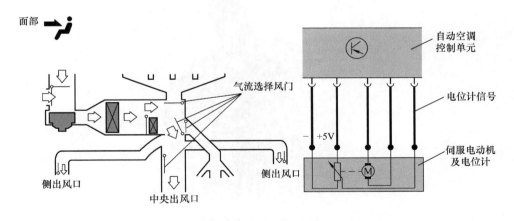

图 7-43　出风模式伺服电动机工作原理图

（5）电磁阀　电磁阀由电磁线圈和铁心组成，一般在双空调或热泵车型上使用，用于改变制冷剂的流向。图 7-45 所示为电磁阀结构原理。

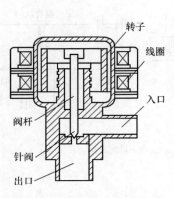

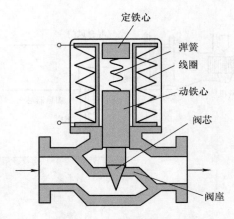

图 7-44　电子膨胀阀结构原理　　　　图 7-45　电磁阀结构原理

（6）电子水泵　新能源车型乘员舱采暖不再以发动机余热为热源，而是通过电加热器来实现采暖，电加热器分为空气式和水暖式，采用水暖加热器加热后的冷却液需要电子水泵（图 7-46）形成水循环从而对乘员舱进行升温。汽车用电子水泵一般都具备自吸功能，在水泵的抽水管内是空气的情况下，利用泵工作时形成的负压（真空），在大气压的作用下将低于抽水口的水压上来，再从水泵的排水端排出。在电机传递的动能作用下，水持续不断地吸入、排出，形成较稳定的流量。

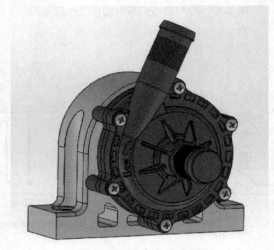

图 7-46　汽车电子水泵

7.4.5　压缩机能量调节与自我保护

1. 压缩机能量调节

压缩机能量调节是指改变压缩机制冷能力，使之与变动的负荷相适应的一类调节。空调控制器根据车内温度、车外温度、蒸发器温度和设定温度等参数控制压缩机的转速和通断。对于纯电动汽车来说，改变压缩机的制冷能力一般指调节压缩机的转速。对于燃油汽车，压缩机是发动机通过带轮来驱动的，转速受控于发动机状态，但是对于电动汽车，由于没有发动机，压缩机靠自身电动机进行驱动，压缩机转速可以精确控制且实时可调。

2. 压缩机能量调节的优点

1）能使制冷装置的制冷量始终与外界热负荷平衡，从而提高运行的经济性。

2）减小蒸发温度（蒸发压力）的波动，相对应地减小了被冷却对象的温度波动，对空调而言，可以提高环境舒适度，这样还可以减少压缩机的起动次数，延长压缩机的使用寿命。

3. 压缩机自我保护

（1）低温保护　当车外环境温度低于某值时，压缩机停止工作，防止压缩机产生损耗。

（2）低压保护　当制冷系统压力低于某值时，压缩机停止工作，防止压缩机在制冷剂不足的条件下工作，造成压缩机损坏。

（3）高压保护　当系统压力超过某值时，压缩机停止工作，防止空调系统故障。

（4）高压过电压保护　高压过电压后，立即停机，电压恢复后一定时间内重启。

（5）高压欠电压保护　高压欠电压后，立即停机，电压恢复后一定时间内重启。

（6）过电流保护　运行电流达到保护值时，立即停机，停机一定时间后重启。

（7）过热保护　控制器内部自带温度保护，当电路板温度高于设定值时，立即停机，恢复后一定时间内重启。

7.4.6　制热装置能量调节与自我保护

1. 制热装置能量调节

制热装置能量调节是指改变制热装置的制热能力，使之与变动负荷相适应的一类调节。空调控制器根据车内温度、车外温度和设定温度等参数控制加热器的功率。纯电动汽车空调制热装置主要为 PTC 热敏电阻加热器，分为空气 PTC 加热器和水 PTC 加热器，部分空气 PTC 无控制器或只有两档调节，不具备能量调节功能。

2. 制热装置能量调节的优点

1）能使制热装置的制热量始终与外界热负荷平衡，从而提高运行的经济性。

2）减小乘员舱内温度波动，提高乘员的舒适性。

3. 制热装置自我保护

PTC 一般具备过电压、欠电压、过热、过电流保护等功能，具体如下：

1）高压过电压保护　过电压后，PTC 在一定时间内关闭，如以 50%/s 关闭。

2）高压欠电压保护　欠电压后，PTC 在一定时间内关闭，如以 50%/s 关闭。

3）过热保护　温度过高后，PTC 在一定时间内关闭，如以 50%/s 关闭。

4）过电流保护　电流过高时，PTC 以一定速率降低工作电流，如以 50%/s 减少 PWM。

7.4.7　蒸发器流量调节

蒸发器流量调节的目的是控制进入蒸发器的制冷剂液体流量与蒸发器负荷相匹配，即按照蒸发器中实际可能汽化的液体量调节送入蒸发器的液量。

蒸发器的流量主要通过膨胀阀的开度进行调节，膨胀阀分为电子膨胀阀和热力膨胀阀。电子膨胀阀是一种可按预设程序进入制冷装置的制冷剂流量的节流元件，根据接收到的脉冲信号控制膨胀阀开度，保证适量的供液量和合适的过热度。热力膨胀阀是通过蒸发器出口气态制冷剂的过热度控制膨胀阀开度的。

7.4.8　出风模式自动控制

此模式的目的是调节送风方向，从而提高舒适性。在手动模式中，出风模式有吹面、吹面/吹脚、吹脚、吹脚/除霜、除霜 5 种模式；在自动模式中，出风模式一般有吹面、吹面/吹脚、吹脚 3 种模式。

出风模式控制系统主要由传感器、出风模式伺服电动机、空调控制面板和控制器等组成。控制器根据传感器信号按照"头冷脚热"的原则自动调节模式风门的位置。手动模式下需用户手动设置出风模式，自动模式下根据算法自动调节出风模式，无需手动操作。ECU 根据目标出风口温度值控制出风模式。

当目标出风口温度值从低变高时，伺服电动机带动模式风门由吹面位置移到吹脚位置，伺服电动机停转，出气方式由吹面方式转为吹脚方式。控制面板上吹脚指示灯点亮。

当目标出风口温度值从高变至中时，伺服电动机带动模式风门由吹面位置移到吹面/吹脚位置，电动机停转，出气方式由吹面方式转为吹面/吹脚方式。控制面板上吹面/吹脚指示灯点亮。

当目标出风口温度值从中变至低时，伺服电动机带动模式风门由吹面/吹脚位置移到吹面位置，电动机停转，出气方式由吹面/吹脚方式转为吹面方式。控制面板上吹面指示灯点亮。

图 7-47 所示为出风模式控制。

7.4.9　进气模式自动控制

进气模式自动控制的目的是调节进入车内的新鲜空气量，使车内空气温度和质量达到最佳。在手动模式中，进气门只有内循环和外循环两种位置。在自动模式中，进气门一般有内循环、20% 新鲜空气和外循环 3 种位置。ECU 根据传感器信号自动调节进气门的位置，若车内温度为 35℃，进气门处于内循环位置，则可以

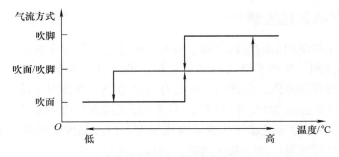

图 7-47　出风模式控制

快速降温；若车内温度为 30℃，进气门处于 20% 新鲜空气位置，则引进部分新鲜空气以改善空气质量；若车内温度为 25℃，进气门处于外循环位置。

该系统还有一种新鲜空气强制进气控制功能，当手动按 DEF 开关时，将进气方式强制转变为新鲜空气方式，以清除风窗玻璃上的雾气。

7.4.10　温度自动控制

T_{AO} 值是车内温度保持在设定温度所必需的鼓风机出风口空气温度，是空调控制器根据输入信号（车内温度传感器、车外温度传感器、阳光传感器信号）和温度设定计算出来的。空调控制器参照 T_{AO} 对执行器进行控制。T_{AO} 值可由下面的公式计算，即

$$T_{AO} = AT_{SET} - BT_R - CT_{AM} - DT_S + E \tag{7-3}$$

式中，T_{SET} 为设定温度；T_R 为车内温度；T_{AM} 为车外温度；T_S 为太阳辐射强度；A，B，C，D，E 为常数。

需要注意的是，当空调控制器开关置于 MAXWARM/MAXCOOL 位置时，ECU 采用某一固定值，不按式（7-3）计算。

ECU 比较 T_{AO} 和蒸发器温度信号 T_E，通过混合控制伺服电动机控制空气混合器风门的位置。

当 $T_{AO} \approx T_E$ 时，伺服电动机停止运转，空气混合风门保持在当前位置。

当 $T_{AO} < T_E$ 时，伺服电动机转至 COOL 侧，带动空气混合风门移至 COOL 侧，降低鼓风机空气温度，同时空气混合控制伺服电机内的电位计检测出空气混合风门的实际位置和移动速度，当空气混合风门实际位置达到 ECU 计算出的理论位置时，伺服电机停止运转。

当 $T_{AO} > T_E$ 时，伺服电动机转至 WARM 侧，带动空气混合风门移至 WARM 侧，降低鼓风机空气温度，同时空气混合控制伺服电动机内的电位计检测出空气混合风门的实际位置和移动速度，当空气混合风门实际位置达到 ECU 计算出的理论位置时，伺服电动机停止运转。

7.4.11 鼓风机转速控制

鼓风机转速控制的目的是调节降温和升温的速度，稳定车内温度。

（1）预热控制 冬季车辆长时间停放后，若立即打开鼓风机，则吹出的是冷空气，而不是想要的暖风，因此鼓风机要在冷却液温度升高时才能逐步转向正常工作状态。鼓风机预热控制时，控制面板 AUTO 开关接通，出风模式设定为吹脚或吹脚/除霜，ECU 根据冷却液温度传感器检测温度。当冷却液温度低于某一值时，鼓风机停转，当冷却液温度高于某一值时，鼓风机正常运转。

（2）时滞控制 夏季汽车长时间停驻在太阳下，若立即打开鼓风机，则吹出的是热风，而不是想要的冷风，因此鼓风机不能立即工作，而是滞后一段时间，待蒸发器温度降低后才开始工作。控制面板 AUTO 开关接通，出风模式设定为吹面或吹面/吹脚，ECU 检测蒸发器温度传感器温度，当蒸发器温度传感器温度高于某一值时，鼓风机停止运转 T_1，使冷风装置内的空气冷却降温，然后低速运转 T_2，使冷却的空气送至乘员舱；当蒸发器温度传感器温度低于某一值时，鼓风机低速运转 T_2，使冷却的空气送至乘员舱。

（3）鼓风机起动控制 鼓风机在起动时，工作电流会比稳定时大很多，为了防止烧坏鼓风机控制模块，不论鼓风机目标转速是多大，在鼓风机起动时均应为低速运转，然后逐步升高转速，直至目标转速。当鼓风机起动，ECU 控制暖风装置继电器闭合时，电流流过鼓风机电动机和电阻器，电动机低速运转，2s 后 ECU 通过 BLW 端子向功率晶体管输出驱动信号，从而防止功率晶体管被起动电流损坏。

（4）车速补偿 车速高时，迎面风冷却强度大，鼓风机的转速可适当降低，使之与低速时具有一样的感觉。

（5）急速控制 有些车型，当设定温度处于最低时，鼓风机会固定为高速运转，这种方式称为急速控制。

（6）手动控制 ECU 根据控制面板手动开关的操纵信号，将鼓风机驱动信号送至功率晶体管，相应地控制鼓风机的转速。

7.4.12 电机、电机控制器冷却控制系统

1. 电机、电机控制器冷却系统结构

电动汽车在驱动与回收能量的工作过程中，电机定子铁心、定子绕组在运动过程中都会产生损耗，这些损耗以热量的形式向外发散，需要有效的冷却介质及冷却方式来带走热量，保证电机在一个稳定的冷热循环平衡的通风系统中安全可靠运行。电机冷却系统设计将直接影响其运行安全和使用寿命。图 7-48 所示为电机冷却系统原理图。

电动汽车驱动电机与控制器的冷却系统主要依靠冷却液泵带动冷却液在冷却管道中循环流动，通过散热器的热交换等物理过程，冷却液带走电机与控制器产生的

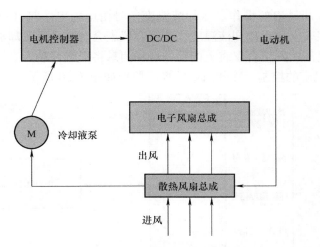

图 7-48 电机冷却系统原理图

热量。为使散热器热量散发更充分，通常还在散热器后方设置风扇。

2. 电机、电机控制器冷却控制

（1）冷却液液流的控制 如图 7-49 所示，驱动电机冷却原理如下：

利用传导原理，将热量从电机/电机控制器组件传递到冷却液中，带有热量的冷却液流过散热器内的蒸发管路，通过冷却风扇吹动气流，将热量传递到大气中。当系统温度较低时，冷却液泵不工作。当温度上升后，冷却液泵工作，冷却液经过软管流入散热器内，散热器将热量散发到空气中，使电机/电机控制器组件保持在最佳的工作温度。

冷却液从右侧上部水室到左侧底部水室流经散热器，由经过芯体的空气进行冷却。冷却系统的温度是由冷却液温度传感器来测量的。该传感器向控制器发送信号，

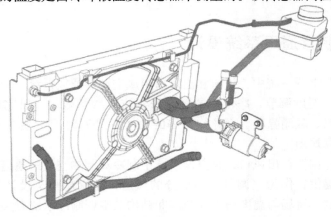

图 7-49 冷却液流向示意图（见彩图）

367

根据需要控制冷却风扇的操作。冷却液温度信号由电力电子箱（PEB）经过 CAN 总线，在组合仪表上显示冷却液温度。该组合仪表会实时显示冷却液温度，如果冷却液温度变得过高，则组合仪表上的警告灯和消息将提醒驾驶人。

（2）冷却风扇的控制　冷却风扇的控制原理如图 7-50 所示。

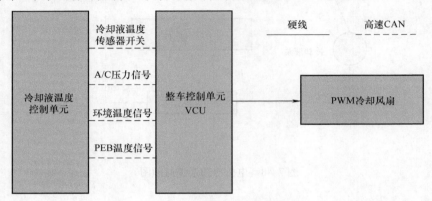

图 7-50　冷却风扇的控制原理

PWM 冷却风扇受整车控制单元 VCU 控制，冷却风扇工作时，整车控制单元 VCU 控制 PWM 模块使冷却风扇在多个档位的速度下工作，以满足不同的冷却负荷要求。

1）冷却风扇开启条件。冷却风扇开启取决于空调制冷开关（A/C）状态和冷却液温度这两个重要因素。当 A/C 开启或冷却液温度高于某一温度时，冷却风扇开始工作。

2）冷却风扇停止工作条件。如果冷却液温度低于某一值，并且 A/C 关闭，冷却风扇将停止工作。点火开关关闭，A/C 关闭，冷却液温度高于某一值时，冷却风扇继续工作。

7.5　空调装置通风系统设计

在整个汽车空调系统中，风道和出风口组成空调的通风系统，担负着将经过处理（温度调节、湿度调节、净化）的气流送到汽车乘员舱内，以完成乘员舱内通风、制冷、加热、除霜除雾、净化空气等的功能。图 7-51 所示为空调通风系统及周围环境结构爆炸图。

风道连接空调器与出风口，是空调系统中制冷和制热空气的通道。目前空调系统由空调厂商提供，作为空调系统一部分的风道，需汽车整车设计部门做匹配设计，车厢内的空气流场与温度场不仅与车厢结构及空调制冷系统有关，还与空调风道的结构形状密切相关。风道的布置走向、风道占用空间（截面积）及风道中空气的流速等均影响车厢内的制冷效果及系统的经济性和外观造型。

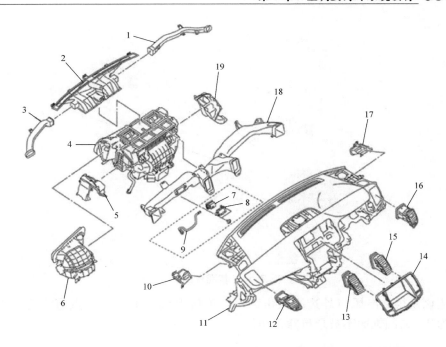

图 7-51 空调通风系统及周围环境结构爆炸图

7.5.1 出风口整车布置

一般地,前排吹面出风口的数量为四个,两两对称设计。两个吹向驾驶人,另外两个吹向前排乘员。驾驶人侧两个前排吹面出风口,一般要求其中一个通过调节叶片能够使得气流吹到驾驶人身体上半部(头部、胸部),称之为上身出风口,另外一个通过调节叶片能够使得气流吹到驾驶人整个身体(头部、胸部、膝部),称之为全身出风口。

通常地,上身出风口位于仪表板中间,在驾驶人内侧;全身出风口位于仪表板两侧或门板上,在驾驶人外侧。如图 7-52 所示。

如图 7-53 所示,确定后排乘员点 H、点 A、后排出风口的中心点。并计算各个角度。其中,点 H 代表后排乘员臀部位置,由总布置来确定;点 A 代表后排乘员头部位置。

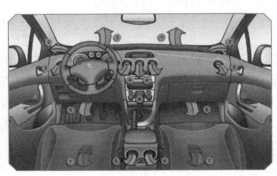

图 7-52 整车出风口布置图

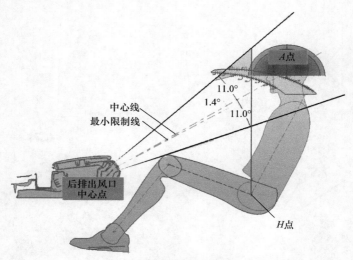

图 7-53　基准点图示

应该使得从出风口外边缘做出的，以连接出风口中心与 A 点直线为轴线的，锥角为 22° 的圆锥面不被乘员膝盖挡住。

7.5.2　通风性能

1. 风道中的压力损失

风道设计中要注意风道中的压力损失，压力损失是由沿程压力损失和局部阻力损失组成的。

（1）沿程压力损失　沿程压力损失是空气沿管壁流动时，由空气与管壁之间的摩擦、空气分子内部之间的摩擦而产生的。对于分支管路多的空调系统，沿程压力损失不可忽视。它要求风道内的表面光滑平整，以降低风道表面的绝对粗糙度，从而减小摩擦阻力，降低压力损失。空气在截面不变的管道中流动且空气量保持不变时，沿程压力损失可按下式计算：

$$\Delta P = \frac{\lambda (v^2 \rho L)}{8 R_s} \tag{7-4}$$

式中，λ 为摩擦阻力系数；v 为风道内空气的平均流速（m/s）；ρ 为空气的密度（kg/m³）；L 为风道的长度（m）；R_s 为风道的水力半径（m），$R_s = A/p$，A 为风道的过流断面面积（m²），p 为湿周，即风道的周长（m）。

由式（7-4）可知，风道直管段摩擦阻力与空气本身的黏度、管壁粗糙度、水力半径、气流速度等因素有关。

（2）局部阻力损失　局部阻力是由于空气在管道中流动时，其流动的方向、流量或速度骤然变化，在风道内产生涡流和速度的重新分布，从而使流动阻力大大增加，造成能量损失，这类损失称为局部阻力损失。如风道中的三通、弯头、截面扩大或缩小及进出口处，都会使空气的速度或流向发生改变，从而产生局部阻力损失。这种局部阻力损失会使空调噪声加大。

2. 出风量

对不同大小的车而言，由于系统风量大小不同，出风口的有效面积也不同。以下是对不同车型的出风口面积要求的参考信息：

（1）大型轿车　出风口总有效面积至少达到160cm²（最大推荐风量在140L/s左右）。

（2）中型轿车　出风口总有效面积至少达到140cm²（最大推荐风量在125L/s左右）。

（3）小型轿车　出风口总有效面积至少达到120cm²（最大推荐风量在110L/s左右）。

3. 通风有效面积

由于出风口的叶片、连杆机构、拨杆、关闭风门会挡住气流，真正有意义的开口面积应该是开口总面积减去被它们遮挡部分的面积，称之为有效面积。

不同类型的出风口的机构不同，有效面积的计算方法也不同。基于一般经验考虑，两种出风口的有效面积估算公式如下：

（1）桶型出风口

出风口有效面积 = 0.45 × 出风口外轮廓投射到垂直面上的总面积

（2）双叶片型出风口

出风口有效面积 = 0.6 × 出风口外轮廓投射到垂直面上的总面积

图7-54显示了如何获得出风口轮廓投射到垂直面上的总面积。

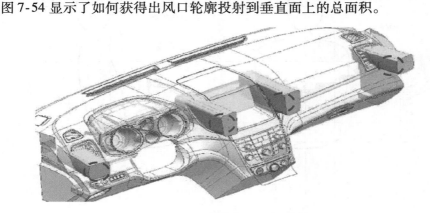

图7-54　出风口有效投影面积

在设计初期，往往只需估算的出风口有效面积即可。如果需要得到精确的有效开口面积，则要通过带有具体结构设计的数模进行详细的几何投影计算才能获得。精确计算要到出风口数模设计完成后才能进行。

校核出风口开口面积是否满足工程要求，一般地，从舒适性角度考虑，吹面出风口的最大风速应在 7.5~10.5m/s 之间。而在一定的气流流量下，出风口有效开口面积＝风量/风速，相应地，对出风口的开口面积有最低要求。

7.5.3 气流性能

工程人员需要对出风口导向能力进行校核。实际上，出风口导向能力主要取决于出风口的布置、放置的高度及倾斜角、型式。

如图 7-55 所示，确定 H 点、C 点、B_1 点、B_2 点、A 点及直线 1 和直线 2，它们的含义如下：

（1）H 点　代表驾驶人臀部位置，由总布置来确定。

（2）A 点　代表驾驶人眼睛位置，眼球椭球轨迹中心，由总布置确定。

（3）直线 1　连接 H 点、A 点的直线。

（4）直线 2　与直线 1 垂直，在 H 点上方 325mm 处的直线。

（5）B_1 点　代表驾驶人胸部右半部分，位于直线 1 和直线 2 交点左侧 75mm 处。

（6）B_2 点　代表驾驶人胸部左半部分，位于直线 1 和直线 2 交点右侧 75mm 处。

（7）C 点　代表驾驶人膝盖部分，H 点垂直上方的 125mm 处。

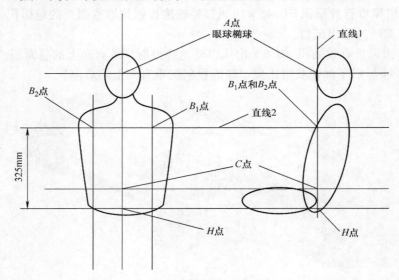

图 7-55　基准点位置

如图 7-56 所示，对上身出风口，确定 A_1 角、B_1 角和 U 角，它们的含义如下：

（1）A_1 角　上下方向，调节上身出风口的出风导向从正常状态到 A 点所需的角度。

（2）B_1 角　上下方向，调节上身出风口的出风导向从正常状态到 B_1 点所需的角度。

（3）U 角　A_1 角和 B_1 角中的最大角度。

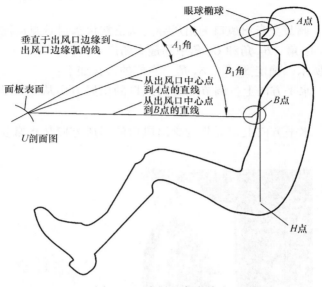

图 7-56　出风口角度检查

如图 7-57 所示，对全身出风口，确定 A_2 角、B_2 角、C_2 角和 T 角，它们的含义如下：

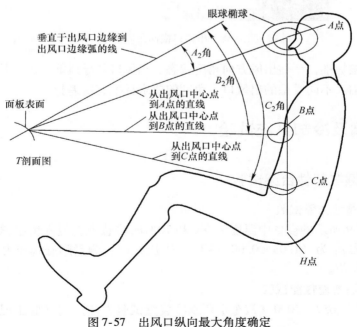

图 7-57　出风口纵向最大角度确定

（1）A_2 角　上下方向，调节全身出风口的出风导向从正常状态到 A 点所需的角度。

（2）B_2 角　上下方向，调节全身出风口的出风导向从正常状态到 B_2 点所需的角度。

（3）C_2 角　调节全身出风口的出风导向从正常状态到 C 点所需的角度。

（4）T 角　A_2 角、B_2 角和 C_2 角中的最大角度。

如图 7-58 所示，确定 S_1 角、S_2 角，它们的含义如下：

（1）S_1 角　水平方向上，调节上身出风口的出风方向从正常状态到 A 点所需的角度。

（2）S_2 角　水平方向上，调节全身出风口的出风方向从正常状态到 A 点所需角度。

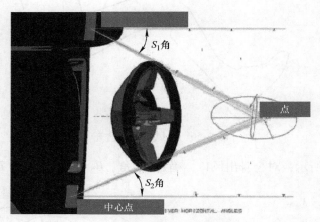

图 7-58　出风口横向角度确定

根据校核标准，评估出风方向角度状态。出风口的导风能力需要从上下和水平方向进行评估。不同类型的出风口，角度的要求标准有所差异。

7.6　空调及冷却系统试验

7.6.1　关键零部件台架试验

1. 膨胀阀动作值试验

在图 7-59 所示的设备中温度为 0℃ 和 10℃ 时将感温包浸入恒温槽，当膨胀阀进口处的压力 p_1 为（1.03 ± 0.005）MPa（表压）时，测量膨胀阀压力 p_2，该压力即为空气动作值。

2. 蒸发器焓差性能试验

根据 QC/T 657—2000《汽车空调制冷装置试验方法》对试验工况的要求，在

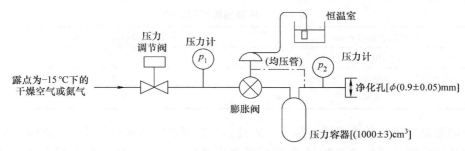

图 7-59　设备流程图

正式试验时必须达到以下条件：

1）蒸发器和冷凝器进风口的空气状态应符合表 7-14 的规定。

表 7-14　蒸发器和冷凝器进风口的空气状态

空气状态项目	干球温度/℃	湿球温度（℃）
蒸发器进风口	27 ±1	19.5 ±0.5
冷凝器进风口	35 ±1	—

2）压缩机的转速应符合表 7-15 的规定。

表 7-15　压缩机转速

型　式	压缩机转速/（r/min）
主机驱动式	1000、1800、3600
辅机驱动式	高转速档

注：1. 主机驱动式的制冷量，原则上是压缩机转速为 1800r/min 时的制冷量。当常用车速为 40km/h 时的压缩机转速与 1800r/min 差异显著时，则用常用车速下的压缩机转速表示制冷量，但应注明压缩机的转速。

　　2. 进行试验时，压缩机的转速变动量应小于 ±2%。

对汽车空调的实际要求，一般只将压缩机在 1800r/min 转速下的数据作为该汽车空调的额定制冷量。

3）风机用电动机端电压应符合表 7-16 的规定。

表 7-16　风机用电动机端电压

额定电压/V	端电压/V
12	13.5 ±0.3
24	27 ±0.3

4）当冷凝器安装在车的迎风面时，冷凝器进风口风速应符合表 7-17 的规定。

表7-17　冷凝器进风口风速

压缩机转速/(r/min)	冷凝器进风口风速/(m/s)
1000	2.5
1800	4.5
3600	9.0

　　如果是带风机的冷凝器，则关掉风机；当冷凝器安装在车的非迎风面时，以电机驱动的冷凝器风机按表7-16所列加端电压进行试验。一般汽车空调冷凝器安装在汽车前面的迎风面处，压缩机的转速为1800r/min，所以冷凝器进风口风速要求为4.5m/s。

　　当以上标准规定的条件均满足时，才可以进行制冷量的测试试验。将蒸发器总成、冷凝器、压缩机和管路等根据试验装置要求做好工装，然后将空调装置安装在规定的试验台架上，流程图如图7-60所示。按规定的试验条件进行运转，测量冷却装置即蒸发器进风口和出风口空气的干球温度、湿球温度。此外，还要测量此时的送风量，并按制冷量计算方法算出空调装置的制冷量。测量之前预运转30min。待试验工况稳定后，每5min测量一次，连续测量3次以上。但是，测量值超出平均值的5%时，应连续重复测量3次。测量60min后，停止试验。

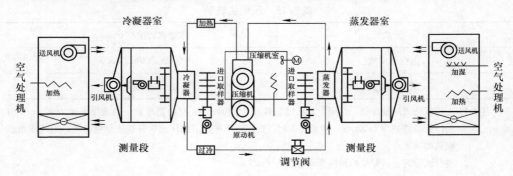

图7-60　制冷量的测试设备

　　前面已经介绍了试验原理及实际的操作方法，下面通过一个实例，引出一种简单的制冷量计算方法。假设在某试验中由测试数据，蒸发器进风空气压力 $P=101613\text{Pa}$，绝对湿度 $W=0.011\text{kg/kg}$，温度 $t=26.97℃$，则此状态下空气密度为

$$\rho = \frac{P(1+W)}{461.5(273.15+t)(0.622+W)}$$

$$= \frac{101613 \times (1+0.011)}{461.5 \times (273.15+26.97) \times (0.622+0.011)}$$

$$= 1.172\text{kg/m}^3$$

此状态下空气的比容

$$V'_n = \frac{1}{\rho} = \frac{1}{1.172} \mathrm{m}^3/\mathrm{kg} = 0.85324 \mathrm{m}^3/\mathrm{kg}$$

经过蒸发器的风量为

$$q = 439.208 \mathrm{m}^3/\mathrm{h} = 0.122 \mathrm{m}^3/\mathrm{s}$$

制冷量的计算公式为

$$\phi = \frac{q(h_{a1} - h_{a2})}{V'_n(1 + W)}$$

式中，h_{a1} 为空调蒸发器进风口空气焓值，取 55249J/kg；h_{a2} 为空调蒸发器出风口空气焓值，取 22845J/kg；q 为空调经过蒸发器的风量，取 0.122m³/s；V'_n 为空调蒸发器进风口湿空气比容，取 0.85324m²/kg；W 为空调蒸发器进风口空气绝对湿度，取 0.011kg/kg。

$$\phi = \frac{q(h_{a1} - h_{a2})}{V'_n(1 + W)} = \frac{0.122 \times (55249 - 22845)}{0.85324 \times (1 + 0.011)} \mathrm{W} = 4582.85 \mathrm{W}$$

3. 压缩机性能试验

（1）试验原理　制冷压缩机的性能随蒸发温度和冷凝温度的变化而变化，因此需要在国家标准规定的工况下进行制冷压缩机的性能测试。

压缩机的性能可由其工作工况的性能系数 COP 来衡量：

$$COP = \frac{Q_0}{W}$$

式中，Q_0 为压缩机的制冷量；W 为压缩机输入功率。

在一个确定的工况下，蒸发温度、冷凝温度、吸气温度及过冷度都是已知的。因此，对于单级蒸气压缩式制冷机来说，其循环 $p-h$（压力 - 比焓）图如图 7-61 所示。

图中，1 点为压缩机吸气状态；4 ~ 5 为过冷段。

在特定工况下，压缩机的单位质量制冷量是确定的，即 $q_0 = h_1 - h_2$。因此，只要测得流经压缩机的制冷剂质量流量 G_m，就可计算出压缩机的制冷量，即

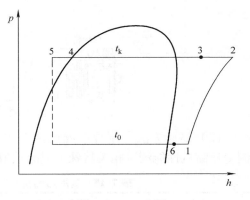

图 7-61　$p-h$ 图

$$Q_0 = G_m q_0 = G_m (h_1 - h_2)$$

压缩机的输入功率：开启式压缩机为输入压缩机的轴功率，封闭式（包括半封闭式和全封闭式）压缩机为电动机输入功率。

（2）试验设备　整个试验装置由制冷系统、换热系统、参数测量采集和控制系统共三部分组成：

制冷系统采用全封闭涡旋式制冷压缩机，蒸发器为板式换热器，冷凝器为壳管式换热器，节流装置为电子膨胀阀。

冷却液换热系统由冷却液泵、冷却液塔、调节冷凝器进液温度的恒温器和流量调节阀门及管路组成。

制冷剂换热系统由制冷剂泵、调节蒸发器进液温度的恒温器、调节流量的阀门组成。

6个绝对压力变送器、10个PT100温度传感器、2个涡轮流量变送器分别对应原理图位置及安捷伦34970型数据采集仪和压缩机性能测试软件。

控制系统：通过3块山武SCD36数字调节器分别根据设定值与实测值的差值来调节冷却液、制冷剂的加热量和电子膨胀阀的开度，将机组运行控制在设定工况允许的范围内。

图7-62所示为试验装置。

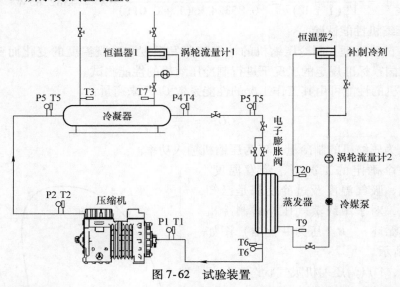

图7-62　试验装置

（3）试验方法　制冷工况由两个主要参数来决定，即蒸发温度和冷凝温度，制冷压缩机性能测试相关特殊工况的数值见表7-18。

表7-18　制冷压缩机性能测试相关特殊工况的数值

工况名称	蒸发温度/℃	冷凝温度/℃	吸气温度/℃
标准工况	−15	30	
最大压差工况	−30	50	
最大轴功率工况	10	50	15±3
空调工况（水冷）	5	35	
空调工况（风冷）	5	55	

　　试验工况稳定与否是关系到测试数据是否准确的关键问题，工况稳定的标志是主要的测试参数都不随时间变化。调节时需要特别地耐心、细致。

　　实际试验中根据吸气压力来确定蒸发温度，冷凝温度是根据排气压力来确定的。如果吸气温度也达到稳定状态，表明制冷量也达到稳定状态。本装置是通过：

　　1）调整冷却液流量和温度来稳定压缩机的排气压力。

　　2）调整制冷剂流量和温度来稳定压缩机的吸气温度。

　　3）调整电子膨胀阀的开度来稳定压缩机的吸气压力。

　　上述三项是动态平衡关系，任何一项发生变化，对蒸发温度、冷凝温度和压缩机吸气温度三个参数都会有影响，影响的程度可能不同，可参考表 7-19，重要的还是在实际操作中积累经验。

表 7-19　参数变化影响

名称		排气压力	吸气压力	吸气温度
制冷剂加热功率	增大	↑	↑↑	↑↑
	减小	↓	↓↓	↓↓
调节阀开度	增大	↑↑	↑↑↑	↑↑
	减小	↓↓	↓↓↓	↓↓
冷却液加热功率	增大	↑↑	↑	↑
	减小	↓↓	↓	↓

　　注："↑"表示增大，"↓"表示减小，箭头数量越多，表示相应的程度越大。

　　在调试时，冷却液的容量大，较容易稳定，可由调节器自动调节；电子膨胀阀的开度反应较快，容易受调节器自动控制；只有吸气温度反应过于迟缓，不易控制，需要观察过程线的斜率，模拟图上显示的制冷量进行加热量的增减。

　　压缩机性能试验包括主要试验和校核试验，二者应同时进行。校核试验和主要试验的试验结果之间的偏差应在 ±4% 以内，并以主要试验的测量结果为计算依据。

　　试验中的主要试验是通过测量冷凝器的换热量，从而根据冷凝器热平衡关系计算出流经压缩机的制冷剂流量，并由此流量计算出压缩机制冷量，为主测制冷量。而校核试验是对蒸发器进行的，通过测量蒸发器的换热量，由蒸发器的热平衡关系，得出流经压缩机的制冷剂流量，同样可根据该流量计算出压缩机制冷量，为辅测制冷量。判断主测制冷量和辅测制冷量的偏差，若偏差在 ±4% 以内，则以主测制冷量计算压缩机性能系数。

　　恒温器 1、恒温器 2、电子膨胀阀控制调节系统稳定运行在指定的标准工况下时，压缩机的单位质量制冷量是确定的，为 $q_0 = h_1^* - h_5^*$（h_1^*、h_5^* 为标准工况的焓值）。

　　（4）主测制冷量的计算（水冷冷凝器量热法）　本试验中，主测制冷量的计算是从冷凝器端考虑的。首先，冷凝器的换热量可由冷却液侧的热量变化来计算：

$$Q'_1 = C_{p1} G_1 \rho_1 (T_8 - T_7)$$

式中，Q'_1 为冷凝器的冷凝换热量（kW）；C_{p1} 为冷却液比热容[kJ/(kg·K)]；G_1 为由涡轮流量计1测得的制冷剂流量（m^3/s）；ρ_1 为冷却液密度（kg/m^3）；T_7 为冷却液进口温度（℃）；T_8 为冷却液出口温度（℃）。

其中计算某一温度 t 时冷却液比热容 C_{p1} 和密度 ρ_1 的公式如下：

$$C_{p1} = 4.206 - 0.00130591t - 0.00001378982t^2$$

$$\rho_1 = 1000.83 - 0.08388376t - 0.003727955t^2 + 0.000003664106t^3$$

同样，根据冷凝器制冷剂侧的热量变化也可计算出冷凝器的换热量，在不考虑冷凝器漏热损失的情况下，可以认为制冷剂侧的换热量应等于冷却液侧的热量变化 Q'_1。因此有

$$G_{m1}(h_3 - h_4) = Q'_1$$

式中，G_{m1} 为冷凝器制冷剂侧制冷剂质量流量，即主测制冷剂流量；

h_3，h_4 为测试工况下对应点的焓值。

由此可以计算出主测制冷剂流量，从而对比标准工况下吸气口制冷剂的比容差异，得到标准工况下主测制冷量 Q_1 为

$$Q_1 = G_{m1} q_0 \frac{v_1}{v_1^*}$$

式中，v_1 为测试工况下的压缩机吸气口制冷剂比容；v_1^* 为标准工况下的压缩机吸气口制冷剂比容。

（5）辅测制冷量的计算（液体制冷剂量热法） 相对于主测制冷量，本试验的辅测制冷量的计算是从制冷系统另一主要热交换器——蒸发器着手考虑的。同样，根据蒸发器两侧流体的热平衡来计算辅测制冷剂的制冷流量。

蒸发器制冷量可先由制冷剂的热量变化来计算，即

$$Q'_2 = C_{p2} G_2 \rho_2 (T_9 - T_{10})$$

式中，Q'_2 为蒸发器制冷量（kW）；C_{p2} 为制冷剂比热容［kJ/(kg·K)］；G_2 为由涡轮流量计2测得的制冷剂流量（m^3/s）；ρ_2 为制冷剂密度（kg/m^3）；T_9 为制冷剂进口温度（℃）；T_{10} 为制冷剂出口温度（℃）。

其中计算某一温度 t 时制冷剂（质量浓度为35%的乙二醇溶液）的比热容 C_{p2} 和密度 ρ_2 的公式如下：

$$C_{p2} = 4.09176 + 0.00106375t$$

$$\rho_2 = 1001.44 - 0.19491t - 0.00243t^2$$

在不考虑蒸发器"跑冷"损失的情况下，则由蒸发器热平衡关系计算出辅测制冷剂流量 G_{m2}：

$$G_{m2} = \frac{Q'_2}{h_6 - h_5}$$

式中，h_5，h_6 为测试工况下对应点的焓值。

再对比标准工况下吸气口制冷剂比容差异，可得到标准工况下辅测制冷量 Q_2 为

$$Q_2 = G_{m2} q_0 \frac{v_1}{v_1^*}$$

主、辅测相对误差为

$$E = \frac{Q_1 - Q_2}{Q_1} \times 100\%$$

制冷效率为

$$\varepsilon = \frac{Q_1}{W}$$

（6）操作步骤

1）将控制台上选择开关切换至"压缩机"档。

2）按下"冷却液泵"—"冷却塔风机"—"制冷剂泵"的起动按钮，使冷却液环路、制冷剂环路运行。

3）打开计算机试验操作系统软件，点击进入"压缩机性能试验"参数设置界面，设定试验工况后进入试验模拟图界面，观察冷却液、制冷剂是否有流量。

4）将压缩机"吸气口温度调节器"改为手动调节，输出值设定为 50%。

5）按下"电子膨胀阀"起动按钮，将"电子膨胀阀调节器"设置为手动，设定数值为 80。

6）依次按下"恒温器 1"—"恒温器 2"—"被测压缩机"起动按钮。检查压缩机是否正常运转，若压缩机并未起动，按下装置现场压缩机旁电器柜的复位按钮。

7）机组运行 5min 后，将压缩机"吸气口温度调节器""电子膨胀阀调节器"的输出设为 PID 自动调节。

8）观察模拟图界面各参数的变化，切换到压缩机试验控制量过程线界面，观察压缩机吸气温度和吸、排气压力曲线。

9）待系统稳定运行在设定工况附近后，开始记录试验数据。试验数据记录完毕后，选择打印控制量过程线，查看工况稳定程度，并打印报表及数据记录表，见表 7-20 和表 7-21。

表 7-20　测试数据记录

部门：　　　　　　姓名：　　　　　　试验日期：

序号	测试参数	单位	NO.1	NO.2	NO.3	NO.4	平均值
1	压缩机吸气温度 T_1	℃					
2	压缩机排气温度 T_2	℃					
3	冷凝器进口温度 T_3	℃					

（续）

序号	测试参数	单位	NO. 1	NO. 2	NO. 3	NO. 4	平均值
4	冷凝器出口温度 T_4	℃					
5	节流前温度 T_5	℃					
6	蒸发器出口温度 T_6	℃					
7	冷却液进口温度 T_7	℃					
8	冷却液出口温度 T_8	℃					
9	制冷剂进口温度 T_9	℃					
10	制冷剂出口温度 T_{10}	℃					
11	环境温度 T_a	℃					
12	压缩机吸气压力 p_1	kPa					
13	压缩机排气压力 p_2	kPa					
14	冷凝器进口压力 p_3	kPa					
15	冷凝器出口压力 p_4	kPa					
16	节流前压力 p_5	kPa					
17	蒸发器出口压力 p_6	kPa					
18	冷却液流量 G_{w1}	L/s					
19	制冷剂流量 G_{w2}	L/s					
20	压缩机功率 W	kW					
21	压缩机电压 U	V					
22	压缩机电流 I	A					
23	电源频率 f	Hz					

表 7-21　试验数据整理结果

试验工况：　　蒸发温度　　℃　　冷凝温度　　℃

序号	项目名称	单位	NO. 1	NO. 2	NO. 3	NO. 4	平均值
1	制冷剂流量（主）	kg/h					
2	制冷剂流量（辅）	kg/h					
3	实际进气状态的制冷剂蒸气比容	m^3/kg					
4	标准规定工况的制冷剂蒸气比容	m^3/kg					
5	压缩机输入功率	kW					
6	主测制冷量	kW					
7	辅测制冷量	kW					
8	主、辅相对误差	%					
9	制冷效率	kW/kW					

7.6.2 关键系统台架试验

1. 系统制冷性能试验

（1）空气状态 蒸发器和冷凝器进风口的空气状态应符合表7-14的规定。

（2）压缩机转速 压缩机转速应符合表7-15的规定。

（3）风机用电动机端电压 风机用电动机端电压应符合表7-16的规定。

（4）冷凝器进风口风速 当冷凝器安装在车的迎风面时，进风口风速应符合表7-17的规定，但是带风机的冷凝器要关掉风机。

当冷凝器安装在车的非迎风面时，以电机驱动的冷凝器风机按表7-15加端电压进行试验。

整体式辅机驱动式空调装置，以辅助发动机达到额定转速时的进风口风速为冷凝器进风口风速。

（5）测量仪器

1）温度测量。使用棒式温度计、热电偶温度计或电阻温度计测量温度，其刻度为0.1℃，精度为±0.2℃。此外，干湿球温度计感温部分的风速不得低于3.5m/s。

2）空气压力测量。用微压计或U形管压力计及精度符合要求的压力传感器测量空气压力。

U形管压力计的液体为水或比重已测定的酒精。其玻璃管内径为6~12mm，左右两管内径应大致相等。

此外，测量0.490kPa以下的压力时，使用倾斜式压力计或微压计。

3）转速测量。使用读数精度为10r/min的闪光测速仪、脉冲转速表或其他类似的侧速仪表测量转速。

4）风速测量。使用毕托管、热线式风速仪或类似的仪器及测量装置测量风速。

5）电压及电流测量。使用规定的精度为0.5级的仪表测量电压和电流。

6）压缩机驱动功率测量。使用读数精度为0.01kW的功率计测量压缩机驱动功率。

7）噪声测量。使用规定的噪声测量仪测量噪声。

（6）试验方法 将空调装置安装在规定的试验台架上，按试验条件进行运转，测量冷却装置进风口和出风口空气的干球温度、湿球温度。此外，还要测量此时的送风量，并按性能计算方法算出空调装置的制冷量。

安装在蒸发器风洞内的风机，靠调节转速或风门的方法，使风洞内的静压在试验过程中始终保持大气压状态。

测量方法是在规定的试验条件下，预运转30min以上，待试验工况稳定后，每

5min 测量一次，连续测量 3 次以上。但是，测量值超出平均值的 5% 时，应连续重复测量 3 次。

（7）性能计算方法　制冷量计算式为

$$Q = V(i_1 - i_2)/3.6\gamma$$

式中，Q 为制冷量（W）；V 为冷却装置风量（m³/h）；γ 为测量风量 V 时的空气比容（m³/kg）；i_1 为冷却装置进风口空气的焓（kJ/kg）；i_2 为冷却装置出风口空气的焓（kJ/kg）。

表 7-22 所列为汽车空调装置试验记录表。

表 7-22　汽车空调装置试验记录表

试验单位＿＿＿＿＿＿　　试验编号＿＿＿＿＿＿　　试验年、月、日＿＿＿＿＿＿
车型＿＿＿＿＿＿　　　　产品编号＿＿＿＿＿＿　　气候＿＿＿＿＿＿＿＿＿＿
制造日期＿＿＿＿＿＿　　制造厂名＿＿＿＿＿＿　　大气压＿＿＿＿＿＿＿kPa
制冷量＿＿＿＿＿＿W　　额定电压＿＿＿＿＿V　　试验员＿＿＿＿＿＿＿＿＿
冷却装置风量＿＿＿＿＿m³/h　　　　　　　　　　额定电流＿＿＿＿＿＿＿A

	项目	单位	1	2	3	4	5	6
压缩机	压缩机转速	r/min						
	压缩机驱动功率	kW						
风机电动机	电压	V						
	电流	A						
	耗电功率	W						
冷却装置风机	风量	m³/h						
	比容	m³/kg						
	空气槽压力	kPa						
制冷量计算	冷却装置进风口空气干球湿度	℃						
	冷却器进风口空气湿球温度	℃						
	冷却器进风口空气的焓（i_1）	kJ/kg						
	冷却器出风口空气干球温度	℃						
	冷却器出风口空气湿球温度	℃						
	冷却器出风口空气的焓（i_2）	kJ/kg						
	焓差（$i_1 - i_2$）	kJ/kg						
	制冷量（Q）	W						
冷凝器	冷却器输入空气干球温度	℃						
	冷却器输入空气进风口风速	m/s						
冷凝器风机	电压	V						
	电流	A						
	耗电功率	W						

（续）

项　目			单 位	1	2	3	4	5	6
噪声	测定位置	计权网络	噪声等级/dB						
	编号		本底噪声	实测值		修正值		代表值	
	①	A							
		C							
	②	A							
		C							
	③	A							
		C							
备注：									

2. 系统制热性能试验

PTC 在（25±1）℃的环境温度下，通过电加热器的风速为（4.5±0.5）m/s 或汽车空调工况，此时向电加热器的接线端子外加规定的额定电压，待 180s 之后达到稳定消耗的功率，测试结果应在正常工作条件下，电加热器的功率应符合经规定程序批准的设计图样的要求或误差在 ±10% 以内。

3. 散热器性能试验

汽车冷却系统所用的散热器可以拆分为上水室、下水室和芯子三个部分，横流式散热器和纵流式散热器是基本的散热器类型，冷却液在芯子内的流动方向不同。高温冷却液从水室进入散热器。由于高温条件下，冷却液可能会产生蒸气，上水室也起到水气分离的作用。散热器芯子是散热器的重要组成部分，冷却液主要通过芯子与外部空气完成热交换。图 7-63 所示为散热器。

图 7-63　散热器

在散热器设计与选型的过程中，其尺寸和结构受到机舱内部布置的影响，在综合考虑安装空间、冷却方式和散热要求的情况下，初步确定散热器的结构。

试验方法参考标准 QC/T 907—2013《汽车散热器散热性能试验方法》。

以某车型散热器为例进行说明。试验条件见表 7-23。

表 7-23　某车型散热器试验条件

项　目		散热器换热性能试验
试验条件	水流量/（L/min）	8、10、12、14、16
	风速/（m/s）	2、4、6、8
	液气温差/℃	20
	进风温度/℃	25
试验图片		

试验结果见表 7-24。

表 7-24　散热器试验结果

水流量/ （L/min）	迎面风速/ （m/s）	空气侧换热量/ kW	水侧换热量/ kW	通风阻抗/ Pa	水流阻/ kPa
16	2	5.318	5.264	31.7	18.22
	4	7.303	7.179	89.6	18.7
	6	8.324	8.175	167.7	18.9
	8	8.937	8.827	270.2	19.05
14	2	5.241	5.148	31.6	14.8
	4	7.089	6.972	90	15.2
	6	8.049	7.858	167.1	15.4
	8	8.563	8.426	269	15.58
12	2	5.028	4.976	31.6	11.7
	4	6.759	6.652	89.2	12
	6	7.604	7.466	167.3	12.2
	8	8.074	7.968	268.4	12.35

（续）

水流量/ （L/min）	迎面风速/ （m/s）	空气侧换热量/ kW	水侧换热量/ kW	通风阻抗/ Pa	水流阻/ kPa
10	2	4.856	4.776	31.6	8.89
	4	6.398	6.277	90.2	9.22
	6	7.088	6.994	169.5	9.38
	8	7.509	7.419	269	9.52
8	2	4.545	4.504	31.6	6.48
	4	5.826	5.795	90	6.73
	6	6.422	6.361	168.9	6.89
	8	6.779	6.700	268.2	6.99

由试验结果可以看出：

随着迎面风速的增加，冷却液侧压力损失基本不变；随着冷却液流量的增加，冷却液侧压力损失增加。

随着迎面风速的增加，风阻增加；随着冷却液流量的增加，风阻基本不变。

在迎面风速不变的情况下，随着冷却液流量的增加，标准换热量增加。在冷却液流量不变的情况下，随着迎面风速的增加，标准换热量增加。

通过冷却液侧阻力损失、换热量变化、风阻损失对散热器进行评价，为三维、一维仿真计算提供数据支持。

4. 风扇性能试验

冷却风扇直接影响动力部件的热负荷、动力性、经济性、可靠性和耐久性的。冷却风扇一般布置在冷凝器和散热器总成的后面，为散热模块换热提供风量。

性能试验参考标准 QC/T 773—2006《汽车散热器电动风扇技术条件》。风扇试验条件见表 7-25。

表 7-25　风扇试验条件

项目	风扇性能试验
试验条件	风扇按实际装车方式固定在测试架上，用测速仪测量其转速，并同时读取电流值 风扇安装在气动性能测试台上，运转 15min 后，测量其风量
试验图片	

试验结果见表7-26。

表7-26　风扇试验结果

档位	电压/V	风压/Pa	风量/(m³/h)	电流/A	转速/(r/min)
低档	12	0	2561	9.72	1804
		40	1912.3	10.17	1746
		80	1309.1	10.9	1875
	13.5	0	2789.9	11.09	1968
		40	2186.2	11.36	1903
		80	1605.5	11.67	1880
		100	1290.4	12.18	1825
高档	12	0	2985.8	12.71	2099
		40	2497	13.3	2070
		80	1926	14.06	2037
		100	1668.6	14.14	2019
		120	1399	14.75	1967
	13.5	0	3292.5	14.6	2297
		40	2825.2	14.97	2263
		80	2324.2	15.51	2235
		100	2062.4	15.9	2226
		120	1822.9	16.1	2194
		160	1297.5	17.27	2110

图7-64 所示为压力流量曲线。

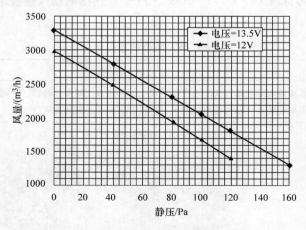

图7-64　压力流量曲线

7.7 整车试验、标定

整车热管理系统标定工作流程，分别从试验前期准备、标定方案编制、环境舱试验标定、道路试验标定几个方面进行介绍。

7.7.1 新能源汽车整车热管理标定内容

新能源汽车整车热管理系统主要包含了电池、电机的冷却系统，乘员舱的空调系统和除霜除雾功能，以及热管理控制器对各部件的热管理控制。而新能源汽车整车热管理系统标定工作指整车热管理策略在高温/高寒等极限条件下，对开发的热管理系统性能进行试验验证与适应性修改，从而保证整车热管理性能在各种情况下都能具有设计的热管理性能，同时能兼顾低能耗与驾驶舒适性等指标。主要内容包括：

1）发动机（混合动力）、电机等部件高温回路冷却策略标定。
2）电池冷却策略标定。
3）乘员舱降温策略标定。
4）电池加热策略标定。
5）乘员舱采暖策略标定。
6）除霜与除雾策略标定。
7）电池与乘员舱协调冷却策略标定。
8）电池与乘员舱协调加热策略标定等。

7.7.2 热管理标定流程

整车热管理系统标定工作包括热管理物理架构梳理，整车热管理功能文档分析，整车测试设备准备，整车热管理策略标定工况制定，环境舱标定试验，道路标定试验六个部分，如图 7-65 所示。

物理架构梳理　功能文档分析　测试设备准备　标定工况制定　环境舱标定试验　道路标定试验

图 7-65　热管理系统标定工作流程图

整车热管理物理架构梳理与功能文档分析是进行标定工况制定的前提条件，根据车辆热管理的物理架构和功能策略，针对性制定标定工况。明确整车热管理模式及其应用场景，梳理各模式下信号需求与接收、发送路径，分析指定模式进入与退出触发条件、执行器执行动作与联动动作，在此基础上制定标定测试工况。根据要求的应用场景与制定的工况，选择合适的环境舱参数及合适的天气与道路进行测试标定，分析测试结果，冻结各阶段标定参数。

7.7.3 环境舱标定

在整车设备及标定工况场景制定完成后，新能源汽车一般要经过一到两次高温和高寒道路试验标定，但这种环境对气候条件要求非常高。对于国内汽车企业来说，高温标定基本在 7 月到 9 月的吐鲁番进行，高寒标定基本在 12 月到次年 2 月的黑河、漠河等地进行。当标定工作受季节或者项目节点制约时，往往会选择先在环境舱进行第一阶段的标定。由于环境舱一般在工厂内部，标定遇到任何问题都能够迅速地协调相关工程师和技术人员及时支持解决问题。这样将在环境舱第一阶段标定试验中先行发现和解决一部分问题，使车辆性能在极端环境下基本满足要求，然后再到自然环境中进行道路标定试验，加快项目进度和保证高温、高寒道路标定试验的成功率。

7.7.4 道路标定

在完成第一阶段的环境舱热管理标定试验后，标定数据基本已经达到性能要求，绝大部分问题也已经暴露和解决。但仍然需要进行第二阶段的自然极端环境的标定试验来进行查缺补漏。

为什么要进行高温坡道的热管理标定试验？众所周知，车辆的爬坡能力、最高车速、加速能力是衡量汽车动力性能的三个重要指标，车辆在爬陡坡时，转矩需求大、功率高但车速较低。相对于同样转矩大、功率高的高速巡航工况，这种长时间的爬坡工况易产生大量热量且不易散去，这就会给热管理带来很大的挑战，在这种工况下，是否能维持动力系统如电池、电机不过温，是否能维持车辆乘员舱正常的制冷需求，是整车热管理系统标定需要考虑的重点。

通过对整车热管理系统进行第一阶段的风洞环境舱初步标定测试和第二阶段的高寒、高温、高温爬坡环境下道路标定测试，分析评估热管理系统性能，冻结热管理系统策略标定参数，完善整车热管理性能，整车热管理系统开发更具保障。

参 考 文 献

[1] 莱夫．BOSCH 汽车电气与电子 [M]．孙泽昌，译．2 版．北京：北京理工大学出版社，2014．

[2] 施特赖歇特，特劳布．汽车电子/电气架构：实时系统的建模与评价 [M]．张英红，译．北京：机械工业出版社，2017．

[3] 杨润泽．Matlab/RTW EC 面向 MC9S12D64 的自动代码生成 [J]．单片机与嵌入式系统应用，2014，14（5）：8－10，14．

[4] 徐立．汽车电子发展状况与对策 [J]．信息技术与标准化，2006（8）：17－19．

[5] 孙玮，童朱钰．汽车电磁兼容标准和测试 [J]．电子质量，2008，9：65－68．

[6] 陈恩辉．浅谈新能源汽车线束布置方案及 EMC 防护设计 [C] //第十二届沈阳科学学术年会论文集：理工农医．[sl：sn] 2015：212－217．

[7] HOBBS C，LEE P．了解 ISO 26262 ASIL [J]．中国电子商情（基础电子），2013（12）：17－19．

[8] 车界动力精英圈．浅谈汽车 ISO 26262 安全标准架构及分解 [Z]．2017．

[9] 联合电子．浅谈汽车电子电气域架构 [Z]．2019．

[10] 高锋，张强，周晶洁，等．车身控制器功能逻辑测试技术的研究 [J]．汽车工程，2009，31（10）：966－970．

[11] 汽车技术 Wind．汽车软件开发模型 [Z]．2020．

[12] 田真，张曼雪，董婷婷，等．基于 V 模式的整车控制系统开发及模型单元测试 [J]．汽车工程学报，2012，2（6）：458－463．

[13] 恒润科技．车辆电子电气系统基于模型的开发解决方案 [Z]．2017．

[14] 恒润科技．ECU HIL 测试系统方案 [Z]．2018．

[15] 吴志新，周华，王芳．电动汽车及关键部件测评与开发技术 [M]．北京：科学出版社，2019．

[16] 王芳，夏军．电动汽车动力电池系统设计与制造技术 [M]．北京：科学出版社，2019．

[17] QUANG N P，DITTRICH J A．Vector Control of Three－Phase AC Machines [M]．NeWYork：Springer，2008．

[18] 袁雷，胡冰新，魏克银，等．现代永磁同步电机控制原理及 MATLAB 仿真 [M]．北京：北京航空航天大学出版社，2016．

[19] 孙辉波，杨勇．如何分析电动车低速过载工况下的 IGBT 动态温升 [Z]．2018．

[20] 何洪文，熊瑞．电动汽车原理与构造 [M]．2 版．北京：机械工业出版社，2018．

[21] 曹砚奎．电动汽车技术 100 问 [M]．北京：机械工业出版社，2018．

[22] 徐艳民．电动汽车动力电池及电池管理 [M]．北京：机械工业出版社，2015．

[23] EVTeser．认知 BMS 电池管理系统 [Z]．2020．

[24] 中国汽车工程学会．电池系统测试规范：T/CSAE 61—2017 [S]．[sl：sn] 2017．

[25] 全国汽车标准化技术委员会．电动汽车用电池管理系统技术条件：GB/T 38661—2020 [S]．北京：中国标准出版社，2020．

[26] 马泽，王亚男．汽车空调 [M]．北京：机械工业出版社，2019．